# Fußball-
# Almanach
# 1900-1943

# Fußball-
# Almanach
# 1900-1943

Zusammengestellt und herausgegeben von:
Gilbert Bringmann

unter Mitarbeit von:
Beate Kröll
Serge van Hoof

KASSELER
SPORT
VERLAG

Das vorliegende Werk wurde sorgfältig erarbeitet. Dennoch kann es gerade bei Statistikwerken aufgrund der umfangreichen Datenmenge oder fehlerhaftem Quellenmaterials doch zu kleinen Fehlern kommen. Wir bitten dies zu entschuldigen und wären dankbar, wenn Sie uns auf eventuelle Fehler aufmerksam machen würden.

© 1992 by KASSELER SPORTVERLAG

Frankfurterstr. 92 A

D-3500 Kassel

Alle Rechte vorbehalten

Printed in Germany

ISBN 3-928562-13-4

# Vorwort

Dieses Buch soll dem Leser einen Überblick über das Fußballgeschehen in Europa zwischen 1900 und 1943 geben. Den Schwerpunkt bildet der deutschsprachige Raum, da wir auf zum Teil sehr ausführliche Statistiken zurückgreifen konnten.

Grundlage des Buches sind die "Kicker-Almanache" von 1938 bis 1942 , die Zeitschrift "Fußball" von 1920 bis 1943 und zahlreiche moderne Statistikwerke, die im Quellenanhang aufgeführt werden.

Um bei der Übertragung der Daten Fehler zu vermeiden, haben wir die Seiten aus den "Kicker-Almanachen" als Faksimile wiedergegeben, wodurch es manchmal zu geringen Qualitätsverlusten kommen kann. Grund dafür sind allerdings die durch das schlechte Papier bedingten Originalvorlagen. Die ungewöhnliche Größe des Buches resultiert aus der Anlehnung an die Originalgröße der Kicker-Almanache der damaligen Zeit.

# QUELLEN-VERZEICHNIS

Kicker-Almanach 1938

Kicker-Almanach 1939

Kicker-Almanach 1940-41

K.-H. Jens - Der allwissende Fußball

J. Rollin - Rothmans Football Yearbook 1991-92

J.-P. Rethacker - Football 1989

A. Beltrami - 1992 Almanacco illustrato del calcio

J. Olmo - Encuentros de la seleccion Española 1920-91

Clayton/Buitenga - The international matches of Holland

Clayton/Buitenga - The international matches
                 of Czechoslovakia

H. Parreirao - 1914-Os anos de diamante-1989.
              No 1° centenário do futebol português

Editura sport-turism - Fotbal de la A la Z

Der Kicker (1921-1943)

Fußball (1921-1943)

# INHALTSVERZEICHNIS

## I.Teil: DEUTSCHLAND

### 1. Deutsche Länderspiele 1908-1942

### 2. Große Städte- und Bereichsspiele

### 3. Die Meisterschaft

## 4. Die Pokale

## 5. Die Schiedsrichter

## 6. Die Vereine der
   deutschen Bereichsklasse 1941/42                     155

# II.Teil: ÖSTERREICH

## 1. Länderspiele

# III.Teil: INTERNATIONALER FUSSBALL

# IV.Teil: INTERNATIONALE TURNIERE

# I. Teil

# DEUTSCHLAND

## 1. Deutsche Länderspiele
1908-1942

# Deutsche Länderspiel-Gesamt-Bilanz

| Gegner | Sp. | gew. | unent. | verl. | Tore |
|---|---|---|---|---|---|
| Belgien | 8 | 5 | — | 3 | 27:16 |
| Bulgarien | 3 | 3 | — | — | 13:6 |
| Dänemark | 13 | 6 | — | 4 | 28:21 |
| England | 7 | — | 2 | 5 | 9:31 |
| Estland | 3 | 3 | — | — | 11:1 |
| Finnland | 8 | 6 | 1 | 1 | 38:9 |
| Frankreich | 4 | 2 | 1 | 1 | 10:5 |
| Holland | 15 | 4 | 6 | 5 | 31:33 |
| Irland (Freistaat) | 3 | 1 | 1 | 1 | 6:7 |
| Italien | 9 | 2 | 1 | 6 | 15:20 |
| Jugoslawien | 4 | 2 | — | 2 | 9:7 |
| Kroatien | 1 | 1 | — | — | 5:1 |
| Lettland | 2 | 2 | — | — | 6:1 |
| Luxemburg | 7 | 6 | — | 1 | 32:8 |
| Norwegen | 11 | 6 | 4 | 1 | 24:10 |
| Oesterreich | 10 | 3 | 1 | 6 | 18:32 |
| Polen | 5 | 4 | 1 | — | 12:4 |
| Portugal | 2 | 1 | 1 | — | 4:2 |
| Reichsprotektorat | 1 | — | 1 | — | 4:4 |
| Rumänien | 4 | 4 | — | — | 21:7 |
| Rußland | 1 | 1 | — | — | 16:0 |
| Schottland | 2 | — | 1 | 1 | 1:3 |
| Schweden | 13 | 5 | 2 | 6 | 25:24 |
| Schweiz | 25 | 15 | 4 | 6 | 65:36 |
| Slowakei | 3 | 2 | — | 1 | 4:3 |
| Spanien | 2 | 1 | — | 1 | 3:3 |
| Tschecho-Slowakei | 3 | 2 | — | 1 | 5:5 |
| Ungarn | 17 | 4 | 6 | 7 | 35:40 |
| Uruguay | 1 | — | — | 1 | 1:4 |
| | 184 | 91 | 33 | 60 | 478:343 |

# Die deutschen Nationalmannschaften

### 3 Spiele: 3 Niederlagen

1 Schweiz, 4. 4. 1903, Basel, 3:5 verloren: Baumgarten — Hempel, Jordan — Ludwig, Hiller II, Weymar — Hensel, Förderer (1), Kipp, Becker (2), Baumgärtner
Schiedsrichter: H. P. Devitte (England)
Spielführer: Hiller II

2 England, 20. 4. 1908, Berlin, 1:5 verloren: Eichelmann — Hantschick, P. Fischer — Poppe, Hiller II, Weymar — Gehrts, Neumann, Förderer (1), Matthes, Baumgärtner
Schiedsrichter: P. Neumann (Deutschland)
Spielführer: Hiller II

3 Oesterreich, 7. 6. 1908, Wien, 2:3 verloren: Eichelmann — Riso I, Tänzer — Poetsch, Hiller II, Weymar — Schmidt, Garrn, Kipp (1), Jäger (1), Baumgärtner
Schiedsrichter: G. Wagstaffe Simmons (England)
Spielführer: Kipp

### 1909

### 3 Spiele: 1 Sieg — 1 Unentschieden — 1 Niederlage

4 England, 16. 3. 1909, Oxford, 0:9 verloren: Ad. Werner — Hantschick, Massini — Ugi, Dr. Glaser, Hunder — Albrecht, Garrn, Jäger, Röpnack, Baumgärtner
Schiedsrichter: T. Kyle (England)
Spielführer: Glaser

5 Ungarn, 4. 4. 1909, Budapest, 3:3 unentschieden: Ad. Werner — Hirth, Riso I — Poetsch, Ugi (1) Hunder — Dutton, Richter, Worpitzky (2), Queck, Schulz
Schiedsrichter: H. Meisl (Oesterreich)
Spielführer: Ugi

6 Schweiz, 4. 4. 1909, Karlsruhe, 1:0 gewonnen: Illmer — Dr. Nicodemus, Neumeier — Burger, Dr. Glaser, Hiller II — Schweikert, Förderer, Löble, Kipp (1), Oberle
Schiedsrichter: A. Sohn (Deutschland)
Spielführer: Glaser

### 1910

### 4 Spiele: 1 Sieg — 3 Niederlagen

7 Schweiz, 3. 4. 1910, Basel, 3:2 gewonnen: Riso II — Hempel, Kühnle — Burger, Trautmann, Hunder — Wegele, Hiller III (1), Löble, Kipp (2), Philipp
Schiedsrichter: H. P. Devitte (England)
Spielführer: Hunder

8 Holland, 24. 4. 1910, Arnheim, 2:4 verloren: Chr. Schmidt — Hempel, Hollstein — Poetsch, Breunig, Unfried — Wegele, Gehrts, Fick (1), Kipp (1), Philipp
Schiedsrichter: J. T. Howcroft (England)
Spielführer: Chr. Schmidt

9 Belgien, 16. 5. 1910, Duisburg 0:3 verloren: Faas — Neumeier, Berghausen — Ugi, Dr. Glaser, Budzinski — Gablonski, Schilling, Bauwens (Breynk), Reißland, Bert (Adalbert Friedrich)
Schiedsrichter: H. J. Willing (Holland)
Spielführer: Glaser

10 Holland, 16. 10. 1910, Kleve, 1:2 verloren: Ad. Werner — Neiße, Hense — Ugi, Bülte, Weymar — Hansen, Schilling, Worpitzky, Umbach, Queck (1)
Schiedsrichter: H. Istace (Belgien)
Spielführer: Ugi

## 1911

**7 Spiele: 2 Siege — 1 Unentschieden — 4 Niederlagen**

11 Schweiz, 26. 3. 1911, Stuttgart, 6:2 gewonnen: Ad. Werner — Kühnle, Hollstein — Burger, Breunig (1), Kraus — Gablonsky, Förderer (2), Fuchs (2), Kipp (1), W. Fischer
Schiedsrichter: H. Istace (Belgien)
Spielführer: Breunig

12 England, 14. 4. 1911, Berlin, 2:2 unentschieden: Ad. Werner — Neiße, Hempel — Burger, Ugi, Hunder — Hansen, Hiller III, Worpitzky, Kipp, Möller (2)
Schiedsrichter: H. J. Willing (Holland)
Spielführer: Ugi

13 Belgien, 24. 4. 1911, Lüttich, 1:2 verloren: Ad. Werner — Neiße, Hollstein — Ugi, Breunig, Burger — Hansen, Förderer (1), Fuchs, Reiser, W. Fischer
Schiedsrichter: J. R. Schumacher (England)
Spielführer: Breunig

14 Schweden, 18. 6. 1911, Stockholm, 4:2 gewonnen: Ad. Werner — Wiggers, Hempel — Burger, Ugi, Hunder — Dumke (3), Droz, Worpitzky, Kipp (1), Möller
Schiedsrichter: C. Buchwald (Dänemark)
Spielführer: Ugi

15 Oesterreich, 9. 10. 1911, Dresden, 1:2 verloren: Ad. Werner — Röpnack, Hempel — Burger, Breunig, Hunder — Gablonsky, Hiller III, Worpitzky (1), Kipp, Möller
Schiedsrichter: H. J. Willing (Holland)
Spielführer: Breunig

16 Schweden, 29. 10. 1911, Hamburg 1:3 verloren: Ad. Werner — Burger, Hempel — Sorkale, Ugi, Hunder — Gablonsky, Dumke, Jäger, P. Kugler, Möller (1)
Schiedsrichter: H. J. Willing (Holland)
Spielführer: Ugi

17 Ungarn, 17. 12. 1911, München, 1:4 verloren: Bork — Hempel, Koenen — Ugi, Knesebeck, Hunder — Wegele, Förderer, Worpitzky (1), Hirsch, Thiel
Schiedsrichter: H. Meisl (Oesterreich)
Spielführer: Ugi

8 Spiele: 2 Siege — 2 Unentschieden. 4 Niederlagen

18 Holland, 24. 3. 1912, Zwolle, 5:5 unentschieden: Ad. Werner
— Röpnack, Hollstein — Burger, Breunig. Gros — Wegele.
Förderer, Fuchs (1). Hirsch (4). Oberle
Schiedsrichter: J. T. Howcroft (England)
Spielführer: Breunig

19 Ungarn, 14. 4. 1912, Budapest, 4:4 unentschieden: Ad. Werner
— Röpnack, Hempel — Krogmann Ugi, Kraus — Wegele.
Jäger (1). Worpitzky (1), Kipp (1). Möller (1)
Schiedsrichter: H. Meisl (Oesterreich)
Spielführer: Jäger

20 Schweiz, 5. 5. 1912, St. Gallen, 2:1 gewonnen: Alb. Weber —
Hempel, Neumaier — Burger, Dr. Glaser, Ugi — Wegele.
Mechling (1), Löble, Kipp (1). Oberle
Schiedsrichter: H. P. Devitte (England)
Spielführer: Glaser

21 Oesterreich, 29. 6. 1912, Stockholm, 1:5 verloren: Alb. Weber
— Röpnack, Holstein — Krogmann, Breunig, Bosch — Wegele.
Jäger (1). Worpitzky, Kipp, Hirsch
Schiedsrichter: H. J. Willing (Holland)
Spielführer: Breunig

22 Rußland, 1. 7. 1912, Stockholm, 16:0 gewonnen: Ad. Werner
— Reese, Hempel — Burger (1). Dr. Glaser, Ugi — Uhle.
Förderer (4). Fuchs (10). Oberle (1). Thiel
Schiedsrichter: C. J. Groothoff (Holland)
Spielführer: Ugi

23 Ungarn, 3. 7. 1912, Stockholm, 1:3 verloren: Ad. Werner —
Röpnack, Hollstein — Krogmann, Ugi. Bosch — Wegele.
Förderer (1). Fuchs, Hirsch. Oberle
Schiedsrichter: C. J. Groothoff (Holland)
Spielführer: Ugi

24 Dänemark, 6. 10. 1912, Kopenhagen, 1:3 verloren: Alb. Weber —
Möller. Diemer — Ugi, Knesebeck. Bosch — Wegele.
Jäger (1). Worpitzky, Kipp. Wolter
Schiedsrichter: H. J. Willing (Holland)
Spielführer: Ugi

25 Holland, 17. 11. 1912, Leipzig, 2:3 verloren: Hofmeister —
Röpnack, Diemer — Ugi. Breunig. Bosch — Wegele. För-
derer. Jäger (2). Kipp. Gäbelein
Schiedsrichter: E. Herzog (Ungarn)
Spielführer: Breunig

4 Spiele: 4 Niederlagen

26 England, 12. 3. 1913, Berlin, 0:3 verloren: Chr. Schmidt —
Diemer, Möller — Völker. Edv Jungtow — Wegele Jäger.
Löble. Kipp. Fischer
Schiedsrichter: H. J. Willing (Berlin)
Spielführer: Jäger

27 Schweiz. 18. 5. 1913. Freiburg, 1:2 verloren: Chr. Schmidt — Röpnack. Diemer — Bosch. P. Kugler. H. Schmidt — Wegele, Mechling. Fürst Kipp (1). Hirsch
Schiedsrichter: C. Barette (Frankreich)
Spielführer: Kipp

28 Dänemark. 26. 10. 1913. Hamburg, 1:4 verloren: J. Schneider — Röpnack. Möller — Kipp. Breunig. Schümmelfeder — Wegele Förderer Jäger (1) Hirsch Fischer
Schiedsrichter: H. J. Willing (Holland)
Spielführer: Breunig

29 Belgien. 23. 11. 1913. Antwerpen, 2:6 verloren: J. Schneider — Röpnack. Möller — Kipp Breunig. Schümmelfeder — Wegele (1). Jäger. Fuchs (1) Hirsch. Zilgas
Schiedsrichter: H. A. M. Terwogt (Holland)
Spielführer: Röpnack

## 1914
### 1 Spiel: 1 Unentschieden

30 Holland. 5. 4. 1914. Amsterdam. 4:4 unentschieden: Hofmeister — Dr. W. Völker. Rockosch — Schümmelfeder. Ludewig. Bollmann — Wegele (1). Jäger (1) Harder (1). Queck (1). Fischer
Schiedsrichter: J. T. Howcroft (England)
Spielführer: Jäger

## 1920
### 3 Spiele: 1 Sieg — 2 Niederlagen

31 Schweiz. 27. 6. 1920. Zürich. 1:4. verloren: Stuhlfauth — Höschle. Schneider — H. Schmidt. Kalb. Riegel — Wunderlich. Harder. Jäger (1). Seiderer. Wolter
Schiedsrichter: L. Balint (Ungarn)
Spielführer: Jäger

32 Oesterreich. 26. 9. 1920. Wien. 2:3 verloren: Stuhlfauth — Mohns. Lohneis — Hagen. Tewes. Riegel — Wunderlich. Harder. Jäger. Seiderer (1). Sutor (1)
Schiedsrichter: L. Feherv (Ungarn)
Spielführer: Jäger

33 Ungarn 24. 10. 1920. Berlin. 1:0 gewonnen: Lohrmann — Gg. Schneider. Mohns — Krause. Tewes. Riegel — Fliederer. Harder. Jäger (1). Popp. Forell
Schiedsrichter: J. Hirrle (Schweiz)
Spielführer: Jäger

## 1921
### 3 Spiele: 2 Unentschieden — 1 Niederlage

34 Oesterreich. 5. 5. 1921 Dresden. 3:3 unentschieden: Stuhlfauth — Mohns. Pritzsche — Riegel. Tewes. Schümmelfeder — Wunderlich. Popp (1). Seiderer (1). Träg (1). Sutor
Schiedsrichter: W. Evmers (Holland)
Spielführer: Tewes

35 Ungarn, **5. 6.** 1921, Budapest. **0:3** verloren: Stuhlfauth — Gg. Schneider. H. Müller — Marohn. Tewes Schümmelfeder — Höger, Schnürle, Jäger. Gröner. Kreß
Schiedsrichter: H. Retschürv (Oesterreich)
Spielführer: Jäger
36 Finnland, **18. 9.** 1921, Helsingfors. **3:3** unentschieden: Schwedter — Mohns, J. Müller — Au. Tewes, Krause — Höger, Herberger (2). Kalb (1). Hutter, Wolter
Schiedsrichter: E. Albihn (Schweden)
Spielführer: Tewes

## 1922
### 3 Spiele: 1 Sieg — 2 Unentschieden

37 Schweiz, **26. 3.** 1922, Frankfurt a. M., **2:2** unentschieden: Lohrmann — Wellhöfer. J. Müller — Lang. Edy. Hagen — Retter. Franz (2) Seiderer. Hutter. Altvater
Schiedsrichter: W. Boas (Holland)
Spielführer: Seiderer
38 Oesterreich, **23. 4.** 1922, Wien. **2:0** gewonnen: Mauch — Edy. H. Müller — Wetzel. Kalb. Riegel — Strobel. Weißenbächer (1). Jäger (1) Träg. Sutor
Schiedsrichter: F. Gerö (Ungarn)
Spielführer: Jäger
39 Ungarn **1. 7.** 1922, Bochum. **0:0** unentschieden: Lohrmann — H. Müller. Mohns — Flink. Tewes. H. Schmidt — Strobel. Franz. Jäger. Träg. Esser
Schiedsrichter: H. Retschürv (Oesterreich)
Spielführer: Jäger

## 1923
### 6 Spiele: 2 Siege — 1 Unentschieden — 3 Niederlagen

40 Italien, **1. 1.** 1923, Mailand, **1:3** verloren: Stuhlfauth — T. Kugler, J. Müller — Hagen. Lang. H. Schmidt — Wunderlich, Franz, Seiderer (1). Träg. Sutor
Schiedsrichter: E. Stutz (Schweiz)
Spielführer: Träg
41 Holland **13. 5.** 1923, Hamburg. **0:0** unentschieden: Dr. Zörner — Risse. H. Müller — Pohl. Elkhof. Krause — Wunderlich. Lüke, Hartmann. Claus-Oehler. Maneval
Schiedsrichter: A. Biörklund (Schweden)
Spielführer: Wunderlich
42 Schweiz, **3. 6.** 1923. Basel. **2:1** gewonnen: Dr. Zörner — Risse. H. Müller — H. Schmidt. Elkhof. Riegel — Montag. Sobek. Hartmann (2) Wieder Sutor
Schiedsrichter: G. Mauro (Italien)
Spielführer: Riegel
43 Schweden, **28. 6.** 1923. Stockholm. **1:2** verloren: Dr. Zörner — Risse. H. Müller — Hagen. Popp. Riegel — Montag. Franz. Seiderer (1) Wieder Sutor
Schiedsrichter: R. Smedvik (Norwegen)
Spielführer: Seiderer

**44** Finnland, 18. 8. 1923, Dresden, 1:2 verloren: Dr. Zörner — Risse, H. Müller — Krause, Eikhof, Pohl — Leip, Lüke, Hartmann, Claus-Oehler (1), Sutor
Schiedsrichter: J. Mutters (Holland)
Spielführer: Eikhof

**45** Norwegen, 4. 11. 1923, Hamburg, 1:0 gewonnen: Stuhlfauth — Risse, Bache — H. Schmidt, Kalb, Krause — Leip, Reißmann, Harder (1), Wieder, Sutor
Schiedsrichter: Th. van Zwieteren (Holland)
Spielführer: Stuhlfauth

## 1924

**7 Spiele: 3 Siege — 1 Unentschieden — 3 Niederlagen**

**46** Oesterreich, 13. 1. 1924, Nürnberg, 4:3 gewonnen: Stuhlfauth — T. Kugler, J. Müller — Hagen, Kalb, H. Schmidt — Auer (1), Franz (3), Seiderer, Wieder, Sutor
Schiedsrichter: E. Hebak (Tschechoslowakei)
Spielführer: Seiderer

**47** Holland, 21. 4. 1924, Amsterdam, 1:0 gewonnen: Stuhlfauth — J. Müller, Kugler — Hagen, Kalb, H. Schmidt — Auer (1), Franz, Seiderer, Träg, Ascherl
Schiedsrichter: F. Herren (Schweiz)
Spielführer: Seiderer

**48** Norwegen, 15. 6. 1924, Christiania, 2:0 gewonnen: Stuhlfauth — Risse, T. Kugler — Lang, Kalb, H. Schmidt — Strobel, Hochgesang, Harder, Wieder (1), Sutor (1) (Krause)
Schiedsrichter: A. Blörklund (Schweden)
Spielführer: Stuhlfauth

**49** Schweden, 31. 8. 1924, Berlin, 1:4 verloren: Kubnt — Risse, Bache — Eschenlohr, Lux, Lang — Leip, Hartmann, Harder (1), Kirsei, Paulsen (Schumann)
Schiedsrichter: F Herren (Schweiz)
Spielführer: Harder

**50** Ungarn, 21. 9. 1924, Budapest, 1:4 verloren: Stuhlfauth — Popp, Roller — Lang, Kalb, H. Schmidt — Strobel, Hochgesang, Harder (1), Bantle, Sutor
Schiedsrichter: H Retschury (Oesterreich)
Spielführer: Harder

**51** Italien, 23. 11. 1924, Duisburg, 0:1 verloren: Stuhlfauth — J. Müller, T. Kugler (H. Müller) — Hagen, Kalb, H. Schmidt — Höger, Fleischmann, Herberger (Franz), Meißner, Paulsen
Schiedsrichter: Th van Zwieteren (Holland)
Spielführer: H. Schmidt

**52** Schweiz, 14. 12. 1924, Stuttgart, 1:1 unentschieden: Stuhlfauth — Beier, J. Müller — Hagen, Kalb, H. Schmidt — Höger, Franz, Jäger, Harder (1), Paulsen
Schiedsrichter: J Mutters (Holland)
Spielführer: Jäger

## 1925

**4 Spiele: 2 Siege — 2 Niederlagen**

53 Holland, 29. 3. 1925, Amsterdam, 1:2 verloren: Zolper — Beier, J. Müller — Lang, Lux. Hagen — Voß (1), Sobek, Herberger, Harder, Paulsen
Schiedsrichter: F. Herren (Schweiz)
Spielführer: Harder

54 Schweden, 21. 6. 1925, Stockholm, 0:1 verloren: Ertl — Beier (Aug. Werner), Kutterer — Lang, Niederbacher, Martwig — Ruch, Montag, Karl Schulz, Ritter, Paulsen
Schiedsrichter: L. Andersen (Dänemark)
Spielführer: Beier

55 Finnland, 26. 6. 1925, Helsingfors, 5:3 gewonnen: Ertl — Aug. Werner, Kutterer — Lang, Lux, Martwig — Voß (1), Montag, K. Schulz, Paulsen (3). Ruch (1)
Schiedsrichter: O. Benzer (Schweden)
Spielführer: Paulsen

56 Schweiz, 25. 10. 1925, Basel, 4:0 gewonnen: Ertl — J. Müller, Kutterer — Lang, Köhler, H. Schmidt — Martwig, Franz, Harder (3). Hochgesang (1), Sutor
Schiedsrichter: E. Braun (Oesterreich)
Spielführer: Harder

## 1926

**4 Spiele: 2 Siege — 1 Unentschieden — 1 Niederlage**

57 Holland, 18. 4. 1926, Düsseldorf, 4:2 gewonnen: Ertl — J. Müller, Kutterer — Nagelschmitz, Köhler, Lang — Schröder, Gedlich, Harder (1), Pöttinger (3). L. Hofmann
Schiedsrichter: L. Andersen (Dänemark)
Spielführer: Harder

58 Schweden, 26. 6. 1926, Nürnberg 3:3 unentschieden: Stuhlfauth — Popp, Kutterer — Martwig, Köhler, Schmidt — Auer, Franz, Harder (3), Pöttinger, L. Hofmann
Schiedsrichter: L. Andersen (Dänemark)
Spielführer: Harder

59 Holland, 31. 10. 1926, Amsterdam, 3:2 gewonnen: Ertl — J. Müller, Kutterer — Martwig (Geiger), Kalb, H. Schmidt — Scherm, Hochgesang, Harder (2) Wieder (1). Träg
Schiedsrichter: A. J. Prince Cox (England)
Spielführer: Harder

60 Schweiz, 12. 12. 1926, München, 2:3 verloren: Ertl — Beier, Kutterer — Geiger, Köhler, H. Schmidt — Scherm (1). Hochgesang (1), Harder, Wolpers. L. Hofmann
Schiedsrichter: J. Mutters (Holland)
Spielführer: Harder

## 1927

**3 Spiele: 1 Sieg — 1 Unentschieden — 1 Niederlage**

61 Dänemark, 2. 10. 1927, Kopenhagen, 1:3 verloren: Ertl — Brunke, Kling — Mantel, Leinberger, Blum — Haftmann. R. Hofmann, Gedlich, Frank, Kleßling (1)
Schiedsrichter: R. Smedvik (Norwegen)
Spielführer: Blum

- 23 -

**62** Norwegen, 23. 10. 1927, Altona, 6:2 gewonnen: Stuhlfauth — Brunke, T. Kugler — Köpplinger, Kalb (1), Martwig - Reinmann, Hochgesang (2), Pöttinger (2), R. Hofmann 1 Hofmann (1)
Schiedsrichter: L. Andersen (Dänemark)
Spielführer: Kalb

**63** Holland, 20. 11. 1927, Köln, 2:2 unentschieden: Stuhlfauth — Falk, T. Kugler — J. Weber, Kalb, Heidkamp — Reinmann, R Hofmann, Pöttinger (2), Kuzorra, L. Hofmann
Schiedsrichter: A. 1 Prince Cox (England)
Spielführer: Kalb

## 1928
### 6 Spiele: 4 Siege — 2 Niederlagen

**64** Schweiz, 15. 4. 1928, Bern, 3:2 gewonnen: Wentorf — J. Müller, Kutterer — Knöpfle, Leinberger, Berthold — E. Albrecht (1), Hornauer (1), Pöttinger, R. Hofmann (1), L. Hofmann
Schiedsrichter: S. F. Rous (England)
Spielführer: J. Müller

**65** Schweiz, 28. 5. 1928, Amsterdam, 4:0 gewonnen: Stuhlfauth — Beier, H. Weber — Knöpfle, Kalb, Leinberger — E. Albrecht, Hornauer (1), Pöttinger, R. Hofmann (3), L. Hofmann
Schiedsrichter: W. Evmers (Holland)
Spielführer: Kalb

**66** Uruguay, 3. 6. 1928, Amsterdam, 1:4 verloren: Stuhlfauth — Beier, H. Weber — Knöpfle, Kalb, Leinberger — E. Albrecht, Hornauer — Pöttinger, R. Hofmann (1), L. Hofmann
Schiedsrichter: Youssef Mohamed (Aegypten)
Spielführer: Kalb

**67** Dänemark, 16. 9. 1928, Nürnberg, 2:1 gewonnen: Wentorf — Beier, H. Weber — Knöpfle, Leinberger, Heidkamp (1) — Reinmann Horn, J. Schmidt, Pöttinger, L. Hofmann (1)
Schiedsrichter: P. Ruoff (Schweiz)
Spielführer: Heidkamp

**68** Norwegen, 23. 9. 1928, Oslo, 2:0 gewonnen: Stuhlfauth — H. Müller, Risse — Knöpfle, Leinberger, Heidkamp — E. Albrecht, Winkler, J. Schmidt (1) Kuzorra (1), Kleßling
Schiedsrichter: L. Andersen (Dänemark)
Spielführer: Stuhlfauth

**69** Schweden, 30. 9. 1928, Stockholm, 0:2 verloren: Oehlhaar — Beier, H. Weber — Knöpfle, Köhler Heidkamp — E. Albrecht Sobek, Pöttinger, Kuzorra, L. Hofmann
Schiedsrichter: S. Hansen (Dänemark)
Spielführer: Pöttinger

## 1929
### 5 Spiele: 4 Siege — 1 Unentschieden

**70** Schweiz, 10. 2. 1929, Mannheim, 7:1 gewonnen: Kreß — Schütz, H Weber — Geiger, Leinberger, Knöpfle — Reinmann, Sobek (2), Pöttinger (1), Frank (4), L. Hofmann
Schiedsrichter: L. Andersen (Dänemark)
Spielführer: Pöttinger

**71** Italien, 28. 4. 1929. Turin, 2:1 gewonnen: Stuhlfauth — Beier, H. Weber — Geiger, Leinberger, Knöpfle — E. Albrecht, Hornauer (1), Pöttinger, Frank (1), L. Hofmann
Schiedsrichter: E. Gray (England)
Spielführer: Stuhlfauth

**72** Schottland, 1. 6. 1929. Berlin, 1:1: Stuhlfauth — Schütz, Brunke — Geiger, Gruber, Heidkamp — Ruch (1), Sobek, Pöttinger, R. Hofmann, L. Hofmann
Schiedsrichter: O. Olssen (Schweden)
Spielführer: Stuhlfauth

**73** Schweden, 23. 6. 1929. Köln, 3:0 gewonnen: W. Kreß — Schütz, H. Weber — Geiger, Leinberger, Knöpfle — E. Albrecht, Sobek, Horn, R. Hofmann (3), L. Hofmann
Schiedsrichter: E. Braun (Oesterreich)
Spielführer: L. Hofmann

**74** Finnland, 20. 10. 1929. Altona, 4:0 gewonnen: Blunck — Beier, Hagen — Flick, K. Schulz, W. Völker — E. Albrecht, Szepan (1), Horn, R. Hofmann (1), Sackenheim (2)
Schiedsrichter: B. H. Bech (Norwegen)
Spielführer: Beier

1930
6 Spiele: 2 Siege — 2 Unentschieden — 2 Niederlagen

**75** Italien, 2. 3. 1930. Frankfurt a. M., 0:2 verloren: Stuhlfauth — Hagen, H. Weber — Knöpfle (Mantel), Leinberger, Heidkamp — E. Albrecht, Szepan, Pöttinger, Frank, L. Hofmann
Schiedsrichter: P. Ruoff (Schweiz)
Spielführer: Stuhlfauth

**76** Schweiz, 4. 5. 1930. Zürich, 5:0 gewonnen: W. Kreß — Schütz, Stubb (Hagen) — Hergert, Leinberger, Heidkamp — Bergmaier, Sackenheim, Kuzorra (3), R. Hofmann (2), A. Huber
Schiedsrichter: S. F. Rous (England)
Spielführer: Leinberger

**77** England, 10. 5. 1930. Berlin, 3:3; W. Kreß — Schütz, Stubb — Heidkamp, Leinberger, Mantel — Bergmaier, Pöttinger, Kuzorra, R. Hofmann (3), L. Hofmann
Schiedsrichter: J. Mutters (Holland)
Spielführer: L. Hofmann

**78** Dänemark, 7. 9. 1930. Kopenhagen, 3:6 verloren: Wenz — Brunke, Stubb — Hergert, Münzenberg, Mantel — Straßburger, Sobek, Hohmann (1), R Hofmann (1), Kund (1)
Schiedsrichter: O. Olssen (Schweden)
Spielführer: R. Hofmann

**79** Ungarn, 28. 9. 1930. Dresden, 5:3 gewonnen: Kreß — Schütz, Burkhardt — Hergert, Leinberger, Heidkamp — Albrecht, Lachner (1), Ludwig (1), R. Hofmann (1), L. Hofmann (3)
Schiedsrichter: L. Andersen (Dänemark)
Spielführer: R. Hofmann

80 Norwegen, 3. 11. 1930. Breslau, 1:1: Jakob — Weber, Stubb
   Kauer, Münzenberg, Wendl — Albrecht, Lachner, Hohmann,
   R. Hofmann, Straßburger (Hanke) (1)
   Schiedsrichter: H. S. Boekman (Holland)
   Spielführer: R Hofmann

## 1931
### 7 Spiele: 1 Sieg — 3 Unentschieden — 3 Niederlagen

81 Frankreich, 15. 3. 1931. Paris, 0:1 verloren: Kreß — Schütz,
   Weber — Münzenberg, Leinberger, Knöpfle — Bergmaier,
   Haringer, Hergert, R. Hofmann, L. Hofmann (Weiker)
   Schiedsrichter: T. Crew (England)
   Spielführer: R. Hofmann

82 Holland, 26. 4. 1931. Amsterdam, 1:1: Kreß — Schröder,
   Weber — Stößel, Kauer, Knöpfle — Albrecht, Lachner,
   Schlösser (1), R. Hofmann, Müller
   Schiedsrichter: A. Bergquist (Schweden)
   Spielführer: H. Weber

83 Oesterreich, 25. 5. 1931. Berlin, 0:6 verloren: Gehlhaar —
   Beier, Weber — Knöpfle, Münzenberg, Müller — Bergmaier,
   Sobek, Hohmann, R. Hofmann, Müller
   Schiedsrichter: O. Olssen (Schweden)
   Spielführer: H. Weber

84 Schweden, 18. 6. 1931. Stockholm, 0:0: Kreß — Emmerich,
   Brunke — Kauer, Leinberger, Knöpfle — Bergmaier, Sobek,
   Ludwig, Widmaier, Sackenheim
   Schiedsrichter: J. Langenus (Belgien)
   Spielführer: Leinberger

85 Norwegen, 21. 6. 1931. Oslo, 2:2: Kreß — Emmerich, Brunke
   — Kauer, Leinberger, Knöpfle — Bergmaier (1), Sobek, Lud-
   wig (1), Widmaier, Sackenheim
   Schiedsrichter: I. Eklind (Schweden)
   Spielführer: Leinberger

86 Oesterreich, 14. 9. 1931. Wien, 0:5 verloren: Kreß — Emmerich, Brunke — Kauer, Leinberger, Knöpfle — Weiß, Hornauer, Kuzorra, R. Hofmann, Kund
   Schiedsrichter: O. Olssen (Schweden)
   Spielführer: Leinberger

87 Dänemark, 27. 9. 1931. Hannover. 4:2 gewonnen: Kreß —
   Schütz, Stubb — Gramlich, Leinberger, Knöpfle — Tibulski,
   Szepan, Kuzorra (1) R. Hofmann (3). Koblerski
   Schiedsrichter: A. Miesz (Oesterreich)
   Spielführer: Leinberger

## 1932
### 5 Spiele: 3 Siege — 2 Niederlagen

88 Schweiz, 6. 3. 1932. Leipzig, 2:0 gewonnen: Kreß — Schütz,
   Stubb — Gramlich, Leinberger, Knöpfle — Langenbein, Rohr,
   Kuzorra, R. Hofmann (2), Koblerski
   Schiedsrichter: H. S. Boekman (Holland
   Spielführer: Leinberger

89 Finnland, 1. 7. 1932. Helsingfors, 4:1 gewonnen: Jakob — Schütz, Stubb — Gramlich, Leinberger, Knöpfle — Fischer. R. Hofmann (3). Rutz (1). Kuzorra. Kobierski
Schiedsrichter: J. Anderssen (Schweden)
Spielführer: Leinberger

90 Schweden, 25. 9. 1932. Nürnberg, 4:3 gewonnen: Jakob — Haringer, Stubb — Knöpfle, Leinberger, Oehm — Bergmaier. Krumm (1). Rohr (2). R. Hofmann. Kobierski (1)
Schiedsrichter: R. Barlassina (Italien)
Spielführer: Leinberger

91 Ungarn, 30. 10. 1932, Budapest, 1:2 verloren: Jakob — L. Huber. Wendl — Janes, Leinberger, Knöpfle — Albrecht, Lachner. Malik (1). R. Hofmann. Kobierski
Schiedsrichter: A. Carraro (Italien)
Spielführer: Leinberger

92 Holland, 4. 12. 1932, Düsseldorf, 0:2 verloren: Buchloh — Schütz, Stubb — Mahlmann, Leinberger. Knöpfle — Albrecht, Wiegold, Kuzorra. R. Hofmann, Kobierski
Schiedsrichter: O. Olssen (Schweden)
Spielführer: Leinberger

1933

6 Spiele: 3 Siege — 2 Unentschieden — 1 Niederlage

93 Italien, 1. 1. 1933. Bologna, 1:3 verloren: Jakob (Buchloh) — Haringer, Wendl — Gramlich Leinberger. Knöpfle — Bergmaier, Krumm Rohr (1) Malik. Kobierski (Joppich).
Schiedsrichter: L. Baert (Belgien)
Spielführer: Leinberger

94 Frankreich, 19. 3. 1933. Berlin, 3:3: Jakob — Haringer, Wendl — Gramlich. Hergert, Mantel — Fischer. Lachner (1), Rohr (2). Lindner (R. Hofmann) Kobierski
Schiedsrichter: T. Crew (England)
Spielführer: Hergert

95 Belgien, 22. 10. 1933. Duisburg, 8:1 gewonnen: Buchloh — Busch, Hundt — Janes, Bender. Breuer — Albrecht (1). Wigold (2). Hohmann (3). Rasselnberg (1). Kobierski (1)
Schiedsrichter: O. Olssen (Schweden)
Spielführer: E. Albrecht

96 Norwegen, 5. 11. 1933. Magdeburg, 2:2: Buchloh — Hundt. Busch — Janes, Bender. Breuer — Albrecht (1). Wigold. Hohmann (1). Rasselnberg. Kobierski
Schiedsrichter: J. F. van Moorsel (Holland)
Spielführer: E. Albrecht

97 Schweiz, 19. 11. 1933. Zürich, 2:0 gewonnen: Jakob — Haringer, Wendl — Gramlich. Goldbrunner, Elberle — Lehner. Lachner (1), Hohmann (1) Rasselnberg. Heidemann
Schiedsrichter: R. Barlassina (Italien)
Spielführer: Gramlich

98 Polen. 3. 12. 1933. Berlin. 1:0 gewonnen: Jakob — Haringer. Krause — Janes. Bender. Appel — Lehner. Lachner Hohmann. Rasselnberg (1). Kobierski
Schiedsrichter: O Olssen (Schweden)
Spielführer: Kobierski

## 1934

### 3 Spiele: 7 Siege — 1 Niederlage

99 Ungarn. 14. 1. 1934. Frankfurt a. M.. 3:1 gewonnen: Kreß — Haringer (Schäfer). Stubb (1) — Gramlich. Goldbrunner. Oehm — Lehner. Lachner (1). Conen (1). Noack Politz
Schiedsrichter: L. Baert (Belgien)
Spielführer: Gramlich

100 Luxemburg. 11. 3. 1934. Luxemburg. 9:1 gewonnen: Buchloh — Hundt, Haringer — Janes. Szepan. Oehm — Albrecht (1). Wigold (1). Hohmann (3). Rasselnberg (4) Kobierski
Schiedsrichter: Th. de Wolf (Holland)
Spielführer: E. Albrecht

101 Belgien. 27. 5. 1934. Florenz. 5:2 gewonnen: Kreß — Haringer. Schwarz — Janes. Szepan. Zielinski — Lehner. Hohmann. Conen (3). Siffling (1). Kobierski (1)
Schiedsrichter: F. Mattea (Italien)
Spielführer: Szepan

102 Schweden. 31. 5. 1934. Mailand 2:1 gewonnen: Kreß — Haringer. Busch — Gramlich. Szepan. Zielinski — Lehner. . Hohmann (2). Conen. Siffling. Kobierski
Schiedsrichter: R. Barlassina (Italien)
Spielführer: Szepan

103 Tschechoslowakei. 3. 6. 1934. Rom. 1:3 verloren: .Kreß — Haringer. Busch — Zielinski. Szepan. Bender — Lehner. Siffling. Conen. Noack (1). Kobierski
Schiedsrichter: R. Barlassina (Italien)
Spielführer: Szepan

104 Oesterreich. 7. 6. 1934. Neapel. 3:2 gewonnen: Jakob — Janes. Busch — Zielinski. .Münzenberg. Bender — Lehner (2). Siffling. Conen (1) Szepan Heidemann
Schiedsrichter: A. Carraro (Italien)
Spielführer: Szepan

105 Polen. 9. 9. 1934. Warschau. 5:2 gewonnen: Buchloh — Janes. Busch — Zielinski. Münzenberg, Bender — Lehner (2). Siffling (1). Hohmann (1). Szepan (1) Fath
Schiedsrichter: O. Olssen (Schweden)
Spielführer: Szepan

106 Dänemark. 7. 10. 1934. Kopenhagen 5:2 gewonnen: Buchloh — Janes. Schwartz — Gramlich Münzenberg Zielinski — Lehner. Hohmann (1). Rohwedder (1) Szepan. Fath (3)
Schiedsrichter: R Bäckström (Schweden)
Spielführer: Szepan

17 Spiele: 13 Siege — 1 Unentschieden — 3 Niederlagen

107 Schweiz. **27. 1.** 1935. Stuttgart. **4:0 gewonnen:** Buckloh — Stührk, Busch — Gramlich, Goldbrunner, Appel — Lehner, (1), Siffling, Conen (3). Rohwedder, Kobierski
Schiedsrichter: L. Leclerco (Frankreich)
Spielführer: Goldbrunner

108 Holland. **17. 2.** 1935. Amsterdam. **3:2 gewonnen:** Buckloh — Stührk. Busch — Gramlich, Münzenberg, Zielinski (Janes) — Lehner. Hohmann (1). Conen (1). Rohwedder. Kobierski **(1)**
Schiedsrichter: O. Olssen (Schweden)
Spielführer: Gramlich

109 Frankreich. **17. 3** 1935. Paris. **3:1 gewonnen:** Jakob — Janes, Busch — Gramlich, Münzenberg, Zielinski — Lehner (1). Hohmann (1). Conen. Siffling. Kobierski (1)
Schiedsrichter: L. Baert (Belgien)
Spielführer: Gramlich

110 Belgien. **28. 4.** 1935. Brüssel. **6:1 gewonnen:** Jakob — Munkert, Busch — Gramlich, Goldbrunner, W. Schulz — Lehner, Siffling. Lenz (2) Damminger (2). Fath (2)
Schiedsrichter: Dr. J. F. van Moorsel (Holland)
Spielführer: Gramlich

111 Irland. **8. 5.** 1935. Dortmund **3:1 gewonnen:** Buchloh — Janes, Tiefel — Zielinski. Goldbrunner. Bender — Lehner (1), Siffling. Lenz. Damminger (2). Fath
Schiedsrichter: A Krist (Tschechoslowakei)
Spielführer: Buchloh

112 Spanien. **12. 5.** 1935. Köln. **1:2 verloren:** Buchloh — Janes, Busch — Gramlich, Münzenberg, Bender — Lehner. Hohmann. Conen (1). Rasselnberg. Fath
Schiedsrichter: J. Langenus (Belgien)
Spielführer: Gramlich

113 Tschechoslowakei. **26. 5.** 1935. Dresden **2:1 gewonnen:** Jakob — Janes Tiefel — Gramlich. Goldbrunner Zielinski — Lehner. Lenz (2). Conen. Siffling. Fath
Schiedsrichter: J. Langenus (Belgien)
Spielführer: Gramlich

114 Norwegen. **27. 6.** 1935. Oslo. **1:1:** Jakob — Janes, Tiefel — Gramlich. Goldbrunner Zielinski — Lehner. Lenz (1). Conen, Siffling Fath
Schiedsrichter: S. Flisberg (Schweden)
Spielführer: Gramlich

115 Schweden. **3. 7.** 1935. Stockholm. **1:3 verloren:** Buchloh — Janes, Tiefel — Zielinksi. Münzenberg, Bender — Lehner, Siffling. Conen Rohwedder (1) Kobierski
Schiedsrichter: E Ulrich (Dänemark)
Spielführer: Münzenberg

116 Finnland, 18. 8. 1935, München, 6:0 gewonnen: Jakob — Janes, Munkert — Gramlich, Goldbrunner, Schulz — Lehner (3). Siffling, Conen (3). Szepan, Fath
Schiedsrichter: B. Pfützner (Tschechoslowakei)
Spielführer: Szepan

117 Luxemburg, 18. 8. 1935, Luxemburg, 1:0 gewonnen: Jürissen — Busch, Gramlich, II — Zielinski, Sold, Stephan — Elbern, Gellesch, Fricke, Urban, Günther (1)
Schiedsrichter: L. Baert (Belgien)
Spielführer: Busch

118 Rumänien, 25. 8. 1935, Erfurt, 4:2 gewonnen: Buchloh — Münzenberg, Gramlich II — Werner, Deike, Kitzinger — Malecki, Lenz (1), Hohmann (1), Rasselnberg (1), Simetsreiter (1)
Schiedsrichter: Dr. J. F. van Moorsel (Holland)
Spielführer: Hohmann

119 Polen, 15. 9. 1935, Breslau, 1:0 gewonnen: Jakob — Haringer, Gramlich II — Gramlich I, Goldbrunner, Zielinski — Lehner, Lenz, Conen (1), Siffling, Fath
Schiedsrichter: O. Olssen (Schweden)
Spielführer: Gramlich

120 Estland, 15. 9. 1935, Stettin, 5:0 gewonnen: Sonnrein — Münzenberg, Tiefel — Sukop, Matthies, W. Schulz — Malecki (1), Hohmann, Damminger (1), Rasselnberg (1), Simetsreiter (2)
Schiedsrichter: E. Malmström (Schweden)
Spielführer: Hohmann

121 Lettland, 13. 10. 1935, Königsberg, 3:0 gewonnen: Jürissen — Stührk, Tiefel — Ruchay, Matthies, Appel — Langenbein (1), Lenz (1), Panse (1), Bökle, Heidemaru
Schiedsrichter: M. Rutkowski (Polen)
Spielführer: Tiefel

122 Bulgarien, 20. 10. 1935, Leipzig, 4:2 gewonnen: Buchloh — Münzenberg, Haringer — Gramlich, Goldbrunner, Warncken — Lehner (1), Siffling, Pörtgen (1), Szepan, Simetsreiter (2).
Schiedsrichter: M. Ivancsics (Ungarn)
Spielführer: Szepan

123 England, 4. 12. 1935, London, 0:3 verloren: Jakob — Haringer, Münzenberg — Janes, Goldbrunner, Gramlich — Lehner, Szepan, Hohmann, Rasselnberg, Fath
Schiedsrichter: O. Olssen (Schweden)
Spielführer: Szepan

### 1936

11 Spiele: 5 Siege — 2 Unentschieden — 4 Niederlagen

124 Spanien, 23. 2. 1936, Barcelona, 2:1 gewonnen: Jakob — Münzenberg, Munkert — Janes, Goldbrunner, Gramlich — Lehner, Siffling, Lenz, Szepan, Fath (2)
Schiedsrichter: J. Langenus (Belgien)
Spielführer: Szepan

125 Portugal. 27. 2. 1936, Lissabon. 3:1 gewonnen: Buchloh (Jakob)
— Münzenberg, Tiefel — Janes. Goldbrunner, Kitzinger (1) —
Lehner (1). Hohmann (1). Siffling. Szepan. Simetsreiter
Schiedsrichter: P. Escartin (Spanien)
Spielführer: Szepan

126 Ungarn. 15. 3. 1936. Budapest. 2:3 verloren: Sonnrein —
Münzenberg. Munkert — Janes. Sold. Kitzinger — Elbern,
Gellesch. Lenz (1). Szepan. Urban (1).
Schiedsrichter: A. Krist (Tschechoslowakei)
Spielführer: Szepan

127 Luxemburg. 5. 8. 1936, Berlin (Olympiade) 9:0 gewonnen:
Buchloh — Münzenberg. Ditgens — Mehl. Goldbrunner,
Bernard — Elbern (1), Gauchel (2). Hohmann. Urban (3).
Simetsreiter (3)
Schiedsrichter: P. von Hertzka (Ungarn)
Spielführer: Münzenberg

128 Norwegen. 8. 8. 1936. Berlin (Olympiade). 0:2 verloren: Jakob
— Münzenberg. Ditgens — Gramlich. Goldbrunner. Bernard
— Lehner. Siffling. Lenz. Urban. Simetsreiter
Schiedsrichter: Dr. A. W. Barton (England)
Spielführer: Gramlich

129 Polen. 13. 9. 1936. Warschau. 1:1 unentschieden: Buchloh —
Janes, Münzenberg — Mehl, Rodzinski. Kitzinger — Elbern,
Gauchel, Hohmann (1), Euler, Günther
Schiedsrichter: R. Eklöw (Schweden)
Spielführer: Münzenberg

130 Tschechoslowakei. 27. 9. 1936. Prag. 2:1 gewonnen: Jakob —
Münzenberg. Munkert — Rodzinski, Goldbrunner. Kitzinger —
Elbern (1). Gellesch. Siffling (1). Lenz. Kobierski
Schiedsrichter: Dr. J. F. van Moorsel (Holland)
Spielführer: Münzenberg

131 Luxemburg. 27. 9. 1936. Krefeld. 7:2 gewonnen: Jürissen —
Busch. Sievert — Tibulski. Rohde, Zielinski — Malecki (1),
Billen, Pörtgen (3). Kuzorra (2). Günther (1)
Schiedsrichter: O. Olssen (Schweden)
Spielführer: Busch

132 Schottland. 14. 10. 1936. Glasgow. 0:2 verloren: Jakob —
Münzenberg, Munkert — Janes, Goldbrunner Kitzinger —
Elbern. Gellesch. Siffling. Szepan. Urban
Schiedsrichter: H. Nattras (England)
Spielführer: Szepan

133 Irland. 17. 10. 1936. Dublin, 2:5 verloren: Jakob — Münzen-
berg. Munkert — Rodzinski, Goldbrunner, Kitzinger — Lehner.
Siffling. Hohmann. Szepan (1). Kobierski (1)
Schiedsrichter: W. Webb (Schottland)
Spielführer: Szepan

134 Italien. 15. 11. 36, Berlin. 2:2: Jakob — Münzenberg. Mun-
kert — Janes. Goldbrunner. Kitzinger — Elbern. Gellesch.
Siffling (2). Szepan. Urban.
Schiedsrichter: R. Eklöw (Schweden)
Spielführer: Szepan

## 1937

11 Spiele: 10 Siege — 1 Unentschieden

135 Holland, 31. 1. 1937, Düsseldorf, 2:2: Jakob — Janes, Munzenberg — Gellesch, Goldbrunner, Kitzinger — Lehner (2), Hohmann, Friedel, Szepan, Günther
Schiedsrichter: L. Leclerco (Frankreich)
Spielführer: Szepan

136 Frankreich, 21. 3. 1937, Stuttgart, 4:0 gewonnen: Jakob — Janes, Münzenberg — Gellesch, Goldbrunner, Kitzinger — Lehner (1), Siffling, Lenz (1), Szepan, Urban (2).
Schiedsrichter: R. Barlassina (Italien)
Spielführer: Szepan

137 Luxemburg, 21. 3. 1937, Luxemburg, 3:2 gewonnen: Köbl — Appel, Klaas — Kupfer, Sold, Schädler — Malecki, Gauchel, Pörtgen (1), Hohmann, Striebinger (2).
Schiedsrichter: K. Wunderlin (Schweiz)
Spielführer: Hohmann

138 Belgien, 25. 4. 1937, Hannover, 1:0 gewonnen: Jakob — Haringer, Münzenberg — Kupfer, Goldbrunner, Kitzinger — Lehner, Rohwedder, Lenz, Hohmann (1), Striebinger.
Schiedsrichter: A. J. Jewell (England)
Spielführer: Münzenberg

139 Schweiz, 2. 5. 1937, Zürich, 1:0 gewonnen: Jakob — Billmann, Münzenberg — Kupfer, Goldbrunner, Kitzinger (1) — Lehner, Szepan, Eckert, Noack, Urban.
Schiedsrichter: L. Baert (Belgien)
Spielführer: Szepan

140 Dänemark, 16. 5. 1937, Breslau, 8:0 gewonnen: Jakob — Janes, Münzenberg — Kupfer, Goldbrunner, Kitzinger — Lehner (1), Gellesch, Siffling (5), Szepan (1), Urban (1).
Schiedsrichter: A. Krist (Tschechoslowakei)
Spielführer: Szepan

141 Lettland, 25. 6. 1937, Riga, 3:1 gewonnen: Jürissen — Welsch, Münzenberg — Männer, Sold, Schädler — Elbern, Siffling, Berndt (2), Hohmann (1), Simetsreiter.
Schiedsrichter: A. Krist (Tschechoslowakei)
Spielführer: Hohmann

142 Finnland, 29. 6. 1937, Helsinki, 2:0 gewonnen: Jakob — Janes, Münzenberg — Kupfer, Goldbrunner, Kitzinger — Lehner (1), Gellesch, Siffling, Szepan, Urban (1).
Schiedsrichter: Dr. Remke (Dänemark)
Spielführer: Szepan

143 Estland, 29. 8. 1937, Königsberg, 4:1 gewonnen: Jakob — Janes, Münzenberg — Rose, Goldbrunner, Schädler — Lenner (2), Gauchel (2), Berndt, Szepan, Simetsreiter
Schiedsrichter: B. Pfützner (Tschechoslowakei)
Spielführer: Szepan

144 Norwegen, 24. 10. 1937, Berlin, 3:0 gewonnen: Jakob — Janes, Münzenberg — Kupfer, Goldbrunner, Kitzinger — Lehner, Gellesch, Siffling (3), Szepan, Urban.
Schiedsrichter: P. Snape (England)
Spielführer: Szepan

145 Schweden, 21. 11. 1937, Hamburg, 5:0 gewonnen: Jakob — Janes, Münzenberg — Kupfer, Goldbrunner, Gellesch — Lehner, Schön (2), Siffling (2), Szepan (1), Urban.
Schiedsrichter: B. Pfützner (Tschechoslowakei)
Spielführer: Szepan

9 Spiele: 3 Siege — 4 Unentschieden — 2 Niederlagen

146 Schweiz, 6. 2. 1938, Köln, 1:1: Jürissen — Janes, Münzenberg — Kupfer, Sold, Gellesch — Lehner, Urban, Siffling, Szepan (1), Striebinger.
Schiedsrichter: R. G. Rudd (England)
Spielführer: Szepan

147 Ungarn, 20. 3. 1938, Nürnberg, 1:1: Jakob — Billmann, Münzenberg — Kitzinger, Goldbrunner, Mengel — Lehner, Siffling (1), Berndt, Kuzorra, Fath.
Schiedsrichter: J. Langenus (Belgien)
Spielführer: Münzenberg

148 Luxemburg, 20. 3. 1938, Wuppertal, 2:1 gewonnen: Klodt — Schulz, Dittgens — Berg, Sold, Schädler — Winkler, Gauchel (2) Lenz Heibach, Holz.
Schiedsrichter: Wüthrich (Schweiz)
Spielführer: Sold

149 Portugal, 24. 4. 1938, Frankfurt, 1:1: Jakob — Janes, Münzenberg — Kupfer, Goldbrunner, Kitzinger — Lehner, Gellesch, Siffling (1) Szepan, Fath.
Schiedsrichter: M Barlassina (Italien)
Spielführer: Szepan

150 England, 15. 5. 1938, Berlin, 3:6 verloren: Jakob — Janes, Münzenberg — Kupfer, Goldbrunner, Kitzinger — Lehner, Gellesch (1), Gauchel (1). Szepan, Pesser (1).
Schiedsrichter: J. Langenus (Belgien)
Spielführer: Szepan

151 Schweiz, 4. 6. 1938, Paris (Weltmeisterschaft), 1:1 n. Verl.: Raftl — Janes Schmaus — Kupfer Mock, Kitzinger — Lehner, Gellesch Gauchel (1). Hahnemann, Pesser.
Schiedsrichter: J. Langenus (Belgien)
Spielführer: Mock

152 Schweiz, 9. 6. 138, Paris (Weltmeisterschaft, Wiederholungsspiel), 2:4 verloren: Raftl — Janes, Streitle — Kupfer, Goldbrunner, Skoumal — Lehner, Stroh, Hahnemann (1), Szepan, Neumer (1 Selbsttor Lörtscher).
Schiedsrichter: Eklind (Schweden)
Spielführer: Szepan

153 Polen 18. 9. 1938, Chemnitz, 4:1 gewonnen: Jakob — Janes, Münzenberg — Kupfer Goldbrunner, Kitzinger — Hahnemann. Stroh Gauchel (3). Schön (1). Pesser.
Schiedsrichter: Wüthrich (Schweiz)
Spielführer: Münzenberg

154 Rumänien. 25. 9. 1938. Bukarest. 4:1 gewonnen: Raftl — Appel. Schmaus — Wagner. Mock. Skoumal — Biallas. Hahnemann Stroh (1) Schön (1) Pesser (1). Eixentor (Albu)
Schiedsrichter: Popovich (Jugoslawien)
Spielführer: Mock

### 1939

15 Spiele: 9 Siege — 2 Unentschieden — 4 Niederlagen

155 Belgien 29. 1. 1939. Brüssel. 4:1 gewonnen: Platzer — Streitle. Schmaus — Rohde. Goldbrunner Gellesch — Lehner (1). Hahnemann (1). Binder (1). Schön (1), Arlt
Schiedsrichter: Elöw (Schweden)
Spielführer: Goldbrunner

156 Jugoslawien. 26. 2. 1939. Berlin. 3:2 gewonnen: Klodt — Janes (1). Streitle — Kupfer. Tibulski. Kitzinger — Biallas (1). Stroh. Gauchel. Hahnemann. Urban (1).
Schiedsrichter: Rutkowski (Polen)
Spielführer: Janes.

157 Italien. 26 3. 1939. Florenz. 2:3 verloren: Platzer — Janes (1). Schmaus — Kupfer. Goldbrunner. Kitzinger. — Lehner. Hahnemann (1). Gauchel. Schön Pesser.
Schiedsrichter: Baert (Belgien)
Spielführer: Janes

158 Luxemburg. 26. 3. 1939. Differdingen. 1:2 verloren: Flotho — Münzenberg. Immig — Rohde. Piccard. Männer — Malecki. Pöhler Hänel (1) Fiederer Arlt.
Schiedsrichter: Charlier (Belgien)
Spielführer: Münzenberg

159 Irland. 23. 5. 1939. Bremen. 1:1: Jakob — Janes Streitle — Kupfer. Rohde. Kitzinger — Lehner. Hahnemann Gauchel. Schön (1). Arlt.
Schiedsrichter: Dr. Remke (Dänemark)
Spielführer: Janes

160 Norwegen. 22. 6. 1939. Oslo. 4:0 gewonnen: Klodt — Janes (1). Schmaus — Kupfer. Goldbrunner. Kitzinger — Lehner. Gellesch. Schön (2). Schaletzki. Urban (1)
Schiedsrichter: Eklin (Schweden)
Spielführer: Janes

161 Dänemark 25 6. 1939 Kopenhagen 2.0 gewonnen: Klodt — Janes. Streitle — Kupfer Rohde. Kitzinger — Biallas. Hahnemann. Conen (1) Gauchel (1). Arlt
Schiedsrichter: Johansen (Norwegen)
Spielführer: Janes

162 Estland 29. 6. 1939 Tallinn 2:0 gewonnen: Devhle — Janes. Moog — Jakobs Rohde Männer — Lehner (1) Schaletzki (1) Hänel. Gauchel Arlt
Schiedsrichter: Jürgens (Lettland)
Spielführer: Janes

163 Slowakei. 27 8. 1939 Preßburg 0:2 verloren: Jürisssen — Immig. Marischka — Sabeditsch. Pekarek. Merkel — Hofer. Reitmaier. Binder. Kaburek. Gärtner
Schiedsrichter: Popovich (Jugoslawien)
Spielführer: Binder

164 Ungarn. 24. 9. 1939. Budapest. 1:5 verloren: Jakob — Janes, Schmaus — Kupfer, Goldbrunner, Kitzinger — Lehner (1), Gellesch, Schön. Szepan. Pesser.
Schiedsrichter: Dattilo (Italien)
Spielführer: Szepan

165 Jugoslawien. 15. 10. 1939. Zagreb. 5:1 gewonnen: Klodt — Janes, Billmann — Kupfer, Sold. Kitzinger — Lehner. Schön (3). Conen. Szepan (2). Urban.
Schiedsrichter: Barlassina (Italien)
Spielführer: Szepan

166 Bulgarien. 22. 10. 1939. Sofia. 2:1 gewonnen: Klodt — Janes, Billmann — Kupfer, Sold, Kitzinger — Lehner, Gellesch. Conen (1). Szepan, Urban (1).
Schiedsrichter: Stefanowitsch (Jugoslawien)
Spielführer: Szepan

167 Protektorat Böhmen/Mähren. 12. 11. 1939. Breslau. 4:4: Raftl — Janes (1). Billmann — Kupfer. Sold. Männer — Lehner, Schön. Binder (3). Urban. Arlt.
Schiedsrichter: Popovich (Jugoslawien)
Spielführer: Janes

168 Italien. 26. 11. 1939. Berlin. 5:2 gewonnen: Raftl — Janes, Billmann — Kupfer. Rohde, Kitzinger — Lehner (1), Hahnemann. Conen (1). Binder (3). Pesser.
Schiedsrichter: Escartin (Spanien)
Spielführer: Janes

169 Slowakei. 3. 12. 1939. Chemnitz. 3:1 gewonnen: Jahn — Billmann. Kubus — Goede, Rohde. Kitzinger — Lehner (1), Schön (1). Hänel. Fiederer (1). Arlt.
Schiedsrichter: Dr. Remke (Kopenhagen)
Spielführer: Lehner

**1940**

10 Spiele: 5 Siege — 7 Unentschieden — 3 Niederlagen

170 Ungarn. 7. 4. 1940. Berlin. 2:2: Klodt — Janes, Billmann — Kupfer, Rohde Kitzinger — Lehner. Gauchel (1). Conen. Binder (1) Pesser
Schiedsrichter: Daert (Belgien)
Spielführer: Janes

171 Jugoslawien. 14. 4. 1940 Wien. 1:2 verloren: Raftl — Janes, Schmaus — Hanreiter. Hofsätter. Skoumal — Lehner (1). Hahnemann. Binder. Gauchel. Pesser.
Schiedsrichter: Dassilo (Italien)
Spielführer: Janes

172 Italien. 5. 5. 1940. Mailand. 2:3 verloren: Klodt — Janes, Billmann — Kupfer. Rohde. Kitzinger — Lehner. Hahnemann. Binder (2). Urban. Pesser.
Schiedsrichter: Ivanic (Ungarn)
Spielführer: Janes

**173** Rumänien. 14. 7. 1940. Frankfurt. 9:3 gewonnen: Martinek — Janes. Moog — Kupfer. Krüger. Kitzinger — Plener (2). Hahnemann (2). Walter (3). Fiederer (2). Arlt.
Schiedsrichter: Scorzoni (Italien)
Spielführer: Janes

**174** Finnland. 1. 9. 1940. Leipzig. 13:0 gewonnen: Klodt — Schneider. Moog — Kupfer. Dzur. Kitzinger — Plener. Hahnemann (6). Walter (2). Conen (4). Arlt (1).
Schiedsrichter: Dr Remke (Kopenhagen)
Spielführer: Kitzinger

**175** Slowakei. 15. 9. 1940. Preßburg. 1:0 gewonnen: Jahn — Janes. Moog — Zwolanowski. Dzur. Männer — Eppenhoff. Hahnemann. Conen. Jelinek. Dourek (1).
Schiedsrichter: Scarpi (Italien)
Spielführer: Janes

**176** Ungarn. 6. 10. 1940. Budapest. 2:2 unentschieden: Klodt — Janes. Moog — Kupfer. Goldbrunner. Kitzinger — Lehner (1). Hahnemann (1). Walter. Conen. Pesser.
Schiedsrichter: Dassilo (Italien)
Spielführer: Janes

**177** Bulgarien. 20. 10. 1940. München. 7:3 gewonnen: Klodt — Streitle. Moog — Kupfer (1). Goldbrunner. Hammerl — Lehner (1). Walter. Conen (4). Sing. Gärtner (1).
Schiedsrichter: Kiss (Ungarn)
Spielführer: Goldbrunner

**178** Jugoslawien. 3. 11. 1940. Zagreb. 0:2 verloren: Klodt — Janes. Streitle — Kupfer. Rohde. Kitzinger — Lehner. Zwolanowski. Walter. Fiederer. Arlt.
Schiedsrichter: Scarpi (Italien)
Spielführer: Janes

**179** Dänemark 17. 11. 1940. Hamburg. 1:0 gewonnen: Jahn — Janes. Moog — Kupfer. Rohde. Kitzinger — Lehner. Walter. Binder. Schön (1). Pesser.
Schiedsrichter: Ahlfors (Finnland)
Spielführer: Janes

## 1941

**180** Schweiz. 9. 3. 1941. Stuttgart. 4:2 gewonnen: Klodt — Janes. Streitle — Kupfer. Rohde. Kitzinger — Hanreiter. Walter (1). Schön (2). Kobierski (1).
Schiedsrichter: Scorzioni (Italien)
Spielführer: Janes

**181** Ungarn. 6. 4. 1941. Köln. 7:0 gewonnen: Klodt — Janes (1). Miller — Kupfer. Rohde. Kitzinger — Hanreiter Hahnemann (2) Walter (1). Schön (2). Kobierski (1).
Schiedsrichter: Escartin (Spanien)
Spielführer: Janes

182 Schweiz. 20. 4. 1941. Bern. 1:2 verloren: Klodt — Janes, Miller — Kupfer. Rohde. Kitzinger — Hanreiter, Hahnemann (1). Walter. Schön. Kobierski.
Schiedsrichter: Scarpi (Italien).
Spielführer: Janes

183 Rumänien. 1. 6. 1941. Bukarest. 4:1 gewonnen: Klodt — Janes. Billmann — Kupfer. Rohde, Kitzinger — Lehner, Walter (1). Binder. Willimowski (2). Kobierski (1).
Schiedsrichter: Bizic (Slowakei)
Spielführer· Janes

184 Kroatien. 15. 6. 1941. Wien. 5:1 gewonnen: Jann — Sesta. Schmaus — Urbanek. Mock. Hanreiter — ·Lehner (2). Hahnemann. Walter (2). Willimowski (1). Fiederer.
Schiedsrichter: Mieß (Deutschland). (Wüthrich - Schweiz ausgeblieben)
Spielführer: Hahnemann

**185 Schweden, 5, 10. 41,** Stockholm 2:4 verloren: Klodt — Janes, Billmann — Kupfer, Rohde, Kitzinger — Lehner (1), Hahnemann, Walter (1), Schön, Gärtner.
Schiedsrichter: Laursen (Dänemark)
Spielführer: Janes.
**186 Finnland, 5. 10. 41,** Helsinki 6:0 gewonnen: Jahn·— Richter, Miller — Pohl, Dzur, Schubert — Burdenski, Gellesch, Eppenhoff (3), Willimowski (3), Kobierski.
Schiedsrichter: Eriksson (Schweden)
Spielführer: Gellesch.
**187 Dänemark. 16. 11. 41.** Dresden. 1:1: Jahn — Janes, Miller — Kupfer, Rohde, Schubert — Hahnemann (1), Walter, Conen, Willimowski, Fiederer.
Schiedsrichter: Eklind (Schweden)
Spielführer: Janes
**188 Slowakei. 7. 12. 41.** Breslau. 4:0: Jahn — Janes, Miller — Pohl, Rohde, Schubert — Riegler, Hahnemann, Conen (2), Walter (1), Durek (1).
Schiedsrichter: Kroner (Rumänien)
Spielführer: Janes
**Bilanz 1941: 9 Spiele - 6 Siege - 1 Unentschieden - 2 Niederlagen**
**189 Kroatien. 25. 1. 42.** Agram. 2:0: Jahn — Sesta, Schmaus — Wagner, Mock, Hanreiter — Riegler, Decker (1), Conen, Walter, Durek (1 Selbsttor Boradi).
Schiedsrichter: Muler (Slowakei)
Spielführer: Mock
**190 Schweiz. 1. 2. 42.** Wien. 1:2 verloren: Jahn — Sesta, Schmaus — Wagner, Mock, Hanreiter — Fitz, Decker (1), Eppenhoff, Walter, Durek.
Schiedsrichter: Scarpi (Italien)
Spielführer: Mock
**191 Spanien. 12. 4. 42.** Berlin. 1:1: Jahn — Janes, Miller — Kitzinger, Rohde, Sing — Dörfel, Decker (1), Conen, Walter, Durek.
Schiedsrichter: Barlassina (Italien)
Spielführer: Janes

**192** Ungarn. 3. 5. 42. Budapest. 5:3 gewonnen: Jahn — Janes (1), Miller — Kitzinger, Rohde, Sing (1) — Dörfel (1), Decker, Conen, Walter (2), Durek.
Schiedsrichter: Barlassina (Italien)
Spielführer: Janes

**193** Bulgarien. 19. 7. 42. Sofia. 3:0 gewonnen: Jahn — Janes, Miller — Kupfer, Sold, Sing — Burdenski, Decker (2), Walter, Gauchel, Arlt (1).
Schiedsrichter: Meuler (Slowakei)
Spielführer: Janes

**194** Rumänien. 16. 8. 42. Beuthen. 7:0 gewonnen: Jahn — Janes, Miller — Kupfer, Sold, Sing — Burdenski (1), Decker (1), Walter (3), Willimowski (1), Klingler (1).
Schiedsrichter: Muler (Slowakei)
Spielführer: Janes

**195** Schweden. 20. 9. 42. Berlin. 2:3 verloren: Jahn — Janes, Miller — Kupfer, Sold, Rohde — Lehner, Decker (1), Walter, Sing, Klingler (1).
Schiedsrichter: Laursen (Dänemark)
Spielführer: Janes

**196** Schweiz. 18. 10. 42. Bern. 5:3 gewonnen: Jahn — Janes, Miller — Kupfer, Rohde, Sing — Lehner, Walter (1), Willimowski (4), Klingler, Urban.
Schiedsrichter: Escartin (Spanien)
Spielführer: Janes

**197** Kroatien. 1. 11. 42. Stuttgart. 5:1 gewonnen: Jahn — Janes (1), Adamkiewicz — Kupfer, Rohde, Sing — Lehner, Walter (1), Willimowski (2), Urban, Klingler (1).
Schiedsrichter: Palasti (Ungarn)
Spielführer: Janes

**198** Slowakei. 22. 11. 42. Preßburg. 5:2 gewonnen: Jahn — Janes, Miller — Kupfer, Rohde, Sing — Adamkiewicz (1), Decker (1), Willimowski, Walter, Klingler (3).
Schiedsrichter: Bazant (Kroatien)
Spielführer: Janes

# EHRENTAFEL
## der deutschen Nationalspieler

### Erklärungen der Zeichen:

Bg = Belgien Bö = Protektorat Böhmen/Mähren, Bu = Bulgarien, D = Dänemark E = England, Est = Estland, Fi = Finnland Fr = Frankreich H = Holland, Ir = Irland, It = Italien, Jg = Jugoslawien, Kro = Kroatien, Le = Lettland, Lu = Luxemburg, N = Norwegen, Oe = Oesterreich, Pl = Polen, Pg = Portugal, Rum = Rumänien, Ruß = Rußland, Scho = Schottland, Sd = Schweden, Sl = Slowakei, Sz = Schweiz, So = Spanien, Tsch = Tschechoslowakei, U = Ungarn, Uv = Uruguay.

1  Albrecht Erich (Wacker Leipzig) 1909 E
17  Albrecht Ernst (Fortuna Düsseldorf) 1928 Sz. Sz. Uy. N. Sl — 1929 It. Sd. Fi — 1930 It. U. N — 1931 H — 1932 U. H — 1933 Bg. N. — 1934 Lu
1  Altvater Heinrich (Wacker München) 1922 Sz
5  Appel Hans (Berliner SV. 92) 1933 Pl — 1935 Sz. Le — 1937 Lu — 1938 Rum
10  Arlt Willy (Riesaer SpV.) 1939 Bg. Lu, Ir, D, Est, Bö. Sl — 1940 Rum. Fi. Jg
1  Ascherl Willy (SpVgg. Fürth) 1924 H
1  Au Alfred (VfR. Mannheim) 1921 Fi
3  Auer Karl (SpVgg. Fürth) 1924 Oe. H — 1926 Sd
2  Bache Fritz (Wacker 04 Berlin) 1923 N — 1924 Sd
1  Bantle Ernst (Freiburger FC.) 1924 U
1  Baumgarten Fritz (Germania Berlin) 1908 Sz
4  Baumgärtner Willy (Düsseldorfer SV 04) 1908 Sz. E. Oe — 1909 E
2  Bauwens Dr. Peco (Kölner SC 99) 1910 Bg
1  Becker Fritz (Kickers Frankfurt) 1908 Sz
11  Beier Albert (Hamburger SV.) 1924 Sz — 1925 H. Sd — 1926 Sz — 1928 Sz. Uy. D. Sd — 1929. It. Fi — 1931 Oe
9  Bender Jakob (Fortuna Düsseldorf) 1933 Bg. N. Pl — 1934 Tsch. Oe. Pl — 1935 Ir. Sp. Sd
1  Berg Walter (Schalke 04) 1938 Lu
1  Berghausen Alfred (Preußen Duisburg) 1910 Bg
8  Bergmaier Josef (Bayern München) 1930 Sz. E — 1931 Fr. Oe. Sd. N — 1932 Sd — 1933 It
2  Bernard Robert (VfR Schweinfurt) 1936 Lu. N
1  Berndt Hans (Tennis Borussia Bln.) 1937 Le. Est — 1938 U
1  Bert Adalbert Friedrich (VfB Leipzig) 1910 Bg
1  Berthold Rudolf (Dresdner SC.) 1928 Sz
3  Biallas Hans (Duisburg 99) 1938 Rum — 1939 Jg. D
1  Billen Matthias (VfL. Osnabrück) 1936 Lu
10  Billmann Willy (1. FC. Nürnberg) 1937 Sz — 1938 U — 1939 Jg. Bu. Bö. It. Sl — 1940 U. It — 1941 Ru

7 **Binder** Franz (Rapid Wien) 1939 Bg. Sl. Bö. It — 1940
    U. Ig. It. Dä — 1941 Rum
1 **Blum** Ernst (VfB Stuttgart) 1927 D
1 **Blunck** Wilhelm (Hamburger SV.) 1929 Fi
1 **Bökle** Otto (VfB. Stuttgart) 1935 Le
1 **Bohmann** Albert (Essener Turnerbund) 1914 H
1 **Bork** Dr. Walter (MTV. München) 1911 U
5 **Bosch** Hermann (Karlsruher FV.) 1912 Oe. U. D. H — 1913 Sz
2 **Breuer** Theo (Fortuna Düsseldorf) 1933 Bg. N
9 **Breunig** Max (Karlsruher FV. u. 1. FC Pforzheim) 1910 H —
    1911 Sz. Bg. Oe — 1912 H. Oe. H — 1913 D. Bg
1 **Breynk** Andreas (Preußen Duisburg) 1910 Bg
7 **Brunke** Hans (Tennis-Borussia Berlin) 1927 D N — 1929 Scho
    — 1930 D — 1931 Sd. N, Oe
17 **Buchloh** Fritz (VfB. Speldorf) 1932 H — 1933 It. Bg. N —
    1934 Lu. Pl. D — 1935 Sz H. Ir. Sp. Sd. Rum. Bu —
    1936 Pg. Lu. Pl
1 **Budzinsky** Lothar (Duisburger SV.) 1910 Bg
1 **Bülte** Otto (Eintracht Braunschweig) 1910 H
11 **Burger** Karl (SpVgg. Fürth) 1909 Sz — 1910 Sz — 1911 Sa.
    E. Bg. Sd. Oe. Sd — 1912 H. Sz. Ruß
1 **Burkhardt** Theodor (Germania Brötzingen) 1930 U
13 **Busch** Wilhelm (Duisburg 99) 1933 Bg. N — 1934 Sd. Tsch.
    Oe Pl — 1935 Sz H Fr Bg Sp Lu — 1936 Lu

2 **Claus-Oehler** Walter (Arminia Bielefeld) 1923 H. F
23 **Conen** Edmund (FV. Saarbrücken und Stuttgarter Kickers)
    1934 U. Bg Sd. Tsch. Oe — 1935 Sz. H, F. Sp. Tsch.
    N. Sd. Fi. Pl — 1939 D Jg. Bu It — 1940 U. Fi. Sl.
    U Bu

3 **Damminger** Ludwig (Karlsruher FV.) 1935 Bg. Ir. Est
1 **Deike** Fritz (Hannover 96) 1935 Rum
1 **Deyhle** Erwin (Stuttgarter Kickers) 1939 Est
4 **Diemer** Kurt (Britannia Berlin) 1912 D. H. — 1913 E Sz
3 **Ditgens** Heinz (Borussia Gladbach und Jäger Bückeburg)
    1936 Lu N — 1938 Lu
1 **Droz** Rudolf (Preußen Berlin) 1911 Sd
2 **Dumke** Otto (Viktoria Berlin) 1911 Sd. Sd
1 **Durek** Ludwig (FC. Wien) 1940 Sl
1 **Dutton** Edwin (Preußen Berlin) 1909 U
2 **Dzur** Walter (Dresdner SC.) 1940 Fi. Sl

1 **Eckert** Jakob (Wormatia Worms) 1937 Sz
3 **Edy** (Eduard Pendorf) - (VfB. Leipzig) 1913 E — 1922 Sz Oe
1 **Eiberle** Fritz (1860 München) 1933 Sz
2 **Eichelmann** Paul (Union 92 Berlin) 1908 E. Oe
3 **Elkhof** Ernst (Viktoria Hamburg) 1923 H. Sz. Fi
8 **Elbern** Franz (SpVg. Beuel 06) 1935 Lu — 1936 U. Lu Pl.
    Tsch. Scho. It — 1937 Le
3 **Emmerich** Heinz (Tennis-Borussia Berlin) 1931 Sd. N. Oe
1 **Eppenholl** Hermann (Schalke 04) 1940 Sl

7 **Estl Georg** (Wacker München) 1925 Sd. Fl. Sz — 1926 H  H.
    Sz — 1927 I)

1 **Eschenlohr Adalbert** (Tennis-Borussia Berlin) 1924 Sd
1 **Esser Josef** (Holstein Kiel) 1922 U
1 **Euler Georg** (SpVg Köln-Sülz 07) 1936 Pr

1 **Faas Robert** (1. FC. Pforzheim) 1910 Bg
1 **Falk Wilhelm** (Wacker München) 1927 H
13 **Fath Josef** (Wormatia Worms) 1934 Pl. D — 1935 Bg. Ir
    Sp. Tsch. N. Fl. Pl. E — 1936 Sp — 1938 U. Pz
1 **Pick Willy** (Holstein Kiel) 1910 H
5 **Fiederer Hans** (SpVgg. Fürth) 1939 Lu. Sl — 1940 Rum.
    Jg — 1941 Kro
1 **Fiederer Leo** (SpVgg. Fürth) 1920 U
3 **Fischer Erich** (1. FC. Pforzheim) 1932 Pr — 1933 Pr
1 **Fischer Paul** (Viktoria Berlin) 1908 E
5 **Fischer Walter** (Duisburger SpV.) 1941 Sz. Bg — 1913 E D. H
1 **Fleischmann Hans** (VfR. Mannheim) 1924 It
1 **Flick Hermann** (Duisburg 99) 1929 Pr
1 **Flink Karl** (Kölner BC.) 1922 U
3 **Flotho Heinz** (VfL. Osnabrück) 1939 Lu
11 **Förderer Fritz** (Karlsruher FV.) 1908 Sz. E — 1909 Sz —
    1911 Sz. Bg. U — 1912 H Ruß. U. H — 1913 D
1 **Forell Paul** (1. FC. Pforzheim) 1926 U
4 **Frank Georg** (SpVgg. Fürth) 1927 D — 1929 Sz. It — 1930 It
10 **Franz Andreas** (SpVgg. Fürth) 1922 Sz. U — 1923 It Sd —
    1924 Oe. H. It Sz — 1925 Sz — 1926 Sd
1 **Fricke Willi** (Arminia Hannover) 1935 Lu
1 **Friedel Georg** (1 FC Nürnberg) 1937 H
1 **Fritzsche Walter** (Vorwärts Berlin) 1921 Oe
6 **Fuchs Gottfried** (Karlsruher FV.) 1911 Sz. Bg — 1912 H. Ruß.
    U — 1913 Bg
1 **Fürst Fritz** (Bayern München) 1913 Sz

4 **Gablonsky Max** (Bayern München) 1910 Bg — 1911 Sd. Sz. Oe
1 **Gaebelein Arthur** (Hohenzollern Halle) 1912 H
2 **Gärtner Ludwig** (Olympia Lorsch) 1939 Sl — 1940 Bu
2 **Garrn Hermann Ehlers** (Viktoria Hamburg) 1908 Oe — 1909 E
15 **Gauchel Josef** (TuS. Koblenz-Neuendorf) 1936 Lu. Pl —
    1937 Lu. Est — 1938 Lu E. Sz Pl — 1939 Jg. It. Ir.
    D Est — 1940 U. Jg
2 **Gedlich Richard** (Dresdner SC.) 1926 H — 1927 D
2 **Gehlhaar Paul** (Hertha-BSC. Berlin) 1928 Sd — 1931 Oe
2 **Gehrls Adolf** (Viktoria Hamburg) 1908 E — 1910 H
5 **Geiger Hans** (ASV und 1 FC Nürnberg) 1926 H. Sz — 1929
    Sz. It. Scho. Sd
19 **Gellesch Rudolf** (Schalke 04) 1935 Lu — 1936 U. Tsch.
    Scho. It — 1937 H Pr. D. Fl. N. Sd — 1938 Sz. Pg.
    E. Sz — 1939 Bg. N. U. Bu
5 **Glaser Dr. Josef** (Freiburger FC.) 1909 E. Sz — 1910 Bg —
    1912 Sz Ruß
1 **Goede Erich** (Berliner SV. 92) 1939 Sl

39 Goldbrunner Ludwig (Bayern München) 1933 Sz — 1934 U
    1935 Sz Bg. Ir. Tsch. N. Fi. Pl. Bu E — 1936 Sp.
    Pg Lu N Tsch. Scho. Ir. It — 1937 H. Fr. Bg. Sz. D.
    Fi. Est. N Sd — 1938 U. Pg. E. Sz. Pl — 1939 Bg.
    It. N. U — 1940 U. Bu

3 Gramlich Hermann (FC. Villingen 08) 1935 Lu. Ru. Pl

22 Gramlich Rudolf (Eintracht Frankfurt) 1931 D — 1932 Sz. Fi
    — 1933 It. Fr. Sz — 1934 U. Sd. D — 1935 Sz. H. Fr Bg.
    Sp Tsch. N. Fi. Pl. Bu. E — 1936 Sp N

1 Gröner Emil (Stuttgarter SC.) 1921 U

1 Gros Wilhelm (Karlsruher FV.) 1912 H

1 Gruber Hans (Duisburger SV.) 1929 Scho

4 Günther Walter (Duisburg 99) 1935 Lu. 1936 Pl Lu — 1937 H

3 Hänel Erich (BC. Hartha) 1939 Lu. Est. Sl

1 Haltmann Martin (Dresdner SC.) 1927 D

12 Hagen Hans (SpVgg. Fürth) 1920 Oe — 1922 Sz — 1923 It.
    Sd — 1924 Oe. H It. Sz — 1925 H — 1929 Fi — 1930
    It. Sz

20 Hahnemann Wilhelm (Admira Wien) 1938 Sz. Sz. Pl. Rum
    — 1939 Bg. Jg. It. It. D. It — 1940 Jg. It. Rum. Fi.
    Sl. U — 1941 Sz. U. Sz. Kro

1 Hammerl Franz (Post-SV. München) 1940 Bu

1 Hanke Richard (Breslau 06) 1930 N

5 Hanreiter Franz (Admira Wien) 1940 Jg — 1941 Sz. U.
    Sz. Kro

3 Hanssen Karl (Altona 93) 1910 H — 1911 E. Bg

2 Hantschick Otto (Union 92 Berlin) 1908 E — 1909 E

15 Harder Otto (Hamburger SV.) 1914 H — 1920 Sz Oe U —
    1923 N — 1924 N Sd. U. Sz. H — 1925 Sz — 1926 H.
    Sd. H. Sz.

15 Haringer Sigmund (Bayern und Wacker München) 1931 Fr —
    1932 Sd — 1933 It. Fr. Sz. Pl — 1934 U Lu. Bg Sd Tsch
    — 1935 Pl. Bu. E — 1937 Bg

4 Hartmann Karl (Union Potsdam und Viktoria Hamburg) 1923
    H. Sz. Fi — 1924 Sd

1 Heibach Hans (Fortuna Düsseldorf) 1938 Lu

3 Heidemann Matthias (FV. Bonn und Werder Bremen) 1933 Sz
    — 1934 Oe — 1935 Le

9 Heidkamp Konrad (Düsseldorfer SC. 99 und Bayern München)
    1927 H — 1928 D. N. Sd — 1929 Scho — 1930 It. Sz. E. U

11 Hempel Walter (Leipziger Sportfreunde) 1908 Sz — 1910 Sz.
    N — 1911 E. Sd. Oe. Sd. U — 1912 U. Sz Ruß

1 Hense Robert (Kölner BC.) 1910 H

1 Hensel Gustav (I. Kasseler FV.) 1908 Sz

3 Herberger Josef (Waldhof und ViR Mannheim) 1921 Fi —
    1924 It — 1925 H

5 Hergert Heinrich (FK. Pirmasens) 1930 Sz. D. U — 1931 Fr
    — 1933 Fr

4 Hiller II Arthur (1. FC Pforzheim) 1908 Sz. E. Oe — 1909 Sz

3 Hiller III Marius (1. FC. Pforzheim) 1910 Sz — 1911 E. Oe

2

7 Hirsch Julius (Karlsruher FV. und SpVgg. Fürth) 1911 U —
1912 H Oe U — 1913 Sz. D. Bg

1 Hirth Herbert (Hertha Berlin) 1909 U

6 Hochgesang Georg (1. FC. Nürnberg) 1924 N. U — 1925 Sz
— 1926 H Sz — 1927 N

4 Höger Karl (Waldhof und VfR. Mannheim) 1921 U. Fl —
1924 It. Sz

1 Höschle Adolf (Stuttgarter Kickers) 1920 Sz

1 Hofer Franz (Rapid Wien) 1939 Sl

18 Hofmann Ludwig (Bayern München) 1926 H. Sd. Sz — 1927
N. H — 1928 Sz. Sz. Uy. D. Sd — 1929 Sz. It. Scho. Sd
— 1930 It. E. U — 1931 Fr

25 Hofmann Richard (Meerane 07 und Dresdner SC.) 1927 D. N.
H — 1928 Sz. Sz. Uy — 1929 Scho. Sd. Fl — 1930 Sz. E.
D. U. N — 1931 Fr H Oe Oe. D — 1932 Sz. Fi. Sd. U.
H — 1933 Fr

2 Hofmeister Ludwig (Bayern München) 1912 H — 1914 H

1 Hofstätter Johann (Rapid Wien) 1940 Jg

26 Hohmann Karl (VfL Benrath und FK. Pirmasens) 1930 D. N
— 1931 Oe — 1933 Bg. N Sz. Fl — 1934 Lu. Bg. Sd. Pl.
D — 1935 H. Fr. Sp. Rum. Est. E — 1936 Pg. Lu Pl. Ir
— 1937 H. Lu. Bg. Le

6 Hollstein Ernst (Karlsruher FV.) 1910 H — 1911 Sz Bg —
1912 H. Oe. U

1 Holz (Duisburg 99) 1938 Lu

3 Horn Franz (Hamburger SV.) 1928 D — 1929 Sd. Fl

5 Hornauer Josef (München 60 und 1. FC. Nürnberg) 1928 Sz.
Sz. Uy — 1929 It — 1931 Oe

1 Huber Alfred (Rastatter FV.) 1930 Sz

1 Huber Lorenz (Karlsruher FV.) 1932 U

8 Hunder Paul (Viktoria Berlin) 1909 E. U — 1910 Sz — 1911
E. Sd. Oe. Sd. U

3 Hundt Eduard (Schwarzweiß Essen) 1933 Bg. N — 1934 Lu

7 Hutter Willy (SpV Waldhof und Saar Saarbrücken) — 1921
Fl — 1922 Sz

1 Illmer Eberhard (Straßburger FV.) 1909 Sz

2 Immig Franz (Karlsruher FV.) 1939 Lu. Sl

18 Jäger Adolf (Altona 93) 1908 Oe — 1909 E — 1911 Sd — 1912
U. Oe. D. H — 1913 E. D. Bg — 1914 H — 1920 Sz. Oe.
U — 1921 U — 1922 Oe. H — 1924 Sz

4 Jahn Helmuth (Berliner SV. 92) 1939 Sl — 1940 Sl. D. Kro

38 Jakob Hans (Jahn Regensburg) 1930 N — 1932 Fi. Sd. U —
1933 It. Fr. Sz. Pl — 1934 Oe — 1935 Fr. Bg. Tsch.
N. Fl. D — 1936 Sp. Pg. N. Tsch. Scho. Ir. It —
— 1937 H Fr Bg. Sz D Fl Est. N. Sd — 1938 U Pg.
E. Pl — 1939 Ir. U

1 Jakobs (Hannover 96) 1939 Est

- 43 -

60 **Janes** Paul (Fortuna Düsseldorf) 1932 U — 1933 Bg, N, Pl — 1934 Lu, Bg, Oe Pl, D — 1935 H, Fr, Ir, Sp, Isch, N, Sd, Pl, E — 1936 Sp, Pg, U, Pl, Scho, It — 1937 H, Fr, D, Fl, Est, N, Sd — 1938 Sz, Pg, E, Sz, Sz, Pl — 1939 Jg, It, Ir, N, D, Est, U, Jg, Bu, Bö, It — 1940 U, Jg, t, Rum, Sl, U, Jg, D — 1941 Sz, U, Sz, Rum

1 **Jellinek** Franz (Wiener Sport-Klub) 1940 Sl

1 **Jordan** Ernst (Kricketer Magdeburg) 1908 Sz

1 **Joppich** Karl (Hoyerswerda) 1933 It

1 **Jungtow** Otto (Hertha Berlin) 1913 E

6 **Jürissen** Willy (Rotweiß Oberhausen) 1935 Lu, Le — 1936 Lu — 1937 Le — 1938 Sz — 1939 Sl

1 **Kaburek** Matthias (Rapid Wien) 1939 Sl

15 **Kalb** Dr. Hans (1. FC. Nürnberg) 1920 Sz — 1921 Fl — 1922 Oe — 1923 N — 1924 Oe, H, N, U, It, Sz — 1926 H — 1927 N, H — 1928 Sz, Uy

5 **Kauer** Erich (Tennis Borussia Berlin) 1930 N — 1931 H, Sd, N, Oe

2 **Kießling** Georg (SpVgg. Fürth) 1927 D — 1928 N

18 **Kipp** Eugen (Stuttgarter Sportfreunde und Kickers) 1908 Sz, Oe — 1909 Sz — 1910 Sz, H — 1911 Sz, E, Sd, Oe — 1912 U, Sz, Oe, D, H — 1913 E, Sz, D, Bg

1 **Kirsei** Willy (Hertha BSC. Berlin) 1924 Sd

41 **Kitzinger** Albin (FC. Schweinfurt 05) 1935 Rum — 1936 Pg, U, Pl, Tsch, Scho, Ir — 1937 H, Fr, Bg, Sz, D, Fl, N — 1938 U, Pg, E, Sz, Pl — 1939 Jg, It, Ir, N, D, U, Jg, Bu, It, Sl — 1940 U, It, Rum, Fi, U, Jg, D — 1941 Sz, U, Sz, Rum

1 **Klaas** Werner (SV. Koblenz) 1937 Lu

1 **Kling** Eugen (München 1860) 1927 D

16 **Klodt** Hans (Schalke 04) 1938 Lu — 1939 Jg, N, D, Ig, Bu — 1940 U, It, Fi, U, Bu, Ig — 1941 Sz, U, Sz, Rum

2 **Knesebeck** Willy (Viktoria Berlin) 1911 U — 1912 D

23 **Knöpfle** Georg (SpVgg. Fürth und FSV. Frankfurt) 1928 Sz, Sz, Uy, D, N, Sd — 1929 Sz, It, Sd — 1930 It — 1931 Fr, H, Oe, Sd, N, Oe, D — 1932 Sz, Fl, Sd, U, H — 1933 It

25 **Kobierski** Stanislaus (Fortuna Düsseldorf) 1931 D — 1932 Sz, Sd, Tsch — 1935 Sz, H, Fr, Sd — 1936 Tsch, Ir — 1941 Sz, U, Rum

1 **Köhl** Georg (1. FC. Nürnberg) 1937 Lu

5 **Koehler** Georg (Dresdner SC.) 1925 Sz, 1926 H, Sd, Sz — 1928 Sd

1 **Koenen** Theo (Bonner FV.) 1911 U

1 **Köpplinger** Emil (1. FC. Nürnberg) 1927 N

1 **Krause** Emil (Hertha BSC. Berlin) — 1933 Pl

6 **Krause** Walter (Viktoria Hamburg und Holstein Kiel) 1920 U — 1921 Fl — 1923 H, Fl, N — 1924 N

2 **Krauß** Willy (Carl Zeiß Jena) 1911 Sz — 1912 U

1 **Kreß** Anton (1. FC. Pforzheim) 1921 U

**16 Kreß** Willy (Rot-Weiß Frankfurt und Dresdner SC.) 1929 Sz.
    Sd — 1930 Sz. E. U — 1931 Fr. H Sd. N Oe. D — 1932
    Sz — 1934 U. Bg. Sd. Tsch

**3 Krogmann** Georg (Holstein Kiel) 1912 U. Oe. U

**1 Krüger** Kurt (Fortuna Düsseldorf) 1940 Rum

**2 Krumm** Franz (Bayern München) 1932 Sd — 1933 It

**1 Kubus** Richard (Vorw.-Ras. Gleiwitz) 1939 Sl

**7 Kugler** Anton (1. FC. Nürnberg) 1923 It — 1924 Oe. H. N. It
    — 1927 N H

**2 Kugler** Paul (Viktoria Berlin) 1911 Sd — 1913 Sz

**2 Kühnle** Paul (Stuttgarter Kickers) 1910 Sz — 1911 Sz

**1 Kund** Willy (1. FC. Nürnberg) 1930 D — 1931 Oe

**1 Kuhnt** Werner (NNW Berlin) 1924 Sd

**35 Kupfer** Andreas (1. FC. Schweinfurt 05) 1937 Lu. Bg. Sz.
    D Fl N Sd — 1938 Sz. Pg. E Sz. Sz. Pl — 1939 Jg.
    It. Ir. N. D. U. Jg. Bu. Bö. It — 1940 U. It. Rum.
    Fi. U. Bu. D — 1941 Sz. U. Sz. Uum

**8 Kutterer** Emil (Bayern München) 1925 Sd Fl Sz — 1926 H.
    Sd. H. Sz — 1928 Sz

**12 Kuzorra** Ernst (Schalke 04) 1927 H — 1928 N Sd — 1940 Sz.
    E — 1931 Oe. D — 1932 Sz. Fl. H — 1936 Lu — 1938 U

**8 Lachner** Ludwig (München 1860) 1930 U. N — 1931 H —
    1932 U — 1933 Fr. Sz. Fl — 1934 U

**10 Lang** Hans (SpVgg. Fürth und Hamburger SV.) 1922 Sz —
    1923 It — 1924 N. Sd. U — 1925 H. Sd. Fl. Sz — 1926 H

**2 Langenbein** Kurt (VfR Mannheim) 1932 Sz — 1935 Le

**61 Lehner** Ernst (Schwaben Augsburg und Blauweiß Berlin)
    1933 Sz. Pl — 1934 U. Bg. Sd. Tsch. Oe. Pl. D — 1935
    Sz. H. Fr. Bg. Ir. Sp. Tsch. N. Sd. Fi. Bu. E — 1936
    Sp. Pg. N. Ir — 1937 H. Fr. Bg. Sz. D. Fi. Est. N.
    Sd — 1938 Sz. U. Pg. E. Sz ,Sz — 1939 Bg. It. Ir.
    N. Est. U. Jg. Bu. Bö. It. Sl — 1940 U. Jg. It. U. Bu,
    Jg. D — 1941 Rum. Kro

**24 Leinberger** Ludwig (Spielvereinigung Fürth) 1927 D — 1928
    Sz. Sz. Uy. D. N — 1929 Sz. It. Sd — 1930 It. Sz. E.
    U — 1931 Fr. Sd N. Oe. D — 1932 Sz. Fl. Sd. U. H —
    1933 It

**3 Leip** Rudolf (Guts Muts Dresden) 1923 Fl. N — 1924 Sd

**14 Lenz** August (Borussia Dortmund) 1935 Bg. Ir. Tsch. N.
    Rum. Pl. Le — 1936 Sp. U N. Tsch — 1937 Fr. Bg —
    1938 Lu

**1 Lindner** Willy (Eintracht Frankfurt) 1933 Fr

**4 Löble** Otto (Stuttgarter Kickers) 1909 Sz — 1910 Sz — 1912
    Sz — 1913 E

**1 Lohneis** Hans (MTV Fürth) 1920 Oe

**8 Lohrmann** Theodor (SpVgg. Fürth) 1920 U — 1922 Sz. U

**1 Ludewig** Heinz (Duisburger SV.) 1914 H

**8 Ludwig** Johann (Holstein Kiel) 1930 U — 1931 Sd. N

**1 Ludwig** Karl (Kölner SC 99) 1908 Sz

**1 Lüke** Josef (Turu Düsseldorf) 1923 H. Fl

**1 Lux** Hermann (Tennis-Borussia Berlin) 1924 Sd — 1925 H. Fl

5 **Männer** Ludwig (Hannover 96) 1937 Le — 1939 Lu, Est, Bö 1940 Sl
1 **Mahlmann** Heinz (Hamburger SV.) 1932 H
5 **Malecki** Edmund (Hannover 96) 1935 Rum. Est — 1936 Lu — 1937 Lu — 1939 Lu
2 **Malik** Richard (Beuthen 09) 1932 U — 1933 It
1 **Maneval** Helmuth (Stuttgarter Kickers) 1923 H
5 **Mantel** Hugo (Dresdner SC. und Eintracht Frankfurt) 1927 D — 1930 It E, D — 1933 Fr
1 **Marischka** Otto (Admira Wien) 1939 Sl
1 **Marohn** Arthur (Viktoria Berlin) 1921 U
1 **Martinek** Alexander (Wacker Wien) 1940 Rum
6 **Martwig** Otto (Tennis-Borussia Berlin) 1925 Sd, Fi, Sz — 1926 Sd, H — 1927 N
1 **Massini** Erich (Preußen Berlin) 1909 E
1 **Matthes** Paul (Viktoria 96 Magdeburg) 1908 E
2 **Matthies** Paul (Preußen Danzig) 1935 Est. Le
1 **Mauch** Paul (Stuttgarter Kickers) 1922 Oe
2 **Mechling** Heinrich (Freiburger FC.) 1912 Sz — 1913 Sz
2 **Mehl** Paul (Fortuna Düsseldorf) 1936 Lu, Pl
1 **Meißner** Kurt (VfR Mannheim) 1924 It
1 **Mengel** Hans (Turu Düsseldorf) 1938 U
1 **Merkel** Max (Wiener Sport-Club) 1939 Sl
2 **Miller** (St. Pauli Hamburg — Gast beim Dresdner SC.) 1941 Sz, U
3 **Mock** Hans (Austria Wien) 1838 Sz, Rum — 1941 Ko
9 **Möller** Ernst (Holstein Kiel) 1911 E, Sd, Oe, Sd — 1912 U, D — 1913 E, D, Bg
5 **Mohns** Arthur (NNW. Berlin) 1920 Oe, U — 1921 Oe, Fi — 1922 U
4 **Montag** Otto (NNW. Berlin) 1923 Sz, Sd — 1925 Sd, Fi
7 **Moog** Alfons (VfL. Köln 99) 1939 Est — 1940 Rum, Fi, Sl, Bu, D
1 **Müller** Ernst (Hertha BSC. Berlin) 1931 Oe
2 **Müller** Friedrich (Dresdner SC.) 1931 H, Oe
9 **Müller** Henry (Viktoria Hamburg) 1921 U — 1922 Oe, U — 1923 H Sz, Sd, Fi — 1924 It — 1928 N
12 **Müller** Josef (Phönix Ludwigshafen, Spielvereinigung Fürth und FV. 04 Würzburg) 1921 Fi — 1922 Sz — 1923 It — 1924 Oe, H, It, Sz — 1925 H, Sz — 1926 H, H — 1928 Sz
41 **Münzenberg** Reinhold (Alemannia Aachen) 1930 D, N — 1931 Fr, Oe — 1934 Oe, Pl, D — 1935 H, Fr, Sp, Sd, Rum, Est, Bu E — 1936 Sp, Pg, U, Lu, N, Pl, Tsch, Scho, Ir, It — 1937 H, Fr, Bg, Sz, D, Le, Fi, Est, N, Sd — 1938 Sz, U, Pg E, Pl — 1939 Lu
8 **Munkert** Andreas (1. FC. Nürnberg) 1935 Bg, Pl — 1936 Sp, U, Tsch, Scho, Ir, It
1 **Nagelschmitz** Ernst (Bayern München) 1926 H
3 **Neisse** Willy (Eimsbütteler TV.) 1910 H — 1911 E, Bg
1 **Neumann** Arno (Dresdner SC.) 1908 E

**3** Neumeier Robert (Phönix Karlsruhe) 1909 Sz — 1910 Bg —
   1912 Sz

**1** Neumer Leopold (Austria Wien) 1938 Sz

**1** Nicodemus Dr. Otto (SV. Wiesbaden) 1909 Sz

**1** Niederbacher Max (Stuttgarter Kickers) 1925 Su

**3** Noack Rudolf (Hamburger SV.) 1934 U. Tsch — 1937 Sz

**5** Oberle Emil (Phönix Karlsruhe) 1909 Sz — 1912 H. Sz. Ruß. U

**2** Oehm Richard (1. FC. Nürnberg) 1932 Sd — 1934 U. Lu

**1** Panse Herbert (Eimsbütteler TV.) 1935 Le

**6** Paulsen Paul Pömpner (VfB Leipzig) 1924 Sd. It. Sz —
   1925 H Sd. Fi

**1** Pekarek Josef (Wacker Wien) 1939 Sl

**12** Pesser Hans (Rapid Wien) 1938 R. Sz. Pl. Rum — 1939
   It. U. It — 1940 U. Jg. It. U. D

**2** Philipp Ludwig (1. FC. Nürnberg) 1910 Sz. H

**1** Picard Alfred (SSV. Ulm) 1939 Lu

**2** Platzer Peter (Admira Wien) 1939 Bg It

**2** Plener Ernst (Vorw.-Ras. Gleiwitz) 1940 Rum. Fi

**1** Pöhler Ludwig (Hannover 96) 1939 Lu

**3** Pörtgen Ernst (Schalke 04) 1935 Bu — 1936 Lu — 1937 Lu

**14** Pöttinger Josef (Bayern München) 1926 H. Sd — 1927 N.
   H — 1928 Sz. Sz. Uy. D. Sd — 1929 Sz. It. Scho —
   1930 It. E

**3** Poetzsch Ernst (Union 92 Berlin) 1908 Oe — 1909 U —
   1910 H

**2** Pohl Karl (Kölner SC. 99) 1923 H. Fi

**1** Politz Karl (Hamburger SV.) 1934 U

**5** Popp Luitpold (1. FC. Nürnberg) 1920 U — 1921 Oe —
   1923 Sd — 1924 U — 1926 Sd

**1** Poppe Walter (Eintracht Braunschweig) 1908 E

**3** Queck Richard (Eintracht Braunschweig) 1909 U — 1910
   H — 1914 H

**6** Raftl Rudolf (Rapid Wien) 1938 Sz. Sz. Rum — 1939 Bö.
   It — 1940 Jg

**9** Rasselnberg Josef (VfL. Benrath) 1933 Bg. N. Sz. Pl —
   1934 Lu — 1935 Sp. Rum. Est. Sb

**1** Reese Dr. Hans (Holstein Kiel) 1912 Ruß

**4** Reinmann Baptist (1. FC. Nürnberg) 1927. N. H — 1928 D
   — 1929 Sz

**1** Reiser Otto (Phönix Karlsruhe) 1911 Bg

**1** Reißland Paul (Wacker Leipzig) 1910 Bg

**1** Reißmann Martin (Guts Muts Dresden) 1923 N

**1** Reitermaier Ernst (Wacker Wien) 1939 Sl

**1** Retter Fritz (Sportfreunde Stuttgart) 1922 Sz

**1** Richter Leopold (VfB Leipzig) 1909 U

**7** Riegel Carl (1. FC. Nürnberg) 1920 Sz. Oe. U — 1921 Oe —
   1922 Oe — 1923 Sz. Sd

**1** Riso II Hans (Wacker Leipzig) 1910 Sz

**2** Riso I Heinrich (VfB. Leipzig) 1908 Oe — 1909 U

8 Risse Walter (Düsseldorfer SC. 99 und Hamburger SV.) 1923
   H. Sz, Sd. Fi, N — 1924 N. Sd — 1928 N
1 Ritter Oskar (Holstein Kiel) 1925 Sd
10 Röpnack Helmuth (Viktoria Berlin) 1909 E — 1911 Oe —
   1912 H. U. Oe. U. H — 1913 Sz. D. Bg
3 Rodzinski Josef (Hamborn 07) 1936 Pl. Tsch Ir
16 Rohde Hans (Eimsbütteler TV.) 1936 Lu — 1939 Bg, Lu, Ir,
   D. Est. It. Sl — 1940 U. It. Jg. D — 1941 Sz, U. Sz,
   Rum
4 Rohr Oskar (Bayern München) 1932 Sz. Sd — 1933 It. Fr
5 Rohwedder. Otto (Eimsbütteler TV.) 1934 D — 1935 Sz.
   H. Sd — 1937 Bg
1 Rokosch Ernst (SpVgg. Leipzig) 1914 H
1 Roller Gustav (1. FC. Pforzheim) 1924 U
1 Rose Walter (Spielvereinigung Leipzig) 1937 Est
3 Ruch Hans (Hertha BSC. Berlin und Union 92) 1925 Sd. Fi
   — 1929 Scho
1 Ruchay Fritz (Prussia Samland Königsberg) 1935 Le
1 Rutz Willy (VfB Stuttgart) 1932 Fi

1 Sabeditsch Ernst (Vienna Wien) 1939 Sl
4 Sackenheim August (Guts Muts Dresden) 1929 Fi — 1930
   Sz — 1931 Sl N
4 Schädler Erwin (Ulmer FV. 4) 1937 Lu. Le. Est — 1938 Lu
1 Schäfer Max (München 1860) 1934 U
2 Schaletzki Reinhard (VR. Gleiwitz) 1939 N Est
2 Scherm Karl (ASV. Nürnberg) 1926 H. Sz
2 Schilling Christian (Duisburger SpV.) 1910 Bg H
1 Schlösser Karl (Dresdner SC.) 1931 H
8 Schmaus Willibald (Vienna Wien) 1938 Sz. Rum — 1939
   Bg. It. N. U — 1940 Jg — 1941 Kro
3 Schmidt Christian (Stuttgarter Kickers und Germ.-Conc.
   Berlin) 1910 H — 1913 E. Sz
1 Schmidt Hans (Germania Berlin) 1908 Oe
16 Schmidt Hans (SpVgg. Fürth, 1860 Fürth und 1. FCN.) 1913 Sz
   — 1920 Sz — 1922 U — 1923 It. Sz. N — 1924 Oe. H N.
   U. It. Sz — 1925 Sz — 1926 Sd. H. Sz
2 Schmitt Josef (1. FC. Nürnberg) 1928 D. N
3 Schneider Georg (Bayern München) 1920 Sz, U — 1921 U
1 Schneider Helmut (Waldhof. Gast bei Spvg. Fürth) 1940 Fi
2 Schneider Johannes (VfB. Leipzig) 1913 D. Bg
1 Schnürle Fritz (Germania Frankfurt) 1921 U
15 Schön Helmuth (Dresdner SC.) 1937 Sd — 1938 Pl. Rum
   — 1939 Bg. It. Ir. N U. Jg. Bö. Ss — 1940 D — 1941
   Sz. U. Sz
5 Schümmelfelder Josef Bonner FV.) 1913 D. Bg — 1914 H
1 Schröder Erich (VfR. Köln-Kalk) 1931 H
1 Schröder Hans (Tennis-Borussia Berlin) 1926 H
5 Schümmelfeder Josef (Bonner FV.) 1913 D. Bg — 1914 H
   — 1921 Oe. U
11 Schütz Franz (Eintracht Frankfurt) 1929 Sz. Scho. Sd —
   1930 Sz. E. U — 1931 Fr. D — 1932 Sz. Fi. H

1 Schulz Fritz (Hertha Berlin) 1909 U
1 Schulz Karl (Viktoria Berlin) 1929 Fi
2 Schulz Karl (Holstein Kiel) 1925 Sd. Fi
4 Schulz Werner (Arm. Hannover) 1935 Bg. Fi. Est — 1938 Lu
1 Schumann Georg (Vorwärts Berlin) 1924 Sd
2 Schwartz Hans (Viktoria Hamburg) 1934 Bg. D
1 Schwedler Willy (VfB Pankow) 1921 Fi
1 Schweikert II Hermann (1. FC. Pforzheim) 1909 Sz
8 Selderer Lony (SpVgg. Fürth) 1920 Sz. Oe — 1921 Oe →
1922 Sz — 1923 It. Sd — 1924 Oe. H
1 Sesta Karl (Austria Wien) 1941 Kro
1 Sievert Helmuth (Hannover 96) 1936 Lu
31 Siffling Otto (SpV. Waldhof) 1934 Bg. Sd. Tsch. Oe. Pi —
1935 Sz Fr. Bg. Ir. Tsch. N. Sd. Fi. Pl. Bu — 1936
Sp. Pg. N. Tsch. Scho. Ir. It — 1937 Fr. D. Le. Fi. N.
Sd — 1938 Sz. U. Fg (gestorben 1939)
8 Simetsreiter Willy (Bayern München) 1935 Rum. Est. Bu
— 1936 Pg Lu. N — 1937 Le. Est
1 Sing Albert (Stuttgarter Kickers) 1940 Bu
3 Skoumal Stefan (Rapid Wien) 1938 Sz. Rum — 1940 Jg
10 Sobek Hans (Alemannia und Hertha BSC Berlin) 1923 Sz —
1925 H — 1928 Sd — 1929 Sz Scho. Sd — 1930 D —
1931 Oe. Sd N
9 Sold Wilhelm (FV. Saarbrücken und 1. FC. Nürnberg)
1935 Lu — 1936 U — 1937 Lu. Le — 1938 Sz. Lu —
1939 Jg. Bu. Bö
2 Sonnrein Heinrich (Hanau 93) 1935 Est — 1936 U
1 Sorkale Walter (Preußen Berlin) 1911 Sd
1 Stephan Günther (Schwarz-Weiß Essen) 1935 Lu
1 Stössel Kurt (Dresdner SC.) 1931 H
2 Straßburger Wilhelm (Duisburger SpV.) 1930 D N
8 Streitle Jakob (Bayern München) 1938 Sz — 1939 Bg →
Jg. Ir. D — 1940 Bu. Jg — 1941 Sz
3 Striebinger Karl (VfR. Mannheim) 1937 Lu. Bg — 1938 Sz
4 Strobel Wolfgang (1. FC. Nürnberg) 1922 Oe. U — 1924 N U
4 Stroh Josef (Austria Wien) 1938 Sz. Pi Rum — 1939 Jg
10 Stubb Hans (Eintracht Frankfurt) 1930 Sz. E. D. N —
1931 D — 1932 Sz. Fi. Sd. H — 1934 U
3 Stührk Erwin (Eimsbütteler TV.) 1935 Sz. H. Le
21 Stuhlfauth Heinrich (1. FC. Nürnberg) 1920 Sz. Oe — 1921
Oe. U — 1923 It. N — 1924 Oe. H. N. U. It. Sz —
1926 Sd — 1927 N. H — 1928 Sz. Uv. N — 1929 It
Scho — 1930 It
1 Sukop Albert (Eintracht Braunschweig) 1935 Est ·
12 Sutor Hans (1. FC. Nürnberg) 1920 Oe — 1921 Oe —
1922 Oe — 1923 It Sz Sd. Fi. N — 1924 Oe. N. U —
1925 Sz
34 Szepan Fritz (Schalke 04) 1929 Fi — 1930 It — 1931 D ↖
1934 Lu. Bg. Sd. Tsch. Oe. Pi. D — 1935 Fi. Bu E —
1936 Sp. Pg. U. Scho. Ir. It — 1937 H Fr. Sz. D. Fi.
Est. N Sd — 1938 Sz. Pg. E. Sz — 1939 U. Jg. Bu

1 Tänzer Willy (Berliner BC.) 1908 Oe
6 Tewes Karl (Viktoria Berlin) 1920 Oe. U — 1921 Oe. U,
    Fi — 1922 U
2 Thiel Otto (Preußen Berlin) 1911 U — 1912 Ruß
1 Tibulski I Hans (Schalke 04) 1931 D
2 Tibulski II Otto (Schalke 04) 1936 Lu — 1939 Jg
7 Tiefel Willy (Eintracht Frankfurt) 1935 Ir. Tsch. N. Sd.
    Est. Le — 1936 Pg
6 Träg Heinrich (1. FC. Nürnberg) 1921 Oe — 1922 Oe. U
    — 1923 It — 1924 H — 1926 H
1 Trautmann Wilhelm (Viktoria Mannheim) 1910 Sz

15 Ugi Camillo (VfB. Leipzig u. Sportfr. Breslau) 1909 E. U —
    1910 Bg. H — 1911 E. Bg. Sd. Sd. U — 1912 U. Sz. Ruß.
    U. D. H
1 Uhle Carl (VfB. Leipzig) 1912 Ruß
1 Umbach Josef (SC. Gladbach) 1910 H
1 Unfried Gustav (Preußen Berlin) 1910 H
19 Urban Adolf (Schalke 04) 1935 Lu — 1936 U, Lu, N, Scho,
    It — 1937 Fr. Sz. D. Fi. N. Sd — 1938 Sz — 1939
    Jg. N. Jg Bu Bö — 1940 It
1 Urbanek (Admira Wien) 1941 Kro

1 Völker Otto (Preußen Berlin) 1913 E
1 Völker Willi (Hertha BSC. Berlin) 1929 Fi
1 Völker Dr. Willy (VfB. Leipzig) 1914 H
2 Voß Kurt (Holstein Kiel) 1925 H Fi

1 Wagner Franz (Rapid Wien) 1938 Rum
11 Walter Fritz (1. FC. Kaiserslautern) 1940 Rum. Fi. U, Bu,
    Jg. D — 1941 U. Sz. Rum. Kro
1 Warnken Heinz (Komet ,Bremen) 1935 Bu
3 Weber Adalbert (Vorwärts Berlin) 1912 Sz. Oe. D
12 Weber Heinrich (Kurhessen Kassel) 1928 Sz. Uv. D. Sd
    1929 Sz. It, Sd — 1930 It. N — 1931 Fr. H. Oe
1 Weber Josef (Wacker München) 1927 H
15 Wegele Karl (Phönix Karlsruhe) 1910 Sz. H — 1911 U —.
    1912 H. U. Sz. Oe. U. D. H — 1913 E. Sz. D. Bg —
    1914 H
1 Weiß Leonhard (1. FC. Nürnberg) 1931 Oe
1 Weißenbacher Viktor (1. FC. Pforzheim) 1922 Oe
1 Wellhöfer Georg (SpVgg. Fürth) 1922 Sz
1 Welker Hans (Bayern München) 1931 Fr
1 Welsch Kurt (Borussia Neunkirchen) 1937 Le
5 Wendl Josef (München 1860) 1930 N — 1932 U — 1933 It,
    Fr Sz
2 Wentorf Hans (Altona 93) 1928 Sz. D
1 Wenz Ludwig (SpVgg. Fürth) 1930 D
13 Werner Adolf (Holstein Kiel u. Victoria Hamburg) 1909 E. U
    — 1910 H — 1911 Sz. E. Bg Sd Oe. Sd — 1912 H. U.
2 Werner August (Holstein Kiel) 1925 Sd. Fi

1 Werner Heinz (1. SV. Jena) 1935 Rum.

1 Wetzel Fritz (1. FC. Pforzheim) 1922 Oe

4 Weymar Hans (Viktoria Hamburg) 1908 Sz. C. Oe →
   1910 H

2 Widmayer Werner (Holstein Kiel) 1931 Sd. N

6 Wieder Ludwig (1. FC. Nürnberg) 1923 Sz. Sd. N — 1924
   Oe N — 1926 H

2 Millimowski (Polizei Chemnitz) 1941 Rum. Kro

1 Wiggers Hermann (Viktoria Hamburg) 1911 Sd

4 Wigold Willi (Fortuna Düsseldorf) 1932 H — 1933 Bg. N
   — 1934 Lu

1 Winkler Paul (Schwarzweiß Essen) 1938 Lu

1 Winkler Willy (Wormatia Worms) 1928 N

1 Wolpers Eduard (Hamburger SV) 1926 Sz

3 Wolter Karl (Vorwärts Berlin) 1912 D — 1920 Sz —
   1921 Fr

9 Worpitzky Willy (Viktoria Berlin) 1909 U — 1910 H —
   1911 E. Sd. Oe. U — 1912 U. Oe. D

5 Wunderlich Georg (1860 Fürth. Helvetia Bockenheim und
   Stuttgarter Kickers) 1920 Sz. Oe — 1921 Oe — 1923 It. H

15 Zielinski Paul (Union Hamborn) 1934 Bg. Sd. Tsch. Oe. Pl.
   D — 1935 H. Fr. Ir. Tsch. N. Sd Lu. Pl — 1936 Lu

1 Zilgas Karl (Viktoria Hamburg) 1913 Bg

1 Zolper Karl (CfR Köln) 1925 H

4 Zörner Dr Carl (Kölner SC. 99) 1923 H. Sz Sd. Pl

2 Zwolanowski Felix (Fortuna Düsseldorf) 1940 Sl. Jg


# Unsere erfolgreichsten Nationalspieler

## (Stand der Rangliste am 1. August 1941)

| | | |
|---|---|---:|
| 1. | Lehner, Augsburg-Berlin | 61 |
| 2. | Janes, Düsseldorf-Wilhelmshaven | 60 |
| 3. | Kitzinger, Schweinfurt | 41 |
| 4. | Münzenberg, Aachen | 41 |
| 5. | Goldbrunner, München | 39 |
| 6. | Jakob, Regensburg | 38 |
| 7. | Kupfer, Schweinfurt | 35 |
| 8. | Szepan, Schalke | 34 |
| 9. | Siffling (†), Mannheim | 31 |
| 10. | Hohmann, Düsseldorf-Benrath | 26 |
| 11. | Kobierski, Düsseldorf-Berlin | 25 |
| 12. | Richard Hofmann, Meerane-Dresden | 25 |
| 13. | Leinberger, Fürth | 24 |
| 14. | Conen, Saarbrücken-Stuttgart | 23 |
| 15. | Knöpfle, Fürth-Frankfurt | 23 |
| 16. | Gramlich, Frankfurt | 22 |
| 17. | Stuhlfauth, Nürnberg | 21 |
| 18. | Hahnemann, Wien | 20 |

**Die Schützen der 526 Länderspieltore**

| | | | | | |
|---|---|---|---|---|---|
| Adamkiewicz E. | 1 | Heidkamp Konr. | 1 | Pörtgen Ernst | 5 |
| Albrecht Ernst | 4 | Herberger Josef | 2 | Pöttinger Josef | 8 |
| Arlt Willy | 2 | Hiller III Mar. | 1 | Popp Luitpold | 1 |
| Auer Karl | 2 | Hirsch Julius | 4 | Queck Richard | 2 |
| Becker Fritz | 2 | Hochgesang Gg. | 4 | Rasselnberg Jos. | 8 |
| Bergmaier Josef | 1 | Hofmann Ludwig | 4 | Rohr Oskar | 5 |
| Berndt Hans | 2 | Hofmann Rich. | 24 | Rohwedder Otto | 2 |
| Biallas Hans | 1 | Hohmann Karl | 20 | Ruch Hans | 2 |
| Binder Franz | 10 | Hornauer Josef | 3 | Rutz Willy | 1 |
| Breunig Max | 1 | Janes Paul | 7 | Sackenheim Aug. | 2 |
| Burtenski | 1 | Jäger Adolf | 11 | Schaletzki Reinh. | 1 |
| Burger Karl | 1 | Kalb Hans | 2 | Scherm Karl | 1 |
| Claus-Oehler | 1 | Kießling Georg | 1 | Schlösser Karl | 1 |
| Conen Edmund | 27 | Kipp Eugen | 10 | Schmitt Josef | 1 |
| Damminger L. | 5 | Kitzinger Albin | 2 | Schön Helmuth | 17 |
| Decker Karl | 8 | Klingler August | 6 | Seiderer Lony | 4 |
| Dörfel Frido | 1 | Kobierski Stan. | 9 | Siffling Otto | 17 |
| Dumke Otto | 3 | Krumm Franz | 1 | Simetsreiter W. | 8 |
| Durek Ludwig | 2 | Kund Willy | 1 | Sing Albert | 1 |
| Elbern Franz | 2 | Kupfer Andreas | 1 | Sobek Hans | 2 |
| Eppenhoff Herm. | 3 | Kuzorra Ernst | 7 | Striebinger Karl | 2 |
| Fath Josef | 7 | Lachner Ludwig | 4 | Stroh Josef | 1 |
| Fick Willy | 1 | Langenbein Kurt | 1 | Stubb Hans | 1 |
| Fiederer Hans | 3 | Lehner Ernst | 30 | Sutor Hans | 2 |
| Förderer Fritz | 10 | Lenz August | 9 | Szepan Fritz | 8 |
| Frank Georg | 5 | Ludwig Johann | 2 | Träg Heinrich | 1 |
| Franz Andreas | 5 | Malecki Edm. | 2 | Ugi Camillo | 1 |
| Fuchs Gottfried | 14 | Malik Richard | 1 | Urban Adolf | 11 |
| Gauchel Josef | 13 | Mechling Heinr. | 1 | Voß Kurt | 2 |
| Gärtner Ludwig | 1 | Möller Ernst | 4 | Walter Fritz | 19 |
| Gellesch Rudolf | 1 | Noack Rudolf | 1 | Wegele Karl | 2 |
| Günther Walter | 2 | Oberle Emil | 1 | Weißenbacher V. | 1 |
| Hänel Erich | 1 | Panse Herbert | 1 | Wieder Ludwig | 2 |
| Hahnemann W. | 16 | Paulsen-Pömpner | 3 | Wigold Willi | 3 |
| Hanke Richard | 1 | Pesser Hans | 2 | Willimowski | 13 |
| Harder Tull | 14 | Plener Ernst | 2 | Worpitzky Willy | 5 |
| Hartmann Karl | 2 | | | | |

Almanach Seite 42 (Torschützen der Nationalspieler)

**Unsere erfolgreichsten Nationalspieler:**

| | | | | | |
|---|---|---|---|---|---|
| 1. Janes | 71 | 14. Rohde | 25 | 27. Buchloh | 17 |
| 2. Lehner | 65 | 15. Leinberger | 24 | 28. Albrecht | 17 |
| 3. Kitzinger | 44 | 16. Walter | 24 | 29. Schön | 16 |
| 4. Kupfer | 43 | 17. Hahnemann | 23 | 30. Gauchel | 16 |
| 5. Münzenberg | 41 | 18. Knöpfle | [illegible] | 31. Kreß | 16 |
| 6. Goldbrunner | 39 | 19. Gramlich | 22 | 32. Schmidt | 16 |
| 7. Jakob | 38 | 20. Stuhlfauth | [illegible] | 33. Harder | 15 |
| 8. Szepan | 34 | 21. Urban | 21 | 34. Dr. Kalb | 15 |
| 9. Siffling | 31 | 22. Gellesch | 20 | 35. Ugi | 15 |
| 10. Conen | 28 | 23. Jäger | 18 | 36. Wegele | 15 |
| 11. Hohmann | 26 | 24. Kipp | 18 | 37. Haringer | 15 |
| 12. Kobierski | 26 | 25. L. Hofmann | 18 | 38. Zielinski | 15 |
| 13. R. Hofmann | 25 | 26. Klodt | 17 | | |

**Die Torschützenliste der deutschen Länderspiele:**

| | | | | | | |
|---|---|---|---|---|---|---|
| 1. Lehner | 30 (65) | | 11. Willimowski | 13 (8) | ra |
| 2. Conen | 27 (28) | | 12. Gauchel | 13 (15) | oc |
| 3. R. Hofmann | 24 (25) | | 13. Jäger | 11 (18) | o- |
| 4. Hohmann | 20 (26) | | 14. Urban | 11 (21) | ca. |
| 5. Walter | 19 (24)) | | 15. Binder | 10 (11) | |
| 6. Schön | 17 (16) | | 16. Förderer | 10 (11) | |
| 7. Siffling † | 17 (31) | | 17. Kipp | 10 (18) | a- |
| 8. Hahnemann | 16 (23) | | 18. Lenz | 9 (14) | d- |
| 9. Fuchs | 14 (6) | | 19. Kobierski | 9 (26) | |
| 10. Harder | 14 (15) | | 20. Decker | 8 (8) | |

# Welche Vereine stellten die meisten Nationalspieler in einem Länderspiel?

**1. FC. Nürnberg — 8 Spieler** beim Spiel mit Norwegen am 5. Juni 1924 in Oslo. 2:0 gewonnen. Es wirkten mit: Stuhlfauth, Kugler, Kalb, Schmidt, Strobel, Hochgesang, Wieder und Sutor.

•

**Spielvereinigung Fürth — 7 Spieler** beim Frankfurter Treffen mit der Schweiz 1922. Ergebnis: 2:2. Es spielten von der SpVgg. mit: Lohrmann, Wellhöfer, Müller, Hagen, Lang, Franz und Seiderer.

•

**1. FC. Nürnberg — 7 Spieler** beim Budapester Spiel mit Ungarn, am 21. 9. 1924, mit 1:4 verloren. Vom Club waren dabei: Stuhlfauth, Popp, Kalb, Schmidt, Strobel, Hochgesang, Sutor.

•

**Karlsruher FV. — 6 Spieler** beim Zwoller Länderspiel mit Holland am 24. 3. 1912. Es spielten vom KFV. mit: Hollstein, Breunig, Groß, Förderer, Fuchs, Hirsch.

•

**Nürnberg-Fürth alle Elf** Die fränkische Metropole stellte in einigen Länderspielen die Nationalmannschaft allein. So am 13. 1. 1924 gegen Oesterreich in Nürnberg: Stuhlfauth; Kugler, Müller; Hagen, Kalb, Schmidt; Auer, Franz, Seiderer, Wieder, Sutor. Also 6 vom Club, 5 von der SpVgg. Einige Monate später waren es 6 Fürther und 5 Nürnberger in Amsterdam, wo die deutsche Elf am 21. April 1:0 mit verändertem linken Flügel (Ascherl-Träg) gewann. Da im gleichen Spieljahr auch Popp, Riegel, Strobel und Hochgesang berufen wurden, standen also 17 Nationalspieler beider Vereine im Feld, z e h n   N ü r n b e r g e r und s i e b e n   F ü r t h e r.

•

**Fortuna Düsseldorf — 6 Spieler** gegen Belgien am 22. Okt. 1933 in Duisburg (8:1): Janes, Bender, Breuer, Albrecht, Wigold, Kobierski. Dieselben Spieler standen zwei Wochen später auch gegen Norwegen (2:2) in Magdeburg.

# Vereinsrangliste
## nach der Zahl der abgestellten Spieler

### (Stand bis 1. August 1941)

(Die Gastspieler (G.) sind in ihren Stammvereinen mitgezählt)

**1. 1. FC. Nürnberg 25 Spieler = 147 Abstellungen.** Stuhlfauth 21, Kalb 15, H. Schmidt 14, Sutor 12, Billmann 10, Munkert 8, Kugler 7, Riegel 7, Hochgesang 6, Träg 6, Wieder 6, Popp 5, Geiger 4, Reinmann 4, Strobel 4, Oehm 3, Sold 8, Hornauer 2, Kund 2, Philipp 2, J. Schmidt 2, Friedel 1, Köhl 1, Köpplinger 1, Weiß 1.

**2. Spielvereinigung Fürth 19 Spieler = 105 Abstellungen.** Leinberger 24, Hagen 12, Burger 11, Franz 10, J. Müller 10, Seiderer 8, H. Fiederer 5, Frank 4, Auer 3, Knöpfle 3, Lohrmann 3, Hirsch 3, Kießling 2, Lang 2, Ascherl 1, L. Fiederer 1, H. Schmidt 1, Wellhöfer 1, Wenz 1.

**3. Bayern München 17 Spieler = 139 Abstellungen.** Goldbrunner 39, L. Hofmann 18, Pöttinger 14, Haringer 11, Bergmaier 8, Heidkamp 8, Kutterer 8, Simetsreiter 8, Streitle 8, Gablonsky 4, Rohr 4, Schneider 3, Krumm 2, Fürst 1, Hofmeister 1, Naglschmitz 1, Welker 1.

**4. Dresdner Sport-Club 13 Spieler = 55 Abstellungen.** R. Hofmann 19, Schön 15, Köhler 5, Kreß 4, Dzur 2, Gedlich 2, Müller 2, Berthold 1, Haftmann 1, Mantel 1, Neumann 1, Schlösser 1, Stößel 1 (Miller-St. Pauli Hamburg 2 als G. nicht gerechnet).

**5. Holstein Kiel 13 Spieler = 41 Abstellungen.** Möller 9, Ad. Werner 9, Krause 5, Krogmann 3, Ludwig 3, Schulz 2, Voß 2, Aug. Werner 2, Widmaier 2, Esser 1, Fick 1, Reese 1, Ritter 1.

**6. Stuttgarter Kickers 12 Spieler = 27 Abstellungen.** Conen 9, Löble 4, Kipp 2, Kühnle 2, Schmidt 2, Wunderlich 2, Deyle 1, Hoeschle 1, Hofmeister 1, Maneval 1, Niederbucher 1, Sing 1.

**7. Victoria Hamburg 11 Spieler = 30 Abstellungen.** H. Müller 9, Ad. Werner 4, Weymar 4, Eikhoff 3, Garn 2, Gehrts 2, Schwarz 2, Hartmann 1, Krause 1, Wiggers 1, Zilgas 1.

**8. 1. FC. Pforzheim 11 Spieler = 18 Abstellungen.** Hiller II 4, Hiller III 3, Breunig 2, Fischer 2, Faas 1, Forell 1, Kreß 1, Roller 1, Schweikert 1, Weißenbacher 1, Wetzel 1.

**9. Fortuna Düsseldorf 10 Spieler = 123 Abstellungen.** Janes 60, Kobierski 25, Albrecht 17, Bender 9, Wiegold 4, Breuer 2, Mehl 2, Zwolanowski 2, Haibach 1, Krüger 1.

10. **FC. Schalke 04 10 Spieler = 108 Abstellungen.** Szepan 34, Gelesch 19, Urban 19, Klodt 16, Kuzorra 12, Pörtgen 3, Otto Tibulski 2, Berg 1, Eppenhoff 1, H. Tibulski 1.

11. **Karlsruher Fußball-Verein 10 Spieler = 46 Abstellungen.** Förderer 11, Breunig 7, Fuchs 6, Holstein 6, Bosch 5, Hirsch 4, Damminger 3, Immig 2, Groß 1, Huber 1.

12. **Hamburger Sport-Verein 10 Spieler = 45 Abstellungen.** Harder 15, Beier 11, Lang 8, Horn 3, Noack 3, Blunk 1, Mahlmann 1, Politz 1, Risse 1, Wolpers 1.

13. **Victoria Berlin 10 Spieler = 42 Abstellungen.** Röpnak 10, Worpitzky 9, Hunder 8, Tewes 6, Dumke 2, Knesebeck 2, Paul Kugler 2, Fischer 1, Marohn 1, Schulz 1.

14. **Hertha Berlin 10 Spieler = 18 Abstellungen.** Sobek 8, Gehlhaar 2, Hirth 1, Jungtow 1, Kirsei 1, Krause 1, Müller 1, Ruch 1, Schulz 1, Völker 1.

15. **VfB. Leipzig 9 Spieler = 31 Abstellungen.** Ugi 14, Paulsen 6, Edy 3, Riso 2, Schneider 2, Bert 1, Richter 1, Uhe 1, Völker 1.

16. **Blauweiß Berlin (Fusion von Union 92 und Vorwärts) 9 Spieler = 23 Abstellungen.** Lehner 6, Poetzsch 3, Weber 3, Wolter 3, Eichelmann 2, Hantschik 2, Ruch 2, Fritzsche 1, Schumann 1.

17. **Rapid Wien 8 Spieler = 34 Abstellungen.** Pesser 12, Binder 9, Raftl 6, Skoumal 3, Hofstetter 1, Hofer 1, Kaburek 1, Wagner 1.

18. **Tennis-Borussia Berlin 8 Spieler = 29 Abstellungen.** Brunke 7, Hartwig 6, Kauer 5, Berndt 3, Emmerich 3, Lux 3, Eschenlohr 1, Schröder 1.

19. **VfR. Mannheim 8 Spieler = 14 Abstellungen.** Herberger 3, Striebinger 3, Höger 2, Langenbein 2, Au 1, Fleischmann 1, Meißner 1, Trautmann 1 (für Viktoria).

20. **Eintracht Frankfurt 7 Spieler = 56 Abstellungen.** Gramlich 22, Schütz 11, Stubb 10, Tiefel 7, Mantel 4, Becker 1 (für Kickers), Lindner 1. (Moog, VfL. Köln 99, 6, als G. nicht gerechnet.)

21. **Preußen Berlin 7 Spieler = 8 Abstellungen.** Thiel 2, Droz 1, Dutton 1, Massni 1, Sorkale 1, Unfried 1, Vöker 1.

22. **1860 München 6 Spieler = 19 Abstellungen.** Lachner 8, Wendt 5, Hornauer 3, Eiberle 1, Klug 1, Schäfer 1.

23. VfL. Köln 99 (Fusion von VfR. und SC. 99) 6 Spieler = 16 Abstellungen. Moog 7. Dr. Zörner 4. Pohl 2. Dr. Bauwens 1. Ludwig 1. Zolper 1.

24. Hannover 96 6 Spieler = 14 Abstellungen. Malecki 5. Männer 5. Jakobs 1. Deike 1. Pöhler 1. Sievert 1.

25. Duisburger Spielverein 6 Spieler = 12 Abstellungen. Fischer 5. Schilling 2. Straßburger 2. Budzinsky 1. Gruber 1. Ludewig 1.

26. Admira Wien 5 Spieler = 29 Abstellungen. Hahnemann 20. Hanreiter 5. Platzer 2. Mariscka 1. Urbanek 1.

27. Eimsbüttel Hamburg 5 Spieler = 28 Abstellungen. Rohde 16. Rohwedder 5. Neisse 3. Stührk 3. Panse 1.

28. Duisburg 99 5 Spieler = 22 Abstellungen. Busch 13. Günther 4. Biallas 3. Flick 1. Holz 1.

29. Wacker München 5 Spieler = 14 Abstellungen. Ertl 7. Haringer 4. Altvater 1. Falk 1. Weber 1.

(Die Teilnehmerzahlen der Wiener Vereine an den ehemaligen österreichischen Landesmannschaften liegen naturgemäß vielfach sehr hoch. So haben beispielsweise die führenden Rapid und Austria (Amateure) über ein halbes Hundert Nationalspieler allein aufgestellt.)

## Rangliste der Vereine

### geordnet nach Abstellungen zu Länderspielen.

| | | | |
|---|---|---|---|
| 1. FC. Nürnberg | 147 | Waldhof Mannheim | 35 |
| Bayern München | 139 | VfL. Düsseldorf-Benrath | 34 |
| Fortuna Düsseldorf | 123 | Rapid Wien | 34 |
| Schalke 04 | 108 | VfB. Leipzig | 31 |
| SpVgg. Fürth | 105 | Victoria Hamburg | 30 |
| Schweinfurt 05 (2 Spieler!) | 76 | Tennis-Borussia Berlin | 29 |
| Eintracht Frankfurt | 56 | Admira Wien | 29 |
| Schwab. Augsb. (1 Spieler!) | 55 | Eimsbüttel Hamburg | 28 |
| Dresdner Sport-Club | 55 | Stuttgarter Kickers | 27 |
| Karlsruher Fußb.-Verein | 46 | Phönix Karlsruhe | 24 |
| Hamburger Sportverein | 45 | Altona 93 | 23 |
| Victoria Berlin | 42 | Blauweiß Berlin | 23 |
| Holstein Kiel | 41 | Duisburg 99 | 22 |
| Alemania Kiel | 41 | FV. Saarbrücken | 20 |
| Jahn Regensb. (2 Spieler!) | 38 | FSV. Frankfurt | 20 |

# Städte deutscher Länderspiele

## In Deutschland

| | |
|---|---|
| 18 Spiele in Berlin | 1908 — 1911 — 1913 — 1920 — 1924 — 1929 — 1930 — 1931 — 1933 — 1933 — *1936 —*1936 — 1936 — 1937 — 1938 — 1939 — 1939 — 1940 |
| 7 Spiele in Hamburg | 1911 — 1914 — 1923 — 1923 — 1927 — 1929 — 1937 |
| 5 Spiele in Dresden | 1911 — 1921 — 1923 — 1930 — 1935 |
| 5 Spiele in Nürnberg | 1924 — 1926 — 1928 — 1932 — 1938 |
| 5 Spiele in Wien | 1908 — 1920 — 1922 — 1931 — 1940 |
| 5 Spiele in Frankfurt | 1922 — 1930 — 1934 — 1938 — 1940 |
| 4 Spiele in Breslau | 1930 — 1935 — 1937 — 1939 |
| 4 Spiele in Köln | 1927 — 1929 — 1935 — 1938 |
| 4 Spiele in Stuttgart | 1911 — 1924 — 1935 — 1937 |
| 3 Spiele in Duisburg | 1910 — 1924 — 1935 |
| 3 Spiele in Düsseldorf | 1926 — 1932 — 1937 |
| 3 Spiele in Leipzig | 1912 — 1932 — 1935 |
| 3 Spiele in München | 1911 — 1926 — 1935 |

Je 2 Spiele in: Chemnitz 1938 und 1939; Hannover 1931 und 1937; Königsberg 1935 und 1937.

Je 1 Spiel in: Bochum 1922; Bremen 1939; Dortmund 1935; Erfurt 1935; Freiburg 1913; Karlsruhe 1909; Kleve 1910; Krefeld 1936; Magdeburg 1933; Mannheim 1929; Prag 1936; Stettin 1935; Wuppertal 1938.

## Im Ausland

| | |
|---|---|
| 9 Spiele in Stockholm | 1911 —*1912 —*1912 —*1912 — 1923 — 1925 — 1928 — 1931 — 1935 |
| 8 Spiele in Amsterdam | 1914 — 1924 — 1925 — 1926 —*1928 — *1928 — 1931 — 1935 |
| 7 Spiele in Budapest | 1909 — 1912 — 1921 — 1924 — 1932 — 1936 — 1939 |
| 5 Spiele in Kopenhagen | 1912 — 1927 — 1930 — 1934 — 1939 |
| 5 Spiele in Oslo | 1924 — 1928 — 1931 — 1935 — 1939 |
| 4 Spiele in Basel | 1908 — 1910 — 1923 — 1925 |
| 4 Spiele in Helsinki | 1921 — 1925 — 1932 — 1937 |
| 4 Spiele in Paris | 1931 — 1935 —*1938 —*1938 |
| 4 Spiele in Zürich | 1920 — 1930 — 1933 — 1937 |
| 3 Spiele in Luxemburg | 1934 — 1935 — 1937 |
| 3 Spiele in Mailand | 1923 —*1934 — 1940 |

Je 2 Spiele in: Brüssel 1935 und 1939; Florenz *1934 und 1939; Warschau 1934 und 1936.

Je 1 Spiel in: Antwerpen 1913; Arnheim 1910; Barcelona 1936; Bern 1928; Bologna 1933; Bukarest 1938; Differdingen 1939; Dublin 1936; Glasgow 1936; Lissabon 1936; London 1935; Lüttich 1911; Neapel *1934; Oxford 1909; Preßburg 1939; Riga 1939; Rom *1934; Sofia 1939; St. Gallen 1912; Tallinn 1939; Turin 1929; Zagreb 1939; Zwolle 1912.

* = Weltmeisterschaft; ** = Olympische Fußball-Turniere.

# 2. Große Städte- und Bereichsspiele

# Internationale Berliner Städtespiele

**1900:** 16. 4. Richmond in Berlin 1:3 — 22. 4. MAC. in Budapest 8:0 — 23. 4. MFC. in Budapest 10:0.

**1901:** 3. 1. Milwall in England 2:7 — 5. 1. Aston Villa in England 2:6 — 8. 1. Tottenham Hotspurs in England 6:9 — 10. 1. Richmond in England 1:7 — 15. 1. Southampton in England 1:5.

**1905:** 1. 10. English Ramblers in Berlin 3:0.

**1906:** 24. 5. Kopenhagen in Berlin 3:3.

**1907:** 5. 5. Kopenhagen in Kopenhagen 2:5.

**1908:** 3. 5. Kopenhagen in Berlin 2:5.

**1909:** 25. 4. in Kopenhagen 1:6.

**1911:** 24. 4. Moskau in Moskau 6:0 — 26. 4. Moskau in Moskau 6:2 — 28. 4. Moskau in Moskau 4:2.

**1913:** 16. 3. Paris in Paris 0:1.

**1914:** 16. 5. Paris in Berlin 2:0 — 26. 10. Budapest in Budapest 1:3.

**1920:** 16. 5. Budapest in Berlin 2:1

**1921:** 13. 3. Budapest in Budapest 2:2 — 24. 4. Basel in Berlin 3:3 — 9. 10. Basel in Basel 2:1.

**1922:** 1 1. Den Haag in Den Haag 1:1 — 14. 5. Budapest in Berlin 2:4 — 26. 8 Basel in Berlin 2:1 — 27. 8. Den Haag in Berlin 2:0.

**1923:** 8. 4. Budapest in Budapest 1:0 — 10. 4. Preßburg in Preßburg 2:1 — 10. 5. Basel in Basel 1:2 — 13. 5. Zürich in Zürich 3:1 — 4. 8. Zürich in Berlin 3:1 — 18. 8. Prag in Berlin 3:3 — 28. 10. Kopenhagen in Kopenhagen 0:5.

**1924:** 6. 4. Prag in Prag 0:4 — 27. 4. Budapest in Berlin 1:4 — 11. 6. Südschweden in Berlin 1:1 — 21. 9. Basel in Berlin 1:0.

**1925:** 21. 5. Basel in Basel 1:2 — 22. 5. Chaux de Fonds in Chaux de Fonds 2:1.

**1926:** 14. 3. Paris in Paris 2:1 — 30. 7. Stockholm in Stockholm 3:3 — 15. 8. Budapest in Berlin 4:2 — 29. 8. Konstantinopel in Berlin 7:1 — 17. 11. Südschweden in Berlin 1:0.

**1927:** 20. 2. Paris in Berlin 5:1 — 26. 5. Bern in Bern 5:2 — 29. 5. Basel in Basel 4:3 — 18. 9. Zentralschweiz in Berlin 1:1 — 6. 11. Stockholm in Berlin 2:2.

**1928:** 25. 3. Paris in Paris 1:4 — 15. 5. London in Berlin 2:1 — 8. 8. Oslo in Oslo 4:2 — 23. 9. Budapest in Budapest 0:8 — 20. 10. London in London 4:1 — 4. 11. Oslo in Berlin 2:0.

**1929:** 10. 3. Mailand in Berlin 2:4 — 12. 5. Paris in Berlin 5:0 — 1. 12. Göteborg in Berlin 3:2.

**1930:** 1. 1. Mailand in Mailand 2:4 — 5. 1. Paris in Paris 4:6 — 6. 4. Prag in Berlin 1:1.

**1931:** 19. 4. Paris in Berlin 6:2 — 13. 12. Paris in Berlin 1:6.

**1932:** 4. 5. Basel in Berlin 2:4 — 31. 5. Prag in Berlin 5:3.

**1933:** 25. 5. Basel in Basel 1:1 — 29. 6. Budapest in Berlin 0:0 — 22. 10. Norditalien in Berlin 0:1 — 11. 11. Peru-Chile in Berlin 3:1.

**1934:** 21. 1. Prag in Berlin 0:5 — 2. 12. Krakau in Berlin 0:1.

**1935:** 22. 5. Budapest in Berlin 1:7 — 9. 6. Krakau in Krakau 2:0 — 21. 8. Island in Berlin 11:0 — 3. 11. Oslo in Berlin 2:1. **1936:** 6. 6. Oslo in Oslo 1:0 — 9. 6. Drammen in Drammen 5:1 — 29. 11. Krakau in Berlin 5:4. **1937:** 18. 4. Prag in Prag 2:4 — 20. 6. Krakau in Krakau 3:1. **1938:** 6. 2. Prag in Berlin 4:1 — 19. 6. Belgrad in Belgrad 3:2. **1939:** 8. 6. Prag in Prag 0:2 — 5. 11. Sofia in Berlin 4:2 — 19. 11. Bukarest in Bukarest 0:1. **1940:** 1. 5. Preßburg in Berlin 5:2 — 26. 5. Sofia in Sofia 3:0. — 7. 7. Posen :n Posen 2:4 — 22. 9. Mailand in Berlin 3:2. **1941:** 1. 1. Mailand in Mailand 2:2 — 30. 3. Sofia in Berlin 1:0 — 27. 4. Preßburg in Preßburg 0:0.

# Berlins internationale Gegner

## Die Gesamtbilanz

| | Spiele | gew. | unent. | verl. | Tore |
|---|---|---|---|---|---|
| Budapest | 10 | 3 | 2 | 5 | 14:31 |
| Basel | 9 | 4 | 2 | 3 | 17:17 |
| Paris | 9 | 5 | — | 4 | 26:21 |
| Prag | 8 | 2 | 2 | 4 | 15:23 |
| Kopenhagen | 5 | — | 1 | 4 | 8:24 |
| Krakau | 4 | 3 | — | 1 | 10:6 |
| Oslo | 4 | 4 | — | — | 9:5 |
| Moskau | 3 | 3 | — | — | 16:4 |
| Den Haag | 2 | 2 | — | — | 3:1 |
| London | 2 | 2 | — | — | 6:2 |
| Mailand | 4 | 1 | 1 | 2 | 9:12 |
| Preßburg | 3 | 2 | 1 | — | 7:3 |
| Richmond | 2 | — | — | 2 | 2:10 |
| Sofia | 3 | 3 | — | — | 11:2 |
| Südschweden | 2 | 1 | 1 | — | 2:1 |
| Stockholm | 2 | — | 2 | — | 5:5 |
| Zürich | 2 | 2 | — | — | 6:2 |
| Aston Villa | 1 | — | — | 1 | 2:6 |
| Belgrad | 1 | 1 | — | — | 3:2 |
| Bern | 1 | 1 | — | — | 5:2 |
| Bukarest | 1 | — | — | 1 | 0:1 |
| Chaux de Fonds | 1 | 1 | — | — | 3:1 |
| Drammen | 1 | 1 | — | — | 5:1 |
| Engl. Ramblers | 1 | — | — | 1 | 0:3 |
| Göteborg | 1 | 1 | — | — | 3:2 |
| Island | 1 | 1 | — | — | 11:0 |
| Konstantinopel | 1 | 1 | — | — | 7:1 |
| MAC. Budapest | 1 | 1 | — | — | 8:0 |
| MFC. Budapest | 1 | 1 | — | — | 10:0 |
| Milwall | 1 | — | — | 1 | 2:7 |
| Norditalien | 1 | — | — | 1 | 0:1 |
| Peru-Chile | 1 | 1 | — | — | 3:1 |
| Southampton | 1 | — | — | 1 | 1:7 |
| Tottenham Hotspurs | 1 | — | — | 1 | 6:9 |
| Zentralschweiz | 1 | — | 1 | — | 1:1 |
| | 92 | 47 | 13 | 32 | 236:214 |

# Berlins internationale Städtespiele 1939/41

**19** November 1939 **Bukarest — Berlin 1:0**

Berlin: Jahn — Appel. Krause — Buchmann. Boßmann. Goede — Engelbracht. Gellesch. Berndt. Fabian. Salisch.

**5.** November 1939 **Berlin — Sofia 4:2**

Berlin: Jahn — Appel. Krause — Raddatz. Boßmann. Goede — Engelbracht. Dams Berndt. Joraschkowitz. Salisch.
Tore: Engelbracht. Berndt. Joraschkowitz. Salisch.

**1.** Mai 1940 **Berlin — Preßburg 5:2**

Berlin: Jahn — Appel. Raddatz — Buchmann. Stahr. Hausmann — Meier. Mohr. Berndt. Kern. Salisch.
Tore: Berndt (3). Kern. Maier

**26.** Mai 1940 **Sofia — Berlin 0:3**

Berlin: Jahn — Appel. Krause — Buchmann. Tuschling. Raddatz — Ballendat. Graf. Berndt. Hausmann. Salisch.
Tore: Berndt. Graf. Salisch

**7.** Juli 1940 **Posen — Berlin 4:2**

Berlin: Schönbeck — Raddatz. Krause — Buchmann. Tuschling. Stahr — Ballendat. Krebs (Lindicke). Berndt. Graf. Aurednik
Tore: Berndt. Graf.

**22.** September 1940 **Berlin — Mailand 3:2**

Berlin: Schönbeck — Appel. Krause — Buchmann (Stahr). Boßmann. Raddatz — Lehner. Schellhase. Berndt. Graf. Courths.
Tore: Schellhase. Courths. Berndt

**1.** Januar 1941 **Mailand — Berlin 2:2**

Berlin: Jahn — Appel Koch — Raddatz. Boßmann. Goede (Stahr) — Lehner. Joraschkowitz. Berndt. Elsholz (Graf). Kobierski.
Tore: Joraschkowitz (2).

**30.** März 1941 **Berlin — Sofia 4:0**

Berlin: Jahn — Appel. Krause — Bixemann. Boßmann. Seibert — Lehner. Graf. Berndt. E. Henning. Kobierski.
Tore: Berndt (2). Kobierski. Graf

**27.** April 1941 **Preßburg — Berin 0:0**

Berlin: Jahn — Appel (100. repr. Spiel) Krause — Raddatz. Boßmann. Goede — Ballendat. Joraschkowitz. Graf. Wilde. Kobierski.

# Die Städtespiele Berlin—Hamburg

| | | | | | | |
|---|---|---|---|---|---|---|
| 4. 6. 99 | Hamburg—Berlin | 6:1 | 4. 9. 27 | Berlin—Hamburg | 1:1 |
| 1. 4. 00 | Berlin—Hamburg | 1:2 | 16. 11. 27 | Hamburg—Berlin | 4:3 |
| 16. 11. 04 | Hamburg—Berlin | 0:1 | 2. 9. 28 | Berlin—Hamburg | 6:3 |
| 26. 11. 05 | Berlin—Hamburg | 6:2 | 8. 9. 29 | Berlin—Hamburg | 4:2 |
| 21. 11. 06 | Hamburg—Berlin | 2:5 | 20. 11. 29 | Hamburg—Berlin | 1:2 |
| 16. 6. 10 | Hamburg—Berlin | 3:3 | 7. 9. 30 | Berlin—Hamburg | 2:2 |
| 11. 9. 10 | Berlin—Hamburg | 0:3 | 19. 11. 30 | Hamburg—Berlin | 1:1 |
| 28. 4. 11 | Hamburg—Berlin | 2:1 | 6. 9. 31 | Berlin—Hamburg | 2:3 |
| 21. 11. 11 | Hamburg—Berlin | 5:2 | 18. 11. 31 | Hamburg—Berlin | 2:1 |
| 20. 11. 12 | Hamburg—Berlin | 1:2 | 4. 9. 32 | Berlin—Hamburg | 5:3 |
| 19. 11. 13 | Berlin—Hamburg | 1:0 | 16. 11. 32 | Hamburg—Berlin | 6:2 |
| 27. 10. 19 | Hamburg—Berlin | 6:1 | 3. 9. 33 | Berlin—Hamburg | 2:2 |
| 18. 4. 20 | Berlin—Hamburg | 4:3 | 19. 11. 33 | Hamburg—Berlin | 2:2 |
| 17. 11. 20 | Berlin—Hamburg | 1:2 | 2. 9. 34 | Berlin—Hamburg | 1:4 |
| 27. 2. 21 | Berlin—Hamburg | 0:1 | 18. 11. 34 | Hamburg—Berlin | 4:1 |
| 16. 11. 21 | Hamburg—Berlin | 2:2 | 8. 9. 35 | Berlin—Hamburg | 2:1 |
| 26. 3. 22 | Berlin—Hamburg | 4:1 | 17. 11. 35 | Hamburg—Berlin | 1:3 |
| 22. 11. 22 | Hamburg—Berlin | 1:1 | 13. 9. 36 | Berlin—Hamburg | 2:3 |
| 22. 4. 23 | Berlin—Hamburg | 3:3 | 6. 12. 36 | Hamburg—Berlin | 3:5 |
| 21. 11. 23 | Hamburg—Berlin | 6:2 | 7. 11. 37 | Berlin—Hamburg | 6:1 |
| 16. 3. 24 | Berlin—Hamburg | 3:1 | 5. 12. 37 | Hamburg—Berlin | 2:1 |
| 19. 11. 24 | Hamburg—Berlin | 3:1 | 9. 10. 38 | Berlin—Hamburg | 2:5 |
| 18. 8. 25 | Berlin—Hamburg | 1:7 | 20. 11. 38 | Hamburg—Berlin | 1:0 |
| 18. 11. 25 | Hamburg—Berlin | 4:2 | 16. 10. 39 | Hamburg—Berlin | 1:1 |
| 17. 11. 26 | Hamburg—Berlin | 7:4 | | | |

### Die Bilanz:

Berlin:  49 Spiele 18 Siege 10 Unentsch. 21 Niederlag. 113:127 Tore
Hamb.:  49 Spiele 21 Siege 10 Unentsch. 18 Niederlag. 127:113 Tore

# Die Städtespiele Berlin—München

| | | | | | | |
|---|---|---|---|---|---|---|
| 14. 9. 19 | Berlin — München | 3:1 | 29. 12. 29 | München — Berlin | 6:1 |
| 2. 5. 20 | München — Berlin | 2:2 | 28. 9. 30 | Berlin — München | 4:5 |
| 22. 5. 21 | München — Berlin | 1:1 | 6. 1. 31 | München — Berlin | 7:1 |
| 26. 2. 22 | Berlin — München | 2:1 | 1. 1. 32 | Berlin — München | 2:4 |
| 25. 3. 23 | Berlin — München | 1:0 | 25. 9. 32 | München — Berlin | 5:3 |
| 15. 6. 24 | München — Berlin | 2:4 | 6. 5. 34 | München — Berlin | 4:4 |
| 19. 4. 25 | Berlin — München | 1:1 | 11. 10. 36 | München — Berlin | 0:3 |
| 19. 6. 27 | München — Berlin | 4:1 | 26. 6. 37 | Berlin — München | 4:4 |
| 22. 4. 28 | Berlin — München | 5:1 | | | |

### Die Bilanz:

Berlin:     17 Spiele 6 Siege 5 Unentsch. 6 Niederlag. 42:48 Tore
München:  17 Spiele 6 Siege 5 Unentsch. 6 Niederlag. 48:42 Tore

# Die Städtespiele Berlin—Wien

| | | | | | | |
|---|---|---|---|---|---|---|
| 28. 10. 99 | Wien — Berlin | 0:2 | 6. 4. 13 | Berlin — Wien | 4:2 |
| 5. 3. 05 | Berlin — Wien | 3:1 | 5. 10. 13 | Wien — Berlin | 3:3 |
| 5. 11. 05 | Wien — Berlin | 0:4 | 5. 4. 14 | Berlin — Wien | 0:3 |
| 1. 4. 06 | Berlin — Wien | 3:1 | 4. 10. 14 | Wien — Berlin | 1:5 |
| 4. 11. 06 | Wien — Berlin | 8:1 | 28. 3. 15 | Berlin — Wien | 4:3 |
| 7. 4. 07 | Berlin — Wien | 2:1 | 17. 10. 15 | Wien — Berlin | 7:0 |
| 6. 10. 07 | Wien — Berlin | 2:1 | 3. 4. 16 | Berlin — Wien | 2:1 |
| 5. 4. 08 | Berlin — Wien | 1:3 | 15. 6. 19 | Wien — Berlin | 5:1 |
| 6. 10. 08 | Wien — Berlin | 2:1 | 23. 9. 23 | Berlin — Wien | 1:3 |
| 28. 3. 09 | Berlin — Wien | 4:1 | 4. 5. 24 | Wien — Berlin | 3:1 |
| 3. 10. 09 | Wien — Berlin | 1:0 | 21. 11. 28 | Berlin — Wien | 1:4 |
| 3. 4. 10 | Berlin — Wien | 2:1 | 6. 10. 29 | Wien — Berlin | 3:1 |
| 2. 10. 10 | Wien — Berlin | 4:3 | 4. 12. 38 | Berlin — Wien | 0:2 |
| 2. 4. 11 | Berlin — Wien | 1:8 | 13. 5. 40 | Berlin — Wien | 3:4 |
| 1. 10. 11 | Wien — Berlin | 4:0 | 25. 8. 40 | Wien — Berlin | 3:2 |
| 2. 4. 12 | Berlin — Wien | 1:1 | 14. 9. 41 | Wien — Berlin | 5:2 |
| 6. 10. 12 | Wien — Berlin | 2:0 | | | |

## Die Bilanz:

| | | | | | |
|---|---|---|---|---|---|
| Wien: | 33 Spiele | 22 Siege | 2 Unentsch. | 9 Niederlag. | 100:51 Tore |
| Berlin: | 33 Spiele | 9 Siege | 2 Unentsch. | 22 Niederlag. | 51:100 Tore |

# Die Städtespiele Berlin—Dresden

| | | | | | |
|---|---|---|---|---|---|
| 7. 5. 11 | Dresden — Berlin | 2:2 | 20. 9. 31 | Dresden — Berlin | 1:6 |
| 6. 4. 17 | Dresden — Berlin | 2:5 | 31. 10. 33 | Dresden — Berlin | 1:1 |
| 19. 8. 17 | Berlin — Dresden | 4:1 | 18. 3. 34 | Berlin — Dresden | 1:0 |
| 20. 6. 20 | Berlin — Dresden | 0:7 | 28. 10. 34 | Dresden — Berlin | 0:0 |
| 22. 2. 31 | Berlin — Dresden | 2:5 | | | |

## Die Bilanz:

| | | | | | |
|---|---|---|---|---|---|
| Berlin: | 9 Spiele | 4 Siege | 3 Unentsch. | 2 Niederlag. | 21:19 Tore |
| Dresden: | 9 Spiele | 2 Siege | 3 Unentsch. | 4 Niederlag. | 19:21 Tore |

# Die Städtespiele Berlin—Leipzig

| | | | | | |
|---|---|---|---|---|---|
| 11. 12. 04 | Berlin — Leipzig | 6:3 | 22. 10. 22 | Berlin — Leipzig | 3:2 |
| 10. 12. 05 | Leipzig — Berlin | 2:2 | 4. 2. 23 | Leipzig — Berlin | 0:1 |
| 3. 5. 07 | Berlin — Leipzig | 2:3 | 17. 8. 24 | Leipzig — Berlin | 2:2 |
| 5. 4. 08 | Leipzig — Berlin | 3:8 | 21. 6. 27 | Leipzig — Berlin | 0:1 |
| 11. 10. 14 | Berlin — Leipzig | 7:3 | | | |

## Die Bilanz:

| | | | | | |
|---|---|---|---|---|---|
| Berlin: | 9 Spiele | 6 Siege | 2 Unentsch. | 1 Niederlage | 32:18 Tore |
| Leipzig: | 9 Spiele | 1 Sieg | 2 Unentsch. | 6 Niederlag. | 18:32 Tore |

# Die bedeutendsten deutschen Städtespiele
## 1940/41

## BERLIN

Gegen W i e n am 25. August 1940 in Wien 2:3 verloren: Jahn — Appel (beide BSV. 92). Krause (Hertha-BSC.) — Raddatz (Union Oberschöneweide). Boßmann. Mohr (beide Tennis-Borussia) — Lehner (Blau-Weiß). Schellhase (Hertha-BSC.). Berndt, Kästner. Wilde (alle Tennis-Borussia).

Gegen M a i l a n d am 22. September 1940 in Berlin 3:2 gewonnen: Schönbeck (BFC.-Preußen) — Appel (BSV. 92). Krause (Hertha-BSC.) — Buchmann (Hertha-BSC.) ab 44. Min. Stahr (Hertha-BSC.). Boßmann (Tennis-Borussia). Raddatz (Union Oberschöneweide) — Lehner (Blau-Weiß). Schellhase (Hertha-BSC.). Berndt (Tennis-Borussia). Graf (Blau-Weiß). Courths (Hohenschönhausen 1910).

Gegen M a i l a n d am 1. Januar 1941 in Mailand 2:2: Jahn (BSV. 92) — Appel (BSV.92). Koch (Hertha) — Raddatz (Union). Beßmann (Tennis-Borussia). Goede (BSV. 92) (nach Halbzeit Stahr-Hertha) — Lehner (Blau-Weiß). Joraschkowitz (Hertha). Berndt (Tennis-Borussia). Elsholz (Minerva) (2. Halbzeit Graf (Blau-Weiß). Kobierski (Polizeisportverein).

Gegen P r e ß b u r g am 27. April in Preßburg 0:0: Jahr — Appel. Krause — Raddatz. Boßmann. Goede — Ballendat, Joraschkowitz. Graf. Wilde. Kobierski.

Gegen W i e n am 14. September in Wien 2:5 verloren: Jahn — Appel (beide BSV. 92). Podratz (TeBe) — Goede (BSV.). Sold (TeBe). Raddatz (Union) — Lehner (Blauweiß). Ballendat (BSV.). Graf (Blauweiß). Wilde (TeBe). Kobierski (Polizei)

## MÜNCHEN

Gegen R o m am 22. September in München 0:1 verloren: Talew (1860) — Bernard (VfR. Schweinfurt). Schmeiser — Bayerer (beide 1860). Goldbrunner (Bayern). Hammerl (Post-SV.) — Amcrell (Post-SV.). L. Janda (1860). Lehner (Schwaben Augsburg) Fiederer (SpVgg. Fürth). Simetsreiter (Post-SV.).

Gegen R o m am 1. Januar 1941 in Rom 2:5 verloren: Scheithe (Bayern) — Pledl II. Schmeiser — Burger. Bayerer (alle 1860 München). Hammerl (Post-SV. München) — Amcrell (Post-SV.). L. Janda. Krückeberg (beide 1860 München). Fiederer (SpVgg. Fürth). Simetsreiter (Bayern München).

## STUTTGART

Gegen W i e n am 22. September 1940 in Wien 3:6 verloren: Keller (SSC.) — Koch (VfB.), Cozza (Kickers) — Kraft (VfB.), Ribke (Kickers), Kneer (VfB.) — Frey, Walz, Conen (alle Kickers), Leo Kronenbitter (Sportfr.), Kipp (Kickers).

Gegen B a r c e l o n a am 12. Januar 1941 in Barcelona 3:3 : Deyle (Kickers) — Fritschi (SSC.), Cozza (Kickers) — Kneer (VfB.), Kindl, Förschler (Kickers) — Frey (Kickers), Koch, Seitz (VfB.), Walz, Sing (Kickers).

Gegen B a r c e l o n a am 6. Juli 1941 in Stuttgart 1:2 verloren: Keller (SSC.) — Fritschi (SSC.), Immig (Kickers) — Kraft (VfB.), Kindl (Kickers), Kneer (VfB.) — Frey (Kickers), Koch (VfB.), Conen (Kickers), Leo Kronenbitter (Sportfreunde), Sing (Kickers)

## WIEN

Gegen B e r l i n am 25. August 1940 in Wien 3:2 gewonnen: Raftl — Wagner II (beide Rapid), Sesta (Austria) — Wagner I (Rapid), Mock (Austria), Skoumal (Rapid) — Zischek (Wacker), Hahnemann (Admira), Epp (Wiener Sportclub), Binder (Rapid) (nach der Pause Safarik-Austria), Pesser (Rapid).

Gegen K r a k a u am 25. August 1940 in Krakau 8:2 gewonnen (B-Mannschaft): Martinek (Wacker) — Graf (Wiener SC.), Probst (Austria) — Vavra (Wiener SC.), Hofstätter (Rapid), Brinck (Wacker) — Decker (Vienna), Schors (Rapid), Reitermeier (Wacker), Dvoracek (Rapid), Durek (FC. Wien).

Gegen S t u t t g a r t am 22. September 1940 in Wien 6:3° gewonnen: Zoehrer — Sesta (beide Austria), Marischka (Admira) — Probst, Mock (beide Austria), Skoumal (Rapid) — Zischek (Wacker), Decker (Vienna), Hahnemann (Admira) Binder, Pesser (beide Rapid).

Gegen K r a k a u in Wien am 6. Oktober 1940 7:1 gewonnen (B-Mannschaft): Brandstätter (FC. Wien) — Kopejtko (Austria), Purtz (Wiener SC.) — Vavra (Wiener SC.), Hofstätter (Rapid), Hönfl (Wacker) — Fitz, Matth. Kaburek (beide Rapid), Fischer (Vienna), Dvoracek (Rapid), Kucharsky (Wacker).

Gegen S o f i a am 3. April 1941 in Wien 5:2 gewonnen: Raftl (Rapid) — Sesta (Austria), Schmaus (Vienna) — Wagner I (Rapid), Mock (Austria), Skoumal (Rapid) — Decker (Vienna), Jos. Stroh (Austria), Binder (Rapid), Durek (FC. Wien), Pesser (Rapid). An Stelle des in der ersten Halbzeit verletzten Spielers Pesser sprang Artmann (Vienna) ein.

Gegen B e r l i n am 14. September in Wien 5:2 gewonnen: Ploc (Vienna) — Sesta (Austria), Schmaus (Vienna) — Wagner I (Rapid), Mock (Austria), Fuchs (WSC.) — Fitz (Rapid), Decker (Vienna), Binder (Rapid), Schors (Rapid), Neumer (Austria).

# Bereichsauswahlmannschaften
## 1940/41

## Ostpreußen

Gegen H e s s e n am 6. Oktober 1940 (Vorrunde Reichsbundpokal) 3:2 in Königsberg gewonnen: Berwing (VfB. Tilsit — Pionczewski (Reichsbahn Königsberg), Krause (VfB. Königsberg) — Baluses (VfB Königsberg), Halex (Preußen Mlawa), Staguhn (VfB. Königsberg) — Blonski, Atzesberger, Sommerlatt. Schröer. Scheffer (alle VfB. Königsberg).

Gegen B a y e r n am 8. Dezember 1940 (Zwischenrunde Reichsbundpokal) 2:7 in Schweinfurt verloren: Kremers — Jesnowski, Krause — Lingnau, Baluses, Reich — Blonski, Atzesberger (alle VfB. Königsberg) Gerhards (Richthofen Neukuhren). Schröer (VfB. Königsberg) Idkowiak (Preußen Mlawa).

## Pommern

Gegen M i t t e am 6. Oktober 1940 (Vorrunde Reichsbundpokal) 3:2 in Stettin gewonnen: Rasch (LSV. Stettin) — Gahren (SSC.), Lüdecke (LSV. Stettin) — Schittek, Kiow, Aporius (VfL. Stettin) — Frosch. Auerhahn, Rohrberg (LSV.). Kamphausen (VfL. Stettin) Cremer (Stettiner SC.).

Gegen S a c h s e n am 3. November 1940 (Zwischenrunde Reichsbundpokal) 1:6 in Stettin verloren: Rasch (LSV. Stettin) — Gahren (Stettiner SC.), Lüdecke (LSV. Stettin) — Schittek. Kiow. Aporius (alle VfL. Stettin) — Schmitt (LSV. Pütnitz). Auerhahn, Rohrberg (beide LSV. Stettin). Kamphausen (VfL. Stettin). Klewin (Stettiner SC.)

Gegen S u d e t e n l a n d am 15. Juni 1941 in Teplitz 2:2: Rasch (Stettin) — Schmitt (LSV. Pütnitz). Groth (LSV. Stettin) — Schittek (Stettin). Auerhahn. Lüdecke (beide Stettin) — Fröhlich (Stettin). Schaffranke (Pütnitz). Rohrberg, Hoffmann (Stettin) Curths (LSV. Stolpmünde).

Gegen B a y e r n am 22. August 1941 in Stettin 1:6 verloren: Rasch (LSV. Stettin) — Herweg (Pütnitz). Lüdicke (LSV. Stettin) — Wagner (Stettiner SC.). Schmitt (Pütnitz). Kohler (Stettiner SC.) — Frosch (LSV. Stettin). Schitteck (VfB. Stettin). Schaffranke (Pütnitz). Hein (Parow). Kößler (LSV. Stettin).

# Brandenburg

Gegen **Mittelrhein** am 6. Oktober 1940 (Vorrunde Reichsbundpokal) 4:3 in Berlin gewonnen: Schönbeck (BFC. Preußen) — Appel I (BSV. 92). Krause (Hertha-BSC.) — Stahr (Hertha-BSC.). Boßmann (Tennis-Borussia). Raddatz (Union Oberschöneweide) — Ballendat (Berliner SV. 92). Graf (Blau-Weiß). Berndt (Tennis-Borussia). Tietz (Eintracht Babelsberg). Curths (Hohenschönhausen 1910).

Gegen **Baden** am 3. November 1940 (Zwischenrunde Reichsbundpokal) 0:3 in Mannheim verloren: Jahn — Appel (beide BSV. 92). Krause — Stahr (beide Hertha-BSC.). Boßmann (Tennis-Borussia). Raddatz (Union Oberschöneweide) — Maier. Gründler (beide Minerva 93). Berndt (Tennis-Borussia). Tietz (Babelsberg). Salisch (Union Oberschöneweide).

Gegen **Sudetenland** am 26. Dezember 1940 in Berlin 5:3 gewonnen: Schönbeck (Preußen) — Appel (BSV. 92). Junik (TuS. Staaken) — Wienecke (Minerva 93). Bien (Blau-Weiß) — Hausmann (Minerva 93) — Lübcke (Lufthansa). Graf (Blau-Weiß). Elsholz (Minerva). Joraschkowitz (Hertha-BSC.). Radicke (Eintracht Miersdorf).

Gegen **Nordmark** am 2. März 1941 in Hamburg 3:0 gewonnen: Jahn (BSV. 92) — Appel (BSV. 92). Koch (Hertha-BSC.) — Raddatz (Union Oberschöneweide). Boschmann (Tennis-Borussia). Seibert (Blau-Weiß) — Lehner (Blau-Weiß). Joraschkowitz (Hertha-BSC.). Berndt (Tennis-Borussia). Wehde (Tennis-Borussia). Kobierski (Polizei).

# Schlesien

Gegen **Wartheland** am 6. Oktober 1940 (Vorrunde Reichsbundpokal) 2:1 in Posen gewonnen: Mettke (VR. Gleiwitz) — Michalski (TuS. Lipine). Kubus (VR. Gleiwitz) — Wydra (Vf. Gleiwitz). Pietz II (TuS. Lipine). Bysmor (Hindenburg) — Plener (VR. Gleiwitz). Cebulla (Schwientochlowitz). Wostal (VR. Gleiwitz). Piontek (Königshütte). Renk (VR. Gleiwitz).

Gegen **Württemberg** am 3. November 1940 (Zwischenrunde Reichsbundpokal) 4:2 in Breslau gewonnen: Mettke — Koppa. Kubus — Wydra (Vorw.-Ras. Gleiwitz). Pietz II (TuS. Lipine). Langner (Breslau 02) — Pietz I (TuS. Lipine). Schmidt (Bergknappen Königshütte). Piontek (Germania Königshütte). Cebulla (Schwientochlowitz). Wlodarz (Bismarckhütte).

Gegen S a c h s e n am 9. Februar 1941 (Ausscheidungsspiel Reichsbundpokal) 3:5 in Kattowitz verloren: Bromm (Schwientochlowitz) — Koppe (VR. Gleiwitz), Kinowski (Germ. Königshütte) — Wydra (VR. Gleiwitz), Pietz II (Lipine), Dytko (1. FC. Kattowitz) — Pietz I (Lipine), Piontek (Germ. Königshütte), Schmidt (Bergkn. Königshütte), Cebulla (Schwientochlowitz) Wlodarz (Bismarckhütte).

Gegen S u d e t e n l a n d am 20. Juli 1941 4:3 in Bielitz gewonnen: Ohletz (Post Oppeln) — Gemsa (Bismarckhütte SV.), Warmus (Reichsb. Myslowitz) — Wydra, Nossek (Gleiw. VR.), Pietz II (Lipine TuS.) — Kotzur (DSK. Teschen), Cebulla (Schwientochlowitz TuS.), Piontek (Königsh. Germania), Baron (Gleiwitz VR.). Pyttel (Königshütte Germania).

Gegen O s t p r e u ß e n am 27. Juli 1941 2:2 in Breslau: Ohletz (Post Oppeln) — Gemsa (Bismarckh. SV.), Scholz (Breslau 06) — Wydra, Nossek (Gleiwitz VR.), Pietz II (Lipine TuS.) — Glatzel (Breslau 06), Cebulla (Schwientochlow. TuS.), Pawlitzki (Liegnitz. Wehrm.). Baron (Gleiwitz. VR.). Meirer (Reinecke-Brieg).

Gegen S u t e d e n l a n d am 3. August 1941 4:3 in Troppau gewonnen: Ohletz (Post Oppeln) — Gemsa (Bismarckh. SV.), Scholz (Breslau 06) — Sauer (Liegnitz TuSpo.), Teschner (Liegnitz Wehrmacht). Pietz II — Pietz I (Lipine TuS.), Cebulla (Schwientochlow. TuS.), Pawlitzki (Liegnitz Wehrm.), Piontek. Pyttel (Königshütte Germania)

# Sachsen

Gegen D r e s d n e r  S p o r t - C l u b (Rotes Kreuz Sachsen des NSRL.-Bereichs Sachsen) am 18. August in Dresden 2:4 verloren: Croy (Planitz) — Schäfer (Riesa). Richter (CBC.) — Gehmlich (Planitz). Seltmann (Planitz). Rose (Polizei Chemnitz) — Ehm (Polizei Chemnitz), Müller (Planitz), Weigel (Planitz). Willimowski (Polizei Chemnitz). Arlt (Riesa).

Gegen  W e s t f a l e n  am 6. Oktober 1940 (Vorrunde Reichsbundpokal) 2:0 in Chemnitz gewonnen: Kreß (DSC.) — Richter (CBC.). Hempel (DSC.) — Schubert, Dzur (DSC.), Rose (Polizei) — Mende (CBC.), Helmchen (Polizei). Machate (DSC.). Schön (DSC.). Arlt (Riesa).

Gegen P o m m e r n am 3. November 1940 (Zwischenrunde Reichsbundpokal) 6:1 in Stettin gewonnen: Kilian (Sportfr. 01 Dresden) — Schäfer (Riesaer SV.). Richter (Chemnitzer BC.) — Seltmann (SC. Planitz). Rose (Pol.-SV. Chemnitz), Schubert (Dresdner SC.) — Weigand (Riesaer SV.), Lindner, Willimowski (beide Pol.-SV. Chemnitz), Weigel (SC. Planitz). Vogl (SC. Planitz).

Gegen S c h l e s i e n am 9. Februar 1941 (Ausscheidungsspiel Reichsbundpokal) 5:3 in Kattowitz gewonnen: Kreß (DSC.) — Richter (Chemnitzer BC.), Miller — Pohl, Dzur, Schubert (alle DSC.) — Mende (Riesa), Schaffer (DSC.), Willimowski (Polizei Chemnitz), Schön, Carstens (DSC.).

Gegen B a d e n am 9. März 1941 (Vorschlußrunde Reichsbundpokal) 7:2 in Dresden gewonnen: Kreß (DSC.) — Miller (DSC.), Richter (CBC.) — Pohl (DSC.), Dzur (DSC.), Schubert (DSC.) — Mende (Riesa), Schaffer (DSC.), Machate (DSC.), Weizel (Planitz), Carstens (DSC.).

Gegen B a y e r n (Reichsbundpokal Endspiel) am 7. September 1941 in Chemnitz 2:0 gewonnen: Kreß — Hempel, Miller — Schubert (alle DSC.), Richter (BC. Chemnitz), Pohl — Carstens, Schön (alle DSC.), Willimowski (Polizei), Schaffer, Kugler (beide DSC.).

# Mitte

Gegen B a d e n am 25. August 1940 in Magdeburg 7:3 gewonnen: Gläser (Cricket-Viktoria Magdeburg) — Schüßler (1. SV. Jena), Eschenbeck (Sportring Erfurt) — Werner, Beckert, Schipphorst (alle 1. SV. Jena) — Grezschik (Cricket-Viktoria Magdeburg) — Baumann (Osterberg), Gröbsch (SV. Zeitz), König (1. SV. Jena), Feichter (Spielvereinigung Erfurt).

Gegen P o m m e r n am 6. Oktober 1940 (Vorrunde Reichsbundpokal) 2:3 in Stettin verloren: Patzl (SpV. Jena) — Werkmeister, Eschenbeck (Sportring Erfurt) — Manthey (Dessau 05), Beckert, Werner (beide 1. SpV. Jena) — Gryschek (Cricket-Viktoria Magdeburg), Baumann, Gräbsch (1. SpV. Jena), König (1. SpV. Jena), Gärtner (1. SV. Jena).

# Nordmark

Gegen O s t l a n d am 6. Oktober 1940 (Vorrunde Reichsbundpokal) 3:1 in Danzig gewonnen: Kowalski (Eimsbüttel) — Dörfel (HSV.), Stahl (Borussia Harburg) — Manja II, Rohde (beide Eimsbüttel), Kahl (HSV.) — Melkonian (Eimsbüttel), Mühle (Altona), Wenzel (Lübeck), Woitkowiak (Rothenburgsort), Eddelbüttel (Wilhelmsburg 09).

Gegen S ü d w e s t am 3. November 1940 (Zwischenrunde Reichsbundpokal) 0:0 nach Verlängerung in Hamburg: Kowalkowski (Eimsbüttel) — Dörfel (HSV.), Stahl (Borussia Harburg) — Wendlandt (Victoria), Reinhardt (Hamburger SV.), Kahl (Hamburger SV.) — Melconian, Adamkiewicz (beide Hamburger SV.), Mania I (Eimsbüttel), Woitkowiak (Rothenburgsort), Eddelbüttel (Wilhelmsburg 09).

Gegen **Südwest** am 12. Januar 1941 (Wiederholung Reichsbundpokal-Zwischenrunde) 2:4 in Saarbrücken: Kowalkowski (Eimsbüttel) — Dörfel (HSV.), Stahl (Borussia Harburg) — Manja II. Rohde (beide Eimsbüttel), Karl (HSV.) — Melkonian (HSV.), Panse (Eimsbüttel), Höffmann, Spundflasche, Rohwedder (alle HSV.).

Gegen **Brandenburg** am 2. März 1941 in Hamburg 0:3 verloren: Kowalkowski (Eimsbüttel) — Dörfel (HSV.), Seeler (HSV.) — Rohde (Eimsbüttel), Kahl (HSV.), Melkonian (HSV.), Panse (Eimsbüttel), Manja (Eimsbüttel), Spundflasche (HSV.), Eddelbüttel (Wilhelmsburg 09)

# Niedersachsen

Gegen **Bayern** am 6. Oktober 1940 (Vorrunde Reichsbundpokal) 3:3 nach Verlängerung in Nürnberg: Jürissen (Eintracht Braunschweig) — Schade, Kappler — Himmler (alle Eintracht Braunschweig), Petzold, Männer (beide Hannover 96) — Lachner (Eintracht Braunschweig), Weber (Arminia Hannover), Naab Maschinski Ender (alle Eintracht Braunschweig).

Gegen **Bayern** am 27. Oktober 1940 (Wiederholungsspiel, Vorrunde Reichsbundpokal) 1:2 nach Verlängerung in Braunschweig verloren: Jürissen (Eintracht Braunschweig) — Kappler, Sukop (beide Eintracht Braunschweig) — Pätzold, Deike I. Männer (alle Hannover 96) — Himmler (Eintracht Braunschweig), Pöhler (Hannover 96), Naab, Lachner, Ender (alle Eintracht Braunschweig).

# Westfalen

Gegen **Sachsen** am 6. Oktober 1940 (Vorrunde Reichsbundpokal) 0:2 in Chemnitz verloren: Kronsbein — Düding (VfB. Bielefeld), Schneider (Bochum 78) — Strothmann (VfB. Bielefeld), Kranefeld, Breuer (beide Arminia Bielefeld) — Baumker (Arminia Martens), Schwarz (Arminia Bielefeld), Erdmann (Borussia Dortmund), Bogenkamp (Arminia Bielefeld), Urban (VfB. Bielefeld).

# Niederrhein

Gegen **Württemberg** am 6. Oktober 1940 (Vorrunde Reichsbundpokal 3:4 in Stuttgart verloren: Michalak (Grün-Weiß Holten) — Rodzinski. Duch — Rupieta (alle Hamborn 07), Krüger, Czaika (beide Fort. Düsseldorf) — Winkler (Schwarz-Weiß Essen), Grünewald (Turu Düsseldorf), Liesen (Hamborn 07), Stermseck (Schwarz-Weiß Essen), Pickartz (Fortuna Düsseldorf)

Gegen **Mittelrhein** am 1. Januar 1941 in Köln 0:1 verloren: Jürissen (Oberhausen) — Janes (Fortuna Düsseldorf), Krack (Schwarz-Weiß Essen) — Zwolanowski und Krüger (beide Fortuna Düsseldorf), Rupita (Hamborn 07) — Engelbracht (Cronenberg), Bertz (TuS Helene Essen), Gottschalk (Rot-Weiß Essen), Pickartz (Fortuna Düsseldorf) und Günther (Rot-Weiß Oberhausen).

# Mittelrhein

Gegen **Brandenburg** am 6. Oktober 1940 (Vorrunde Reichsbundpokal) 3:4 in Berlin verloren: Kelter (Sülz 07) — Müsch (Troisdorf), Pett (Bayenthal) — Ahlbach (Oberbieber), Hoofs (Mülheimer SV.), Kuckertz (VfL. 99) — Bars (VfL. 99), Berg (VfL. 99), Viere (Sülz 07), Herzmann (Bonner FV.), Schlawitzki (VfL. 99).

Gegen **Niederrhein** am 1. Januar 1941 in Köln 1:0 gewonnen: Dupont (MSV.) — Müsch (Troisdorf), Ahrweiler (MSV.) — Thomas (Beuel), Ruff, Hoofs (MSV.) — Bars, Börsch (VfL. 99), Viere (Sülz), Ahlbach (MSV.), Becker (VfR.).

Gegen **Luxemburg** am 2. März 1941 in Köln 8:3 gewonnen: Dupont (MSV.) — Müsch (Troisdorf), Wendt (Sülz) — Thomas (Beuel), E. Moog (VfL. 99), Hoofs (MSV.) — Bars (VfL. 99), Radant (Sülz), Werheit (VfL. 99), Lohmann (MSV.), Schlawitzki (VfL. 99)

# Moselland

Gegen **Westmark** am 14. September 1941 in Koblenz 1:5 verloren: Lahure (Niederkorn) — Witry II (Düdelingen), Schäfer (Neuendorf) — Dumont (Luxemburg), Knopp (Neuendorf), Baden (Trier) — Kemp (Niederkorn), Marth (Rote Erde Esch), Kober (Differdingen), Mengel, Pauly (beide Düdelingen).

# Hessen

Gegen **Ostpreußen** am 6. Oktober 1940 (Vorrunde Reichsbundpokal) 2:3 in Königsberg verloren: Seidel (Kurhessen Kassel) — Pape (Spielverein Kassel), Gramlich (Borussia Fulda) — Oppermann (Spielverein Kassel), Hanz (Kurhessen Kassel), Pätzold (Borussia Fulda) — Markert (SC. 03 Kassel), Ehrhardt (Hanau 93), Bonard (Borussia Fulda), Hellwig (Sport Kassel), Rüppel (Sport Kassel).

Gegen **Mitte** am 15. Juni 1941 in Kassel 1:0 gewonnen: Seibel (Kurhessen) — Pape (Spielverein Kassel), Gramlich (Borussia Fulda) — Strecker (Borussia) Bauder (Sport Kassel), Pätzold (Borussia) — Markert (03 Kassel), Metzner (TuSpo. Kassel), Bode (03 Kassel), Hellwig und Klapp (Sport Kassel).

# Südwest

Gegen **Ostmark** am 6. Oktober 1940 (Vorrunde Reichsbundpokal) 5:2 in Frankfurt gewonnen: Eigenbrodt (Offenbacher Kickers) — Kolb (Eintracht Frankfurt). Schmitt (FV. Saarbrücken) — Böttgen (FSV. Frankfurt). Lautz (Rot-Weiß Frankfurt). Rößler (VfR. Frankenthal) — Reinhardt (VfR. Frankenthal). Adam Schmitt (Eintracht Frankfurt). Momber (Borussia Neunkirchen). Wirsching (Eintracht Frankfurt). Göhlich (Offenbacher Kickers).

Gegen **Nordmark** am 3. November 1940 (Zwischenrunde Reichsbundpokal) 0:0 nach Verlängerung in Hamburg: Eigenbrodt (Offenbacher Kickers) — Kolb (Eintracht Frankfurt). Schmitt (FV. Saarbrücken) — Rößler (VfR. Frankenthal). Lautz (Rot-Weiß Frankfurt). Schädler (Eintracht Frankfurt) — Reinhardt (VfR. Frankenthal). Wirsching (Eintracht Frankfurt). Momber (Borussia Neunkirchen). Adam Schmitt (Eintracht Frankfurt). Göhlich (Offenbacher Kickers).

Gegen **Nordmark** am 12. Januar 1941 (Zwischenrunde Reichsbundpokal-Wiederholung) 4:2 in Saarbrücken gewonnen: Eigenbrodt (Kickers Offenbach) — Moog. Kolb (beide Eintracht Frankfurt) — Rößler (Frankenthal). Lautz (Rot-Weiß Frankfurt). Schädler (Eintracht) — Reinhardt (Frankenthal). Wirsching (Eintracht). Walter (Kaiserslautern). A. Schmidt (Eintracht). Brückner (SV. Wiesbaden).

Gegen **Bayern** am 16. März 1941 (Vorschlußrunde Reichsbundpokal) 1:5 in Frankfurt a. M. verloren: Heinrich (TSG. Ludwigshafen) — Kolb. Moog (Eintracht Frankfurt) — Böttgen (FSV. Frankfurt). Lautz (Rot-Weiß Frankfurt). Tschatsch (Offenbacher Kickers) — Reinhardt (VfR. Frankenthal). Walter (1. FC. Kaiserslautern). Staab (Kickers). Adam Schmidt (Eintracht) Göhlich (Kickers).

# Westmark

Gegen **Moselland** am 14. Sept. 1941 in Koblenz 5:1 gewonnen: Weyland (FV. Saarbrücken) — Braun. Schmitt (beide FV. Saarbrücken) — Löffler. Emberger. Rößler (alle VfR. Frankenthal) — Soffel (FC. Pirmasens). Pfirsching (VfR. Frankenthal). Momber (Bor. Neunkirchen). Pickard (FV. Saarbrücken). Laudy (FV. Mundenheim).

# Baden

Gegen **Mitte** am 25. Aug. 1940 in Magdeburg 3:7 verloren: Fischer (SV. Waldhof) — Conrad (VfR. Mannheim). Fix (FC. Birkenfeld) — Rohr (VfR. Mannheim) Bauder. Ramge — Eberhardt. Fanz. Erb. Günderroth. Grab (alle SV. Waldhof).

Gegen Elsaß am 8. Sept. 1940 in Straßburg 2:3 verloren: Fischer (SV. Waldhof) — Zeitner, Keller (beide Freiburger FC.) — Bauder (SV. Waldhof), Moser (VfB. Mühlberg), Ramge (SV. Waldhof) — Baier (Durlach), Fanz, Erb (beide SV. Waldhof). Rastetter (VfB. Mühlburg), Karsch (Neureuth).

Gegen Sudetenland am 6. Oktober 1940 (Vorrunde Reichsbundpokal) 3:2 in Teplitz gewonnen: Vetter — Conrad (beide VfR. Mannheim), Wünsch (VfB. Mühlburg) — Rohr (VfR. Mannheim), Moser (VfB. Mühlburg), Ramge (SV. Waldhof) — Gruber, Fischer (VfB. Mühlburg), Erb (SV. Waldhof), Rastetter (VfB. Mühlburg), Krahl (VfB. Mühlburg).

Gegen Brandenburg am 3. November 1940 (Zwischenrunde Reichsbundpokal) 2:0 in Mannheim gewonnen: Vetter — Conrad, Rößling — Feth (alle VfR. Mannheim), Moser (VfB. Mühlburg), Ramge (SV. Waldhof) — Vogt (1. FC. Pforzheim), Rastetter (VfB. Mühlburg), Erb (SV. Waldhof), Fischer (VfB. Mühlburg), Rohr (VfR. Mannheim).

Gegen Sachsen am 16. März 1941 (Vorschlußrunde Reichsbundpokal) 2:7 in Dresden verloren: Vetter (VfR. Mannheim — Lutz (Neckarau), Gönner (Neckarau) — Manale (Neckarau), Wenzelsburger (Neckarau), Feth (VfR. Mannheim) — Vogt (1. FC. Pforzheim), Rastetter (Mühlburg), Preschle (Neckarau), Danner (VfR. Mannheim), Striebinger (VfR. Mannheim).

# Elsaß

Gegen Baden am 8. September 1940 in Straßburg 3:2 gewonnen: Hoffmann (Rasensport-Club Straßburg) — Metz (FC. Mülhausen), Lohr (Rasensport-Club Straßburg) — Gruber, Heisserer (beide Rasensport-Club Straßburg), Brehm (Sportverein Straßburg) — Woehl (Sportverein Straßburg), Zopp (FC. Colmar), Keller, Humbert (beide Rasensport-Club Straßburg), Karrer (FC. Schlettstadt).

# Württemberg

Gegen Niederrhein am 6. Oktober 1940 (Vorrunde Reichsbundpokal) 4:3 in Stuttgart gewonnen: Keller — Fritschi (beide Stuttgarter Sportclub), Cozza (Stuttgarter Kickers) — Kraft (VfB. Stuttgart), Kindl, Ruf — Frey (alle Stuttgarter Kickers), L. Kronenbitter (Sportfreund)e. Weber (VfR. Gaisburg) Walz, Sing (beide Stuttgarter Kickers).

Gegen Schlesien am 3. November 1940 (Zwischenrunde Reichsbundpokal) 2:4 in Breslau verloren: Keller — Fritschi (Stuttgarter Sportclub), Cozza (Stuttgarter Kickers) — Mohn (VfB. Stuttgart), Kindl (Stuttgarter Kickers), Langjahr (Stuttgarter Sportclub) — Frey (Stuttgarter Kickers), Koch, Seitz (beide VfB. Stuttgart). Walz. Sing (beide Stuttgarter Kickers).

Gegen O s t m a r k am 1. Januar 1941 (Bereichsvergleichskampf) 2:6 in Stuttgart verloren: Keller (SSC.) — Fritschi (SSC.), Cozza (Kickers) — Kraft (VfB.), Kindl (Kickers), Kurt Kronenbitter (Sportfreunde) — Frey (Kickers), Koch (VfB.), Seitz (VfB.) Sing (Kickers). Ott (VfR. Aalen).

# Bayern

Gegen N i e d e r s a c h s e n am 6. Oktober 1940 (Vorrunde Reichsbundpokal) 3:3 nach Verlängerung in Nürnberg: Salcher (BC. Augsburg) — Bernard (VfR. Schweinfurt). Siegel (SpVgg. Fürth) — Hammerl (Post München). Bayerer (1860 München), Schnitger (SpVgg. Fürth) — Schmidt (Neumeyer Nürnberg), Hack (SpVgg. Fürth). Lechner (Schwaben Augsburg), Fiederer (SpVgg. Fürth). Simetsreiter (Bayern München).

Gegen N i e d e r s a c h s e n am 24. Oktober 1940 (Wiederholungsspiel der Vorrunde Reichsbundpokal) 2:1 nach Verlängerung in Braunschweig: Köhl (1. FC. Nürnberg) — Meining (1860 München). Streitle (Bayern München) — Kupfer (Schweinfurt 05). Bayerer (1860 München), Kitzinger (Schweinfurt 05) — Hack (SpVgg. Fürth), Janda (1860 München). Lechner (Schwaben Augsburg). Fiederer (SpVgg. Fürth). Fischer (Neumeyer Nürnberg).

Gegen O s t p r e u ß e n am 8. Dezember 1940 (Zwischenrunde Reichsbundpokal) 7:2 in Schweinfurt gewonnen: Köhl (1. FC. Nürnberg) — Bernard (VfR. Schweinfurt), Pfänder (1. FC. Nürnberg) — Kupfer (1. FC. Schweinfurt 05), Kennemann (1. FC. Nürnberg). Kitzinger (1. FC. Schweinfurt 05) — Staudinger (1860 München). Hammerl (Post-SV. München), Janda (1860 München). Fiederer (SpVgg. Fürth). Fischer (WKG. Neumeyer Nürnberg).

Gegen S ü d w e s t am 16. März 1941 (Vorschlußrunde Reichsbundpokal) 5:1 in Frankfurt gewonnen: Köhl (1. FC. Nürnberg) — Bernard (VfR. Schweinfurt), Pfänder (1. FC. Nürnberg) — Kupfer (Schweinfurt 05) Kennemann (1. FC. Nürnberg). Hammerl (1860 München) — Staudinger (1860), Lechner (Schwaben Augsburg). Krückeberg (1860). Fiederer (SpVgg. Fürth). Simetsreiter (Bayern München).

Gegen P o m m e r n am 22. Aug. 1941 in Stettin 6:1 gewonnen: Leidenberger (Wacker München) — Bernard (VfR. Schweinfurt), Pledl (München 1860) — Graff (München 1860). Dziarsteck (BC. Augsburg). Hammerl (München 1860) — Staudinger (München 1860). Burger (München 1860). Herdin (Wacker München). Lechner (Schwaben Augsburg). Simetsreiter (Bayern München).

Gegen D a n z i g - W e s t p r e u ß e n am 24. August 1941 in Danzig 3:1 gewonnen: Leidenberger (Wacker) — Bernard (VfR. Schweinfurt). Pledl (1860 München) — Kupfer (Schweinfurt 05). Dziarsteck (BC. Augsburg). Hammerl (1860) — Staudinger (1860). Lechner (Schwaben Augsburg). Krückeberg (1860). Burger (1860). Simetsreiter (Bayern).

Gegen S a c h s e n (Reichsbundpokal Endspiel) am 7. September 1941 in Chemnitz 0:2 verloren: Leidenberger (Wacker) — Haringer (Wacker). Bernard (VfR. Schweinfurt) — Hammerl (1860). Dziarstek (BC. Augsburg). Kupfer (05 Schweinfurt) — Simetsreiter (Bayern) Fiederer (SpVgg. Fürth). Krückeberg (1860) Lechner (Schwaben). Staudinger (1860).

# Ostmark

Gegen S ü d w e s t am 6. Oktober 1940 (Vorrunde Reichsbundpokal) 2:5 in Frankfurt verloren: Zöhrer (Austria) — Sesta (Austria). Wagner II (Rapid) — Probst (Wacker). Mock (Austria). Hanreiter (Admira) — Zischek (Wacker). Schors (Rapid). Riersch (Austria). Jelinek (Sportclub). Durek (FC. Wien).

Gegen W ü r t t e m b e r g am 1. Januar 1941 (Bereichsvergleichskampf 6:2 in Stuttgart gewonnen: Martinek (Wacker). (Zöhrer*) Austria) — Wagner II (Rapid). Marischka (Admira) — Wagner I (Rapid). Urbanek (Admira). Skoumal (Rapid) — Decker (Vienna). Josef Stroh (Austria). Binder (Rapid). Haßmann (Amira). Schilling (Admira).

# Sudetenland

Gegen S a c h s e n am 11. August 1940 in Planitz 1:4 verloren: Schaffer (Karlsbad) — de la Vigne (Warnsdorf). Boxleitner (Pilsen) — Neswadba (Teplitz). Meier (Pilsen). Krzil (Teplitz) — Strittich (Graslitz). Eibl. Kogler. Gräf (Pilsen). Rosenblender (Turu).

Gegen P r o t e k t o r a t am 22. September 1940 in Aussig 3:6 verloren: Schaffer (Karlsbad) — de la Vigne (Warnsdorf). Fischer (Graslitz) — Neswadba (Teplitz). Goth (Leipa). Krzil (Teplitz). Schulz (Aussig). Stehlik (Reichenberg). Enders (Prosetitz) Langer (Prosetitz). Rosenblender (Turu).

Gegen B a d e n am 6. Oktober 1940 (Vorrunde Reichsbundpokal) 2:3 in Teplitz verloren: Schaffer (Karlsbad) — de la Vigne (Warnsdorf) Boxleitner (Pilsen) — Neswadba (Teplitz).

*) Tormann Martinek in der 25. Minute der ersten Halbzeit wegen Verletzung gegen Zöhrer ausgetauscht.

Meier (Pilsen). Krzil (Teplitz) — Mittl (Pilsen), Stehlik (Eger), Enders (Prosetitz), Gudrhalt (Teplitz), Amann (Pilsen).

Gegen B r a n d e n b u r g am 26. Dezember 1940 in Berlin 3:5 verloren: Schaffer (Karlsbad) — de la Vigne (Warnsdorf), Boxleitner (LSV. Pilsen) — Neswadba (Teplitz), Trojak (Jägerndorf), Goth (Leipa) — Mittl (LSV. Pilsen), Stehlik (Reichenberg), Nahlowsky (Warnsdorf), Weirich (Jägerndorf), Amann (LSV. Pilsen).

Gegen M i t t e am 27. April 1941 in Erfurt 1:6 verloren: Aubrecht (Brüx) — de la Vigne (Warnsdorf), Boxleitner (Pilsen) — Groh (Turu), Meier (Pilsen), Neswadba (Teplitz) — Mittl, Amann (Pilsen), Enders (Prosetitz), Gräf (Pilsen), Rosenblender (Teplitz).

Gegen M i t t e am 25. Mai 1941 in Komotau 1:3 verloren: Dr. Mitlöhner (Prag) — Ebherth, Stoy (Prag) — Schka (Turu), Kreutz (Prag), Boxleitner (Pilsen) — Hocke, Trunschka (Prag), Metze (Teplitz), Weirich (Jägerndorf), Amann (Pilsen).

Gegen P o m m e r n am 15. Juni 1941 in Teplitz 2:2: Dr. Mittlöhner (NSTG. Prag) — Stoy (NSTG. Prag), Boxleitner (LSV. Pilsen) — Hocke, Stejsal, Hammerl (alle drei NSTG. Prag) — Mittl, Gräf (beide LSV. Pilsen), Bergmann (NSTG. Prag), Eibel, Amann (LSV. Pilsen).

# Danzig-Westpreußen

Gegen N o r d m a r k am 6. Oktober 1940 (Vorrunde Reichsbundpokal) 1:3 in Danzig gewonnen: Steffen (Preußen Danzig) — Mengkowski (BuEV. Danzig), Kuhn (Preußen Danzig) — Hohmann (Hansa Elbing), Matthies (Preußen Danzig), Pietsch (BuEV. Danzig) — Biallas (Preußen Danzig), Weyandt (LSV. Elbing), Erdt (Hansa Elbing), Amort (Neufahrwasser), Winter (BuEV. Danzig).

Gegen B a y e r n am 24. August 1941 in Danzig 1:3 verloren: Steffen (Preußen) — Rutz (BuEV. Danzig), Batler (HUS. Marienwerder) — Vehling (Preußen), Ranzug (Viktoria Elbing), Enig (Preußen) — Kaafer (BuEV. Danzig), Dietz (Preußen). Rebahl (Viktoria), Lorenz (Preußen), Amort (Neufahrwasser).

# Wartheland

Gegen S c h l e s i e n am 6. Oktober 1940 (Vorrunde Reichsbundpokal) 1:2 in Posen verloren: Happe (Union Litzmannstadt) — Leip (TuS. Posen), Nitsch (LSV.) — Schwind, Aretz, Büse (1. FC. Posen) — Klinger, Stennall (Polizei-SV.), Scherske (1. FC. Posen), Wilischek (Union), Sommer (Polizei-SV.), Hadt (LSV.).

DIE DEUTSCHEN MEISTER

# 3. Die
# Meisterschaft

# DIE DEUTSCHEN MEISTER

| | | | |
|---|---|---|---|
| 1. FC. Nürnberg | 6 | Freiburger FC. | 1 |
| FC. Schalke 04 | 5 | Phönix Karlsruhe | 1 |
| Spielvereinigung Fürth | 3 | Karlsruher FV. | 1 |
| VfB. Leipzig | 3 | Holstein Kiel | 1 |
| Viktoria 89 Berlin | 2 | Bayern München | 1 |
| Hertha BSC. Berlin | 2 | Fortuna Düsseldorf | 1 |
| Hamburger SV. | 2 | Hannover 96 | 1 |
| Union 92 Berlin | 1 | Rapid Wien | 1 |

**1902/03:** VfB. Leipzig (— DFC. Prag 7:2): Dr. Raydt — E. Schmidt, Werner — Rößler, W. Friedrich, O. Braune — G. Steinbeck. Stanischewsky H. Riso, Bert Friedrich, Aßmus.

**1903/04:** Der Bundestag beschloß Annullierung aller Endspielergebnisse und Absetzung eines Entscheidungsspieles.

**1904/05:** Union 92 Berlin (— Karlsruher FV. 2:0): Krüger — Kähne, A. Bock — Jurga. Heinrich, Reinke — R. Bock, Wagenseil. Fröhde. Herzog Pisarra.

**1905/06:** VfB. Leipzig (— 1. FC. Pforzheim 2:1): H. Schneider — E. Schmidt, Werner — G. Steinbeck, Oppermann, C. Ugi — Uhle. H. Riso, E. Blüher, Lässig, Bert Friedrich.

**1906/07:** Freiburger FC. (— Viktoria Berlin 3:1): von Goldberger — De Villiers. Falschlunger — F. Bodenweber, Mayer. Hunn — Haase. Sydler. Dr. Glaser. Hoiherr. Burkart.

**1907/08:** Viktoria Berlin (— Stuttgarter Kickers 3:0): Skranowitz — Hahn, Fischer — Mock, Knesebeck, Hunder — Pauke. Dumke. Wornitzky, Röpnack. R. Bock.

**1908/09:** Phönix Karlsruhe (— Viktoria Berlin 4:2): Michaelis — Karth, Neumeyer — Heger, Baier. Schweinshaut — Wegele, O. Reiser. Leibold. Noe. Oberle.

**1909/10:** Karlsruher FV. (— Holstein Kiel 1:0): Dell — Hüber. Hollstein — Ruzek. Breunig. Schwarze — Tscherter. Förderer. Fuchs. Hirsch. Bosch.

**1910/11:** Viktoria Berlin (— VfB. Leipzig 3:1): Welkisch — Hahn. Röpnack — Graßmann, Knesebeck, Hunder — Krüger. Dumke. Wornitzky, Kugler. Gasse.

**1911/12:** Holstein Kiel (— Karlsruher FV. 1:0): A. Werner — Homeister, Reese — Dehning, Zincke, Krogmann — E. Möller. W. Fick. Binder. H. Fick, Borck.

**1912/13:** VfB. Leipzig (— Duisburger SpV. 2:0): H. Schneider — Dr. Völker. A. Herrmann — Michel. Edy Pendorf, Hesse — Richter, Paulsen (Paul Pömpner). Völkers, Dolge. Bert Friedrich.

**1913/14:** Spielvereinigung Fürth (— VfB. Leipzig 3:2): Polenski — Burger. Wellhöfer — Seidel. Riebe. Schmidt — Wunderlich. Franz. Weicz. Hirsch Jakob.

**1919/20:** 1. FC. Nürnberg (— Spielvereinigung Fürth) 2:0: Stuhlfauth — Bark. Kugler — Grünerwald. Dr. Kalb. Riegel — Strobel. Popp Böß. Träg. Szabo.

**1920/21:** 1. FC. Nürnberg (— Vorwärts Berlin 5:0): Stuhlfauth — Bark. Kugler — Grünerwald. Dr. Kalb. Riegel — Strobel. Popp. Böß. Träg. Sutor.

**1921/22:** Zwei Endspiele: HSV. (— 1. FC. Nürnberg 2:2 und 1:1): HSV. wurde vom DFB. zum Meister erklärt, verzichtete aber auf den Titel.

**1922/23:** Hamburger Sport-Verein (— Union Oberschöneweide 3:2): Martens — Baier. Speyer — Carlsson. Halvorsen, Krohn — Kolzen. Breuel. Harder, Schneider. Rave.

**1923/24:** 1. FC. Nürnberg (— Hamburger SV. 2:0): Stuhlfauth — Bark. Kugler — Schmidt Dr. Kalb. Riegel — Strobel. Hochgesang. Wieder. Träg. Sutor.

**1924/25:** 1. FC. Nürnberg (— FSpV. Frankfurt 1:0): Stuhlfauth — Popp. Kugler — Schmidt. Dr. Kalb. Riegel — Strobel. Wieder. Hochgesang. Träg Sutor.

**1925/26:** Spielvereinigung Fürth (— Hertha BSC. Berlin 4:1): Hörgren — Müller. Hagen — Kleinlein. Leinberger. Kraus I Auer. Franz. Seiderer. Ascherl. Kießling.

**1926/27:** 1. FC. Nürnberg (— Hertha BSC. Berlin 2:0): Stuhlfauth — Popp. Winter — Köpplinger. Dr. Kalb. Schmidt — Reinmann. Hochgesang. Schmitt. Wieder. Träg.

**1927/28:** Hamburger SV. (— Hertha BSC. Berlin 5:2): Blunk — Baier. Risse — Lang. Halvorsen. Carlsson — Kolzen. Ziegenspeck. Harder. Horn. Rave.

**1928/29:** Spielvereinigung Fürth (— Hertha BSC. Berlin 3:2): Neger — Hagen. Krauß I — Röschke. Leinberger. Krauß II — Auer. Rupprecht. Franz. Frank. Kießling.

**1929/30:** Hertha BSC. Berlin (— Holstein Kiel 5:4): Gehlhaar — Völker. Wilhelm — Leuschner. Müller. Radecke — Ruch. Sobek. Lehmann. Kirsei. Hahn.

**1930/32:** Hertha BSC. Berlin (— 1860 München 3:2): Gehlhaar Völker. Wilhelm — Appel. Müller. Stahr — Ruch. Sobek. Lehmann. Kirsei. Hahn.

**1931/32:** FC. Bayern München (— Eintracht Frankfurt 2:0): Lechler — Haringer. Heidkamp — Breindl. Goldbrunner. Nagelschmitz — Bergmaier. Krumm. Rehr. Schmid, Welker.

**1932/33:** Fortuna Düsseldorf (— FC. Schalke 04 3:0): Pesch — Trautwein. Bornefeld — Janes. Bender. Breuer — Mehl. Wigold. Hochgesang. Zwolanwoski. Kobierski.

**1933/34: FC. Schalke 09** (— 1. FC. Nürnberg 2:1): Mellage —
Bornemann. Zajors — Tibulski. Szepan, Valentin — Kallwitzki. Urban. Nattkemper. Kuzorra Rothardt.

**1934/35: FC. Schalke 04** (— VfB. Stuttgart 6:4): Mellage —
Bornemann. Nattkemper — Tibulski. Szepan, Valentin —
Kallwitzki. Gellesch. Pörtgen. Kuzorra. Urban.

**1935/36: 1. FC. Nürnberg** (— Fortuna Düsseldorf 2:1): Köhl —
Billmann. Munkert — Uebelein. Carolin. Oehm — Gußner,
Eiberger Friedel Schmitt. Schwab.

**1936/37: FC. Schalke 04** (— 1. FC. Nürnberg 2:0): Klodt —
Bornemann. Schweißfurth — Gellesch. Tibulski. Berg —
Kallwitzki. Szepan. Pörtgen. Kuzorra. Urban.

**1937/38: SV. Hannover 96** (— Schalke 04 4:3 nach Verl. und
Wiederholung 3:3): Pritzer — Sievert. Petzold — Jacobs,
Ernst Deike. Männer — Malecki. Pöhler Erich Meng.
Lay. Rich. Meng.

**1938/39: FC. Schalke 04** (— Admira Wien 9:0): Klodt — Bornemann. Schweißfurth — Gellesch. Tibulski. Berg — Eppenhoff. Szepan. Kallwitzki Kuzorra. Urban.

**1939/40: FC. Schalke 04** (— Dresdner Sportclub 1:0): Klodt —
Bornemann. Hinz — Füller. Tibulski. Burdenski — Eppen-
hof. Szepan. Kallwitzki. Kuzorra Schuh.

**1940/41: Rapid Wien** (— Schalke 04 4:3): Raftl — Wagner II.
Sperner — Wagner I. Garmhart. Skoumal — Fitz. Schors,
Binder Dvorack Pesser.

**Meisterschaft. (1941: Rapid Wien — Schalke 4:3.) R a p i d :**
Raftl — Wagner II, Berner — Wagner I, Gernhardt, Skoumal —
Fitz, Schors (1), Binder, Spf. (3), Dworacek, Pesser. — S c h a l k e :
Klodt — Bornemann, Schweißfurth — Füller, Tibulski, Gellesch —
Burdenski, Szepan, Eppenhoff (1), Kuzorra, Spf., Hinz (2).

(1942: Schalke — Vienna 2:0.) S c h a l k e : Flotho — Hinz,
Schweißfurth — Bornemann, Tibulski, Burdenski — Kalwitzki (1),
Szepan (1), Eppenhoff, Kuzorra, Urban. — V i e n n a : Ploc —
Kaller, Schmaus — Kubicka, Sabeditsch, Jawurek — Bortoli, Decker,
Holleschofiski, Lechner, Erdl.

# Daten und Austragungsorte der Endspiele um die Deutsche Fußball-Meisterschaft:

31. Mai 1903 in Hamburg
21. Mai 1905 in Köln
27. Mai 1906 in Nürnberg
2. Juni 1907 in Mannheim
7. Juni 1908 in Berlin
30. Mai 1909 in Breslau
15. Mai 1910 in Köln
4. Juni 1911 in Dresden
26. Mai 1912 in Hamburg
11. Mai 1913 in München
31. Mai 1914 in Magdeburg
13. Juni 1920 in Frankfurt
12. Juni 1921 in Düsseldorf
18. Juni 1922 in Berlin
    (und 6. August in Leipzig)
10. Juni 1923 in Berlin
9. Juni 1924 in Berlin

7. Juni 1925 in Frankfurt
13. Juni 1926 in Frankfurt
12. Juni 1927 in Berlin
29. Juli 1928 in Hamb.-Altona
28. Juli 1929 in Nürnberg
22. Juni 1930 in Düsseldorf
14. Juni 1931 in Köln
12. Juni 1932 in Nürnberg
11. Juni 1933 in Köln
24. Juni 1934 in Berlin
23. Juni 1935 in Köln
21. Juni 1936 in Berlin
20. Juni 1937 in Berlin
26. Juni 1938 und 3. Juli in Berlin
18. Juni 1939 in Berlin
21. Juli 1940 in Berlin
22. Juni 1941 in Berlin

# DIE MEISTER DER FRÜHEREN LANDESVERBÄNDE

**Brandenburg:** 1897/98 Britannia — 1898/99 Preußen — 1899/00 Preußen — 1900/01 Preußen — 1901/02 Viktoria 89 — 1902/03 Britannia — 1903/04 Britannia — 1904/05 Union 92 — 1905/06 Hertha — 1906/07 Vikt. 89 — 1907/08 Vikt. 89 — 1908/09 Vikt. 89 — 1909/10 Preußen — 1910/11 Viktoria 89 — 1911/12 Preußen — 1912/13 Viktoria 89 — 1913/14 Berliner BC. — 1914/15 Hertha — 1915/16 Viktoria 89 — 1916/17 Hertha — 1917/18 Hertha — 1918/19 Viktoria 89 — 1919/20 Union Obersch. — 1920/21 Vorwärts — 1921/22 Norden-Nordwest — 1922/23 Union Obersch. — 1923/24 Alemannia 90 — 1924/25 Hertha BSC. — 1925/26 Hertha BSC. — 1926/27 Hertha BSC. — 1927/28 Hertha BSC. — 1928/29 Hertha BSC. — 1929/30 Hertha BSC. — 1930/31 Hertha BSC — 1931/32 Tennis Borussia — 1932/33 Hertha BSC.

**Mitteldeutschland:** 1901/02 Wacker Leipzig — 1902/03 VfB. Leipzig — 1903/04 VfB. Leipzig — 1904/05 Dresdner SC. — 1905/06 VfB. Leipzig — 1906/07 VfB. Leipzig — 1907/08 Wacker Leipzig — 1908/09 SC. Erfurt — 1909/10 VfB. Leipzig — 1910/11 VfB. Leipzig — 1911/12 SpV. Leipzig — 1912/13 VfB. Leipzig — 1913/14 SpV. Leipzig — 1914/15 nicht ausgetragen — 1915/16 Eintracht Leipzig — 1916/17 Halle 96 — 1917/18 VfB. Leipzig — 1918/19 Halle 96 — 1919/20 VfB. Leipzig — 1920/21 Wakker Halle — 1921/22 SpV. Leipzig — 1922/23 Guts Muts — 1923/24 SpV. Leipzig — 1924/25 VfB. Leipzig — 1925/26 Dresdner SC. — 1926/27 VfB. Leipzig — 1927/28 Wacker Halle — 1928/29 Dresdner SC. — 1929/30 Dresdner SC. — 1930/31 Dresdner SC. — 1931/32 Polizei Chemnitz — 1932/33 Dresdner SC.

**Süddeutschland:** 1901/02 Karlsruher FV. — 1902/03 Karlsruher FV. — 1903/04 Karlsruher FV. — 1904/05 Karlsruher FV. — 1905/06 1. FC. Pforzheim — 1906/07 Freiburger FC — 1907/08 Stuttgarter Kickers — 1908/09 Phönix Karlsruhe — 1909/10 Karlsruher FV. — 1910/11 Karlsruher FV. — 1911/12 Karlsruher FV. — 1912/13 Stuttgarter Kickers — 1913/14 SpVgg. Fürth — 1914/15 nicht ausgetragen — 1915/16 nicht ausgetragen — 1916/17 1. FC. Nürnberg — 1917/18 1. FC. Nürnberg — 1918/19 1. FC. Nürnberg — 1919/20 1. FC. Nürnberg — 1920/21 1. FC. Nürnberg — 1921/22 Wacker München — 1922/23 SpVgg. Fürth — 1923/24 1. FC. Nürnberg — 1924/25 VfR. Mannheim — 1925/26 Bayern München — 1926/27 1 FC. Nürnberg — 1927/28 Bayern München — 1928/29 1. FC. Nürnberg — 1929/30 Eintracht Frankfurt — 1930/31 SpVgg. Fürth — 1931/32 Eintracht Frankfurt 1932/33 FSV. Frankfurt.

**Westdeutschland:** 1903/04 Duisburger SpV. — 1904/05 Duisburger SpV. — 1905/06 Kölner SC. 1899 — 1906/07 Düsseldorfer SC. 1899 — 1907/08 Duisburger SpV. — 1908/09 München-Gladbach — 1909/10 Duisburger SpV. — 1910/11 Duisburger SpV. — 1911/12 Kölner BC. — 1912/13 Duisburger SpV. — von 1913/14 bis 1918/19 nicht ausgetragen — 1919/20 Borussia M.-Gladbach — 1920/21 Duisburger SpV. — 1921/22 Arminia Bielefeld — 1922/23 Arminia Bielefeld — 1923/24 Duisburger SpV. — 1924/25 Duisburger SpV. — 1925/26 VfR. Köln — 1926/27 Duisburger SpV. — 1927/28 Köln-Sülz 07 — 1928/29 Schalke 04 — 1929/30 Schalke 04 — 1930/31 Fortuna Düsseldorf — 1931/32 Schalke 04 — 1932/33 Schalke 04.

**Norddeutschland:** 1905/06 Viktoria Hamburg — 1906/07 Viktoria Hamburg — 1907/08 Eintracht Braunschweig — 1908/09 Altona 93 — 1909/10 Holstein Kiel — 1910/11 Holstein Kiel — 1911/12 Holstein Kiel — 1912/13 Eintracht Braunschweig — 1913/14 Altona 93 — 1914/15 nicht ausgetragen — 1915/16 nicht ausgetragen — 1916/17 Borussia Harburg — 1917/18 nicht ausgetragen — 1918/19 nicht ausgetragen — 1919/20 Arminia Hannover — 1920/21 Hamburger SV — 1921/22 Hamburger SV. — 1922/23 Hamburger SV. — 1923/24 Hamburger SV. — 1924/25 Hamburger SV. — 1925/26 Holstein Kiel — 1926/27 Holstein Kiel — 1927/28 Hamburger SV. — 1928/29 Holstein Kiel — 1929/30 Hamburger SV. — 1930/31 Hamburger SV. — 1931/32 Hamburger SV — 1932/33 Hamburger SV

**Südostdeutschland:** 1905/06 Schlesien Breslau — 1906/07 Schlesien Breslau — 1907/08 VfR. Breslau — 1908/09 Alemannia Cottbus — 1909/10 VfR Breslau — 1910/11 Askania Forst — 1911/12 ATV. Liegnitz — 1912/13 Askania Forst — 1913/14 Askania Forst — 1914/15 nicht ausgetragen — 1915/16 nicht ausgetragen — 1916/17 nicht ausgetragen — 1917/18 nicht ausgetragen — 1918/19 nicht ausgetragen — 1919/20 Sportfreunde Breslau — 1920/21 Sportfreunde Breslau — 1921/22 Sportfreunde Breslau — 1922/23 Sportfreunde Breslau — 1923/24 Sportfreunde Breslau — 1924/25 Viktoria Breslau — 1925/26 SC Breslau 08 — 1926/27 Sportfreunde Breslau — 1927/28 SC Breslau 08 — 1928/29 Preußen Hindenburg — 1929/30 Beuthen 09 — 1930/31 Beuthen 09 — 1931/32 Beuthen 09 — 1932/33 Beuthen 09.

**Balten:** 1907/08 VfB. Königsberg — 1908/09 VfB. Königsberg — 1909/10 Prussia-Samland — 1910/11 Lituania Tilsit — 1911/12 VfL. Danzig — 1912/13 Prussia Samland — 1913/14 Prussia Samland — 1914/15 bis 1918/19 nicht ausgetragen — 1919/20 Titania Stettin — 1920/21 Stettiner SC. — 1921/22 VfB. Königsberg — 1922/23 VfB Königsberg — 1923/24 VfB. Königsberg — 1924/25 VfB. Königsberg — 1925/26 VfB. Königsberg — 1926/27 Titania Stettin — 1927/28 VfB. Königsberg — 1928/29 VfB. Königsberg — 1929/30 VfB. Königsberg — 1930/31 Prussia Samland — 1931/32 Hindenburg-Allenstein — 1932/33 Prussia Samland.

# Die Deutsche Fußball-Meisterschaft

## Eine Übersicht über die Endrunden seit 1903

**1903:**

Vorrunde: Altona 93 — Viktoria Magdeburg 8:1, DFC. Prag — Karlsruher FV ausgef.. VfB Leipzig — Britannia Berlin 3:1.

Zwischenrunde: VfB. Leipzig — FC. Altona 93 6:3.

Endspiel: VfB. Leipzig — DFC. Prag 7:2.

*

**1904:**

Vorrunde: Germania Hamburg — ASC. Hannover 11:0, Britannia Berlin — Karlsruher FV. 6:1. SpV. Duisburg — FC. Kassel 5:3. VfB. Leipzig — Viktoria Magdeburg 1:0.

Zwischenrunde: Britannia Berlin — Germania Hamburg 3:1, VfB. Leipzig — SpV. Duisburg 3:2 nach Verlg.

Endspiel: VfB Leipzig — Britannia Berlin ausgef.

*

**1905:**

Vorrunde: Schlesien Breslau — Alemannia Cottbus 5:1, Eintracht Braunschweig — Hannover 96 3:2.

1. Zwischenrunde: Eintracht Braunschweig — Magdeburg 96 n. Verl. 2:1, Karlsruher Fußballverein — Duisburger SpV. 1:0, Viktoria Hamburg — Dresdner Sportclub 3:5, Union Berlin — Eintracht Braunschweig 4:1. Union Berlin — Dresdner Sportclub 5:2.

Endspiel: Union Berlin — Karlsruher Fußballverein 2:0.

*

**1906:**

Vorrunde: VfB. Leipzig — Norden-Nordwest Berlin 9:1, Hertha BSC. — Schlesien Breslau 7:1, Union Berlin — Viktoria Hamburg 3:1, 1. FC. Pforzheim — FC. Köln 99 4:2.

Zwischenrunde: VfB. Leipzig — Hertha BSC. 3:2, 1. FC. Pforzheim — Union Berlin 4:0.

Endspiel: VfB. Leipzig — 1. FC. Pforzheim 2:1.

*

**1907:**

Vorrunde: Viktoria Berlin — Schlesien Breslau 2:1, Viktoria Hamburg — SC. Düsseldorf 99 8:1.

Zwischenrunde: Viktoria Berlin — Viktoria Hamburg 4:1. 1. FC. Freiburg — VfB. Leipzig 3:2.

Endspiel: 1. FC. Freiburg — Viktoria Berlin 3:1.

Vorrunde: Stuttgarter Kickers — 1. FC. Freiburg 5:1,
Viktoria Berlin — VfB. Königsberg 7:0, SpV. Duisburg — Eintracht Braunschweig 1:0. Wacker Leipzig — VfR. Breslau 3:1.

Zwischenrunde: Stuttgarter Kickers — SpV. Duisburg
5:1, Viktoria Berlin — Wacker Leipzig 4:0.

Endspiel: Viktoria Berlin — Stuttgarter Kickers 3:0.

●

**1909:**

Vorrunde: Altona 93 — Tasmania Berlin 4:3, SC. Erfurt
gegen Alemannia Cottbus 4:3, Phönix Karlsruhe — FC. M.-Gladbach 5:0. Viktoria Berlin — VfB. Königsberg 12:1.

Zwischenrunde: Viktoria Berlin — Altona 93 7:0.
Phönix Karlsruhe — SC. Erfurt 9:1.

Endspiel: Phönix Karlsruhe — Viktoria Berlin 4:2

●

**'10:**

Vorrunde: Tasmania Berlin — Preußen-Samland Königsberg 5:1, Karlsruher FV. — SpV. Duisburg 1:0. Phönix Karlsruhe
gegen VfB. Leipzig 2:1. Holstein Kiel — Preußen Berlin 4:1.
Tasmania Berlin — VfR. Breslau 2:1.

Zwischenrunde: Holstein Kiel — Tasmania Berlin 6:0.
Karlsruher FV. — Phönix Karlsruhe 2:1.

Endspiel: Karlsruher FV — Holstein Kiel 1:0 n. Verl

●

**1911:**

Vorrunde: Viktoria Berlin — Lituania Tilsit (T. verzichtet), Karlsruher FV. — Tasmania Berlin 4:0. Holstein Kiel —
SpV. Duisburg 3:1. VfB. Leipzig — Askania Forst 3:2.

Zwischenrunde: VfB. Leipzig — Karlsruher FV. 2:0.
Viktoria Berlin — Holstein Kiel 4:0.

Endspiel: Viktoria Berlin — VfB. Leipzig 3:1.

●

**1912:**

Vorrunde: SpVg. Leipzig — ATV. Liegnitz 3:2, Viktoria
Berlin — BuEV Danzig 7:0. Holstein Kiel — Preußen Berlin 2:1.
Karlsruher FV. — Kölner BC. 8:1.

Zwischenrunde: Karlsruher FV. — SpVg. Leipzig 3:1.
Holstein Kiel — Viktoria Berlin 2:1.

Endspiel: Holstein Kiel — Karlsruher FV 1:0

●

**1913:**

Vorrunde: Viktoria Berlin — Preußen-Samland Königsberg 6:1. SpV. Duisburg — Stuttgarter Kickers 2:1. VfB. Leipzig
gegen Askania Forst 5:1.

Z w i s c h e n r u n d e :  SpV. Duisburg — Holstein Kiel 2:1.
VfB. Leipzig — Viktoria Berlin 3:1
E n d s p i e l :  VfB Leipzig — SpV. Duisburg 3:1

*

**1914:**

V o r r u n d e :  VfB. Leipzig — Preußen-Samland Königsberg
4:1. SpV. Duisburg — FC. Altona 93 4:1. Berliner BC. — As-
kania Forst 4:0. SpVgg. Fürth — SpVgg. Leipzig 2:1.
Z w i s c h e n r u n d e :  SpVgg. Fürth — Berliner BC. 4:3.
VfB. Leipzig — SpVg. Duisburg 1:0.
E n d s p i e l :  SpVgg. Fürth — VfB. Leipzig 3:2 nach Verl.

*

**1915 bis 1919:**
. Keine Meisterschaften.

*

**1920:**

V o r r u n d e :  Titania Stettin — Arminia Hannover 2:1,
Sportfreunde Breslau — Union Oberschöneweide-Berlin 3:2,
1. FC. Nürnberg — VfB. Leipzig 2:0. SpVgg. Fürth — Borussia
M -Gladbach 7:0.
Z w i s c h e n r u n d e :  SpVgg. Fürth — Sportfreunde Bres-
lau 4:0. 1. FC. Nürnberg — Titania Stettin 3:0.
E n d s p i e l :  1. FC. Nürnberg — SpVgg. Fürth 2:0

*

**1921:**

V o r r u n d e :  Wacker Halle — Sportfreunde Breslau 2:1,
SpV. Duisburg — Hamburger Sportverein 2:1. Vorwärts Berlin
— SC. Stettin 2:1.
Z w i s c h e n r u n d e :  Vorwärts Berlin — SpV. Duisburg
2:1. 1. FC. Nürnberg — Wacker Halle 5:1.
E n d s p i e l :  1. FC. Nürnberg — Vorwärts Berlin 5:0.

*

**1922:**

V o r r u n d e :  Hamburger SV. — Titania Stettin 5:0, Norden-
Nordwest Berlin — FC. Viktoria Forst 1:0, 1. FC Nürnberg —
SpVgg. Leipzig 3:0, Wacker München — Arminia Bielefeld 5:0.
Z w i s c h e n r u n d e :  Hamburger SV. — Wacker München
4:0. 1. FC. Nürnberg — Norden-Nordwest Berlin 1:0.
E n d s p i e l :  1. FC. Nürnberg — Hamburger SV. 2:2.
Wiederholung 1:1. beide nach Verl.

*

**1923:**

V o r r u n d e :  Union Oberschöneweide-Berlin — Arminia
Bielefeld 2:1. Hamburger SV. — Guts Muths Dresden 2:1. SpVgg.
Fürth — Sportfreunde Breslau 4:0.

Z w i s c h e n r u n d e: Union Oberschöneweide-Berlin — Sp.-Vgg. Fürth 2:1. Hamburger SV — VfB. Königsberg 3:2.

E n d s p i e l: Hamburger SV. — Union Oberschöneweide-Berlin 3:0

*

**1924:**

V o r r u n d e: 1. FC. Nürnberg — Alemannia Berlin 6:1. Hamburger SV. — Sportfreunde Breslau 3:0. SpVgg.Leipzig — VfB. Königsberg 6:1.

Z w i s c h e n r u n d e: 1. FC. Nürnberg — SpV. Duisburg 3:1. Hamburger SV. — SpVg. Leipzig 1:0.

E n d s p i e l: 1. FC. Nürnberg — Hamburger SV. 2:0.

*

**1925:**

V o r r u n d e: SpVg. Duisburg — Alemannia Berlin 2:1. SC. Breslau 08 — VfB. Leipzig 2:1. Schwarz-Weiß Essen — FC. Viktoria Forst 2:1. FSV Frankfurt — Hamburger SV. 2:1. TuR. Union Düsseldorf — VfR. Mannheim 4:1. Hertha BSC. — VfB. Königsberg 3:2. 1. FC. Nürnberg — 1. SV. Jena 2:0. Altona 93 — Titania Stettin 4:2.

Z w i s c h e n r u n d e: Hertha BSC — TuR. Union Düsseldorf 4:1. FSV. Frankfurt — Schwarz-Weiß Essen 3:1. 1. FC. Nürnberg — SC. Breslau 08 4:1. SpV. Duisburg — Altona 93 2:0.

V o r s c h l u ß r u n d e: 1. FC. Nürnberg — SpV. Duisburg 3:0. FSV Frankfurt — Hertha BSC. 1:0.

E n d s p i e l: 1. FC. Nürnberg — FSpV. Frankfurt. 1:0 nach Verl.

*

**1926:**

V o r r u n d e: Hertha BSC. — VfB. Königsberg 4:0. SC. Breslau 08 — Dresdner SC. 1:0. Hamburger SV. — SpV. Duisburg 3:1. FSV. Frankfurt — BSV. Altenessen 2:1. SpVgg. Fürth gegen Viktoria Forst 5:0. Holstein Kiel — SC. Stettin 8:2. Fortuna Leipzig — Bayern München 2:0. Norden-Nordwest Berlin — VfR. Köln 2:1.

Z w i s c h e n r u n d e: Holstein Kiel — Norden-Nordwest Berlin 4:0. Hamburger SV. — Fortuna Leipzig 6:2. SpVgg. Fürth gegen SC. Breslau 08 4:0. Hertha BSC. — FSV. Frankfurt 8:2.

V o r s c h l u ß r u n d e: Hertha BSC. — Hamburger SV. 4:2. SpVgg. Fürth — Holstein Kiel 3:1

E n d s p i e l: SpVgg. Fürth — Hertha BSC. 4:1.

*

**1927:**

V o r r u n d e: Kickers 1900 Berlin — SpV. Duisburg 5:4. SpVgg. Fürth — Sportfreunde Breslau 3:1. 1860 München — Schalke 04 3:1. Hamburger SV. — Fortuna Düsseldorf 4:1. 1. FC.

Nürnberg — Chemnitzer BC. 5:1. Holstein Kiel — Titania Stettin
9:1. Hertha BSC. Berlin — VfB. Königsberg 2:1. VfB. Leipzig —
FV. Breslau 06 3:0.

Z w i s c h e n r u n d e : Hertha BSC. — Holstein Kiel 4:1.
1. FC. Nürnberg — Hamburger SV. 2:1. 1860 München — VfB.
Leipzig 3:0. SpVgg. Fürth — Kickers 1900 Berlin 9:0.

V o r s c h l u ß r u n d e : Hertha BSC. — SpVgg. Fürth 2:1.
1. FC. Nürnberg — 1860 München 4:1.

E n d s p i e l : 1. FC. Nürnberg — Hertha BSC. 2:0.

*

## 1928:

V o r r u n d e : Wacker München — Dresdner SC. 1:0. Bayern
München — Wacker Halle 3:0. Köln-Sülz 07 — Eintracht Frankfurt 3:1. Hertha BSC. — Sportfreunde Breslau 7:0. Tennis Borussia Berlin — Preußen Krefeld 3:1. Hamburger SV. — Schalke 04
4:2. VfB. Königsberg — SC. Breslau 08 3:2. Holstein Kiel —
Preußen Stettin 4:1.

Z w i s c h e n r u n d e : Hamburger SV. — VfB. Königsberg
4:0. Hertha BSC. — Holstein Kiel 4:0. Bayern München — Köln-
Sülz 07 5:2. Wacker München — Tennis Borussia Berlin 4:1.

V o r s c h l u ß r u n d e : Hamburger SV. — Bayern München
8:2. Hertha BSC. — Wacker München 2:1.

E n d s p i e l : Hamburger SV. — Hertha BSC. 5:2.

*

## 1929:

V o r r u n d e : SpVgg. Fürth — Fortuna Düsseldorf 5:1.
Hertha BSC. — Preußen Zaborze 8:1. 1. FC. Nürnberg — Hol-
stein Kiel 6:1. SC. Breslau 08 — VfB. Königsberg 2:1. Bayern
München — Dresdner SC. 3:0. Schalke 04 — Wacker Leipzig 5:1.
Tennis Borussia Berlin — Titania Stettin 3:2. Hamburger SV. —
SpV. Melderich 3:2.

Z w i s c h e n r u n d e : SpVgg. Fürth — Hamburger SV. 2:0.
Hertha BSC. — Schalke 04 4:1. 1. FC. Nürnberg — Tennis Borussia Berlin 3:1. SC. Breslau 08 — Bayern München 4:3.

V o r s c h l u ß r u n d e : SpVgg. Fürth — Breslau 08 6:1.
Hertha BSC. — 1. FC. Nürnberg 3:2

E n d s p i e l : SpVgg. Fürth — Hertha BSC. 3:2.

*

## 1930:

V o r r u n d e : Eintracht Frankfurt — VfL. Benrath 1:0. Sp.-
Vgg. Fürth — Tennis Borussia Berlin 4:1. 1. FC. Nürnberg —
Sportfreunde Breslau 7:0. Beuthen 09 3:2. Schalke
04 — Arminia Hannover 6:2. Dresdner SC. — VfB. Königsberg
8:1. Holstein Kiel — VfB. Leipzig 4:3. Köln-Sülz 07 — Titania
Stettin 4:2.

Zwischenrunde: Holstein Kiel — Eintracht Frankfurt 4:2. Hertha BSC. — Köln-Sülz 07 8:1. Dresdner SC. — SpVgg. Fürth 5:4. 1. FC. Nürnberg — Schalke 04 6:2.

Vorschlußrunde: Hertha BSC. — 1. FC. Nürnberg 6:3. Holstein Kiel — Dresdner SC. 2:0

Endspiel: Hertha BSC. — Holstein Kiel 5:4.

*

**1931:**

Vorrunde: Hertha BSC. — VfB. Bielefeld 5:2. 1860 München — SpV. Meiderich 4:1. Hamburger SV. — Beuthen 09 2:0. Holstein Kiel — Preußen-Samland Königsberg 3:2. SpVgg. Fürth gegen SpVg Leipzig 3:0. Tennis Borussia Berlin — VfB. Liegnitz 6:1. Dresdner SC. — VfB. Königsberg 8:1. Eintracht Frankfurt — Fortuna Düsseldorf 3:2.

Zwischenrunde: Hertha BSC. — SpVgg. Fürth 3:1. 1860 München — Tennis Borussia Berlin 1:0. Holstein Kiel — Dresdner SC. 4:3. Hamburger SV — Eintracht Frankfurt 2:0.

Vorschlußrunde: Hertha BSC. — Hamburger SV. 3:2. 1860 München — Holstein Kiel 2:0.

Endspiel: Hertha BSC. — 1860 München 3:2

*

**1932:**

Vorrunde: Bayern München — Minerva Berlin 4:2. 1. FC. Nürnberg — Borussia Fulda 5:2. Eintracht Frankfurt — Hindenburg Allenstein 6:0. Schalke 04 — SuBC. Plauen 5:4. Hamburger SV. — VfL. Benrath 3:1. Tennis Borussia Berlin — Viktoria Stolp 3:0. Holstein Kiel — SC. Breslau 08 4:1. Polizei Chemnitz gegen Beuthen 09 5:1.

Zwischenrunde: Bayern München — Polizei Chemnitz 3:2. 1. FC. Nürnberg — Holstein Kiel 4:0. Eintracht Frankfurt gegen Tennis Borussia Berlin 3:1. Schalke 04 — Hamburger SV. 4:2.

Vorschlußrunde: Bayern München — 1. FC. Nürnberg 2:0. Eintracht Frankfurt — Schalke 04 2:1.

Endspiel: Bayern München — Eintracht Frankfurt 2:0.

*

**1933:**

Vorrunde: 1860 München — VfL. Benrath 2:0. Hindenburg Allenstein — Hertha BSC. 4:1. Beuthen 09 — Preußen-Samland Königsberg 7:1. FSV. Frankfurt — Polizei Chemnitz 6:1. Arminia Hannover — Dresdner SC. 2:1. Eintracht Frankfurt — Hamburger SV. 4:1. Fortuna Düsseldorf — Vorwärts-Rasensport Gleiwitz 9:0. Schalke 04 — Viktoria Berlin 4:1.

Zwischenrunde: Eintracht Frankfurt — Hindenburg Allenstein 12:2. Schalke 04 — FSV Frankfurt 1:0. Fortuna Düsseldorf — Arminia Hannover 3:0. 1860 München — Beuthen 09 3:0.

Vorschlußrunde: Fortuna Düsseldorf — Eintracht Frankfurt 4:0, Schalke 04 — 1860 München 4:0.

Endspiel: Fortuna Düsseldorf — Schalke 04 3:0.

•

## 1934:

Gruppenspiele:

Gruppe I: Viktoria Berlin — Beuthen 09 4:1 und 5:2, Viktoria Berlin — Viktoria Stolp 3:2 und 4:2, Viktoria Berlin — Preußen Danzig 3:0 und 5:2, Beuthen 09 — Viktoria Stolp 2:1 und 1:1, Beuthen 09 — Preußen Danzig 2:1 und 4:1, Viktoria Stolp — Preußen Danzig 3:1 und 1:1. — Sieger Viktoria Berlin.

Gruppe II: Schalke 04 — VfL. Benrath 0:1 und 2:0, Schalke 04 — Werder Bremen 5:2 und 3:0, Schalke 04 — TV. Eimsbüttel 4:1 und 2:3, VfL. Benrath — Werder Bremen 2:2 und 4:1, VfL. Benrath — TV. Eimsbüttel 1:5 und 4:1, Werder Bremen — TV. Eimsbüttel 2:1 und 4:2. — Sieger Schalke 04.

Gruppe III: SV. Waldhof — SV. Mühlheim 6:1 und 1:1, SV. Waldhof — Kickers Offenbach 2:2 und 0:0, SV. Waldhof — Union Böckingen 4:2 und 6:0, SV. Mühlheim — Kickers Offenbach 4:4 und 3:1, SV. Mülheim — Union Böckingen 2:0 und 2:6, Kickers Offenbach — Union Böckingen 4:1 und 3:6. — Sieger SV. Waldhof.

Gruppe IV: 1. FC. Nürnberg — Dresdner SC. 1:2 und 1:0, 1. FC. Nürnberg — Borussia Fulda 2:1 und 1:1, 1. FC. Nürnberg — Wacker Halle 2:0 und 3:0, Dresdner SC. — Borussia Fulda 0:0 und 3:1, Dresdner SC. — Wacker Halle 7:2 und 4:2, Borussia Fulda — Wacker Halle 1:2 und 3:2. — Sieger 1. FC. Nürnberg.

Vorschlußrunde: Schalke 04 — SC. Waldhof 5:2, 1. FC. Nürnberg — Viktoria Berlin 2:1.

Endspiel: Schalke 04 — 1. FC. Nürnberg 2:1.

•

## 1935:

Gruppenspiele:

Gruppe I: Polizei Chemnitz — Hertha BSC. 1:2 und 2:1, Polizei Chemnitz — York Insterburg 6:1 und 8:1, Polizei Chemnitz — Vorwärts-Rasensport Gleiwitz 2:1 und 3:2. Hertha BSC. — York Insterburg 7:3 und 9:0, Hertha BSC. — Vorwärts-Rasensport Gleiwitz 2:0 und 1:2, York Insterburg — Vorwärts-Rasensport Gleiwitz 1:3 und 2:2. — Sieger Polizei Chemnitz.

Gruppe II: Schalke 04 — TV. Eimsbüttel 4:0 und 1:2, Schalke 04 — Hannover 96 3:2 und 4:1, Schalke 04 — SC. Stettin 9:1 und 6:0, TV. Eimsbüttel — Hannover 96 1:3 und 3:9, TV. Eimsbüttel — SC. Stettin 3:1 und 2:2, Hannover 96 — SC. Stettin 5:0 und 4:1. — Sieger Schalke 04.

Gruppe III: VfL. Benrath — VfR. Mannheim 3:2 und 3:2,
VfL. Benrath — Phönix Ludwigshafen 0:0 und 2:1, VfL. Benrath
gegen VfR. Köln 5:0 und 4:0, VfR. Mannheim — Phönix Ludwigs-
hafen 0:5 und 0:5, VfR. Mannheim — VfR. Köln 2:3 und 3:2,
Phönix Ludwigshafen — VfR. Köln 4:0 und 4:1. Sieger VfL.
Benrath

Gruppe IV: VfB. Stuttgart — SpVgg. Fürth 4:1 und 3:2,
VfB. Stuttgart — Hanau 93 0:3 und 2:1, VfB. Stuttgart — 1. SV.
Jena 1:2 und 3:2, SpVgg. Fürth — Hanau 93 0:1 und 5:1, SpVgg.
Fürth — 1. SV. Jena 2:0 und 1:0, Hanau 93 — 1. SV. Jena 0:1
und 2:0. — Sieger VfB. Stuttgart.

Vorschlußrunde: VfB. Stuttgart — VfL. Benrath 4:2,
Schalke 04 — Polizei Chemnitz 3:2.

Endspiel: Schalke 04 — VfB. Stuttgart 6:4.

●

**1936:**

Gruppenspiele:

Gruppe I: Schalke 04 — Polizei Chemnitz 2:1 und 2:3,
Schalke 04 — Berliner SV. 92 4:0 und 3:2, Schalke 04 — Hindenburg Allenstein 4:1 und 7:0, Polizei Chemnitz — Berliner SV. 92
4:1 und 4:1 Polizei Chemnitz — Hindenburg Allenstein 4:1 und
3:2, Berliner SV. 92 — Hindenburg Allenstein 3:1 und 3:1. —
Sieger Schalke 04.

Gruppe II: Vorwärts-Rasensport Gleiwitz — Werder Bremen 5:2 und 4:2, Vorwärts-Rasensport Gleiwitz — TV. Elmsbüttel
0:3 und 4:1, Vorwärts-Rasensport Gleiwitz — Viktoria Stolp 5:0
und 3:1, Werder Bremen — TV. Elmsbüttel 6:1 und 2:0, Werder
Bremen — Viktoria Stolp 6:0 und 4:1, TV. Elmsbüttel — Viktoria Stolp 0:1 und 2:1. — Sieger Vorwärts-Rasensport Gleiwitz.

Gruppe III: 1. FC. Nürnberg — Wormatia Worms 2:2 und
2:1, 1. FC. Nürnberg — 1. SV. Jena 5:1 und 3:0, 1. FC. Nürnberg — Stuttgarter Kickers 2:0 und 5:0, Wormatia Worms —
1. SV. Jena 3:1 und 1:3 Wormatia Worms — Stuttgarter Kickers
2:3 und 6:2, 1. SV. Jena — Stuttgarter Kickers 0:1 und 2:0. —
Sieger 1. FC. Nürnberg.

Gruppe IV: Fortuna Düsseldorf — Hanau 93 3:1 und 1:5,
Fortuna Düsseldorf — SV. Waldhof 4:0 und 3:1, Fortuna Düsseldorf — VfR Köln 2:0 und 3:0, Hanau 93 — SV. Waldhof 0:0
und 1:0, Hanau 93 — VfR. Köln 3:0 und 0:1, SV. Waldhof —
VfR. Köln 2:0 und 2:3. — Sieger Fortuna Düsseldorf.

Vorschlußrunde: 1. FC. Nürnberg — Schalke 04 2:0.
Fortuna Düsseldorf — Vorwärts-Rasensport Gleiwitz 3:1.

Endspiel: 1. FC. Nürnberg — Fortuna Düsseldorf 2:1
nach Verlängerung.

U m   d e n   d r i t t e n   P l a t z : Schalke 04 — Vorwärts-Rasensport Gleiwitz 8:1.

**1937:**

Gruppenspiele:

G r u p p e  I: Hamburger SV. — BC. Hartha 3:0 und 3:0, Hamburger SV. — Hindenburg Allenstein 5:2 und 6:1, Hamburger SV. — Beuthen 09 6:0 und 4:1, BC. Hartha — Hindenburg Allenstein 1:1 und 6:2, BC. Hartha — Beuthen 09 4:2 und 2:6, Hindenburg Allenstein — Beuthen 09 2:2 und 2:1. — Sieger Hamburger SV.

G r u p p e  II: Schalke 04 — Werder Bremen 5:1 und 2:2, Schalke 04 — Hertha BSC. 2:1 und 2:1, Schalke 04 — Viktoria Stolp 8:0 und 12:0, Werder Bremen — Hertha BSC. 3:1 und 5:2, Werder Bremen — Viktoria Stolp 5:0 und 4:0, Hertha BSC. — Viktoria Stolp 4:0 und 3:1. — Sieger Schalke 04.

G r u p p e  III: VfB. Stuttgart — Wormatia Worms 0:0 und 1:0, VfB. Stuttgart — Dessau 05 1:2 und 2:0, VfB. Stuttgart — SpV. Kassel 3:0 und 5:1, Wormatia Worms — Dessau 05 1:0 und 4:0, Wormatia Worms — SpV. Kassel 3:1 und 3:1, Dessau 05 — SpV. Kassel 0:2 und 4:2. — Sieger VfB. Stuttgart.

G r u p p e  IV: 1. FC. Nürnberg — Fortuna Düsseldorf 3:1 und 0:0, 1. FC. Nürnberg — SV. Waldhof 4:1 und 7:1, 1. FC. Nürnberg — VfR. Köln 3:1 und 1:0, Fortuna Düsseldorf — SV. Waldhof 2:1 und 1:1, Fortuna Düsseldorf — VfR. Köln 0:2 und 5:1, SC. Waldhof — VfR. Köln 1:0 und 1:0. — Sieger 1. FC. Nürnberg.

V o r s c h l u ß r u n d e : Schalke 04 — VfB. Stuttgart 4:2, 1. FC. Nürnberg — Hamburger SV. 3:2.

E n d s p i e l : Schalke 04 — 1. FC. Nürnberg 2:0.

U m   d e n   d r i t t e n   P l a t z : VfB Stuttgart — Hamburger SV 1:0.

\*

**1938:**

Gruppenspiele:

G r u p p e  I: Stettiner SC. — York Boyen Insterburg 1:0 und 5:2, Hamburger SV. — York Boyen Insterburg 6:0 und 3:1, Hamburger SV. — SC. Stettin 2:0 und 3:1, Hamburger SV. — Eintracht Frankfurt 5:0 und 2:3, York Boyen Insterburg — Eintracht Frankfurt 1:5 und 0:5, Eintracht Frankfurt — Stettiner SC. 6:5 und 5:0. Sieger: Hamburger SV.

G r u p p e  II: Berliner SV. 92 — Dessau 05 0:0 und 2:3, Berliner SV. 92 — Schalke 04 1:1 und 0:3, Berliner SV. 92 — VfR. Mannheim 3:1 und 2:3, Dessau 05 — Schalke 04 0:6 und

1:6. Dessau 05 — VfR. Mannheim 1:6 und 1:1, Schalke 04 —
VfR. Mannheim 1:2 und 2:2 — Sieger: Schalke 04.

G r u p p e  III : VfR. Gleiwitz — BC. Hartha 2:2 und 5:0,
VR. Gleiwitz — Fortuna Düsseldorf 0:3 und 1:3, VR. Gleiwitz
— VfB. Stuttgart 1:7 und 0:5, BC. Hartha — Fortuna Düsseldorf
1:1 und 2:2, BC. Hartha — VfB. Stuttgart 1:1 und 2:1, Fortuna
Düsseldorf — VfB. Stuttgart 3:0 und 2:0. — Sieger: Fortuna
Düsseldorf

G r u p p e  IV : SV. Hannover 96 — Alemannia Aachen 2:1
und 6:1, Hannover 96 — FC. Hanau 93 1:0 und 3:1, Hannover 96
— 1. FC. Nürnberg 2:1 und 2:1, Alemannia Aachen — FC. Hanau 93 4:2 und 2:0, Alemannia Aachen — 1. FC. Nürnberg 2:4
und 1:3, FC. Hanau 93 — 1. FC. Nürnberg 1:2 und 1:4. —
Sieger: SV. Hannover 96.

V o r s c h l u ß r u n d e : SV. Hannover 96 — Hamburger SV.
3:2 n. Verl.. Schalke 04 — Fortuna Düsseldorf 1:0.

E n d s p i e l : Hannover 96 — Schalke 04 4:3 n. Verl. und
Wiederholung. — Das erste Spiel endete nach 120 Minuten 3:3.

U m  d e n  d r i t t e n  P l a t z : Fortuna Düsseldorf — Hamburger SV. 4:2 im Wiederholungsspiel. Erstes Spiel 0:0.

*

**1939:**
Gruppenspiele:

G r u p p e  I : Hamburger SV. — Blauweiß Berlin 3:3 und
3:0; Hamburger SV. -- Hindenburg Allenstein 4:1 und 5:3;
Hamburger SV. — VfL. Osnabrück 5:1 und 2:4; Hindenburg
Allenstein — Blauweiß Berlin 1:2 und 3:0; Hindenburg Allen-
stein — VfL. Osnabrück 0:0 und 3:1; Blauweiß Berlin — VfL.
Osnabrück 1:3 und 1:1.

G r u p p e  II a : Fortuna Düsseldorf — Sülz 07 3:1 und
3:2; Viktoria Stolp — Sülz 07 0:2 und 0:5; Fortuna Düsseldorf — Viktoria Stolp 1:0 und 0:1.

G r u p p e  IIb : Dresdner Sportklub — Warnsdorfer FK. 3:1
und 5:1; Schweinfurt 05 — Warnsdorfer FK. 4:1 und 4:2;
Dresdner SC. — Schweinfurt 05 0:1 und 1:0.

G r u p p e  II : Dresdner Sportklub — Fortuna Düsseldorf
4:1 und 3:3

G r u p p e  III : Admira Wien — Stuttgarter Kickers 6:2
und 1:1; VfR Mannheim — SV. Dessau 05 3:1 und 0:0; Admira Wien — SV. Dessau 05 0:1 und 5:1; Stuttgarter Kickers —
VfR. Mannheim 3:2 und 4:1; VfR. Mannheim — Admira Wien
3:0 und 3:8; Stuttgarter Kickers — SV. Dessau 05 3:2 und 0:1.

G r u p p e  IV : Schalke 04 — Kasseler SC. 03 6:1 und 3:1;
Vorwärts Rasensport Gleiwitz — Wormatia Worms 5:3 und
2:1; Schalke 04 — Wormatia Worms 1:0 und 1:2; Vorwärts

Rasensport Gleiwitz — Kasseler SC. 03 2:1 und 2:0: Schalke 04 gegen Vorwärts Rasensport Gleiwitz 2:1 und 4:0: Wormatia Worms — Kasseler SC. 03 3:1 und 3:0.

Vorschlußrunde: Schalke 04 — Dresdner Sport-Club 3:3. Wiederholungsspiel 2:0: Admira — Hamburger SV. 4:1.

Endspiel: Schalke 04 — Admira Wien 9:0

Um den dritten Platz: Dresdner Sport-Club — Hamburger Sport-Verein 3:2

*

**1940:**

Gruppe Ia. Union Oberschöneweide — VfB. Königsberg 6:3 und 1:3: VfL. Stettin — Union Oberschöneweide 1:3 und 1:3: VfB. Königsberg — VfL. Stettin 5:2 und 2:1.

Gruppe Ib: Rapid Wien — NSTG. Graslitz 7:0 und 7:1: Vorwärts-Rasensport Gleiwitz — NSTG. Graslitz 4:2 und 4:4: Rapid Wien — Vorwärts-Rasensport Gleiwitz 3:1 und 2:2.

Gruppe I: Rapid Wien — Union Oberschöneweide 3:2 und 3:1.

Gruppe II: 1. SV. Jena — Dresdner SC. 0:2 und 0:1: Dresdner SC. — VfL. Osnabrück 3:0 und 0:0: TV. Eimsbüttel — 1. SV. Jena 0:1 und 3:2: VfL. Osnabrück — 1. SV. Jena 5:2 und 2:2: Dresdner SC. — TV. Eimsbüttel 0:0 und 0:3: TV. Eimsbüttel — VfL. Osnabrück 3:1 und 4:3.

Gruppe III: Schalke 04 — Mülheimer SV. 5:0 und 8:2: Fortuna Düsseldorf — SC Kassel 03 7:0 und 5:0: Mülheimer SV. — Fortuna Düsseldorf 2:1 und 1:7: SC. Kassel 03 — Schalke 04 2:5 und 0:16: SC. Kassel 03 — Mülheimer SV. 3:5 und 5:4: Schalke 04 — Fortuna Düsseldorf 0:0 und 1:1.

Gruppe IV: Stuttgarter. Kickers — SV. Waldhof 1:0 und 2:7: Stuttgarter Kickers — Offenbacher Kickers 4:0 und 0:1: 1. FC. Nürnberg — SV. Waldhof 0:0 und 1:1: 1. FC. Nürnberg — Stuttgarter Kickers 1:0 und 0:2: Offenbacher Kickers — SV. Waldhof 2:0 und 0:4: Offenbacher Kickers — 1. FC. Nürnberg 1:0 und 0:8.

Vorschlußrunde: FC. Schalke 04 — SV. Waldhof 3:1: Rapid Wien — Dresdner Sportclub 1:2 nach Verlängerung.

Endspiel: FC. Schalke 04 — Dresdner SC. 1:0.

Um den dritten Platz: Rapid Wien — SV. Waldhof 1. Spiel im Olympia-Stadion 4:4: Wiederholungsspiel in Wien 5:2.

*

**1941:**

Gruppe Ia: Vorwärts-Rasensport Gleiwitz — Luftwaffensportverein Stettin 3:1 und 2:3: Vorwärts-Rasensport Gleiwitz — Preußen Danzig 0:0 und 4:1: Luftwaffensportverein Stettin — Preußen Danzig 3:3 und 1:1.

Gruppe Ib: Dresdner SC. — Tennis-Borussia Berlin 1:0 und 5:2: Dresdner SC. — NS.-Turngemeinde Prag 4:2 und 1:0: Tennis-Borussia Berlin — NS.-Turngemeinde Prag 3:1 und 0:0.

Gruppenentscheid: Dresdner SC. — Vorwärts-Rasensport Gleiwitz 3:0 und 3:0.

Gruppe IIa: Hamburger SV. — 1. SV. Jena 2:1 und 2:2; Hamburger SV. — VfB. Königsberg 3:1 und 2:1; 1. SV. Jena — VfB. Königsberg 4:2 und 0:4.

Gruppe IIb: Schalke 04 — Hannover 96 4:0 und 6:1; Schalke 04 — Borussia Fulda 4:0 und 2:1; Hannover 96 — Borussia Fulda 6:1 und 3:4.

Gruppenentscheid: Schalke 04 — Hamburger SV. 3:0 und 0:1.

Gruppe III: TuS. Helene-Altenessen — Kickers Offenbach 1:1 und 0:4; TuS. Helene-Altenessen — VfL. Köln 99 1:3 und 6:1; TuS. Helene-Altenessen — Mülhausen 93 5:2 und 2:2; Kickers Offenbach — VfL. Köln 99 2:2 und 1:3; Kickers Offenbach — Mülhausen 93 6:2 und 5:1; VfL. Köln 99 — Mülhausen 93 4:1 und 4:1.

Gruppe IV: Rapid Wien — 1860 München 1:2 und 2:0; Rapid Wien — Kickers Stuttgart 1:1 und 5:1; Rapid Wien — VfL. Neckarau 7:0 und 8:1; 1860 München — Kickers Stuttgart 3:3 und 2:1; 1860 München — VfL. Neckarau 6:2 und 1:2; Kickers Stuttgart — VfL. Neckarau 2:0 und 3:5.

Vorschlußrunde: Rapid Wien — Dresdner SC. 2:1; Schalke 04 — VfL. Köln 99 4:1.

Endspiel: Rapid Wien — Schalke 04 4:3.

Um den 3. Platz: Dresdner SC. — VfL. Köln 99 4:1.

## Meisterschaft 1942

**Ausscheidungsrunde:** Kaiserslautern — Waldhof 7:1; ff Straßburg — Stuttgarter Kickers 2:0; Stadt Düdelingen — Schalke 0:2; Borussia Fulda — Dessau 05 0:2; LSV. Olmütz — Vienna Wien 0:2; UHS. Marienwerder — VfB. Königsberg 1:7; Hamborn 07 — Werder Bremen 1:1, 1:5; Boelcke Krakau — SC. Planitz 2:5; Blauweiß Berlin — LSV. Pütnitz 3:1.

**Vorrunde:** VfB. Königsberg — Orpo Litzmannstadt 8:1; SC. Planitz — Breslau 02 2:1; Dessau 05 — Blauweiß Berlin 0:3; Werder Bremen — Eimsbüttel 4:2; Schalke 04 — 1. FC. Kaiserslautern 9:3; Kickers Offenbach — Köln 99 3:1; ff Straßburg — Schweinfurt 05 2:1; Vienna Wien — Germania Königsberg 1:0.

**Zwischenrunde:** Blauweiß Berlin — VfB. Königsberg 2:1; Vienna Wien — SC. Planitz 3:2; Schalke 04 — ff Straßburg 6:0; Kickers Offenbach — Werder Bremen 4:3.

**Vorschlußrunde:** Schalke 04 — Kickers Offenbach 6:0; Blauweiß Berlin — Vienna Wien 3:2.

**Endspiel:** Schalke — Vienna 2:0.

**3. Platz:** Blauweiß Berlin — Kickers Offenbach 4:0.

# Ununterbrochen Gauliga:

Die Gauliga wurde bei der Neuordnung des Deutschen Sports gegründet. Erste Gauliga-Spielzeit: 1933/34.

**Ostpreußen:** VfB. Königsberg.

**Pommern:** Viktoria Stolp. Germania Stolp. Stettiner SC.

**Brandenburg:** Hertha BSC., BSV. 92. Tennis-Borussia.

**Schlesien:** Breslau 02. Vorw.-Ras. Gleiwitz. Preuß. Hindenburg. Breslau 06.

**Sachsen:** Dresdner SC., VfB. Leipzig. PSV. Chemnitz. SC. Planitz.

**Mitte:** 1. SpV. Jena.

**Nordmark:** Eimsbüttel. Hamburger SV., Holstein Kiel. Altona 93. Polizei Lübeck.

**Niedersachsen:** Werder Bremen. Eintracht Braunschweig. Hannover 96

**Westfalen:** Schalke 04. VfL. Bochum 48 (ehemals Germania Bochum).

**Niederrhein:** Fortuna Düsseldorf. Hamborn 07, Schwarz-Weiß Essen.

**Mittelrhein:** SV. Mülheim. VfR. Köln. Sülz 07. VfL. 99 Köln (Fusion SC. Köln 99 und Kölner CfR.).

**Hessen:** SC. 03 Kassel. Hanau 93. SpV. Kassel.

**Südwest:** Offenbacher Kickers. Wormatia Worms. Eintracht Frankfurt. Borussia Neunkirchen. FSV. Frankfurt.

**Baden:** SpV. Waldhof. VfR. Mannheim. Freiburger FC., VfB. Mühlburg. 1. FC. Pforzheim.

**Württemberg:** Stuttgarter Kickers. VfB. Stuttgart. Sportfreunde Stuttgart. Stuttgarter Sportclub. SSV. Ulm.

**Bayern:** 1. FC. Nürnberg. SpVgg. Fürth. 1860 München. Bayern München. FC. Schweinfurt 05.

**\*Ostmark:** Admira. Rapid. Austria. Wiener Sportclub. Vienna. Grazer Sportklub. Wacker Wien.

## Die Gaumeisterschaften bis zum Krieg.

Die folgenden Kartentabellen bieten eine abgeschlossene Uebersicht der Rangfolge der Vereine bis zum Kriegsausbruch. Der Bestand der obersten Klasse nach dem Krieg wird derselbe sein wie 1938/39. unbeachtet der Entwicklung der Meisterschaften während des Kriegs. so daß also kein Verein durch die weltpolitischen Ereignisse und ihre Einberufungen zu Schaden kommt.

\* Die Ostmark nahm erstmals in der Spielzeit 1938/39 an den Kämpfen um die Deutsche Meisterschaft teil.

# I: Ostpreußen

| Jahr | Meister | Abtlg. | 1 | 2 | 3 | 4 | 5 | 6 | 7 | 8 | 9 | 10 |
|---|---|---|---|---|---|---|---|---|---|---|---|---|
| 33/34 | Preuß. Danzig | Abt. I | Preuß. Danzig | ViB. Kön'bg. | Prussia Samld. | Ras.Pr. Kön'bg. | BuEV Danzig | Gedan. Danzig | Vikt. Elbing | | | |
| | | Abt. II | Hindbg. Allenst. | York-B. Instbg. | Masov. Lyck | Vikt. Allenst. | Tilsiter SC. | Preuß. Gumb. | Rastbg. Sn.V. | | | |
| 34/35 | York-B. Instbg. | Abt. I | Prussia Samld. | Polizei Danzig | Gedan. Danzig | BuEV. Danzig | Preuß. Danzig | ViB. Kön'bg | Ras.Pr. Kön'bg. | | | |
| | | Abt. II | York-B. Instbg. | Hindbg. Allenst. | Masov. Lyck | Rastbg. Sp.V. | Instbg. SV. | Tilsiter SC. | Vikt. Allenst. | | | |
| 35/36 | Hindbg. Allenst. | Abt. I | Hindbg. Allenst. | York-B. Instbg. | Masov. Lyck | Goltz Tilsit | Die Endkämpfe bestritten die beiden Tabellenmeister aus den vier Bezirksklassen. (Also keine Gauliga!) | | | | | |
| | | Abt. II | Prussia Samld. | BuEV. Danzig | Preuß. Danzig | ViB. Kön'bg. | | | | | | |
| 36/37 | Hindbg. Allenst. | Abt. I | Hindbg. Allenst. | Ras.Pr. Kön'bg. | Gedan. Danzig | Sp.V. Goldap | | | | | | |
| | | Abt. II | York-B. Instbg. | Masov. Lyck | ViB. Kön'bg. | Preuß. Danzig | | | | | | |
| 37/38 | York-B. Instbg. | Abt. I | York-B. Instbg. | Hindbg. Allenst. | Gedan. Danzig | Prussia Samld. | | | | | | |
| | | Abt. II | BuEV. Danzig | Masov. Lyck | ViB. Kön'bg. | Goltz Tilsit | | | | | | |
| 38/39 | Hindbg. Allenst. | | | Masov. Lyck | BuEV. Danzig | Polizei Danzig | Gedan. Danzig | ViB. Kön'bg. | Goltz Tilsit | Prussia Samld | York P. Instbg | Ras.Pr. Kön'bg. |

## II: Pommern

| Platz u. Jahr | 1 | 2 | 3 | 4 | 5 | 6 | 7 | 8 | 9 | 10 | 11 | 12 |
|---|---|---|---|---|---|---|---|---|---|---|---|---|
| 1933/34 Meister | SC. Stettin | PSV. Stettin | Preuß. Stettin | VfL. Stettin | VfB. Stettin | SC Grfsw. | Vikt. Straisd. | Gaulg. West | — | — | — | — |
| Vikt. Stolp | Vikt. Stolp | Preuß. Köslin | Hubert-Kolberg | Vikt. Kolberg | Germ. Stolp. | Sturm Lauenb. | Phönix Köslin | Gaulg. Ost | — | — | — | — |
| 1934/35 Meister Stettin SC. | SC. Stettin | PSV. Stettin | VfB. Stettin | Preuß. Stettin | VfL. Stettin | SC. Grfsw. | Comet Stettin | Gaulg. West | — | — | — | — |
| Vikt. Stolp | Vikt. Stolp | Hubert. Kolberg | Germ Stolp | Sturm Lauenb. | H.Schn. demühl. | Vikt. Kolberg | Preuß. Köslin | Gaulg. Ost | — | — | — | — |
| 1935/36 Meister SC. | SC. Stettin | SC. Grfsw. | PSV. Stettin | Preuß. Stettin | VfB. Stettin | Blücher Golln. | VfL. Stettin | Gaulg. West | — | — | — | — |
| Vikt. Stolp | Vikt. Stolp | Hubert. Kolberg | Germ. Stolp | H.Schn. demühl. | Sturm Lauenb. | Pfeil Lauenb. | Vikt. Kolberg | Gaulg. Ost | — | — | — | — |
| 1936/37 ab Einheits Liga | Meister Vikt. Stolp | PSV. Stettin | SC. Stettin | MSV. Mack. Neustet. | Germ. Stolp | SC Grfsw. | Pfeil Lauenb. | Preuß. Stettin | Hubert. Kolberg | Blücher Golln. | MTV. Pommerensdf. | Sturm Lauenb. |
| 1937/38 | SC. Stettin | MTV. Pommerensdf. | Vikt. Stolp | Germ. Stolp | Preuß. Stettin | PSV. Stettin | SC. Grfsw. | Pfeil Lauenb. | MSV. Mack. Neustet. | MSV. Graf Schwer. | — | — |
| 1938/39 | Vikt. Stolp | MTV. Pommerensdf. | Germ. Stolp | SC. Stettin | Nordrg. Stettin | PSV. Stettin | LSV. Putnitz | Pfeil Lauenb. | SC. Grfsw. | Pr.-Bor Stettin | — | — |

## III: Brandenburg

| Platz / Jahr | Meister | 2 | 3 | 4 | 5 | 6 | 7 | 8 | e | 10 | 11 | 1S |
|---|---|---|---|---|---|---|---|---|---|---|---|---|
| 1933/34 | Viktoria 89 | Hertha-BSC. | Tennis-Borussia | Blau-Weiß | Berlin. SV. 1892 | Minerva 93 | Union-Oberschönw | Spandauer SV. | VfB. Pankow | BV. Luckenwalde | Wacker 04 | Wacker Kottbus Süd |
| 1934/35 | Hertha-BSC. | Viktoria 89 | Berlin. SV. 1892 | Tennis-Borussia | Minerva 93 | Blau-Weiß | VfB. Pankow | Spandauer SV. | Polizei SV. | Union-schönw. | 1. FC. Guben | — |
| 1935/36 | Berlin. SV. 1892 | Minerva 93 | Hertha-BSC. | Tennis-Borussia | Wacker 04 | Viktoria 89 | Blau-Weiß | Nowaw 03 | VfB. Pankow | Spandauer SV. | — |  |
| 1936/37 | Hertha-BSC. | Berlin. SV. 1892 | Wacker 04 | Union-Oberschönw. | Tennis-Borussia | Bewag (jetzt Elektr.) | Viktoria 89 | Nowaw 03 | Minerva | Blau-Weiß | — | — |
| 1937/38 | Berlin. SV. 1892 | Hertha-BSC. | Tennis-Borussia | Wacker 04 | Bewag (jetzt Elektr.) | Union-schönw. | Fries.-Cottbus | Brandenb. SC. 05 | Nowaw. 03 | Viktoria 89 | — | — |
| 1938/39 | Blau-Weiß | Hertha-BSC. | Tennis-Borussia | Minerva 93 | Union-Oberschönw. | Berlin. SV. 1892 | Elektra | Brandenb. SC. 05 | Wacker 04 | Fries.-Cottbus | — | — |

# IV: Schlesien

| Platz Jahr | Meister | 2 | 3 | 4 | 5 | 6 | 7 | 8 | 9 | 10 |
|---|---|---|---|---|---|---|---|---|---|---|
| 1933/34 | Beuthen 09 | Breslau 02 | Hertha Breslau | VfR. Gleiwitz | Vorw. Breslau | Ratibor 03 | Preuß. Hindenburg | Breslau 06 | SV. Hoyerswerda | STC. Görlitz |
| 1934/35 | VfR. Gleiwitz | Vorw. Breslau | Beuthen 09 | Ratibor 03 | Deichs. Hindenburg | Breslau 06 | Breslau 02 | Preuß. Hindenburg | Hertha Breslau | Schles. Haynau |
| 1935/36 | VfR. Gleiwitz | Preuß. Hindenburg | Beuthen 09 | Breslau 06 | Breslau 02 | VfB. Gleiwitz | Ratibor 03 | Vorw. Breslau | Deichs. Hindenburg | VfB. Breslau |
| 1936/37 | Beuthen 09 | VfR. Gleiwitz | Breslau 02 | Breslau 06 | Reichsb. Gleiwitz | Preuß. Hindenburg | Hertha Breslau | Vorw. Breslau | VfB. Gleiwitz | Ratibor 03 |
| 1937/38 | VfR. Gleiwitz | Breslau 02 | Preuß. Hindenburg | Hertha Breslau | SV. Klettendorf | Reichsb. Gleiwitz | Sportfr. Klausberg | Breslau 06 | Vorw. Breslau | Beuthen 09 |
| 1938/39 | VfR. Gleiwitz | Preuß. Hindenburg | Hertha Breslau | Sportfr. Klausberg | Breslau 02 | Reichsb. Gleiwitz | Ratibor 03 | Breslau 06 | SV. Klettendorf | 1. FC. Breslau |

## V: Sachsen

| Platz Jahr | Meister | 2 | 3 | 4 | 5 | 6 | 7 | 8 | 9 | 10 | 11 |
|---|---|---|---|---|---|---|---|---|---|---|---|
| 1933/34 | DSC. | VfB. Leipzig | PSV. Chemnitz | Fortuna Leipzig | Wacker Leipzig | VfB. Glauchau | SuBC. Plauen | SC. Planitz | Chemnitzer BC. | 1. VFC. Plauen | Spvgg. Falkenstein |
| 1934/35 | PSV. Chemnitz | DSC. | Fortuna Leipzig | Guts Muts Dresd. | Spfr. Dresd. | VfB. Leipzig | Wacker Leipzig | SC. Planitz | SuBC. Plauen | VfB. Glauchau | — |
| 1935/36 | PSV-Chemnitz | DSC. | Fortuna Leipzig | Guts Muts Dresd. | VfB. Leipzig | BC. Hartha | Wacker Leipzig | SC. Planitz | Dresdn. Sportfr. | Dresdensia Dresden | — |
| 1936/37 | BC. Hartha | PSV. Chemnitz | SC. Planitz | DSC. | VfB. Leipzig | Tura Leipzig | Fortuna Leipzig | Guts Muts Dresd. | Riesaer SV. | Wacker Leipzig | — |
| 1937/38 | BC. Hartha | Fortuna Leipzig | PSV. Chemnitz | DSC. | VfB. Leipzig | SC. Planitz | Tura Leipzig | Guts Muts Dresd. | Spvgg. Leipzig | SV. Grüna | — |
| 1938/39 | DSC. | VfB. Leipzig | BC. Hartha | SC. Planitz | PSC. Chemnitz | Fortuna Leipzig | Dresdn. Sportfr. | Guts Muts Dresd. | Konk. Plauen | Tura Leipzig | — |

## VI: Mitte

| Platz / Jahr | Meister | 2 | 3 | 4 | 5 | 6 | 7 | 8 | 9 | 10 |
|---|---|---|---|---|---|---|---|---|---|---|
| 1933/34 | Wacker Halle | VfL Bitterfeld | Stel- nach 08 | Spielv. Erfurt | Vikt. 96 Magdeburg | Sportkl. Erfurt | 1.Sport- verein Jena | Merse- burg 1899 | Fortuna Magde- burg | Preuß. Magde- burg |
| 1934/35 | 1.Sport- verein Jena | Wacker Halle | Stel- nach 08 | Kr.Vikt. Magde- burg | Sportfr Halle | Vikt. 96 Magde- burg | Sportkl. Erfurt | Spielv. Erfurt | VfL Bitter- feld | Merse- burg 1899 |
| 1935/36 | 1.Sport- verein Jena | Kr.Vikt. Magde- burg | Sportfr. Halle | Spielv. Erfurt | Dessau 05 | 1. FC. Lauscha | Vikt. 96 Magde- burg | Wacker Halle | Stel- nach 08 | Sportkl. Erfurt |
| 1936/37 | Dessau 05 | 1. Sport- verein Jena | Sportfr. Halle | Kr.Vikt. Magde- burg | Thür. Weida | Merse- burg 1899 | 1. FC. Lauscha | Spielv. Erfurt | Wacker Halle | Vikt. 96 Magde- burg |
| 1937/38 | Dessau 05 | Kr.Vikt. Magde- burg | Merse- burg 1899 | 1. Sport- verein Jena | VfL. Halle | Spielv. Erfurt | Thür- ingen Weida | 1. FC. Lauscha | Sportfr. Halle | Sportkl. Erfurt |
| 1938/39 | Dessau 05 | 1 Sport- verein Jena | Stel- nach 08 | Thür. Weida | Kr.Vikt. Magde- burg | VfL Halle 1896 | Merse- burg 1899 | 1. FC. Lauscha | Spielv. Erfurt | Fortuna Magde- burg |

## VII: Nordmark

| Platz Jahr / Meister | 2 | 3 | 4 | 5 | 6 | 7 | 8 | 9 | 10 | 11 | 12 |
|---|---|---|---|---|---|---|---|---|---|---|---|
| 1933/34 Eimsbüttel | H.S.V. | Holst. Kiel | Vikt. Wilh.-burg * | Altona 93 | Union Altona | Polizei Hamburg | Bo-russia Hamburg | Polizei Lübeck | Schwerin 03 | — | — |
| 1934/35 Eimsbüttel | H.S.V. | Holst. Kiel | Vikt. Hamburg | Altona 93 | Union Altona | Polizei Lübeck | Polizei Hamburg | Bo-russia Kiel | F.C. St. Pauli | — | — |
| 1935/36 Eimsbüttel | Vikt. Hamburg | H.S.V. | Holst. Kiel | Polizei Lübeck | Altona 93 | Phönix Lübeck | Sperber | Union Altona | M.S.V. Hansa | — | — |
| 1936/37 H.S.V. | Holst. Kiel | Vikt. Hamburg | F.C. St. Pauli | Eims-büttel | Polizei Lübeck | Phönix Lübeck | Altona 93 | Rothen-burgsort. F.K. | Sperber | — | — |
| 1937/38 H.S.V. | Eims-büttel | Holst. Kiel | F.C. St. Pauli | Polizei Lübeck | Komet | Vikt. Hamburg | Bo-** russia Harbg. | Altona 93 | Phönix Lübeck | Polizei Hamburg | Wilh.-burg** 09 |
| 1938/39 H.S.V. | Eims-büttel | Holst. Kiel | Vikt. Hamburg | F.C. St. Pauli | Komet | Polizei Lübeck | Altona 93 | Rasen-sport Harbg. | Bo-russia Harbg. | Schwe-rin 03 | — |

* Vikt. Wilhelmsburg wurde vom Gau Niedersachsen übernommen, so blieb Polizei Lübeck v. Abstieg verschont.
** Die Gauliga wurde durch Borussia Harburg und Wilhelmsb. 09 aus dem Gau Niedersachsen auf 12 erhöht.

# VIII: Niedersachsen

| Platz / Jahr | Meister | 2 | 3 | 4 | 5 | 6 | 7 | 8 | 9 | 10 | 11 | 12 |
|---|---|---|---|---|---|---|---|---|---|---|---|---|
| 33/34 | Werder | Arminia | Alger-missen | Hannov. 96 | Ein-tracht | Komet Bremen | Bremer SV. | Hildes-heim 06 | VfB. Peine | Götting. 05 | Borussia Harburg | Hannov. 97 |
| 34/35 | Hannov. 96 | Werder | Ein-tracht | Arminia | Alger-missen | Borr. Harburg | Komet Bremen | Hildes-heim 06 | Hannov. 97 | Viktoria Wilh.-burg | Bremer SV. | — |
| 35/36 | Werder | Hannov. 96 | Alger-missen | Ein-tracht | VfB. Peine | Arminia | Borussia Harburg | Rasen-sport Harburg | Hildes-heim 06 | Komet Bremen | VfL. Osna-brück | — |
| 36/37 | Werder | Arminia | Hannov. 96 | Alger-missen | Borr. Harburg | Ein-tracht | VfB. Peine | Wilh.-burg 09 | Rasen-sport Harburg | Göttng. 05 | — | — |
| 37/38 | Hannov. 96 | VfL. Osna-brück | Werder | Ein-tracht | Arminia | Alger-missen | Blumen-thal | Peine | Wellen-büttel | Linden 07 | — | — |
| 38/39 | VfL. Osna-brück | Hannov. 96 | Ein-tracht | Werder | "Bücke-burg | Peine | Blumen-thal | Lüne-burg | Arminia | Alger-missen | — | — |

## IX: Westfalen

| Platz / Jahr | Meister | 2 | 3 | 4 | 5 | 6 | 7 | 8 | 9 | 10 |
|---|---|---|---|---|---|---|---|---|---|---|
| 1933/34 | Schalke 04 | Höntrop | Hüsten | * Germ. Bochum | Herten | DSC. Hagen | Viktor. Recklings. | Preuß. Münster | Sp.-Fr. Dortmund | Arminia Bielefeld |
| 1934/35 | Schalke 04 | Höntrop | Preuß. Münster | Herten | Hüsten | Herne | * Germ. Bochum | Union Recklinghs. | DSC. Hagen | Viktor. Recklinghs. |
| 1935/36 | Schalke 04 | * Germ. Bochum | Höntrop | Hüsten | Herne | Herten | SV. Erie | TuS. Bochum | Preuß. Münster | Union Recklinghs. |
| 1936/37 | Schalke 04 | Herne | Boruss. Dortmund | Herten | Hüsten | Rotthausen | Höntrop | * Germ. Bochum | SV. Erie | TuS. Bochum |
| 1937/38 | Schalke 04 | Boruss. Dortmund | Herne | Röhlinghausen | * Germ. Bochum | Höntrop | Herten | Arminia Marten | Hüsten | Rotthausen |
| 1938/39 | Schalke 04 | ViL. Bochum | Boruss. Dortmund | Herne | Röhlinghausen | Arminia Bielefeld | Preuß. Münster | Arminia Marten | Herten | Höntrop |

* Germania Bochum ging 1938 in ViL. Bochum auf.

| Platz Jahr | Meister | 2 | 3 | 4 | 5 | 6 | 7 | 8 | 9 | 10 | 11 | 12 |
|---|---|---|---|---|---|---|---|---|---|---|---|---|
| 33/34 | Benrath | Fortuna | Hamborn 07 | Duisbg 99 | Bor. Gladbch | Duisbg. 08 | Preußen Krefeld | Rheydt | SchW. Essen | Alem. Aachen | Preußen Essen | SchW. Barmen |
| 34/35 | Benrath | Fortuna | Bor. Gladbch. | Rot-W. Ob'haus. | Duisbg. 08 | Hamborn 07 | SchW. Essen | Preußen Krefeld | Duisbg 99 | Hombg. | Rheydt | — |
| 35/36 | Fortuna | Benrath | Rot-W. Ob'haus | Hamborn 07 | Turu Düssel-dorf | Preußen Krefeld | Duisburg 08 | SchW. Essen | Borussia Glad-bach | Union Ham-born | — | — |
| 36/37 | Fortuna | Duisburg 48/99 | Hamborn 07 | Rot-W. Ob'haus | Turu Düssel-dorf | SSV. Wup-pertal | Benrath | ETB. SchW. Essen | Duisbg. 08 | Preußen Krefeld | — | — |
| 37/38 | Fortuna | SchW. Essen | Hamborn 07 | Duisbg 48/99 | SSV. Wup-pertal | Turu Düssel-dorf | Benrath | Union Ham-born | Rot-W. Ob'haus | BV. Alten-essen | — | — |
| 38/39 | Fortuna | ETB. Essen | Rot-W. Essen | W'ende Ham-born | Ham-born 07 | SSV. Wup-pertal | Turu Düssel-dorf | Duisbg 48/99 | Benrath | Union Ham-born | — | — |

## XI: Mittelrhein

| Platz Jahr | Meister | 2 | 3 | 4 | 5 | 6 | 7 | 8 | 9 | 10 | 11 |
|---|---|---|---|---|---|---|---|---|---|---|---|
| 1933/34 | SV. Mülheim | VfR. Köln | Sülz 07 | Eintr. Trier | FV. Bonn | West-mark Trier | CfR. Köln | Kölner SC. 99 | T.u.S. Neuendorf | Fortuna Kottenheim | Rhenan. Köln |
| 1934/35 | VfR. Köln | CfR. Köln | Sülz 07 | West-mark Trier | SV. Mülheim | FV. Bonn | Eintr. Trier | Kölner SC. 99 | Blau-weiß Köln | 1.FC. Idar | — |
| 1935/36 | CfR. Köln | Tura Bonn | FV. Bonn | SV. Mülheim | Kölner SC.1899 | Sülz 07 | VfR. Köln | T.u.S. Neuendorf | West-mark Trier | Eintr. Trier | — |
| 1936/37 | VfR. Köln | CfR. Köln | Sülz 07 | Rhenan. Würselen | SV. Beuel | SV. Mülheim | FV. Bonn | Tura Bonn | Kölner SC. 99 | T.u.S. Neuendorf | SpVg. Ander-nach |
| 1937/38 | SV. Beuel* | Ale-* mannia Aachen | VfL. 99 Köln | SV. Mülheim | Rhenan. Würselen | Tura Bonn | Sülz 07 | VfR. Köln | FV. Bonn | Kölner BC. | Ale-mannia Aachen |
| 1938/39 | Sülz 07 | SV. Trois-dorf | Tura Bonn | Rhenan. Würselen | VfR. Köln | VfL. 99 Köln | SV. Mül-heim | SV. Beuel | T.u.S. Neuendorf | Ale-mannia Aachen | — |

* Der S. V. Beuel wurde nach Abschluß eines Protestes zum Meister erklärt, den Gau Mittelrhein aber vertrat Alemannia Aachen bei den Gruppen-Spielen.

## XII: Hessen

| Platz Jahr | Meister | 2 | 3 | 4 | 5 | 6 | 7 | 8 | 9 | 10 |
|---|---|---|---|---|---|---|---|---|---|---|
| 1933/34 | Boruss. Fulda | VfB. Friedberg | Hanau 93 | Kurhessen Kassel | SC. 03 Kassel | Hessen Hersfeld | Spielv. Kassel | Sport Kassel | Kurhessen Marbg. | Herm. Kassel |
| 1934/35 | Hanau 93 | Boruss. Fulda | Spielv. Kassel | SC 03 Kassel | Germ. Fulda | VfB. Friedberg | Hessen Hersfeld | Kurhessen Kassel | SpVgg. Langenselbold | Sport Kassel |
| 1935/36 | Hanau 93 | Boruss. Fulda | Hessen Hersfeld | Germ. Fulda | SC. 03 Kassel | Kurhessen Marbg. | Spielv. Kassel | VfB. Friedberg | Kurhessen Kassel | SV. Bad Nauheim |
| 1936/37 | Spielv. Kassel | Hessen Hersfeld | SC. 03 Kassel | Kewa Wachbuchen | Hanau 93 | VfB. Friedberg | Germ. Fulda | Boruss. Fulda | Kurhessen Marbg. | SpVgg. Niederzwehr. |
| 1937/38 | Hanau 93 | SC. 03 Kassel | Spielv. Kassel | Hessen Hersfeld | VfB. Friedberg | VfB. Gr. Auheim | Kewa Wachbuchen | Sport Kassel | Germ. Fulda | Boruss. Fulda |
| 1938/39 | SC. 03 Kassel | Hanau 93 | Hessen Hersfeld | Spielv. Kassel | VfB. Gr. Auheim | VfB. Friedberg | Kurhessen Kassel | BSG. Dunlop Hanau | Sport Kassel | Kewa Wachbuchen |

## XIII: Südwest

| Platz Jahr | Meister | 2 | 3 | 4 | 5 | 6 | 7 | 8 | 9 | 10 | 11 | 12 |
|---|---|---|---|---|---|---|---|---|---|---|---|---|
| 1933/34 | Kickers Offenbach | Pir-masens | Wormatia Worms | Eintracht Frankf. | Borus. Neun-kirchen | Kaisers-lautern | FSV. Frankf. | Sportfr. Saarbr. | Phönix Lud-wigsh.² | SV. Wies-baden | Mainz 05 | A.-Ol. Worms |
| 1934/35 | Phönix Lud-wigsh. | FC. Pir-masens | Kickers Offen-bach | FSV. Frankf. | Union Niederr. | Wor-matia Worms | Ein-tracht Frankf. | Borus. Neun-kirchen | Sportfr. Saarbr. | FC. Kaisers-lautern | Saar 05 Saarbr. | — |
| 1935/36 | Wor-matia Worms | Pir-masens | Ein-tracht Frankf. | Borus. Neun-kirchen | FSV. Frankf. | Kickers Offen-bach | FV. Saarbr. | Union Niederr. | Opel Rüssels-heim | Phönix Lud-wigsh. | — | — |
| 1936/37 | Wor-matia Worms | Ein-tracht Frankf. | Kickers Offen-bach | Borus. Neun-kirchen | FSV. Frankf. | FV. Saarbr. | FC. Pir-masens | SV. Wies-baden | Union Niederr. | Sportfr. Saarbr. | — | — |
| 1937/38 | Ein-tracht Frankf. | Borus. Neun-kirchen | Wor-matia Worms | Kickers Offen-bach | FSV. Frankf | FC. Pir-masens | SV. Wies-baden | FV. Saarbr. | FC. Kaisers-lautern | Opel Rüssels-heim | — | — |
| 1938/39 | Wor-matia Worms | FSV. Frankf. | Ein-tracht Frankf. | Kickers Offen-bach | SV. Wies-baden | Borus. Neun-kirchen | Lud-wigshf 1861 ² | FV. Saarbr. | Rot-weiß Frankf. | FC. Pir-masens | — | — |

¹)Es wurden auf Grund von Protesten Entscheidungsspiele zwischen FV.Saarbrücken, Rotweiß Frankfurt und Pirmasens ausgetragen, aus denen Rotweiß Frankfurt als Sieger hervorging und demzufolge in der Liga verbleibt ²) Phönix Ludwigshafen ist in Ludwigshafen 1861 zu gegangen.

## XIV: Baden

| Platz / Jahr | Meister | 2 | 3 | 4 | 5 | 6 | 7 | 8 | 9 | 10 |
|---|---|---|---|---|---|---|---|---|---|---|
| 1933/34 | Wald-hof | VfR. Mann-heim | Frei-burger FC. | Phönix Karls-ruhe | 1.FC. Pforz-heim | Karls-ruher FV. | VfL. Nek-karau | VfB. Mühlbg. | Germ. Bröt-zingen | SC. Frei-burg |
| 1934/35 | VfR. Mann-heim | Phönix Karls-ruhe | VfL. Nek-karau | SV. Wald-hof | VfB. Mühlbg. | Frei-burger FC. | 1.FC. Pforz-heim | Karls-ruher FV. | Germ. Karlsdl. | Mann-heim 08 |
| 1935/36 | Wald-hof | 1.FC. Pforz-heim | Karls-ruher FV. | VfR. Mann-heim | VfL. Nek-karau | Germ. Bröt-zingen | VfB. Mühlbg. | Frei-burger FC. | Amicit. Viern-heim | Phönix Karls-ruhe |
| 1936/37 | Wald-hof | VfR. Mann-heim | 1.FC. Pforz-heim | Frei-burger FC. | VfL. Nek-karau | VfB. Mühlbg. | Germ. Bröt-zingen | SpVgg. Sand-hofen | Karls-ruher FV | PV. Ra-statt |
| 1937/38 | VfR. Mann-heim | 1.FC. Pforz-heim | Wald-hof | Nek-karau | Frei-burger FC. | Phönix Karls-ruhe | Sand-hofen | Mühl-burg | Kehl | Bröt-zingen |
| 1938/39 | VfR. Mann-heim | 1.FC. Pforz-heim | Frei-burger FC. | Wald-hof | Karls-ruher FV. | Mühl-burg | Phönix Karls-ruhe | Nek-karau* | Sand-hofen | Offenb. |

* Ein angesetztes Entscheidungsspiel gewann Sonthofen 2:0 und verblieb somit in der Liga.

## XV: Württemberg

| Platz Jahr | Meister | 2 | 3 | 4 | 5 | 6 | 7 | 8 | 9 | 10 |
|---|---|---|---|---|---|---|---|---|---|---|
| 1933/34 | Union Böckingen | Stuttg. Kickers | VfB. Stuttg. | Stuttg. Sportfr. | SpV. Feuerbach | SSV. Ulm | Stuttg. Sportcl. | FV.Ulm 1894 | FC. Birkenfeld | VfR. Heilbronn |
| 1934/35 | VfB. Stuttg. | SSV. Ulm | Stuttg. Kickers | SpV. Feuerbach | Spfr. Eßling. | Stuttg. Sportcl. | FV.Ulm 1894 | Stuttg. Sportcl. | Union Bökkingen | SpV. Göppingen |
| 1935/36 | Stuttg. Kickers | VfB. Stuttg. | Stuttg. Sportfr. | SSV. Ulm | Stuttg. Sportcl. | Spfr. Eßling. | FV. Zuffenhausen | SpVgg. Bad Cannst. | FV.Ulm 94 | SpV. Feuerbach |
| 1936/37 | VfB. Stuttg. | SSV. Ulm | Stuttg. Sportfr. | Union Böckingen | Stuttg. Kickers | Stuttg. Sportcl. | Spfr. Eßling. | FV. Zuffenhausen | SpVgg. Bad Cannst. | SpV. Göppingen |
| 1937/38 | VfB. Stuttg. | Stuttg. Kickers | Union Böckingen | Stuttg. Sportcl. | Stuttg. Sportfr. | SSV. Ulm | FV. Zuffenhausen | FV.Ulm 1894 | Sportfr. Eßling. | VfR. Schwenningen |
| 1938/39 | Stuttg. Kickers | VfB. Stuttg. | SSV. Ulm | Union Böckingen | FV.Ulm 1894 | Stuttg. Sportcl. | Stuttg. Sportfr. | FV. Zuffenhausen | SpVgg. Bad Cannst. | SpV. Feuerbach |

# XVI: Bayern

| Platz / Jahr | Meister | 2 | 3 | 4 | 5 | 6 | 7 | 8 | 9 | 10 | 11 | 12 |
|---|---|---|---|---|---|---|---|---|---|---|---|---|
| 1933/34 | 1. FC Nürnberg | Münch. 1860 | Bayern Münch. | 1.FC.05 Schwft. | Schwab. Augsb. | Sp.Vg. Fürth | ASV.* Nürnberg | Jahn Rgsbg. | Wacker Münch. | 1. FC Bayreuth | F.V.04 Würzburg | FC Münch. |
| 1934/35 | Sp.Vg. Fürth | 1. FC Nürnberg | 1.FC.05 Schwft. | Bayern Münch. | Münch. 1860 | Wacker München | ASV.* Nürnberg | BC Augsburg | Sp.Vg. Weiden | Jahn Rgsbg. | Schwab. Augsburg | — |
| 1935/36 | 1. FC Nürnberg | Sp.Vg. Fürth | Bayern Münch. | 1.FC.05 Schwft. | BC Augsburg | ASV.* Nürnberg | Münch. 1860 | Wacker Münch. | 1. FC Bayreuth | FC Münch. | — | — |
| 1936/37 | 1. FC Nürnberg | 1.FC.05 Schwft. | Bayern Münch. | Sp.Vg. Fürth | BC Augsburg | VfB Ingolstadt | Münch. 1860 | Wacker Münch. | ASV. Nürnberg | VfB Coburg | — | — |
| 1937/38 | 1. FC Nürnberg | Münch. 1860 | Jahn Rgsbg. | Sp.Vg. Fürth | Bayern Münch. | 1.FC.05 Schwft. | BC Augsburg | Schwab. Augsburg | Wacker Münch. | VfB Ingolstadt | — | — |
| 1938/39 | 1.FC.05 Schwft. | Münch. 1860 | Jahn Rgsbg. | WKG.* Neumeyer | 1. FC Nürnberg | Sp.Vg. Fürth | Bayern Münch. | BC Augsburg | VfB Coburg | Schwab. Augsburg | — | — |

*) ASV. Nürnberg wurde 1938 WKG. Neumeyer, Nürnberg

# Deutsche Kriegsmeisterschaft 1941

### Gruppe 1a

| | Zuschauer | | |
|---|---|---|---|
| | Vorsp. | Rücksp. | Zusamm. |
| LSV. Stettin — Preußen Danzig | 2 289 | 3 394 | 5 683 |
| LSV. Stettin — Vorw.-Ras. Gleiwitz | 2 031 | 4 533 | 6 564 |
| Vorw.-Ras. Gleiw. — Preuß. Danzig | 6 477 | 5 015 | 11 492 |

### Gruppe 1b

| | | | |
|---|---|---|---|
| Dresdner SC. — NSTG. Prag | 7 677 | 5 279 | 12 956 |
| Dresdner SC. — Tennis-Bor. | 11 146 | 38 415 | 49 561 |
| Tennis-Bor. — NSTG. Prag | 17 574 | 4 085 | 21 659 |

### Gruppe 1a/b

| | | | |
|---|---|---|---|
| Dresdner SC. — Vorw.-Ras. Gleiw. | 16 887 | 10 227 | 27 114 |

### Gruppe 2

| | | | |
|---|---|---|---|
| 2b Hannover 96 — Borussia Fulda | 11 241 | 3 85? | 15 097 |
| 2a Hambg. Sportver. — VfB. Königsbg. | 7 945 | 10 007 | 17 952 |
| 2b Schalke 04 — Hannover 06 | 22 646 | 24 643 | 47 289 |
| 2b Schalke 04 — Borussia Fulda | 5 754 | 9 604 | 15 338 |
| 2a Hambg. Sportver. — 1. SV. Jena | 7 928 | 5 543 | 13 471 |
| 2a 1. SV. Jena — VfB. Königsberg | 5 432 | 5 244 | 10 676 |

### Gruppe 2a — 2b

| | | | |
|---|---|---|---|
| Schalke 04 — Hambg. Sportver. | 35 453 | 21 900 | 57 353 |

### Gruppe 3

| | | | |
|---|---|---|---|
| Offenbach. Kickers — Helene Essen | 5 065 | 3 020 | 8 085 |
| VfL. Köln — FC. Mülhausen | 3 446 | 6 300 | 9 746 |
| VfL. Köln — Helene Essen | 6 881 | 2 368 | 9 249 |
| Helene Essen — FC. Mülhausen | 4 321 | 2 951 | 7 272 |
| Offenbach. Kickers — VfL. Köln | 5 134 | 6 868 | 12 002 |
| FC. Mülhausen — Offenb. Kickers | 2 704 | 2 022 | 4 726 |

### Gruppe 4

| | | | |
|---|---|---|---|
| Stuttg. Kickers — 1860 München | 8 052 | 13 247 | 21 299 |
| VfL. Neckarau — Rapid Wien | 8 624 | 14 167 | 22 791 |
| Rapid Wien — Stuttg. Kickers | 29 727 | 18 840 | 48 567 |
| 1860 München — VfL. Neckarau | 12 962 | 5 481 | 18 443 |
| 1860 München — Rapid Wien | 27 033 | 35 200 | 62 233 |
| Stuttg. Kickers — VfL. Neckarau | 6 103 | 2 639 | 8 742 |

Vorschlußrunde:
| | |
|---|---|
| Dresdner SC. — Rapid Wien | 26 758 |
| Schake 04 — VfL. Köln | 34 584 |

Spiel um den 3. und 4. Platz:
| | |
|---|---|
| Dresdner SC — VfL. Köln | 9 000 |

Endspiel:
| | |
|---|---|
| Rapid Wien — Schalke 04 | 80 354 |

# Die Schlußtabellen der Bereichskriegsmeisterschaften 1939/40

## Ostpreußen

Der Tabellenstand Ende Januar 1940:

| | | | |
|---|---|---|---|
| VfB. Königsbg. | 5 | 34:4 | 10:0 |
| Preuß. Danzig | 4 | 14:7 | 7:1 |
| Pr Saml. Kbg. | 2 | 4:3 | 3:1 |
| BuEV. Danzig | 5 | 12:14 | 5:5 |
| Allenstein | 6 | 12:16 | 6:6 |
| Reichsb. Kbg. | 4 | 7:18 | 1:7 |
| 1919 Neufahrw. | 6 | 10:24 | 4:8 |
| Elbing | 6 | 11·18 | 2:10 |

Von den vier führenden Vereinen wurden die bereits unter ihnen ausgetragenen Spiele für die Schlußrunde ohne die letzten vier bewertet. Es waren dies die Treffen VfB — BuEV. 7:0. Prussia Samland — Preußen Danzig 2:2 und Preußen gegen BuEV. 4:2. Die Tabelle zuletzt:

| | | | |
|---|---|---|---|
| VfB. Königsbg. | 6 | 27:8 | 10:2 |
| Preuß Danzig | 6 | 18:9 | 9:3 |
| BuEV. Danzig | 6 | 8:25 | 3:9 |
| Pr. Saml. Kbg. | 6 | 6:17 | 2:10 |

## Pommern

### Gauliga West:

| | | | |
|---|---|---|---|
| VfL. Stettin | 8 | 29:11 | 11:5 |
| Stett. SC. | 8 | 25:12 | 11:5 |
| Nordring | 8 | 19:22 | 6:10 |
| MTV. Pomdf. | 8 | 12:23 | 6:10 |
| TSV. Swinm. | 8 | 16:33 | 6:10 |
| PSV. Stettin ausgeschieden. | | | |

### Gauliga Ost:

| | | | |
|---|---|---|---|
| Germ. Stolp | 6 | 23:6 | 10:2 |
| Vikt. Stolp | 6 | 13:13 | 6:6 |
| Stern-Fortuna-Stolp | 6 | 17:19 | 6:6 |
| Pfeil-Lauenb. | 6 | 8:23 | 2:10 |
| Sturm-Lauenburg ausgesch. | | | |

### Spiele um die Bereichsmeisterschaft:

| | | | |
|---|---|---|---|
| VfL. Stettin | 3 | 7:4 | 4:2 |
| Germ. Stolp | 3 | 4:7 | 2:4 |

## Brandenburg

### Abt. A

| | | | |
|---|---|---|---|
| Blau-Weiß | 10 | 19:13 | 12:8 |
| Lufthansa | 10 | 20:14 | 11:9 |
| Elektra | 10 | 19:23 | 11:9 |
| Minerva | 10 | 18:21 | 10:10 |
| Hertha | 10 | 16:17 | 8:12 |
| Viktoria 89 | 10 | 20:24 | 8:12 |

### Abt. B

| | | | |
|---|---|---|---|
| Union 06 | 10 | 30:18 | 15:5 |
| Brandbg. SC. | 10 | 38:17 | 13:7 |
| Spand. SV. | 10 | 25:22 | 11:9 |
| BSV. 92 | 10 | 21:25 | 10:10 |
| Te-Be | 10 | 22:28 | 8:12 |
| PSV | 10 | 9:45 | 1:19 |

### Endspiele um die Bereichsmeisterschaft.

| | | | |
|---|---|---|---|
| Union 06 | 2 | 4:2 | 2:2 |
| Blauweiß | 2 | 2:4 | 2:2 |

## Schlesien

### Oberschlesien.

| | | | |
|---|---|---|---|
| VR. Gleiwitz | 8 | 38:9 | 14:2 |
| Hind. Preuß. | 8 | 38:8 | 12:4 |
| Beuthen 09 | 8 | 28:22 | 8:8 |
| Klausb. Sptfr. | 8 | 11:45 | 4:12 |
| Gleiw.Reichsb. | 8 | 13:36 | 2:14 |

## Mittelschles. — Niederschles.

| | | | |
|---|---|---|---|
| Breslau 06 | 12 | 57:18 | 19:5 |
| SC. Liegnitz | 12 | 43:29 | 17:7 |
| Hertha Breslau | 12 | 26:22 | 15:9 |
| Breslau 02 | 12 | 23:2\ | 12:12 |
| SV. Klettend. | 12 | 32:37 | 11:15 |
| 1. FC. Breslau | 12 | 18:47 | 6:18 |
| VfB. Breslau | 12 | 20:45 | 4:20 |

**Endspiele um die Bereichs-meisterschaft.**

| | | | |
|---|---|---|---|
| VR. Gleiwitz | 2 | 14:3 | 4:0 |
| Bresl. FV. 06 | 2 | 3:14 | 0:4 |

## Sachsen

### 1. Staffel:

| | | | |
|---|---|---|---|
| Planitzer SC. | 10 | 47:46 | 15:5 |
| Fort. Leipzig | 10 | 23:23 | 13:7 |
| VfB. Leipzig | 10 | 27:21 | 12:8 |
| VfB. Glauchau | 10 | 18:30 | 8:12 |
| Konk. Plauen | 10 | 9:33 | 6:18 |
| Tura Leipzig | 10 | 4:23 | 6:14 |

### 2. Staffel.

| | | | |
|---|---|---|---|
| Dresden. SC. | 10 | 39:9 | 18:2 |
| CBC. | 10 | 29:20 | 13:7 |
| Pol. Chemnitz | 10 | 26:20 | 12:8 |
| BS. Hartha | 10 | 21:29 | 8:12 |
| Dresd. Sportfr. | 10 | 25:28 | 7:13 |
| Guts Muts | 10 | 13:42 | 2:18 |

**Endspiele um die Bereichs-meisterschaft.**

| | | | |
|---|---|---|---|
| Dresdner SC. | 2 | 6:3 | 3:1 |
| Planitzer SC. | 2 | 3:6 | 1:3 |

## Mitte

| | | | |
|---|---|---|---|
| 1. SptV. Jena | 14 | 54:11 | 27:1 |
| SV. 05 Dessau | 14 | 65:31 | 18:11 |
| FC. Th. Weida | 14 | 43:26 | 17:11 |
| 1. SV. Gera | 14 | 47:42 | 13:15 |
| Cricket-Viktoria Magdeburg | 14 | 33:39 | 13:15 |
| VfL. 96 Halle | 14 | 26:41 | 12:16 |
| SV. 99 Merseb. | 14 | 14:59 | 8:20 |
| Sportfr. Halle | 14 | 23:56 | 5:23 |

## Nordmark

### Staffel A:

| | | | |
|---|---|---|---|
| HSV. | 10 | 39:9 | 18 |
| Victoria | 10 | 34:29 | 12 |
| Poliz. Lübeck | 10 | 22:25 | 9 |
| Bor. Harburg | 10 | 25:27 | 8 |
| Concordia | 10 | 22:33 | 7 |
| FC. St. Pauli | 10 | 15:34 | 6 |

### Staffel B:

| | | | |
|---|---|---|---|
| Eimsbüttel | 10 | 38:13 | 17 |
| Altona 93 | 10 | 30:22 | 14 |
| Holstein Kiel | 10 | 30:31 | 11 |
| Barmbeck. SG. | 10 | 24:24 | 10 |
| St. Georg/Sterber | 10 | 17:31 | 6 |
| Komet | 10 | 15:33 | 2 |

**Endspiele um die Bereichs-meisterschaft.**

| | | | |
|---|---|---|---|
| FC. Eimsbüttel | 2 | 10:0 | 4:0 |
| Hamburg. SV. | 2 | 0:10 | 0:4 |

## Niedersachsen

### Staffel Nord.

| | | | |
|---|---|---|---|
| VfL. Osnabr. | 10 | 28:14 | 17:3 |
| Werd. Bremen | 10 | 17:12 | 11:9 |
| Wilhelmsh. 05 | 10 | 21:17 | 10:10 |
| Blumenthal | 10 | 25:32 | 8:12 |
| Schinkel 04 | 10 | 17:12 | 7:13 |
| Bremer SV. | 10 | 15:27 | 7:13 |

### Staffel Süd:

| | | | |
|---|---|---|---|
| Hannover 96 | 10 | 41:44 | 19:1 |
| Eintr. Braunschweig | 10 | 29:18 | 13:7 |
| Arm. Hannover | 10 | 24:23 | 11:9 |
| Linden 07 | 10 | 24:28 | 9:11 |
| Hildesh. 07 | 10 | 16:38 | 5:15 |
| VfB. Peine | 10 | 12:25 | 3:17 |

**Endspiele um die Bereichs-meisterschaft.**

| | | | |
|---|---|---|---|
| VfL. Osnabr. | 2 | 5:4 | 3:1 |
| Hannover 96 | 2 | 4:5 | 1:3 |

137

# Westfalen

| | | | |
|---|---|---|---|
| FC. Schalke 04 | 18 | 98:18 | 32:4 |
| DSC. Arm. Bielefeld | 18 | 49:42 | 21:15 |
| VfL. Boch. 48 | 18 | 54:50 | 21:15 |
| SC. Westfalia Herne | 18 | 46:55 | 20:16 |
| VfB. Bielefeld | 18 | 45:47 | 19:17 |
| BSG. Gelseng. | 18 | 43:39 | 16:20 |
| SC. Pr Münst. | 18 | 43:52 | 16:20 |
| SV. Arminia Marten | 18 | 31:54 | 13:23 |
| BV. Borussia Dormund | 18 | 34:59 | 11:25 |
| Spvgg Röhlinghausen | 18 | 33:60 | 11:25 |

## Niederrhein

| | | | |
|---|---|---|---|
| Fort. Düsseld. | 18 | 58:13 | 31:5 |
| Schw.-W. Ess. | 18 | 41:25 | 27:9 |
| Rotweiß Essen | 18 | 45:36 | 25:11 |
| Hamborn 07 | 18 | 39:27 | 23:13 |
| Rotw. Oberh. | 18 | 30:21 | 20:16 |
| Turu Düsseld. | 18 | 31:36 | 16:20 |
| Westde. Hamb. | 18 | 34:38 | 15:21 |
| Duisb. 48/99 | 18 | 23:37 | 12:24 |
| SSV. Wuppert. | 18 | 19:42 | 6:30 |
| VfB. Hilden 03 | 18 | 13:55 | 5:31 |

## Mittelrhein

### Gruppe 1.

| | | | |
|---|---|---|---|
| Mühlheim. SV. | 12 | 56:14 | 19:5 |
| Sülz 07 | 12 | 24:18 | 17:7 |
| VfL. Köln 99 | 12 | 36:23 | 14:10 |
| VfR. Köln | 12 | 35:32 | 13:11 |
| Düren 99 | 12 | 27:28 | 11:13 |
| Würselen | 12 | 21:49 | 7:17 |
| Alem. Aachen | 12 | 12:47 | 3:21 |

### Gruppe 2.

| | | | |
|---|---|---|---|
| Troisdorf | 10 | 47:16 | 18:2 |
| SV. Bonn | 10 | 27:14 | 13:7 |
| Tura Bonn | 10 | 21:32 | 9:11 |
| Beuel | 10 | 26:31 | 7:13 |
| Andernach | 10 | 23:38 | 7:13 |
| Neuendorf | 10 | 27:32 | 6:14 |

Endspiele um die Bereichsmeisterschaft.

| | | | |
|---|---|---|---|
| Mühlheim. SV. | 2 | 6:3 | 2:2 |
| SSV. Troisdorf | 2 | 3:6 | 2:2 |

# Hessen

### Gruppe Nord:

| | | | |
|---|---|---|---|
| Spcl. 03 Kassel | 10 | 18:2 | 46:5 |
| SplV. Kassel | 10 | 13:7 | 26:17 |
| BC. Sport Kassel | 10 | 12:8 | 32:29 |
| Hess. Hersfeld | 10 | 9:11 | 22:23 |
| Kurh. Kassel | 10 | 5:15 | 10:22 |
| VfL. 68/Tura Kassel | 10 | 3:17 | 12:52 |

### Gruppe Süd:

| | | | |
|---|---|---|---|
| FC. Hanau 93 | 10 | 44:11 | 17:3 |
| VfB. Gr.-Auheim | 10 | 24:14 | 17:3 |
| Bor. Fulda | 10 | 33:23 | 12:8 |
| 1860 Hanau | 10 | 21:35 | 7:13 |
| Dunlop Hanau | 10 | 18:50 | 5:15 |
| Kewa Wachenbuchen | 10 | 11:38 | 4:16 |

Endspiele um die Bereichsmeisterschaft.

| | | | |
|---|---|---|---|
| Kassel 03 | 2 | 8:7 | 2:2 |
| Hanau 93 | 2 | 7:8 | 2:2 |

## Südwest

### Gruppe Ost:

| | | | |
|---|---|---|---|
| Offenb. Kick. | 12 | 41:9 | 21:3 |
| Eintr. Frankf. | 12 | 28:17 | 19:5 |
| FSV. Frankf. | 12 | 33:27 | 14:10 |
| SV Wiesbad. | 12 | 22:28 | 9:15 |
| Rotw. Frankf. | 12 | 15:37 | 7:17 |
| Un. Niederrad | 12 | 23:39 | 8:16 |
| Opel Rüsselsh. | 12 | 23:28 | 6:18 |

### Gruppe Saarpfalz:

| | | | |
|---|---|---|---|
| FC. Kaisersl. | 17 | 62:24 | 19 |
| Bor. Neunk. | 12 | 51:15 | 19 |
| Frankenthal | 12 | 32:29 | 13 |
| Ludwigshafen | 12 | 30:25 | 12 |
| Worms | 12 | 38:42 | 12 |
| Pirmasens | 12 | 21:37 | 7 |
| Darmstadt | 12 | 7:69 | 2 |

Endspiele um die Bereichsmeisterschaft.

| | | | |
|---|---|---|---|
| Offenb. Kick. | 2 | 7:4 | 3:1 |
| FC. Kaisersl. | 2 | 4:7 | 1:3 |

# Baden

### Endspiele:

| | | | |
|---|---|---|---|
| SV. Waldhof | 9 | 26:9 | 13:5 |
| VfB. Mühlburg | 10 | 20:10 | 12:8 |
| VfR. Mannhem | 10 | 30:16 | 11:9 |
| FC Freiburg | 9 | 12:14 | 9:9 |
| 08 Birkenfeld | 10 | 17:28 | 9:11 |
| VfR. Aachern | 10 | 12:40 | 4:16 |

### Mittelbaden.

| | | | |
|---|---|---|---|
| VfB. Mühlburg | 10 | 26:11 | 17:3 |
| FC. Birkenfeld | 10 | 28:14 | 15:5 |
| 1. FC. Pforzh. | 10 | 33:24 | 14:6 |
| Phön. Karlsr. | 10 | 16:19 | 8:12 |
| Karslruher FV. | 10 | 23:45 | 4:16 |
| 04 Rastatt | 10 | 19:32 | 2:18 |

### Nordbaden.

| | | | |
|---|---|---|---|
| VfR. Mannh. | 10 | 47:9 | 16:4 |
| SV. Waldhof | 10 | 44:14 | 14:2 |
| SVg. Sandhof. | 10 | 33:20 | 11:9 |
| VfL. Neckarau | 9 | 18:24 | 8:10 |
| Amic. Viernh. | 9 | 11:29 | 4:14 |
| FG. Kirchheim | 10 | 11:76 | 3:17 |

### Südbaden.

Untergruppe Offenburg:

| | | | |
|---|---|---|---|
| VfR. Achern | 6 | 21:7 | 9:3 |
| FV. Offenburg | 6 | 15:15 | 8:4 |
| FV. Lahr | 6 | 20:11 | 7:5 |
| Jahn Offenburg | 6 | 9:37 | 0:12 |

Untergruppe Freiburg:

| | | | |
|---|---|---|---|
| Freiburger. FC. | 8 | 30:8 | 13 |
| FT./FC. Freib. | 8 | 22:16 | 12 |
| FC. Gutach | 7 | 12:19 | 7 |
| FV. Emmending. | 8 | 11:19 | 6 |
| FC. Waldkirch | 7 | 7:20 | 0 |

# Württemberg

### Staffel 1:

| | | | |
|---|---|---|---|
| VfB. Stuttgart | 10 | 43:12 | 19:1 |
| Stuttg. SC. | 10 | 28:22 | 13:7 |
| SpVgg. Feuerbach | 10 | 20:19 | 11:9 |
| SSV. Ulm | 10 | 23:20 | 8:12 |
| VfR. Aalen | 10 | 16:33 | 6:14 |
| FV. Zuffenh. | 10 | 16:40 | 3:17 |

### Staffel 2:

| | | | |
|---|---|---|---|
| Stuttg. Kick. | 10 | 47:8 | 18:2 |
| Spfr. Stuttg. | 10 | 46:15 | 18:2 |
| Un. Böckingen | 10 | 28:34 | 8:12 |
| SV. Bad Cannstatt | 10 | 19:42 | 7:13 |
| Ulm 46 | 10 | 15:23 | 7:13 |
| VfL. Sindelf. | 10 | 25:58 | 2:16 |

### Endrunde.

| | | | |
|---|---|---|---|
| Kick. Stuttgart | 6 | 27:9 | 10:2 |
| VfB. Stuttgart | 6 | 18:12 | 9:3 |
| Sportfreunde | 6 | 10:17 | 2:8 |
| Sportclub | 6 | 7:24 | 1:1 |

# Bayern

| | | | |
|---|---|---|---|
| 1. FC. Nbg. | 18 | 56:13 | 29:7 |
| BC. Augsburg | 18 | 49:16 | 28:8 |
| 1. FC. Schweinfurt | 18 | 49:17 | 25:11 |
| WK.Neumeyer | 18 | 49:31 | 25:11 |
| SpVgg. Fürth | 18 | 35:25 | 19:17 |
| Jahn Regensb. | 18 | 40:44 | 17:19 |
| 1860 München | 18 | 34:36 | 16:30 |
| Bay. München | 18 | 21:35 | 10:26 |
| VfR. Schweinfurt | 18 | 23:59 | 9:27 |
| FSV. Nbg. | 18 | 13:95 | 2:34 |

# Ostmark

| | | | |
|---|---|---|---|
| Rapid | 14 | 50:24 | 20:8 |
| Wacker | 14 | 43:31 | 17:11 |
| Wr. SpCl. | 14 | 36:23 | 16:12 |
| Vienna | 14 | 36:35 | 16:12 |
| Admira | 14 | 33:36 | 15:13 |
| Austria | 14 | 37:42 | 12:16 |
| FC. Wien | 14 | 24:43 | 9:19 |
| Amateure Fiat | 14 | 36:51 | 7:21 |

# Sudetenland

### Gruppe I:

| | | | |
|---|---|---|---|
| Graslitz | 10 | 49:24 | 15:5 |
| Teplitz | 10 | 45:27 | 15:5 |
| Eger | 10 | 30:22 | 12:8 |
| Brüx | 10 | 16:29 | 9:11 |
| Karlsbad | 10 | 26:33 | 7:13 |
| Komotau | 10 | 21:55 | 2:18 |

Schlußspiel in Brüx:
Graslitz — Gablonz 2:1.

### Gruppe II:

| | | | |
|---|---|---|---|
| Gablonz | 8 | 24:12 | 13:3 |
| B. Leipa | 8 | 24:20 | 9:7 |
| Prosetitz | 8 | 12:17 | 8:8 |
| Aussig | 8 | 17:11 | 8:8 |
| Warnsdorf | 8 | 8:25 | 2:14 |

# 1940/41

## Ostpreußen

| | | | |
|---|---|---|---|
| VfB. Königsbg. | 12 | 49:7 | 22 2: |
| Preuß. Mlawa | 12 | 48:12 | 19:5 |
| Richthof.Neuk. | 12 | 51:15 | 18:6 |
| Prussia Saml. | 12 | 21:29 | 13:11 |
| Reichsb. Kbg. | 12 | 19:30 | 8:16 |
| SV. Insterburg | 12 | 15:53 | 4:20 |
| Freya Memel | 12 | 6:63 | 0:24 |

Abgestiegen: Freya Memel, nachdem bereits vorher Rasensport Preußen aus der Bereichsklasse ausgeschieden war.

Um den Aufstieg kämpfen LSV. Heiligenbeil, VfB. Osterode, Polizei Tilsit und Preußen Insterburg.

## Pommern

### Gruppe Ost:

| | | | |
|---|---|---|---|
| German. Stolp | 10 | 50:15 | 20:0 |
| Viktoria Stolp | 10 | 33:22 | 12:8 |
| Vikt. Kolberg | 10 | 25:22 | 11:9 |
| Stern-Fortuna | 10 | 17:33 | 7:14 |
| Phönix Köslin | 10 | 17:34 | 6:14 |
| Preuß. Köslin | 10 | 13:29 | 4:16 |

Abgestiegen: Preußen Köslini
Aufgestiegen: HSV. Hubertus Kolberg.

### Gruppe West:

| | | | |
|---|---|---|---|
| LSV. Stettin | 14 | 66:15 | 25:3 |
| LSV. Pütnitz | 14 | 61:15 | 21:7 |
| VfL. Stettin | 14 | 39:28 | 17:11 |
| SC. Stettin | 14 | 40:32 | 17:11 |
| Pommerendorf | 14 | 28:34 | 13:15 |
| Nordring | 14 | 35:47 | 9:19 |
| Swinemünde | 14 | 22:63 | 6:22 |
| Preußen-Bor. | 14 | 22:69 | 4:22 |

Abgestiegen: Nordring, TSV. Swinemünde, Preußen-Borussia. Stettin (Auf Anordnung des Fachamts Fußball wird auch die Gruppe West auf 6 Vereine vermindert.)
Aufgestiegen: LSV. Parow.

## Brandenburg

| | | | |
|---|---|---|---|
| Tennis-Bor. | 22 | 67:41 | 34:10 |
| Hertha BSC. | 22 | 64:44 | 32:12 |
| Blau-Weiß | 22 | 49:40 | 27:17 |
| Minerva 93 | 22 | 48:35 | 25:19 |
| Lufthansa | 22 | 43:37 | 23:21 |
| Wacker 04 | 22 | 48:52 | 22:22 |
| Union-Ob. | 22 | 43:39 | 20:24 |
| Brandenb. SC. | 22 | 51:47 | 19:25 |
| Spand. SV. | 22 | 31:44 | 19:25 |
| Berl. SV. 92 | 22 | 37:48 | 18:26 |
| Elektra | 22 | 38:51 | 17:27 |
| Tasmania | 22 | 27:68 | 8:36 |

Abgestiegen: Spandauer Sport-Verein. Berliner Sportver. 92. Elektra und Tasmania.

Aufgestiegen: Polizei-Sportverein Berlin und Marga (bei Senftenberg).

## Schlesien

| | | | |
|---|---|---|---|
| Germ.Königsh. | 19 | 77:23 | 33:5 |
| VfR. Gleiwitz | 17 | 69:15 | 31:3 |
| TuS. Schwientochlowitz | 19 | 42:33 | 28:10 |
| 1. FC. Kattow. | 18 | 47:39 | 19:17 |
| Preußen-Hindenburg | 19 | 46:44 | 18:20 |
| Breslau 02 | 19 | 44:49 | 17:21 |
| Hertha-Bresl. | 17 | 32:26 | 14:20 |
| Beuthen 09 | 18 | 46:54 | 14:22 |
| Breslau 01 | 18 | 26:49 | 12:24 |
| Vorw.-Breslau | 19 | 29:89 | 7:31 |
| VfB. Liegnitz | 15 | 17:54 | 5:25 |

Die schlesische Meisterschaft wurde nicht zu Ende ausgetragen. nicht einmal der Meister ermittelt. Da zwei neue Bereichsklassen in Oberschlesien und Niederschlesien gebildet wurden. Es brauchte also kein Verein abzusteigen.

## Sachsen

| | | | |
|---|---|---|---|
| Dresdner SC. | 22 | 126—22 | 42:2 |
| Planitzer SC. | 22 | 71—41 | 31:13 |
| PSV. Chemn. | 22 | 98—63 | 27:17 |
| Riesaer SV. | 22 | 57—49 | 26:18 |
| VfB. Leipzig | 22 | 55—44 | 23:21 |
| Chemn. BC. | 22 | 47—49 | 23.21 |
| TuRa 1899 | 22 | 60—54 | 22:22 |
| SV. Fortuna | 22 | 52—56 | 22:22 |
| BC. Hartha | 22 | 62—57 | 20:24 |
| Sportfrde. 01 | 22 | 59—81 | 17:27 |
| SC. Wacker | 22 | 32—97 | 8:36 |
| VfB. Glauchau | 22 | 20—126 | 3:41 |

Absteigende: VfB. Glauchau, SC. Wacker. Sportfrde. 01. BC. Hartha.

## Mitte

| | | | |
|---|---|---|---|
| 1. SV. Jena | 14 | 53:11 | 26:2 |
| Dessau 05 | 14 | 53:25 | 19:9 |
| Thür. Weida | 14 | 29:29 | 15:13 |
| Kricket-Viktoria Magdeburg | 14 | 30:19 | 14:14 |
| Sportvg. Zeitz | 14 | 32:41 | 13:15 |
| VfL. Halle 1896 | 14 | 23:36 | 11:17 |
| 1. SpV. Gera | 14 | 20:37 | 9:19 |
| SC. Apolda | •14 | 20:52 | 5:23 |

Abgestiegen: 1. SpV. Gera und SC. Apolda.
Aufgestiegen: Wacker Halle und Dessau 98.

## Nordmark

| | | | |
|---|---|---|---|
| HSV. | 21 | 98:23 | 42:0 |
| Eimsbüttel | 22 | 86:35 | 34:10 |
| Polizei Lübeck | 22 | 67:41 | 28:16 |
| Vict. Hamburg | 22 | 68:47 | 28:16 |
| Holstein-Kiel | 22 | 71:52 | 24:20 |
| Altona 93 | 22 | 56:53 | 21:23 |
| Barmbeck. SG. | 21 | 51:67 | 20:22 |
| Wilhelmsb. 09 | 22 | 41:47 | 19:25 |
| Fort. Glückst. | 22 | 63:80 | 16·28 |
| St. Georg/Sperber | 22 | 42:73 | 14:30 |
| Bor. Harburg | 22 | 36:82 | 12:32 |
| Conc. Wandsb. | 22 | 24:96 | 4:40 |

Das Spiel HSV. gegen die Barmbecker SG. steht noch aus.

Abgestiegen: Fortuna-Glückstadt. St. Georg/Sperber, Borussia Harburg. Concordia Wandsbeck.
Aufgestiegen: WSV. Schwerin.

## Niedersachsen

### Nordstaffel:

| | | | |
|---|---|---|---|
| VfL. Osnabr. | 10 | 25:12 | 17:3 |
| Werd. Bremen | 10 | 31:15 | 12:8 |
| Wilhelmsh. 05 | 10 | 34:23 | 11:9 |
| Schinkel 04 | 10 | 25:25 | 10:10 |
| Blumenthal | 10 | 18:31 | 6:14 |
| Gröpelingen | 10 | 20:46 | 4:16 |

### Südstaffel:

| | | | |
|---|---|---|---|
| Hannover 96 | 10 | 48:13 | 18:2 |
| Eintracht | 10 | 48:12 | 17:3 |
| Arminia | 10 | 21:31 | 10:10 |
| Linden 07 | 10 | 34:32 | 9:11 |
| Göttingen 05 | 10 | 14:42 | 4:16 |
| Hildesheim | 10 | 23:58 | 2:18 |

Entscheidungsspiele: VfL. Osnabrück — Hannover 96 1:1. Hannover 96 — VfL. Osnabrück 3:1. Bereichsmeister: Hannover 96.

## Westfalen

| | | | |
|---|---|---|---|
| FC. Schalke 04 | 22 | 101—13 | 43:1 |
| Gelsenguß Gelsenkirchen | 22 | 52—29 | 29:15 |
| VfB. Bielefeld | 22 | 53—33 | 29.15 |
| Borussia 09 Dortmund | 22 | 62—50 | 24:20 |
| SC. Westfalia Herne | 22 | 50—37 | 23:21 |
| Arm. Bielefeld | 22 | 56—53 | 23:21 |
| Spielvg. Röhlinghausen | 22 | 50—47 | 22:22 |
| VfL. Bochum 1848 | 22 | 51—54 | 21:23 |
| DSC. Hagen | 22 | 41—52 | 19:25 |
| Arm Marten | 22 | 35—71 | 15:29 |
| Un. Gelsenk. | 22 | 29—64 | 13·31 |
| Preuß. Münst. | 22 | 28—105 | 3:41 |

## Niederrhein

| | | | |
|---|---|---|---|
| Hel. Altessen | 18 | 49:27 | 26:10 |
| Rot-Weiß Essen | 18 | 49:26 | 21:15 |
| Hamborn 07 | 18 | 43:29 | 19:17 |
| Fort Düsseld. | 18 | 40:42 | 17:19 |
| Rot-Weiß Oberhausen | 18 | 39:42 | 17:19 |
| Turu Düsseld. | 18 | 38:46 | 16:20 |
| Duisburg 48/99 | 18 | 30:45 | 16:20 |
| Westde. Hamb. | 18 | 32:31 | 15:21 |
| VfR. Ohligs | 18 | 22:83 | 8:28 |

Abgestiegen: Westende Hamborn und VfR. Ohligs.

Aufgestiegen: SSV. Wuppertal. VfL. Benrath.

## Mittelrhein

| | | | |
|---|---|---|---|
| VfL. 99 Köln | 18 | 97:27 | 29:7 |
| VfR. Köln | 18 | 50:34 | 23:13 |
| Düren 99 | 18 | 47:40 | 22:14 |
| Mülheim. SV. | 18 | 46:45 | 22:14 |
| Troisdorf | 18 | 62:40 | 19:17 |
| Sülz 07 | 18 | 40:38 | 19:17 |
| Bonner FV. | 18 | 36:43 | 13:23 |
| Tura Bonn | 18 | 36:53 | 12:24 |
| Andernach | 18 | 29:66 | 12:24 |
| SV. Beuel | 18 | 27:84 | 7:29 |

Abgestiegen: Andernach und SV. Beuel.

Aufgestiegen: Viktoria Köln, Tus Neuendorf.

## Hessen

### Südgruppe:

| | | | |
|---|---|---|---|
| Boruss. Fulda | 10 | 34:8 | 16:4 |
| Hanau 93 | 10 | 38:13 | 14:6 |
| VfB. Großauheim | 10 | 31:17 | 13:7 |
| Hanau 1860 | 10 | 29:18 | 12:8 |
| Dunlop Hanau | 10 | 18:48 | 5:15 |
| SpVgg. Langenselbold | 10 | 6:52 | 0:20 |

### Nordgruppe:

| | | | |
|---|---|---|---|
| BC. Sport Kassel | 8 | 28:13 | 13:3 |
| Sportclub 03 Kassel | 8 | 22:13 | 11:5 |
| Spielverein Kassel | 8 | 14:12 | 8:8 |
| Kurhessen Kassel | 8 | 9:11 | 6:10 |
| Hermannia Kassel | 8 | 15:39 | 2:14 |

1. Entscheidungsspiel BC. Sport-Boruss. Fulda 2:1 (2:1).

2. Entscheidungsspiel Bor. Fulda — BC. Sport 8:3 (3:1).

Bereichsmeister 1941/42 Borussia Fulda.

## Südwest

### Gruppe Saar-Pfalz:

| | | | |
|---|---|---|---|
| FV. Saarbr. | 14 | 35:16 | 19:9 |
| Kaiserslautern | 14 | 41:31 | 16:12 |
| Neunkirchen | 14 | 48:29 | 15:13 |
| Frankenthal • | 14 | 40:39 | 15:13 |
| Mundenheim | 14 | 30:27 | 15:13 |
| FK. Pirmasens | 14 | 46:29 | 14:14 |
| TSG. Ludwigshafen | 14 | 24:24 | 14:14 |
| TSG. Burbach | 14 | 14:83 | 4:24 |

Meister FV. Saarbrücken.

### Gruppe Main-Hessen:

| | | | |
|---|---|---|---|
| Kick. Offenb. | 14 | 54:12 | 27:1 |
| Rot-Weiß | 14 | 35:15 | 20:8 |
| Eintracht | 14 | 35:23 | 17:11 |
| Worms | 14 | 34:32 | 12:16 |
| Fußball-SptV. | 14 | 25:34 | 12:16 |
| Union | 14 | 24:33 | 11:17 |
| Wiesbaden | 14 | 20:41 | 8:20 |
| Germania 94 | 14 | 17:54 | 5:23 |

Meister Kickers Offenbach.

Entscheidungsspiele: Offenb. Kickers — FV. Saarbrücken 2:2 und 3:2.

Abgestiegen: TSG. Ludwigshafen und TSG. Burbach, SV. Wiesbaden und Germania 94 Frankfurt.

Aufgestiegen: Darmstadt 98, Tura Ludwigshafen, FV. Metz.

Der neue Sportbereich Westmark umfaßt die Vereine der Saarpfalzgruppe zuzüglich FV. Metz. Wahrscheinlich bleibt TSG. Ludwigshafen als zehnter Verein in der Bereichsklasse.

## Baden

| | | | |
|---|---|---|---|
| VfL. Neckarau | 16 | 46:17 | 27 |
| VfB. Mühlburg | 16 | 54:21 | 25 |
| SV. Waldhof | 16 | 44:27 | 19 |
| VfR. Mannh. | 16 | 41:31 | 19 |
| FC. Freiburg | 16 | 42:36 | 17 |
| Phön. Karls. | 16 | 30:53 | 12 |
| SpVgg. Sandh. | 16 | 36:51 | 11 |
| 1. FC. Pforzh. | 16 | 37:41 | 10 |
| Karlsruh. FV. | 16 | 11:69 | 4 |

Abgestiegen: Karlsruher FV. und der im Verlauf der Spiele zurückgetretene 1. FC. Birkenfeld.

Aufgestiegen: SC. Freiburg, VfTuR. Mannheim-Feudenheim.

## Elsaß

### Abteilung 1:

| | | | |
|---|---|---|---|
| RSC. Straßburg | 14 | 24 | 36:14 |
| Schiltigheim | 14 | 22 | 43:21 |
| H-Sportg. Straßb. | 14 | 18 | 62:3 |
| Hagenau 1000 | 14 | 14 | 30:32 |
| „Mars" Bischh. | 14 | 12 | 25:36 |
| Schlettstadt | 14 | 11 | 32:30 |
| SV. Straßburg | 14 | 9 | 32:57 |
| Bischweiler | 14 | 2 | 22:70 |

### Abteilung 2:

| | | | |
|---|---|---|---|
| Mülhausen 1893 | 14 | 24 | 70:15 |
| SV. Kolmar | 14 | 21 | 66:15 |
| Wittenheim | 14 | 18 | 32:28 |
| FC. Kolmar | 14 | 17 | 40:30 |
| Mülhausen | 14 | 14 | 28:37 |
| Mülh.-Dornach | 14 | 8 | 30:58 |
| Wittelsheim | 14 | 8 | 22:51 |
| St. Ludwig | 14 | 2 | 19:73 |

Entscheidungsspiele: RSC. Mülhausen — RSC. Straßburg 3:1. RSC. Straßburg — FC. Mülhausen 21.

Elsässischer Bereichsmeister: Fußball-Club Mülhausen 1893.

Abgestiegen: SC. Schlettstadt, SV. Straßburg 1890, FC. Bischweiler. SV. Mülhausen-Dornach. SV. Wittelsheim, FC. St. Ludwig.

Aufgestiegen: Stern Mülhausen und Schweigahusen.

Neue Spielzeit in einer Gruppe mit 12 Vereinen.

## Württemberg

| | | | |
|---|---|---|---|
| Stuttg. Kick. | 22 | 88:28 | 37:7 |
| VfB. Stuttgart | 22 | 88:28 | 37:7 |
| Sportfreunde | 22 | 62:47 | 27:17 |
| Sportclub | 22 | 61:36 | 26:18 |
| Feuerbach | 22 | 50:57 | 23:21 |
| VfR. Aalen | 22 | 62:59 | 22:22 |
| SSV. Ulm | 22 | 56:55 | 23:21 |
| TSG. 46 Ulm | 22 | 44:45 | 21:23 |
| Böckingen | 22 | 62:68 | 19:25 |
| Untertürkh. | 22 | 46:64 | 18:26 |
| Cannstatt | 22 | 29:73 | 7:37 |
| Eßlingen | 22 | 27:114 | 2:42 |

Abgestiegen: Union Böckingen, SpVgg. Untertürkheim, SpVgg. Bad Cannstatt und Sportfreunde Eßlingen.

Aufgestiegen: VfR. Heilbronn und Friedrichshafen.

## Bayern

| | | | |
|---|---|---|---|
| 1860 München | 22 | 83:30 | 35:9 |
| 1. FC. Nbg. | 22 | 52:24 | 31:13 |
| BC. Augsbg. | 22 | 44:32 | 29:15 |
| SpVgg. Fürth | 22 | 63:45 | 27:17 |
| Regensburg | 21 | 45:36 | 25:17 |
| Neumeyer | 22 | 44:34 | 23:21 |
| Bay. München | 20 | 35:35 | 19:21 |
| Schwaben | 22 | 44:51 | 19:25 |
| FC. Schweinf. | 20 | 38:32 | 18:22 |
| Wack. Münch. | 22 | 35:60 | 16:28 |
| VfR. Schweinf. | 21 | 24:64 | 9:33 |
| Kick. Würzb. | 22 | 22:87 | 7:37 |

Je zwei Spiele der Schweinfurter (05) und von Bayern München wurden nicht mehr ausgetragen.

Abgestiegen: VfR. Schweinfurt und Kickers Würzburg.

Aufgestiegen: Eintracht-Franken Nürnberg und Weiden.

## Ostmark

| | | | |
|---|---|---|---|
| Rapid | 18 | 82:29 | 28:8 |
| Wacker | 18 | 60:33 | 24:12 |
| Vienna | 18 | 52:33 | 24:12 |
| Austria | 18 | 56:22 | 22:14 |
| Admira | 18 | 56:46 | 21:15 |
| Wiener SC. | 18 | 47:37 | 18:18 |
| FC. Wien | 18 | 42:40 | 17:19 |
| PAC. | 18 | 40:60 | 17:19 |
| Grazer SC. | 18 | 26:62 | 9:27 |
| Linzer ASK. | 18 | 17:106 | 0·36 |

Abgestiegen: Grazer SC. und Linzer ASK.

Aufgestiegen: Post Wien. Sturm Graz.

## Sudetenland

### Gruppe West:

| | | | |
|---|---|---|---|
| LSV. Pilsen | 2 | 9:4 | 4:0 |
| Brüx | 2 | 4:9 | 0:4 |

Ausgeschieden während der Meisterschaft: Graslitz. Karlsbad. Asch und Eger.

### Gruppe Ost:

| | | | |
|---|---|---|---|
| Prag | 6 | 18:4 | 11:1 |
| Teplitz | 6 | 19:11 | 7:5 |
| Prosetitz | 6 | 10:10 | 5:7 |
| Aussig | 6 | 4:26 | 1:11 |

Ausgeschieden während der Meisterschaft: Gablonz und Leipa.

Bereichsmeister: NSTG. Prag — LSV. Pilsen.

## Danzig-Westpreußen

| | | | |
|---|---|---|---|
| Preußen | 10 | 54:2 | 20:0 |
| V'kt. Elbing | 9 | 23:26 | 9:9 |
| Neufahrwass. | 10 | 19:25 | 10:10 |
| Hansa-Elbing | 10 | 23:26 | 10:10 |
| BEV. Danzig | 9 | 19:29 | 6:12 |
| Poliz. Danzig | 10 | 16:38 | 5:15 |

Abgestiegen: keiner.

Aufgestiegen: SV. Elbing 05. SC. Danzig.

# Die Deutsche Jugendmeisterschaft

**Endspiele 1938:**

An den in Frankfurt am Main durchgeführten Endspielen nahmen folgende Bannmannschaften teil:

Gebiet Berlin: Blauweiß Berlin; Gebiet Schlesien: STC. Görlitz; Gebiet Nordsee: Sparta Bremerhaven; Gebiet Niederrhein: Hamborn 07; Gebiet Hessen-Nassau: Offenbacher Kickers; Gebiet Franken: Franken Nürnberg; Gebiet Baden: 1. FC. Pforzheim. Das Endspiel gewann Hamborn 07 gegen Franken Nürnberg 2:1.

Die Siegermannschaft: Zajak — Paduszek, Kosthorst — Schulz, Hoffmann, Zimmers — Lewicki, Oles, Liesen, Bauchrowitz, Gebel. Ersatz: Hütten (alle Hamborn 07).

**Endspiele 1939:**

An den in Chemnitz durchgeführten Endspielen nahmen folgende Bannmannschaften teil:

Gebiet Berlin (Bann Berlin-Steglitz-Tempelhof); Gebiet Nordsee (Bann Osnabrück); Gebiet Westfalen (Bann Wanne Eickel); Gebiet Ruhr-Niederrhein (Bann Duisburg); Gebiet Hessen-Nassau (Bann Hanau); Gebiet Sachsen (Bann Dresden); Gebiet Hochland (Bann L München); Gebiet Wien (Bnn Admira). Das Endspie gewann Ruhr-Niederrhein gegen Westfalen 2:0.

Die Siegermannschaft: Bruno Zajak (Hamborn 07) — Kurt Paduszek, Hans Hütten (beide Hamborn 07) — Walter Welk (Meidericher Spielverein), Werner Schulz, Walter Zimmers (beide Hamborn 07) — Helmut Gebel, Bernhard Oles (beide Hamborn 07), Alfred Preißler (SC. Duisburg 1900). Franz Carnein (Meidericher Spielverein), Joachim Bauchrowitz (Hamborn 07). Ersatz: Willi Sewing (Meidericher Spielverein).

**Endspiele 1940:**

Zu den Breslauer Schlußkämpfen hatten sich vier Gebietsmannschaften die Teilnahmeberechtigung erworben. Nach der Vorrunde ergab sich als Tabellenstand:

| | | |
|---|---|---|
| Ruhr-Niederrhein (Oberhausen | 8:2 Tore | 4:0 Punkte |
| Mittel-Elbe (Magdeburg) | 4:2 Tore | 2:2 Punkte |
| Hochland (München) | 4:4 Tore | 2:2 Punkte |
| Schlesien (Beuthen) | 2:10 Tore | 0:4 Punkte |

Danach Entscheidung um den 1. Platz: **Ruhr-Niederrhein** — Mittel-Elbe 3:0. Spiel um den 3. Platz: Hochland — Schlesien 2:1 nach Verlängerung.

Die Siegermannschaft: Michalla — Schlenter, Meyer — Ostrycharczyk, Fandal, Bee — Weiß, Kiepen, Diersching Becker, Stahl.

# Deutsche Jugendmeisterschaft 1940/41

Bei den Spielen um die Deutsche Jugendmeisterschaft 1940/41 wurden in Rundenspielen zunächst die 40 gebietsbesten Bannauswahlmannschaften ermittelt.

Mannschaft in einer Einerrunde gegen jeden. Diese Spiele hatten folgende Ergebnisse:

Gruppe I: Ostland — Brandenburg 3:2, Danzig — Ostland 1:2, Brandenburg — Danzig 4:4. Sieger: Ostland, Bann 1. — Gruppe II: Berlin — Wartheland 12:0, Wartheland — Pommern 2:6, Pommern — Berlin 3:2. Sieger: Pommern, Bann 49. — Gruppe III: Sachsen — Mittelland 3:2, Mittelland — Oberschlesien 3:5, Oberschlesien — Sachsen 2:5. Sieger: Sachsen, Bann 100. — Gruppe IV: Wien — Steiermark 4:1, Wien — Niederodonau 3:1, Niederodonau — Steiermark 3:4. Sieger: Wien, Bann 509. — Gruppe V: Hochland — Tirol 1:6, Tirol — Kärnten 0:0, Hochland — Kärnten 1:3. Sieger: Tirol, Bann 561. — Gruppe VI: Hamburg — Ruhr-Niederrhein 1:7, Ruhr-Niederrhein — Nordsee 5:0, Hamburg — Nordsee 2:2. Sieger: Ruhr-Niederrhein, Bann 173. — Gruppe VII: Zurhessen — Westfalen 3:6, Westfalen — Thüringen 2:0, Thüringen — Kurhessen 2:1. Sieger: Westfalen, Bann 259. — Gruppe VIII: Rheinfranken — Bayer. Ostmark 8:2, Bay... Ostmark — Sudetenland 3:4, Sudetenland — Rhein.... ...4:5. Sieger: Rheinfranken, Bann J. — Gruppe IX: ...Württem... — Schwaben 7:1, Schwaben — Westmark 2:1, ...Westmark — Württemberg 1:1, Mainfranken — Westmark 3:3. Sieger: Württemberg, Bann 119. — Gruppe X: Köln — Moselland 1:5, Baden — Köln-Aachen 2:5, Moselland — Baden 1:1. Sieger: Moselland, Bann 768. — Gruppe XI: Nordmark — Mecklenburg 3:0, Mittelelbe — Mecklenburg 5:0, Mittelelbe — Nordmark 2:1. Sieger: Mittelelbe, Bann 26. — Gruppe XII: Düsseldorf — Niedersachsen 2:0, Hessen-Nassau — Düsseldorf 2:3, Niedersachsen — Hessen-Nassau 2:1. Sieger: Düsseldorf. Bann 17.

Die Gebietsgruppensieger: Gebiet Ostland, Bann Königsberg (1), Gebiet Zommern, Bann Stolp (49), Gebiet Sachsen, Bann Dresden (100), Gebiet Wien, Bann Wien-Floridsdorf (509), Gebiet Kärnten, Bann Klagenfurt (561), Gebiet Ruhr-Niederrhein, Bann Essen (173), Gebiet Westfalen, Bann Herne (259), Gebiet Rheinfranken, Bann Nürnberg (J), Gebiet Württemberg, Bann Stuttgart (119), Gebiet Moselland, Bann Esch (768), Gebiet Mittelelbe, Bann Magdeburg (26), Gebiet Düsseldorf, Bann Wuppertal (17).

Diese 12 Mannschaften wurden in 6 Spielen gepaart. Die Ergebnisse lauteten: Ostland — Pommen in Stolp 2:1, Sachsen — Mittelelbe in Dresden 3:0, Wien — Kärnten in Wien 3:1, Ruhr-Niederrhein — Mosselland in Essen 1:2 nach Verlängerung, Düsseldorf — Westfalen in Düsseldorf 4:1, Württedberg — Rheinfranken in Stuttgart 3:3 nach Verlängerung, Entscheidungsspiel in Nürnberg 1:3.

Nach diesen standen als Teilnehmer an den Endspielen um die Deutsche Jugendmeisterschaft 1941 fest die gebietsbesten Bannauswahlmannschaften der Gebiete: O s t l a n d , Bann Königsberg. S a c h s e n . Bann Dresden. W i e n . Bann Wien-Floridsdorf. M o s e l l a n d . Bann Esch. W e s t f a l e n , Bann Herne. R h e i n f r a n k e n . Bann Nürnberg.

In Breslau wurden diese 6 Mannschaften in zwei Gruppen zu je drei aufgeteilt. um in diesen in einer Einerrunde nach dem Punktsystem den Sieger festzustellen.

Zur Gruppe I gehörten: Gebiet Moselland (12). Gebiet Sachsen (16). Gebiet Wien (27). Zur Gruppe II gehörten: Gebiet Ostland (1). Gebiet Westfalen (9). Gebiet Rheinfranken (18).

Die Spiele der Gruppe I hatten folgende Ergebnisse: Moselland — Wien 0:1 (0:0). Wien — Sachsen 4:2 (2:2). Moselland — Sachsen 4:8 (2:3). Gruppe II: Westfalen — Rheinfranken 2:1 (2:1). Ostland — Westfalen 4:4 (2:1). Ostland — Franken 1:2 (0:2).

Aus den Vorspielen ergab sich folgender Stand:

### Gruppe I.

|         | Sp. | gew. | un. | verl. | Tore | Punkte |
|---------|-----|------|-----|-------|------|--------|
| Wien    | 2   | 2    | 0   | 0     | 5:2  | 4:0    |
| Sachsen | 2   | 1    | 0   | 1     | 10:8 | 2:2    |
| Moselland | 2 | 0    | 0   | 2     | 4:9  | 0:4    |

### Gruppe II.

|              | Sp. | gew. | un. | verl. | Tore | Punkte |
|--------------|-----|------|-----|-------|------|--------|
| Westfalen    | 2   | 1    | 1   | 0     | 6:5  | 3:1    |
| Rheinfranken | 2   | 1    | 0   | 1     | 3:3  | 2:2    |
| Ostland      | 2   | 0    | 1   | 1     | 5:6  | 1:3    |

Damit waren die Gegner für den Kampf um den 1. und 2. Platz die Gebiete Wien und Westfalen. für den Kampf um den 3. und 4. Platz die Gebiete Sachsen und Rheinfranken.

Am 30. August 1941 fielen die Entscheidungen: Westfalen — Wien 5:1 (2:0). Sachsen — Rheinfranken 4:2 (2:0).

D e u t s c h e r   J u g e n d m e i s t e r im Fußball 1941 wurde das Gebiet Westfalen. Bann H e r n e (259).

Zweiter Sieger wurde das Gebiet Wien. Bann W i e n - F l o r i d s d o r f (509).

Dritter Sieger wurde das Gebiet Sachsen. Bann D r e s d e n (100).

In den Entscheidungsspielen spielten folgende Mannschaften: Gebiet Westfalen. Bann Herne (259): v. Donarus; Olein k, Walter: Volmer. Miß. Michalski: Wahle. Schwarz. Hähnel. Lopart. Benecken.

Gebiet Wien. Bann Wien-Floridsdorf: Luger: Weinberg. Kren: Herdin. Lux. Ulbricht: Bartosek. Necas. Höfer. Franek. Gregor.

Gebiet Sachsen. Bann Dresden (100): Wagner; Schelle. Kunstmann: Mentschel. Humanik. Clemens: Geßner. Delang. Langer. Scholz. Förster.

Gebiet Rheinfranken. Bann Nürnberg (J): Weber: Knoll. Piendl: Wenzel. Klein I. Klein II: Frenzel. Morlock. Rub. Arnold. Stenz.

# 4. Die Pokale

# Der Tschammerpokal

## Die Paarungen der letzten Runden.

**1935:** (Die letzten 16:) Schalke — Hannover 96 6:2; VfL. Benrath — VfR. Mannheim 3:2; SpVgg. Fürth — FC. Freiburg 2:3; Hanau 93 — Berolina Berlin 5:1; SV. Waldhof — Fortuna Düsseldorf 3:0; Dresdner Sportfreunde — Masovia Lyck 2:1; Minerva Berlin — Eintracht Braunschweig 4:2; Polizei Chemnitz — 1. FC. Nürnberg 1:3. (Die letzten 8:) Schalke — Benrath 4:1; Freiburg — Hanau 2:1; Waldhof — Sportfreunde Dresden 1:0; Minerva Berlin — 1. FC. Nürnberg 1:4. (Die letzten 4:) Schalke — Freiburg 6:2; Waldhof — 1. FC. Nürnberg 0:1. Endspiel in Düsseldorf: 1. FC. Nürnberg — FC. Schalke 04 2:0.

*

**1936:** (Die letzten 16:) Schalke — VfB. Stuttgart 0:0, Wiederholung 6:0; Werder Bremen — Wacker Berlin 3:1; 1. FC. Schweinfurt — SSV. Ulm 4:2; SV. Waldhof — Polizei-SV. Chemnitz 1:0; Wormatia Worms — 1. FC. Pforzheim 2:1; VfL. Benrath — Hertha BSC. Berlin 1:1, Wiederholung 8:2; VfB. Peine — Hindenburg Allenstein 3:1; VfB. Leipzig — BSV. 92 2:0. (Die letzten 8:) Schalke — Werder 5:2; Schweinfurt — Wormatia — Benrath 3:3, Wiederholung 3:2; VfB. Leipzig — Peine 4:2. (Die letzten 4:) Schalke — Schweinfurt 3:2; VfB. Leipzig — Wormatia Worms 5:1. Endspiel im Olympiastadion VfB Leipzig — Schalke 04 2:1.

*

**1937:** (Die letzten 16:) Schalke — Eintracht Braunschweig 1:0; BSV. 92 — SpVgg. Fürth 1:0; Waldhof — Polizei Chemnitz 2:0; Borussia Dortmund — Duisburg 08 1:1, Wiederholung 3:1; VfB. Stuttgart — Hannover 96 2:1; Dresdner SC. — Eimsbüttel 3:0; Wormatia Worms — BC. Hartha 4:2; Fortuna Düsseldorf — Holstein Kiel 2:1. (Die letzten 8:) Schalke — BSV. 92 3:1; Waldhof — Borussia Dortmund 4:3; Dresdner SC. — VfB. Stuttgart 3:1; Fortuna Düsseldorf — Wormatia Worms 4:1. (Die letzten 4:) Schalke — Waldhof 2:1; Dresdner SC. — Fortuna Düsseldorf 2:5. Endspiel in Köln: FC. Schalke 04 — Fortuna Düsseldorf 2:1.

*

**1938:** (Die letzten 16:) FSV. Frankfurt — Fortuna Düsseldorf 3:1; SV. Waldhof — Westfalia Herne 6:0; VfB. Mühlburg gegen VfB. Stuttgart 2:1; 1860 München — Dresdner SC. 3:0; Brandenburg 05 — Vorwärts Rasensport Gleiwitz 0:1; 1. FC. Nürnberg — VfR. Mannheim 1:0; Rotweiß Essen — Hertha BSC. Berlin 3:1; Blauweiß Berlin — Phönix Lübeck 1:0. (Die letzten 8:) SV. Waldhof — Rotweiß Essen 3:2; Blauweiß Berlin — 1860

München 1:2; FSV. Frankfurt — VfB. Mühlburg 3:1; Vorwärts Rasensport Gleiwitz — 1. FC. Nürnberg 2:4; am gleichen Tage Ausscheidungsrunde der Ostmark: Vienna — Admira 6:0; Rapid gegen Austro Fiat 5:1; Wiener Sportklub — Wacker Wien 1:0; Grazer Sportclub — Austria Wien 3:2. (Die fünfte Schlußrunde:) 1. FC. Nürnberg — Vienna Wien 3:1; SV. Waldhof — Rapid Wien 2:3; 1860 München — FSV. Frankfurt 1:2; Wiener Sportklub — Grazer Sportclub 6:1. (Die letzten 4:) SC. Rapid Wien gegen 1. FC. Nürnberg 2:0; FSV. Frankfurt — Wiener Sportklub 3:2. Endspiel im Olympia-Stadion: SK. Rapid Wien gegen FSV Frankfurt 3:1.

*

**1939:** (Die letzten 16:) Blauweiß Berlin — Sportfreunde Leipzig 9:2· BC. Hartha — 1. FC. Nürnberg 0:1; WKG. Neumeyer Nürnberg — Berliner SV. 92 2:1; SK. Rapid Wien — Vorwärts-Rasensport Gleiwitz 6:1; VfL. 99 Köln — Wacker Wien 1:3; Fortuna Düsseldorf — Tennis Borussia Berlin 8:1; Hamburger SV. — Westende Hamborn 2:0; SV. Waldhof — VfL. Osnabrück 4:0. (Die letzten 8): Blauweiß Berlin — SK. Wien 1:7; 1. FC. Nürnberg — Fortuna Düsseldorf 3:1; SV. Waldhof — Hamburger SV. 6:2; Wacker Wien — WKG. Neumeyer Nürnberg 7:4. (Die letzten 4): SK. Rapid Wien — 1. FC. Nürnberg 0:1; SV. Waldhof — Wacker Wien 1:1, 1. Wiederholungsspiel 2:2 2. Wiederholungsspiel in München 0:0; das Los entschied für SV. Waldhof; Endspiel im Olympia-Stadion: 1 FC. Nürnberg — SV. Waldhof 2·0.

*

**1940:** (Die letzten 16:) Union Oberschöneweide — 1. FC. Nürnberg 0:1, SpVgg. Fürth — FC. Schalke 04 2:1; Stuttgarter Kickers — Rapid Wien 1:5; Eintracht Frankfurt — Fortuna Düsseldorf 2:5; ETB. Schwarzweiß Essen — Eschweiler 5:2; Wacker Wien — Wiener Sportklub 5:6 Dresdner Sport-Club — Rotweiß Frankfurt 6·0; VfB. Königsberg —BuEV. Danzig 5:1. (Die letzten 8:) 1. FC. Nürnberg — Schwazweiß Essen 2:1; Rapid Wien — Spielvereinigung Fürth 6:1; Fortuna Düsseldorf — Wiener Sportklub 2:1; VfB. Königsberg — Dresdner SC. 0:8. (Vorschlußrunde:) Dresdner SC. — Rapid Wien 3:1; Fortuna Düsseldorf — 1. FC. Nürnberg 0:1. Endspiel im Olympiastadion: Dresdner Sport-Club — 1. FC. Nürnberg 2:1 in der Verlängerung.

*

**1941:** (Die letzten 16:) Holstein Kiel — Blauweiß Berlin 4:0; LSV. Kamp-Köslin — VfB. Königsberg 3:2; Dresdner SC. — Hannover 96 9:2; Austria Wien — V.-R. Gleiwitz 8:0; Kickers Stuttgart — 1. FC. Nürnberg 4:1; SV. Waldhof — Admira Wien 0:1; ETB. Schwarzweiß Essen — Schalke 1:5. (Die letzten Acht:) Holstein Kiel — 1. SV Jena 2:1; Schalke — Austria Wien 4:1; Admira — Kickers Stuttgart 5:0; LSV. Kamp — Dresdner SC. 1:4. (Der Almanach 1942 wurde vor der Vorschlußrunde abgeschlossen.)

## Tschammerpokal 1941/42

**1941:** (Die letzten 16): Holstein Kiel — Blauweiß Berlin 4:0; LSV. Kamp-Köslin — VfB. Königsberg 3:2; Dresdner SC. — Hannover 96 9:2; Austria Wien — V.-R. Gleiwitz 8:0; Kickers Stuttgart — 1. FC. Nürnberg 4:1; SV. Waldhof — Admira Wien 0:1; ETB. Schwarzweiß Essen — Schalke 1:5. (Die letzten Acht:) Holstein Kiel — 1. SV. Jena 2:1; Schalke — Austria Wien 4:1; Admira — Kickers Stuttgart 5:0; LSV. Kamp — Dresdner SC. 1:4. (Die letzten Vier): Dresdner SC. — Admira Wien 4:2; Schalke — Holstein Kiel 6:0; Endspiel im Olympiastadion: Dresdner SC. — Schalke 2:1.

**1942:** (Die letzten 16:) LSV. Stettin — LSV. Pütnitz 4:1; TuS. Lipine — Adler Deblin 4:1; Werder Bremen — Kickers Offenbach 6:1; Schalke 04 — Westende Hamborn 4:1; München 1860 — H Straßburg 15:1; VfB. Stuttgart — Stadt Düdelingen 0:2; Hamburger SV — Dessau 05 3:4; Blauweiß Berlin — TSG. Falkenau 4:0. (Die letzten Acht:) Dessau 05 — Schalke 04 0:4); Düdelingen gegen 1860 München 0:7; TuS. Lipine — Blauweiß Berlin 4:1; Werder Bremen — LSV. Stettin 4:1. (Letzten Vier:) 1860 München gegen TuS. Lipine 6:0; Schalke 04 — Werder Bremen 2:0. Endspiel im Olympiastadion: 1860 München — Schalke 2:0.

## Endspiel-Mannschaften 1941/42

**Tschammerpokal.** (1941: Dresdner SC. — Schalke 2:1.) D S C.: Kreß — Miller, Hempel, Spf. — Pohl, Dzur, Schubert — Kugler (1), Schaffer, R. Hofmann, Schön, Carstens (1). — S c h a l k e : Klodt — Bornemann, Schweißfurth — Füller, Tibulski, Burdenski — Kalwitzki, Szepan, Eppenhoff, Kuzorra, Spf. (1), Barufka.


(1942: 1860 München — Schalke 2:0.) 1 8 6 0 : Keis — Pledl, Schmeiser, Spf. — Rochinger, Bayerer, Kanitz — Schiller, Janda, Krückeberg, Willimowski (1), Schmidhuber (1). — S c h a l k e : Flotho — Hinz, Schweißfurth — Bornemann, Tibulski, Berg — Kalwitzki, Szepan, Eppenhoff, Kuzorra, Spf., Urban.

# Die Aufstellungen der Endspiele

**8. Dezember 1935 in Düsseldorf: 1. FC. Nürnberg — Schalke 04**
**2:0 (0:0)**

1. FC. Nürnberg: Köhl; Billmann, Munkert; Uebelein I, Carolin, Oehm; Gußner, Eiberger, · Friedel, Schmitt, Spieß — Torschütze: Friedel (2).

Schalke 04: Mellage; Bornemann, Schweisfurth; Tibulski, Nattkämpfer, Gellesch; Kalwitzki, Szepan, Pörtgen, Kuzorra, Urban

**3. Januar 1937 in Berlin: VfB. Leipzig — Schalke 04 2:1 (2:1)**

VfB. Leipzig: Wöllner; Dobermann, Große; Richter, Thiele, Jähnig; Breidenbach, Schön, May, Reichmann, Gabriel. — Torschützen: May Gabriel.

Schalke 04: Mellage; Bornemann, Schweisfurth; Gellesch, Tibulski, Valentin; Kaiwitzki, Szepan, Pörtgen, Kuzorra, Sontow. — Torschütze: Kalwitzki.

**9. Januar 1938 in Köln: Schalke 04 — Fortuna Düsseldorf**
**2:1 (0:1)**

Schalke 04: Klodt; Sontow; Bornemann, Gellesch, Tibulski, Berg; Kalwitzki, Szepan Pörtgen, Kuzorra, Urban. — Torschützen: Kalwitzki, Szepan.

Fortuna: Pesch; Janes, Kluth; Mehl, Bender, Czaika; Albrecht, Wigold, Heibach, Zwolanowski, Kobierski. — Torschütze: Janes (Elfer).

**8. Januar 1939 in Berlin: Rapid-Wien — FSpV. Frankfurt**
**3:1 (0:0)**

Rapid: Raftl; Sperner, Schlauf; Wagner I Hofstätter, Skoumal; Hofer, Schors, Binder, Holec, Pesser. — Torschützen: Schors, Hofstätter, Binder.

FSpV. Frankfurt: Wolf; May, Schweinhardt; Böttgen, Detsch, Fend; Armbruster, Heldmann Dosedzal, Faust, Wörner. — Torschütze: Dosedzal.

**28. April 1940 in Berlin: 1. FC. Nürnberg — SV. Waldhof**
**2:0 (0:0)**

1. FC. Nürnberg: Köhl; Billmann, Uebelein I; Luber, Sold, Carolin; Gußner, Eiberger, Uebelein II. Pfänder, Kund. — Torschütze: Eiberger (2).

Waldhof: Fischer; Schneider, Siegel; Mayer, Heermann, Ramge; Eberhardt, Fanz, Erb, Pennig, Günderroth.

**1. Dezember 1940 in Berlin: Dresdner SC. — 1. FC. Nürnberg**
**2:1 in der Verlängerung**

Dresdner SC.: Kreß; Miller, Hempel; Pohl, Dzur, Schubert; Boczek, Schaller, Machate, Schön Carstens. — Torschützen: Boczek, Schaller.

1. FC. Nürnberg: Köhl; Billmann, Uebelein I; Luber, Kennemann, Carolin; Gußner, Eiberger Friedel, Pfänder, Kund. — Torschütze: Gußner.

# Der Wettstreit der Bereiche

## Die Pokalspiele der landsmannschaftlichen Auswahlmannschaften von 1908 bis 1940

**1908/09 (Kronprinzen-Pokal)**

Vorrunde: Ost — Südost in Berlin 1:0, Süd — Nord in Leipzig 2:5. Mittel — West in Braunschweig 2:0.

Zwischenrunde: VBB. — Nord in Hamburg 4:1. Mittel — Nordost in Leipzig 8:0.

Endspiel: Mittel — VBB. in Berlin 3:1.

*

**1909/10 (Kronprinzen-Pokal):**

Vorrunde: Süd — West in Mannheim 3:0. Mittel — Nord in Braunschweig 5:2. VBB. — MFB. in Berlin 5:2.

Zwischenrunde: Südost — Ost in Posen. Süd gegen Mittel in Nürnberg 6:2. VBB. — Südost in Breslau 9:1.

Endspiel: Süd — VBB. in Berlin 6:5.

*

**1910/11 (Kronprinzen-Pokal):**

Vorrunde: Süd — West in Köln 4:1. Nord — Mittel in Leipzig 2:0. VBB. — MFB. in Berlin 8:2. Südost — Ost in Danzig und Cottbus 1:1 und 6:2

Zwischenrunde: Süd — VBB. in Frankfurt 3:1. Nord gegen Südost in Hamburg 11:0.

Endspiel: Nord — Süd in Berlin 4:2.

*

**1911/12 (Kronprinzen-Pokal):**

Vorrunde: Brandenburg — Balten in Berlin 10:0. Mittel gegen Südost in Cottbus 5:1. Nord — West in Hannover 1:0.

Zwischenrunde: Brandenburg — Nord in Hamburg 2:1. Süd — Mittel in Leipzig 2:1.

Endspiel: Süd — Brandenburg in Berlin 6:5.

*

**1912/13 (Kronprinzen-Pokal):**

Vorrunde: Nord — Balten in Stettin 7:2. Süd — Mittel in Fürth 3:1. Brandenburg — Südost in Breslau 5:0.

Zwischenrunde: West — Süd in Duisburg 2:1. Brandenburg — Nord in Berlin 5:1.

Endspiel: West — Brandenburg in Berlin 5:3.

**1913/14 (Kronprinzen-Pokal):**

Vorrunde: Süd — West in Mannheim 3:2. Mittel gegen Südost in Leipzig 2:1. Brandenburg — Balten in Berlin 5:1.

Zwischenrunde: Mittel — Süd in Nürnberg 2:1. Nord gegen Brandenburg in Hannover 3:2.

Endspiel: Nord — Mittel in Berlin 2:1.

◆

1914/15 und 1915/16 fielen die Kämpfe um den Pokal aus.

◆

**1916/17 (Kronprinzen-Pokal):**

Vorrunde: Mittel — Südost in Breslau 2:1. Brandenburg gegen Balten in Stettin 6:1. Nord — West in Hamburg 7:0.

Zwischenrunde: Nord — Brandenburg in Berlin 4:0. Süd — Mittel in Leipzig und Fürth 0:0 und 4:0.

Endspiel: Nord — Süd in Berlin 2:1.

◆

**1917/18 (Kronprinzen-Pokal):**

Vorrunde: West — Süd in Düsseldorf 3:1. Südost gegen Mittel in Leipzig 3:1. Nord — Balten in Kiel 7:0.

Zwischenrunde: Nord — West in Hamburg 3:0. Brandenburg — Südost in Berlin 6:2.

Endspiel: Brandenburg — Nord in Berlin 3:1.

◆

**1918/19 (Bundespokal):**

Vorrunde: Süd — West in Nürnberg 9:0. Nord gegen Balten in Stettin 11:2. Berlin — Südost in Breslau 2:0.

Zwischenrunde: Nord — Brandenburg in Hamburg 5:1. Süd — Mittel in Leipzig 3:1.

Endspiel: Nord — Süd in Berlin 5:4.

◆

**1919/20 (Bundespokal):**

Vorrunde: Südost — Brandenburg in Berlin und Breslau 6:5 und 4:3. Mittel — Süd in Halle 2:1. Nord — Balten in Kiel 6:1.

Zwischenrunde: West — Nord in Köln 3:2. Mittel gegen Südost in Breslau 5:3.

Endspiel: West — Mittel in Hannover 1:0.

◆

**1920/21 (Bundespokal):**

Vorrunde: West — Süd in Stuttgart 3:1. Mittel — Südost in Breslau 4:2. Brandenburg — Balten in Stettin 3:0.

Zwischenrunde: Mittel — Brandenburg in Dresden 2:1. West — Nord in Duisburg 2:0.

Endspiel: Mittel — West in Leipzig 4:0.

**1921/22  (Bundespokal):**

V o r r u n d e : Süd — West in M.-Gladbach 6:0. Mittel gegen
Südost in Breslau 3:0. Nord — Balten in Stettin 4:1.

Z w i s c h e n r u n d e : Süd — Balten in Fürth 3:0. Nord
gegen Mittel in Halle 3:0

E n d s p i e l : Süd — Nord in Hamburg 7:0.

♦

## 1922:  (Kampfspielpokal)

V o r r u n d e : Brandenburg — Balten 5:1. Norddeutschland
gegen Mitteldeutschland 3:0. Süddeutschland — Südostdeutschland 2:0.

Z w i s c h e n r u n d e : Westdeutschland — Berlin 2:0. Süddeutschland — Norddeutschland 1:0.

E n d s p i e l : Süddeutschland — Westdeutschland 4:1.

♦

**1922/23  (Bundespokal)·**

V o r r u n d e : Mittel  — Brandenburg in Forst 2:1. Süd
gegen Nord in Halle 5:3. West — Südost in Erfurt 5:4.

Z w i s c h e n r u n d e : Süd — Balten in Chemnitz 4:1. West
gegen Mittel in Hannover 4:1

E n d s p i e l : Süd — West in Frankfurt 2:1.

♦

**1923/24  (Bundespokal):**

V o r r u n d e : Brandenburg — Balten in Stettin 2:1. Mittel
gegen Südost in Breslau 3:2. Nord — West in Hamburg 4:2.

Z w i s c h e n r u n d e : Nord — Brandenburg in Berlin 4:2.
Süd — Mittel in Leipzig 3:0.

E n d s p i e l : Süd — Nord in Frankfurt 4:2.

♦

**1924/25  (Bundespokal):**

V o r r u n d e : Berlin —Südost in Breslau 4:2. Süd — Mittel
in Leipzig 2:0. Nord — Balten in Königsberg 7:1.

Z w i s c h e n r u n d e : Nord — West in Kiel 3:2. Süd gegen
Brandenburg in Mannheim 7:2.

E n d s p i e l : Nord — Süd in Hamburg 2:1.

♦

**1925/26  (Bundespokal):**

V o r r u n d e : Brandenburg — Balten in Stettin 4:0. Mittel
gegen Nord in Kiel 3:1. Süd — West in Fürth 7:3.

Z w i s c h e n r u n d e : Mittel — Südost in Dresden 9:0.
Süd — Brandenburg in Leipzig 7:0.

E n d s p i e l : Süd — Mittel in Leipzig 2:1.

## 1926: (Kampfspielpokal)

Vorrunde: Süd — Mittel in München 3:1, Südost gegen Brandenburg in Berlin 4:1, Nord — Balten in Hamburg 3:1.

Zwischenrunde: Süd — Nord in Essen 4:2, West gegen Südost in Rheydt 7:3.

Endspiel: Süd — West in Köln 7:2.

---

### 1926/27 (Bundespokal)

Vorrunde: Südost — Süd in Breslau 2:0, Brandenburg gegen Balten in Stettin 2:0, Nord — West in Köln 2:1.

Zwischenrunde: Brandenburg — Südost in Berlin 4:1, Nord — Mittel in Hamburg 3:2. (Brandenburg verzichtete auf das Endspiel.)

Endspiel: Mittel — Nord in Altona 1:0.

---

### 1927/28: (Bundespokal):

Vorrunde: Südost — Berlin in Breslau 2:0, Mittel gegen Balten in Stettin 5:2. West — Süd in Duisburg 4:3.

Zwischenrunde: Südost — Mittel in Chemnitz 3:2. Nord — West 4:4, 2:2 und 2:1.

Endspiel: Südost — Nord in Breslau 2:0.

---

### 1928/29 (Bundespokal):

Vorrunde: Nord — Mittel in Leipzig 2:1, Süd — Südost in Frankfurt 5:1 West — Balten in Stettin 6:1.

Zwischenrunde: Brandenburg — West in Elberfeld 2:1. Nord — Süd in Hannover 2:1.

Endspiel: Brandenburg — Nord in Berlin 4:1.

---

## 1930: (Kampfspielpokal)

In Breslau trafen sich die Gewinner des Bundespokals der beiden letzten Jahre:

Südostdeutschland — Brandenburg 1:2.

---

### 1929/30 (Bundespokal):

Vorrunde: Brandenburg — Südost in Breslau 2:1, Nord gegen West in Dortmund 4:1, Mittel — Süd in Magdeburg 5:2.

Zwischenrunde: Brandenburg — Balten in Stettin 5:1. Nord — Mittel in Hamburg 3:1.

Endspiel: Nord — Brandenburg in Altona 2:0.

**1930/31 (Bundespokal):**

Vorrunde: West — Brandenburg in Dortmund 4:3. Mittel gegen Nord in Chemnitz 5:4. Südost — Balten in Königsberg 4:3.

Zwischenrunde: Süd — West in Mannheim 3:0. Mittel — Südost in Beuthen 5:1.

Endspiel: Süd — Mittel in Dresden 4:3.

*

**1931/32 (Bundespokal):**

Vorrunde: Brandenburg — Mittel in Berlin 4:3. Nord gegen Balten in Braunschweig 4:3. Südost — West in Breslau 3:0.

Zwischenrunde: Süd — Brandenburg in Saarbrücken 8:1. Nord — Südost in Hamburg 3:2.

Endspiel: Nord — Süd in Leipzig 2:1.

*

**1932/33 (Bundespokal):**

Vorrunde: Brandenburg — Balten in Danzig 3:2. Südost gegen West in M.-Gladbach 3:2. Süd — Mittel in Leipzig 4:2.

Zwischenrunde: Süd — Brandenburg in Berlin 3:1. Südost — Nord in Breslau 3:1.

Endspiel: Süd — Südost in Mannheim 6:1.

*

## 1933: (Adolf-Hitler-Pokal)

Vorrunde: Bayern — Niedersachsen 2:0. Nordhessen gegen Württemberg 3:2. Sachsen — Westfalen 1:1 (durchs Los, Sieger: Sachsen). Brandenburg — Ostpreußen 5:0. Mitte gegen Schlesien 3:2 Mittelrhein — Baden 2:1. Niederrhein — Südwest 2:0. Pommern — Nordmark 1:0.

Zwischenrunde: Brandenburg — Pommern 9:2. Nordhessen — Niederrhein 3:2. Bayern — Sachsen 2:1. Mitte gegen Mittelrhein 4:2

Vorschlußrunde: Bayern — Nordhessen 6:2. Brandenburg — Mitte 6:2.

Endspiel: Bayern — Brandenburg 2:2 und 6:1

*

## 1934: (Kampfspielpokal)

Vorrunde: Niederrhein — Ostpreußen 4:0. Sachsen gegen Pommern 7:0. Mittelrhein — Brandenburg 3:0. Baden — Niedersachsen 7:4. Nordhessen — Schlesien 4:1. Nordmark — Mitte 2:1. Südwest — Westfalen 3:1. Bayern — Württemberg 4:1.

Zwischenrunde: Niederrhein — Baden 1:0. Bayern gegen Nordhessen 5:1. Südwest — Sachsen 2:1. Nordmark gegen Mittelrhein 5:2

Vorschlußrunde: Südwest — Niederrhein 2:1. Bayern gegen Nordmark 2:1.

Endspiel: Südwest — Bayern 5:3.

## 1934/35 Reichsbundpokal

**Vorrunde:** Brandenburg — Nordhessen 3:2, Württemberg gegen Niederrhein 3:2. Sachsen — Schlesien 3:0. Nordmark gegen Mittelrhein 3:2, Baden — Bayern 1:0. Niedersachsen gegen Ostpreußen 4:1. Westfalen — Pommern 8:0. Mitte — Südwest 3:2.

**Zwischenrunde:** Brandenburg — Westfalen 4:3. Mitte gegen Niedersachsen 2:0. Nordmark — Sachsen 4:2. Baden gegen Württemberg 5:0.

**Vorschlußrunde:** Brandenburg — Baden 1:0. Mitte gegen Nordmark 4:2.

**Endspiel:** Mitte — Brandenburg 2:0.

●

### 1935/36 (Reichsbundpokal):

**Vorrunde:** Brandenburg — Mitte 1:0, Bayern — Schlesien 1:1 und 4:0. Baden — Nordhessen 3:2. Südwest — Niederrhein 2:1. Mittelrhein — Württemberg 2:1. Sachsen — Pommern 5:1. Ostpreußen — Nordmark 4:1. Niedersachsen — Westfalen 3:1.

**Zwischenrunde:** Berlin — Ostpreußen 1:0. Südwest gegen Niedersachsen 5:2. Sachsen — Baden 7:3. Bayern gegen Mittelrhein 3:0.

**Vorschlußrunde:** Südwest — Bayern 2:1. Sachsen gegen Brandenburg 2:0.

**Endspiel:** Sachsen — Südwest 2:2 und 9:0.

●

### 1936/37 (Reichsbundpokal):

**Vorrunde:** Mitte — Ostpreußen 2:1, Brandenburg gegen Pommern 2:0. Niedersachsen — Schlesien 2:1, Sachsen gegen Bayern 2:1, Niederrhein — Nordmark 3:2, Westfalen — Nordhessen 2:0. Mittelrhein — Südwest 5:1., Baden — Württemberg 8:0.

**Zwischenrunde:** Sachsen — Niedersachsen 1:0. Niederrhein — Mitte 3:1, Baden — Westfalen 3:2. Brandenburg gegen Mittelrhein 3:1.

**Vorschlußrunde:** Niederrhein — Brandenburg 4:3. Sachsen — Baden 4:3.

**Endspiel:** Niederrhein — Sachsen 2:1.

●

### 1937/38 (Reichsbundpokal):

**Vorrunde:** Mitte — Schlesien 1:3, Niederrhein — Brandenburg 3:1. Sachsen — Ostpreußen 4:1. Niedersachsen — Württemberg 4:2. Nordmark — Pommern 2:1. Westfalen — Südwest 0:3. Bayern — Mittelrhein 3:3. Baden — Hessen 1:0.

**Wiederholungsspiel:** Mittelrhein — Bayern 1:5.

**Zwischenrunde:** Niederrhein — Nordmark 3:5. Schlesien — Sachsen 1:4. Bayern — Baden 1:1. Südwest — Niedersachsen 3:0

**Wiederholungsspiel:** Baden — Bayern 6:2.

158

Vorschlußrunde: Nordmark — Baden 3:0. Sachsen gegen Südwest 2:3.

Endspiel: Nordmark — Südwest 3:1

●

## 1938/39 (Reichsbundpokal):

Ausscheidungsspiel: Sachsen — Brandenburg 4:1.

Vorrunde: Ostpreußen — Niedersachsen 4:0. Pommern gegen Mitte 1:2. Schlesien — Nordmark 5:0. Ostmark — Baden 4:1. Württemberg — Westfalen 1:0. Hessen — Bayern 1:2. Mittelrhein — Sachsen 1:3. Niederrhein — Südwest 7:0.

Zwischenrunde: Bayern — Niederrhein 3:1. Mitte gegen Württemberg 3:8. Sachsen — Ostpreußen 3:0. Schlesien gegen Ostmark 4:1.

Vorschlußrunde: Bayern — Sachsen 2:1. Württemberg — Schlesien 1:2.

Endspiel: Schlesien — Bayern 2:1.

●

## 1939/40 (Reichsbundpokal):

Ausscheidungsspiele: Mittelrhein — Südwest 1:2, Württemberg — Baden 4:2.

Vorrunde: Ostpreußen — Schlesien 2:3. Pommern — Brandenburg 1:0 Mitte — Westfalen 1:2. Nordmark — Sachsen 3:6. Niedersachsen — Niederrhein 2:3. Hessen — Südwest 0:3. Bayern — Württemberg 3:0. Sudetenland — Ostmark 1:3.

Zwischenrunde: Sachsen — Pommern 14:1. Südwest — Bayern 1:2. Ostmark — Schlesien 6:1. Niederrhein — Westfalen 4:2

Vorschlußrunde: Bayern — Ostmark 2:0. Niederrhein — Sachsen 2:3.

Endspiel: Bayern — Sachsen 3:1.

●

## 1940/41 (Reichsbundpokal):

Vorrunde: Südwest — Ostmark 5:2. Württemberg — Niederrhein 4:3. Sudetenland — Baden 2:3 n. V., Ostpreußen — Hessen 3:2. Brandenburg — Mittelrhein 4:2. Sachsen — Westfalen 2:0. Pommern — Mitte 3:2. Ostland — Nordmark 1:3. Wartheland — Schlesien 1:2. Bayern — Niedersachsen 3:3 n. V.: Wiederholungsspiel 2:1 n. V.

Zwischenrunde: Baden — Brandenburg 2:0, Nordmark — Südwest 0:0 n. V., Schlesien — Württemberg 4:2. Pommern — Sachsen 1:6. Bayern — Ostpreußen 7:2.

Ausscheidungsspiel: Schlesien — Sachsen 3:5.

Vorschlußrunde: Sachsen — Baden 7:2. Südwest — Bayern 1:5.

Endspiel am 7. September in Chemnitz: Sachsen — Bayern 2:0.

## Reichsbundpokal 1941/42

**Ausscheidungsrunde:** Köln-Aachen — Westmark 3:1; Württemberg — Elsaß 9:4; Baden — Moselland 6:2; Niederschlesien — Hessen-Nassau 2:2 und 4:3; Ostpreußen — Sudetenland 7:1; Oberschlesien — Generalgouvernement 5:1; Mitte — Pommern 1:0; Kurhessen — Danzig-Westpreußen 3:2; Niedersachsen — Wartheland 11:2.

**Vorrunde:** Köln-Aachen — Bayern 4:3; Kurhessen — Sachsen 4:2; Niederrhein — Baden 3:1; Mitte — Württemberg 6:4; Brandenburg — Ostpreußen 0:0 und 5:4; Ostmark — Oberschlesien 5:0; Niedersachsen — Westfalen 4:1; Nordmark — Niederschlesien 3:0.

**Zwischenrunde:** Berlin-Brandenburg — Niedersachsen 2:1; Niederrhein — Kurhessen 6:2; Nordmark — Köln-Aachen 6:0; Ostmark — Mitte 3:2.

**VorschluGrunde:** Nordmark — Berlin-Brandenburg 1:1; Wiederholung 4:1; Donau-Alpenland — Niederrhein 0:1.

**Endspiel in Essen:** Niederrhein — Nordmark 2:1.

# Siegreiche Pokalmannschaften seit 1933

**1933:** Adolf-Hitler-Pokal; Sieger Gau Bayern: Jakob — Haringer, Wendl — Breindl. Goldbrunner. Oehm — Bergmeier. Lachner. Rohr. Krumm. Frank

**1934:** Kampfspielpokal; Sieger Gau Südwest: Müller — Leis. Konrad — Gramlich. Hergert. Tiefel — Schulmeyer. Möbs. Conen. Grebe. Fath

**1935:** Reichsbundpokal; Sieger Gau Mitte: Tzschach — Riechert. Müller — Werner. Böttger. Tetzner — Schüßler. Müller II. Staudinger. Reinmann. Schlag.

**1936:** Reichsbundpokal; Sieger Gau Sachsen: Kreß — Kreisch. Schrepper — Seltmann. Reichert. Rose — Tban. Helmchen. Hänel. Munkelt. Kund.

**1937:** Reichsbundpokal; Sieger Gau Niederrhein: Abromeit — Janes Albrecht (Turu) — Rodzinski. Stephan. Bender — Albrecht (Fortuna). Stoffels Graf. Stermseck. Günther.

**1938:** Reichsbundpokal; Sieger Gau Nordmark: Warning — Ruhdörfel. Lüdecke — Rohde. Reinhardt. Seeler — Ahlers. Panse. Höffmann. Noack. Carstens.

**1938:** 1. Deutsches Turn- und Sportfest Breslau: Sieger Gau Ostmark: Platzer — Sesta. Schmaus — Wagner. Hofstetter. Skoumal — Zischek Hahnemann. Stroh. Neumer. Pesser

**1939:** Reichsbundpokal: Sieger Gau Schlesien: Mettke — Koppa. Kubus — Wydra. Nossek Langner — Plener. Pischzek. Pawlitzki. Schaletzki. Renk.

**1940:** Reichsbundpokal; Sieger Gau Bayern: Salcher — Schmeisser. Bernard — Hammerl. Goldbrunner. Bayerer — Schmidt. Lechner Janda. Fiederer. Fischer.

**1941:** Reichsbundpokal; Sieger Gau Sachsen: Kreß — Hempel. Miller — Pohl. Richter. Schubert — Kugler. Schaffer. Willimowski. Schön. Carstens.

## Atlantikpokal

### Die Fußballweltmeisterschaft der Meere

| 1932 Fußballmannschaft D | „Bremen" (Deutschland) |
|---|---|
| 1933 „ | D. „Rex" (Italien) |
| 1934 „ | D. „Conte di Savoia" (Italien) |
| 1935 „ | D. „Berengaria" (England) |
| 1936 „ | D. „Rex" (Italien) |
| 1937 „ | D. „Rex" (Italien) |
| 1938 „ | D. „Stavangerfjord" (Norwegen) |
| 1939 „ | D. „Bremen" (Deutschland). |

Endspiel 1939: D. „Bremen" — D. „Normandie" in Neuyork 3:2 (3:0).

Die Siegermannschaft: Knopf. Laudon. Rayhofer. Herzog. Kurewitz, Cieselick Hasse. Hintringer. Hennig. Ohler. Jürgens. Ostler.

# Fußball-Turnier beim 1. Deutschen Turn- und Sportfest in Breslau 1938

## Ausscheidungsspiel zur Vorrunde

**17. Juli 1938 Sachsen gegen Hessen in Weimar 4:3.**

**Sachsen:** Kreß — Richter, Brembach — Schubert, Rose, Seltmann — Mende, Helmchen, Männer, Weigelt, Arlt.

**Hessen:** Zimmer — Engelhardt, Lippert — Willführ, Maier, Stenzel — Markert, Schultheiß, Bonard, Jordan, Klein.

## Vorrunde

**24. Juli 1938 Brandenburg — Ostpreußen in Frankfurt a. Oder 3:0.**

**Brandenburg:** Schwarz, Simon 1, Krause — Raddatz, Appel, Goede — Ballendat, Heinrich, Berndt, Hallex, Wilde.

**Ostpreußen:** Steffen — Jantz, Rietschek — Baluses, Piowzewski, Reich — Pietsch, Krause, Sodeik, Rebnau, Hardt.

**24. Juli 1938 Niedersachsen gegen Sachsen in Liegnitz 2:0.**

**Niedersachsen:** Elothow — Ditgens, Sukop — Beyer, Schulze, Carl — Ziolkewicz, Pöhler, Wente, Billen, Heidemann.

**Sachsen:** Kreß — Burkhardt, Brembach — Drechsel, Rose, Schubert — Breidenbach, Munkelt, Hänel, Weigelt, Arlt.

**24. Juli 1938 Südwest — Bayern in Waldenburg 4:1.**

**Südwest:** Remmert — Schweinhardt, Groß — Erfurth, Dietsch, Lindemann — Reinhardt, Schuchardt, Dosedzal, Faust, Fath.

**Bayern:** Jakob — Stretle, Billmann — Kupfer, Kennemann, Streb — Gußner, Janda, Popp, Lehner, Gorsky.

**24. Juli 1938 Ostmark gegen Mittelrhein in Ratibor 3:0.**

**Ostmark:** Platzer — Sesta, Schmaus — Wagner, Mock, Skoumal — Hanemann Stroh, Sindelar, Neumer, Pesser.

**Mittelrhein:** Mombre — Müsch, Klaas — Klein, Hoofs, Kukkertz — Becker, Gauchel, Weyer, Rasselnberg, Herbst.

**24. Juli 1938 Baden gegen Niederrhein in Schweidnitz 4:3.**

**Baden:** Dieringer — Bolz, Konrad — Feth, Fach, Schneider — Rasteller, Hack, Langenbein, Klingler, Striebinger.

**Niederrhein:** Jürissen — Duch, Albrecht (Turu) — Christ, Rosendahl, Mengel — Petri, Haibach, Ohles, Stermseck, Kobierski.

**24. Juli 1938 Schlesien gegen Pommern in Beuthen 6:4.**

Schlesien: Stanitzek — Koppa, Kubus — Wydra, Lachmann, Taschowski — Plehner, Pischzek, Pawlitzki, Malik, Dr. Prysok.

Pommern: Kutz — Oahren, Rockow — Peetz, Wagner, Schmitz — Tatz, Pallinski, Feth, Blachowiak, Hildemann.

**24. Juli 1938 Württemberg gegen Westfalen in Neiße 3:0.**

Württemberg: Schaitmann — Koch, Cozza — Förschler, Picard, Noe — Aubele, Tröger, Mohn II. Seitz, Sing.

Westfalen: Berlau — Sontow, Bornemann — Kranefeld, Tibulski, Pawlowski — Kalwitzki, Gellesch, Schwarz, Berg, Marx.

**24. Juli 1938 Mitte gegen Nordmark in Görlitz 1:0.**

Mitte: Tzschach — Riechert, Oelgerdt — Werner, Gehlert, Manthey — Neugard, Albrecht, Gärtner, Beckert, Hoffmann.

Nordmark: Warning — Lüdecke, Miller — Wendtland, Reinhardt, Kleinkampf — Ahlers, Rohde, Höffmann, Panse, Carstens.

# Zwischenrunden am 26. Juli in Breslau

**Niedersachsen gegen Brandenburg 3:1.**

Niedersachsen: Flothow — Ditgens, Sukop — Beyer, Schulz, Bergmann — Ziolkewitz, Pöhler, Matschinski, Billen, Heidemann.

Brandenburg: Schwarz — Simon 1, Krause — Raddatz, Appel, Goede — Ballendat, Hewerer 2, Berndt, Hallex, Wilde.

**Südwest gegen Baden 4:3.**

Südwest: Remmert — Groß, Kern — Erfurth, Dietsch, Lindemann — Reinhardt, Schuchardt, Doselzahl, Faust, Fath.

Baden: Dieringer — Konrad, Bolz — Rohr, Rößling, Fuchs — Rastätter, Schneider, Langenbein, Klingler, Striedinger.

**Ostmark gegen Schlesien 8:2.**

Ostmark: Platzer — Sesta, Schmaus — Laudon, Hofstetter, Skoumal — Zischek, Hanemann, Stroh, Neumer, Pesser.

Schlesien: Stanitzek — Koppa, Wilkowski — Bismor, Taschowski. Langner — Poppe, Pischzek, Bablitzki, Malik, Cyranek.

**Württemberg gegen Mitte 5:1.**

Württemberg: Schaitmann — Koch, Kozza — Förschler, Picard, Noe — Aubele, Tröger, Mohn 2. Seitz, Sing.

Mitte: Tzschach — Riechert, Oelgerdt — Werner, Gehlert, Manthey — Gans, Albrecht, Gärtner, Beckert, Hoffmann.

## Vorschlußrunde am 28. Juli in Breslau

**Ostmark gegen Württemberg 2:0.**

Ostmark: Platzer — Sesta, Schmaus — Wagner, Hofstetter, Skoumal — Geiter, Hanemann, Sindelar, Neumer, Pesser.

Württemberg: Schaltmann — Mack, Kozza — Förschler, Picard, Noe — Aubele, Tröger, Mohn 2, Seitz, Sing.

**Niedersachsen gegen Südwest 4:1.**

Niedersachsen: Flothow — Ditgens, Sukop — Beyer, Schulz, Bergmann — Billen, Pöhler, Maschinski, E. Deike, Heidemann.

Südwest: Remmert — Schweinhardt, Kern — Erfurth, Dietsch, Lindemann — Reinhardt, Schuchardt, Dosezal, Faust, Fath.

## Um den 3. Platz am 30. Juli in Breslau

**Südwest gegen Württemberg 5:0.**

Südwest: Jttel — Schweinhardt, Kern — Erfurth, Dietsch, Lindemann — Reinhardt, Götz, Kraus, Faust, Fath.

Württemberg: Deyhle — Mack, Jansen — Noe, Picard, Mohn 1 — Aubele, Tröger, Mohn 2, Seitz, Sing.

## Endspiel am 30. Juli in Breslau

**Ostmark gegen Niedersachsen 4:1.**

Ostmark: Platzer — Sesta, Schmaus — Wagner, Hofstetter, Skoumal — Zischek, Hanemann, Stroh, Neumer, Pesser.

Niedersachsen: Flothow — Ditgens, Sukop — Beyer, Schulz, Bergmann — Ziolkewitz, Billen, Matschinski, Pöhler, Heidemann.

# Trost-Turnier

## 1. Runde

**Sachsen — Ostpreußen 2:0 (1:0) in Münsterberg am 26. Juli.**

Ostpreußen: Steffen — Janz, Rietschek — Baluses, Pioncewski, Reich — Krause, Sodeik, Pelnzer, Rebnau, Hardt.

Sachsen: Kreß — Burkhardt, Brembach — Schubert, Seltmann, Rose — Mende, Hänel, Männer, Weigelt, Arlt.

**Westfalen — Nordmark 4:2 (3:1) in Breslau am 26. Juli.**

Westfalen: Berlau — Bornemann, Travny — Büttner, Kranefeld, Pawlowski, Kalwitzki, Berg, Schwarz, Bonner, Dunay.

Nordmark: Boehlke (Eimsbüttel) — Holdt, Miller — Ronde, Reinhardt, Kleikamp — Ahlers, Wentland, Panse, Lüdecke, Carstens.

**Bayern — Niederrhein 5:4 (3:0) in Brieg am 26. Juli.**

**Bayern:** Jakob — Streitle, Schmeisser — Horn, Kennemann, Kupfer — Gußner, Lehner, Popp, Gorsky, Simetsreiter.

**Niederrhein:** Jürissen — Duch, Albrecht (Turu) — Christ, Rosenthal, Menzel — Petri, Klingler, Ohles, Stermseck, Kobierski.

**Mittelrhein — Pommern 6:0 (2:0) in Breslau am 26. Juli.**

**Mittelrhein:** Mombre — Klaas, Klein — Hoffs, Joffard, Bekker — Baas, Weyer, Wehrheit, Müsch, Joe Elbern.

**Pommern:** Ott — Schmitz, Rakow — Peetz, Wagner, Schmidt — Tatz, Lietzke, Feet, Wolter, Hildemann.

# 2. Runde

**Sachsen — Brandenburg 2:1 (1:0) in Breslau am 28. Juli.**

**Sachsen:** Kreß — Burkhardt, Brembach — Drechsel, Seltmann, Rose — Mende, Bernhardt, Männer, Munkelt, Arlt.

**Brandenburg:** Buchloh — Katzer, Frey — Simon II, Appel, GoeJe — Schneider II, Hewerer II, Morokutti, Sucrow, Wilde.

**Mittelrhein — Baden 5:2 (2:1) in Breslau am 28. Juli.**

**Mittelrhein:** Mombre — Müsch, Klaas — Joffard, Hoffs, Kuckertz — Becker II, Wehrheit, Weyer, Gauchel, Herbst.

**Baden:** Dieringer — Bolz, Rößling — Schneider, Conrad, Fuchs — Hack, Rohr, Langenbein, Klingler, Striebinger.

**Schlesien — Bayern 1:2 (0:1) in Breslau am 28. Juli.**

**Schlesien:** Stanitzek — Behnsch, Kubus — Wydra, Hundt, Taschowski — Poppe, Pawlitzki, Plchner, Maliok, Cyranok.

**Bayern:** Köhl — Streitle, Schmeisser — Horn, Billmann, Kupfer — Gußner, Lehner, Popp, Gorsky, Simetsreiter.

**Westfalen — Mitte 4:2 (2:1) in Breslau am 28. Juli.**

**Westfalen:** Sobotka — Barnemann, Travny — Büttner, Kranefeld, Andreas — Berg, Tibulski, Schwarz, Sontow, Dunay.

**Mitte:** Tzschach — Werner, Delgerdt — Wollenschläger, Oehlert, Manthey — Riechert, Neugert, Gärtner, Beckert, Hoffmann.

# Vorschlußrunde

**Sachsen — Bayern 2:1 (1:0) in Breslau am 29. Juli.**

Sachsen: Kreß — Burkhardt, Brembach — Schubert, Seltmann, Rose — Mende, Männer, Hänel, Weigelt, Breidenbach.

Bayern: Köhl — Streitle, Schmeisser — Horn, Billmann,
Streh — Lehner, Kupfer, Hallinger, Gorsky, Simetsreiter.

**Mittelrhein — Westfalen 2:1 (1:1) in Breslau am 29. Juli.**

Mittelrhein: Mombre — Müsch, Klaas — Joffard, Hoffs,
Kuckertz — Beckert H. Wehrheit, Weyer, Gauchel, Herbst.

Westfalen: Sobotka — Bornemann, Travny — Büttner,
Kranefeld, Andreas — Berg, Tibulski, Schwarz, Santow,
Dunay.

# Trostrunden-Endspiel

**Mittelrhein — Sachsen 0:1 (0:1) in Breslau am 30. Juli.**

Mittelrhein: Mombre — Müsch, Klaas — Keim, Hoffs, Kukkertz — Beckert II. Wehrheit, Weyer, Gauchel, Herbst.

Sachsen: Kreß — Richter, Brembach — Schubert, Seltmann,
Rose — Breidenbach, Hänel, Männner, Weigelt, Arlt.

# Einsatz der Nationalmannschaft

**15. 8. 37 gegen SA. in Berlin 2:2.**

Nationalmannschaft: Buchloh — Janes, Welsch — Rose, Goldbrunner, Schädler — Elbern, Eckert (1), Berndt (1), Szepan, Fath.

S A.: Jürissen — Gipka, Münzenberg — Lindemann, Krönung, Zielinski — Schneider (1), Gauchel, Lenz, Berg, Winter (1)

**5. 9. 37 Opfertagspiel gegen Brandenburg in Berlin 3:2.**

Nationalmannschaft: Jakob — Janes, Münzenberg — Kupfer, Goldbrunner, Kitzinger — Lehner, Heinichen (2), Lenz (1), Hohmann, Fath.

Brandenburg: Schwarz — Appel, Krause — Raddatz (2), Boßmann, Buchmann — Ballendat, Sobek, Berndt, Hallex, Hahn.

**17. 11. 37 WHW.-Spiel gegen Reichsauswahlelf in Frankfurt a. M. 2:0.**

Nationalmannschaft: Jakob — Janes, Münzenberg — Kupfer, Goldbrunner, Müller (Sandhofen) — Lehner, Gellesch (1), Siffling, Szepan, Urban (1).

Reichsauswahlelf: Jürissen (1. Halbzeit), Klodt (2. Halbzeit) — Welsch, Billmann — Kuckertz, Sold, Carl — Than, Schön, Höffmann, Wirsching, Fath.

**3. 4. 1938 gegen Oesterreich in Wien 0:2.**

Nationalmannschaft: Jakob — Janes, Münzenberg — Kupfer, Goldbrunner, Kitzinger — Lehner, Gellesch, Berndt, Gauchel, Fath.

Oesterreich: Platzer — Sesta, Schmaus — Wagner I, Mock, Skoumal — Hahnemann, Stroh, Sindelar, Binder, Pesser.

## Parteitagspiel am 9. September 1937

**Schalke 04 — VfB. Leipzig 4:0.**

Schalke 04: Klodt — Bornemann, Tibulski — Prinz, Szepan, Valentin — Kallwitzki (1), Gellesch (1), Berg (1). Kuzorra (1), Urban.

VfB. Leipzig: Wöllner — Schrepper, Menzel — Müller, Thiele, Richter — Gabriel, Schön, Große, Reichmann, Breidenbach.

# Opfertagsspiel

**4. September 1938, Olympia-Stadion Berlin.**
**A-Mannschaft gegen B-Mannschaft 1:1.**

**A-Mannschaft:** Raftl — Janes, Streitle — Gellesch, Mock, Kitzinger — Lehner, Hahnemann, Stroh, Schön, Pesser.
**B-Mannschaft:** Jakob — Münzenberg, Appel — Jakobs, Goldbrunner, Männer — Malecki, Pöhler, Gauchel, Wirsching, Wilde.
**Torschützen:** Gauchel, Stroh.

# WHW.-Spiel

**16. November 1938, Adolf-Hitler-Kampfbahn Stuttgart.**
**Nationalelf — Württemberg 1:1.**

**Nationalelf:** Jakob — Janes, Müsch — Gellesch, Tibulski Männer — Biallas, Rirsch, Schön, Fiederer, Arlt.
**Württemberg:** Müller (Schramberg) — Mack (ab 32. Min. Bolz), Cozza — Ribke, Piccard, Schädler — Aubele, Mohn, Seitz, Sing, Geiser.
**Torschützen:** Fiederer, Ribke.

**2. Oktober 1938 in Sofia.**
**Deutsche Auswahlelf — Bulgarien 3:1 (1:1).**

**Deutsche Elf:** Remmert — Billmann, Kubus — Rhode, Tibulski, Männer — Malecki, Wever, Gauchel, Fiederer, Arlt.
**Torschützen:** Fiederer, Gauchel, Malecki.

**26. März 1939 in Frankfurt**
**Deutsche Auswahlelf — Italien B 2:1**

**Deutsche Elf:** Deyhle — Müsch, Schmitt — Böttgen, Heermann, Fend — Reinhardt, Walter, Dosedzal, Klingler, Gärtner.
**Tore:** Dosedzahl (2)

**2. April 1939 in Konstanz**
**Baden/Württemberg — Schweiz B 1:0**

**Deutsche Auswahlelf:** Hawlicek — Immig, Gramlich — Kraft, Heermann, Haas — Brecht, Hack, Beha, Klingler, Wahl.
**Torschütze:** Wahl.

# Bayerisches Gausportfest

**Auswahlelf — Bayern 6:5 (2:2)**
**16. Juli 1939 in Schweinfurt**

**Deutsche Elf:** Deyhle — Immig (Gramlich II), Moog — Fend, Heermann, Schädler — Reinhardt, Walter, Baumann, Klingler, Gärtner.
**Bayern:** Kainberger — Baier, Streitle — Kupfer, Bernard (Hamerl), Kitzinger — Gorski, Pesahl, Färber, Burger, Leikam.

**Torschützen:** Walter, Klingler (3), Gärtner, Reinhardt, Pesahl (2), Leikam, Gorski, Burger.

**30. Juli in Erfurt**
**Reichself NSKK. — Gau Mitte 6:2**

**NSKK.:** Pesch — Janes, Streitle — Sold, Goldbrunner, Kiefer (2. Halbzeit Czaika) — Albrecht, Heibach, Schubarth, Kobierski, Fath (2. Halbzeit Simetsreiter).

**Mitte:** Müllner — Acthun, Hädicke — Wollenschläger, Gehlert, Beckert — Pannier, Eggert, Emmrich (2. Halbzeit Schulschewski) Wittmann, Schönborn.

## Spiele am Reichsparteitag 1938

**Vorrunde:**

**Nürnberg** (Stadion) I—IV 3:2 (0:1). — I: Flothow — Behnsch, Kubus — Jakobs, Reinhardt (Hamburg), Männer — Winkler, Pöhler (2) Gauchel, Wirsching (1), Wilde. — IV: Fischer — Welsch, Müller — Rohde, Tibulski, Berg — Herbold (1), Günther, Höffmann (1), Fiederer. Arlt.

**Fürth** II—III 2:3 (2:0). II: Remmert — Andritz, Kern — Uebelein, Hoofs, Joksch — Biallas, Schors, Epp (1), Heibach (1), Gärtner. — III: Jürissen — Müsch, Lippert — Müller (Sandhofen). Bernhardt, Rose — Reinhardt (Frankenthal) (1), Tröger, Siffling III (1), Rohr, Klingler (1).

**Um den III. Platz:**

**Fürth:** II—IV 0:5 (0:2). II: Stanitzek — Andritz (2. Halbzeit Pfänder), Kern — Herberger, Hoofs, Joksch — Biallas, Schors, Epp, Heibach (2. Halbzeit Hammerl), Gärtner. — IV: Fischer (2. Halbzeit Schnaitmann) — Wilsch, Miller — Rhode, Tibulski, Goede — Herbold (1), Günther, Höffmann (1), Fiederer (2), Arlt (1).

**Endspiel:**

**Nürnberg** (Zabo) I—III 2:1 (2:1). I: Flothow — Behnsch, Kubus — Jakobs, Reinhardt (Hamburg), Männer — Winkler, Pöhler, Gauchel, Wirsching (2), Wilde. — III: Jürissen — Müsch, Lippert (nach der Pause Schmidt-Gersweiler) — Müller, Rose, Bernhardt — Reinhardt (Frankenthal), Tröger, Siffling III (1), Hammerl, Klingler.

## Die Teilnehmer an Reichslehrgängen

**Frankfurt/Main vom 12. bis 18. März 1939:**

Seifert-Chemnitz, Michel-Kaiserslautern, Heinrich-Mutterstadt, Deyhle-Stuttgart, Vetter-Mannheim, Immig-Karlsruhe, Müsch-Troisdorf, Schweinhardt-Frankfurt, Götz-Saarbrücken, Kopecko-Wien, Schmitt-Saarbrücken, Pechan-Warnsdorf, Folz-Kaiserslautern, Erfurth-Unterlied, Fend-Frankfurt, Schmidtner-Darmstadt, Laudon-Wien, Künz-Frankfurt, Klees-Homburg, Schädler-Ulm, Raab-Frankfurt, Herz-Frankfurt, Picard-Ulm, Heermann-Waldhof, Schmidt-Heppenheim, Reinhardt-Frankenthal, Biallas-Duisburg, Frey-Stuttgart, Walter-Kaiserslautern, Dosedzal-Frankfurt, Schmidt-Falkenau, Färber-Regensburg, Kraus-Biebrich, Gauchel-Neuendorf, Seibert-Niederrad, Faust-Frankfurt, Lorenz-Darmstadt, Safarik-Wien, Klingler-Daxlanden, Fleisch-Wiesbaden, Gärtner-Lorsch, Mohrdorf-Offenbach, Aurednik-Neuendorf.

# 5. Die
# Schiedsrichter

# Deutschlands internationale Schiedsrichter

**Dr. P. Bauwens, Köln:**

30. 4. 1922 Budapest Ungarn—Oesterreich; 24. 9. 1922 Wien Oesterreich Ungarn; 20. 6. 1923 Gävle Schweden—Finnland; 20. 5 1924 Wien Oesterreich—Rumänien; 2. 11. 1924 Amsterdam Holland—Südafrika; 5. 7. 1925 Stockholm Schweden gegen Oesterreich; 2. 10. 1925 Konstantinopel Türkei gegen Polen; 25 10. 1925 Amsterdam Holland—Dänemark; 26. 7. 1926 Helsingfors Finnland—Schweden; 3. 10. 1926 Kopenhagen Dänemark—Schweden; 7. 11. 1926 Wien Oesterreich gegen Schweden; 17 4. 1927 Esch Luxemburg—Italien; 18. 4. 1927 Amsterdam Holland—Tschecho-Slowakei; 29. 5. 1927 Stockholm Schweden—Lettland; 25. 3. 1928 Rom Italien—Ungarn; 22. 4. 1928 Amsterdam Holland-Dänemark; 1. 7. 1928 Kattowitz Polen—Schweden; 28. 10. 1928 Wien Oesterreich gegen Schweiz; 16. 6. 1928 Göteborg Schweden—Dänemark; 14. 8. 1929 Riga Lettland—Litauen; 15. 8. 1929 Riga Estland gegen Litauen; 16. 8. 1929 Riga Estland—Lettland; 6. 4. 1930 Amsterdam Holland—Italien; 11. 5. 1930 Budapest Ungarn gegen Italien; 8. 6. 1930 Budapest Ungarn—Holland; 26 10. 1930 Budapest Ungarn—Tschecho-Slowakei; 22. 3. 1931 Prag Tschecho-Slowakei—Ungarn; 16. 5. 1931 Brüssel Belgien gegen England; 20. 5. 1931 Rom Italien—Schottland; 20. 9. 1931 Budapest Ungarn—Tschecho-Slowakei; 4. 10. 1931 Budapest Ungarn—Oesterreich; 19. 12 1931 London England gegen Spanien; 14. 2. 1932 Neapel Italien—Schweiz; 20. 3. 1932 Differdingen Luxemburg—Frankreich; 29. 5. 1932 Amsterdam Holland—Tschecho-Slowakei; 10. 7. 1932 Warschau Polen—Schweden; 28 10. 1932 Prag Tschecho-Slowakei gegen Italien; 13. 5. 1933 Rom Italien—England; 20 5. 1933 Bern Schweiz—England; 4. 6. 1933 Luxemburg Holland (B.) gegen Belgien (B.); 5. 6. 1933 Luxemburg Holland (B.) gegen Frankreich (B.); 11. 3. 1934 Amsterdam Holland gegen Belgien; 4. 6 1934 Differdingen Luxemburg—Schweiz (B.); 17. 3. 1935 Prag Tschecho-Slowakei—Schweiz (C.J.); 27 3. 1935 Wrexham Wales—Irland; 14. 4. 1935 Luxemburg Luxemburg gegen Belgien (B.); 18. 5. 1935 Amsterdam Holland—England; 6. 9. 1935 Belgrad Jugoslawien—Tschecho-Slowakei; 8 12. 1935 Dublin Irland- Holland; 8 3. 1936 Paris Frankreich gegen Belgien; 26. 4 1936 Prag Tschecho-Slowakei gegen Spanien; 9. 5. 1936 Luxemburg Luxemburg — Irland (Freistaat); 17. 5. 1936 Bukarest Rumänien—Griechenland; 21. 5. 1936 Bukarest Bulgarien—Griechenland; 24. 5 1936 Bukarest Rumänien—Bulgarien· 15. 8. 1936 Berlin Italien—Oesterreich; 25. 10. 1936 Mailand Italien—Schweiz; 25. 4. 1937 Luxemburg Luxemburg—Italien B; 15. 5. 1937 Prag Tschecho-Slowakei—Schottland; 23. 5. 1937 Prag Tschecho-Slowakei—Italien; 19. 9. 1937 Budapest Ungarn—Tschecho-Slowakei; 10. 10. 1937 Oslo Norwegen—Irland; 16. 1. 1938 Luxem-

burg—Ungarn; 15. 5. 1938 Mailand Italien—Belgien.
21. 5. 1938 Zürich Schweiz—England; 4. 7. 1938 Helsinki
Finnland—Schweden; 6. 9. 1938 Belgrad Jugoslawien
Rumänien; 13. 11. 1938 Dublin Eire—Polen; 14. 5. 1934
Mailand Italien—England; 18. 5. 1939 Budapest Ungarn—Eire.
31. 8. 1939 Helsinki Finnland—Schweden; 1. 12. 1940 Genua
Italien—Ungarn; 16. 3. 1941 Bilbao Spanien—Portugal.

### Alfred Birlem, Berlin:

30. 10. 1927 Kopenhagen Dänemark—Norwegen; 29. 5. 1928
Amsterdam Jugoslawien—Portugal; 7. 10. 1928 Wien Oesterreich—Ungarn; 23. 6. 1929 Kopenhagen Dänemark—Kopenhagen; 15. 6. 1930 Krakau Oesterreich—Polen (Amateure);
19. 6. 1930 Oslo Norwegen—Schweiz; 26. 10. 1930 Warschau
Lettland—Polen; 28. 6. 1931 Stockholm Dänemark—Schweden; 5. 7. 1931 Riga Lettland—Polen; 24. 4. 1932 Wien
Oesterreich—Ungarn; 27. 5. 1934 Genua Brasilien—Spanien;
18. 8 1935 Kattowitz Polen—Jugoslawien; 14. 8. 1936 Berlin Norwegen—Polen; 5. 11. 1936 Amsterdam Holland gegen
Norwegen; 15. 6. 1939 Kopenhagen Norwegen—Schweden;
18. 6 1939 Kopenhagen Dänemark—Norwegen.

### Fritz Bouillon, Königsberg:

20. 7. 1938 Reval Estland—Lettland; 3.—5. 9. 1938 in Reval
Estland—Litauen; Litauen—Lettland; Lettland—Estland.

### Max Brandt, Berlin †:

1. 5. 1910 Wien Oesterreich—Ungarn.

### Erich Chemnitz, Leipzig:

7. 10. 1917 Budapest Oesterreich—Ungarn.

### Helmut Fink, Frankfurt a. M.:

5. 6. 1932 Bonn Luxemburg—Westdeutschland; 6. 8. 1936
Berlin England—China

### Otto Kehm, München:

6. 10. 1918 Wien Oesterreich—Ungarn.

### Carl Koppehel, Berlin:

1. 5. 1921 St. Gallen Oesterreich—Schweiz; 26. 11. 1922
Budapest Oesterreich—Ungarn; 2. 9. 1923 Lemberg Polen
gegen Rumänien

### Willi Langer, Karlsruhe:

25. 5. 1911 Bern England—Schweiz.
6*

**Georg Muntau, Königsberg:**

1. 9. 1928 Kaunas Litauen—Lettland; 4. 8. 1930 Riga Lettland—Finnland; 15.—17. 8. 1930 Kaunas Litauen—Lettland; Estland—Lettland; Litauen—Estland.

**Paul Neumann, Berlin †:**

20. 4. 1908 Berlin England—Deutschland; 2. 5. 1909 Wien Oesterreich—Ungarn; 9. 11. 1909 Budapest Oesterreich gegen Ungarn

**C. v. Paquet, Berlin †:**

4. 11 1917 Wien Oesterreich—Ungarn.

**Willi Peters, Berlin:**

3. 8. 1936 Berlin Schweden—Japan; 5. 11. 1936 Kopenhagen Dänemark—Polen; 16. 6 1939 Kopenhagen Dänemark gegen Finnland

**Angelo Rossi, Stuttgart:**

14. 4. 1918 Budapest Oesterreich—Ungarn; 2. 6. 1918 Wien Oesterreich—Ungarn.

**Ernst Sackenreuther, Nürnberg:**

17 5. 1931 Linz Oesterreich—Tschecho-Slowakei.

**Walter Sanß, Dortmund:**

4. 5. 1913 Basel Belgien—Schweiz.

**Paul Schröder, M.-Gladbach:**

20. 2. 1912 Antwerpen Belgien—Schweiz; 8. 4. 1912 Brüssel Belgien—England.

**A. Sohn, Frankfurt a. M.:**

4. 4 1909 Karlsruhe Deutschland—Schweiz.

**Fritz Spranzer, Glauchau:**

7. 10. 1928 Kopenhagen Dänemark—Schweden.

**Karl Weingärtner, Offenbach:**

22. 6. 1930 Kopenhagen Dänemark—Schweden; 27. 9. 1931 Oslo Norwegen—Schweden; 12. 6. 1932 Stockholm Belgien gegen Schweden; 11. 2. 1934 Rom Ungarn—Italien (B.); 17. 11. 1935 Brüssel Belgien—Schweden; 3. 11. 1935 Zürich Schweiz—Norwegen; 17. 11. 1935 Brüssel Belgien—Schwe-

den; 3. 5. 1936 Bern Schweiz—Spanien; 26. 7. 1936 Stockholm Schweden—Norwegen; 3. 8. 1936 Berlin Italien gegen USA.; 20. 9. 1936 Oslo Norwegen—Dänemark; 8. 11. 1936 Zürich Schweiz—Oesterreich

**Bruno Pfützner, Karlsbad:**

18. 8 1935 Deutschland — Finnland; 29. 8. 1937 Deutschland — Estland in Königsberg; 21. 11. 1937 Deutschland — Schweden.

**Alois Beranek, Wien:**

24. September 1933 Belgrad Jugoslawien — Schweiz; 6. Aug. 1933 Zagreb Jugoslawien — Tschecho-Slowakei; 26. Mai 1934 Turin Tschecho-Slowakei — Schweiz; 9. Dezember 1934 Mailand Italien — Ungarn; 5. Mai 1935 Basel Schweiz — Irland; 3. Juni 1937 Kaunas Litauen → Estland; 19. September 1937 Riga Lettland — Estland; 17. Mai 1938 Riga Lettland — Litauen; 6. Juni 1938 Marseille Italien — Norwegen; 28. August 1938 Riga Lettland — Tschecho-Slowakei; 11. Juni 1939 Bukarest Italien — Rumänien; 3. März 1940 Rom Italien — Rumänien; 29. 9. 1940 Budapest Ungarn — Jugoslawien.

**Adolf Miesz, Wien:**

17. 5. 1928 Paris Frankreich—England; 2. 3. 1930 Neapel Griechenland—Italien B; 28. 9. 1930 Lüttich Belgien—Schweden; 27. 9. 1931 Hannover Deutschland—Dänemark; 14. 5. 1936 Budapest Ungarn B—Italien B; 31. 5. 1936 Budapest Ungarn—Italien; 13. 12. 1936 Genua Italien—Tschecho-Slowakei; 15. 6. 1941 Wien Deutschland—Kroatien.

# Die derzeitigen internationalen Schiedsrichter

Das Fachamt Fußball im NSRL. hat für das Spieljahr 1940/41 der Fifa folgende Schiedsrichter für die Liste der Länderspiel-Schiedsrichter gemeldet:

Dr. Bauwens-Köln; Beinlich-Wien; Beranek-Wien; Fink-Frankfurt; Multer-Landau; Pennig-Mannheim; Pfützner-Karlsbad; Raspel-Düsseldorf; Rühle-Merseburg; Schulz-Dresden; Zacher-Berlin.

# Endspiele um die Deutsche Meisterschaft

| | | | |
|---|---|---|---|
| 1903: | Franz Behr-Altona | 1910: | Max Grafe-Leipzig |
| 1904: | ausgefallen | 1911: | P Schröder-M.-Gladbach |
| 1905: | Dr. Westendarp-Hamburg | 1912: | P. Schröder-M.-Gladbach |
| 1906: | Eickhof-Hamburg | 1913: | Knab-Stuttgart |
| 1907: | Eickhof-Hamburg | 1914: | v. Paquet-Berlin |
| 1908: | Götzel-Hamburg | 1920: | Dr Bauwens-Köln |
| 1909: | Gottfried Hinze-Duisburg | 1921: | Dr. Bauwens-Köln |

| | | | |
|---|---|---|---|
| 1922: | Dr. Bauwens-Köln (2 Spiele) | 1932: | Birlem-Berlin |
| 1923: | Brucker-Stuttgart | 1933: | Birlem-Berlin |
| 1924: | Seiler-Chemnitz | 1934: | Birlem-Berlin |
| 1925: | Guyenz-Essen | 1935: | Best-Frankfurt a. M |
| 1926: | Spranger-Glauchau | 1936: | Birlem-Berlin |
| 1927: | Guyenz-Essen | 1937: | Birlem-Berlin |
| 1928: | Maul-Nürnberg | 1938: | Peters-Berlin und Grabler-Regensburg |
| 1929: | Dr. Bauwens-Köln | 1939: | Schulz-Dresden |
| 1930: | Guyenz-Essen | 1940: | Stark-München |
| 1931: | Fissenewerth-Köln | 1941: | Reinhardt-Stuttgart |

## Endspiele um den Reichsbund-Pokal

| | | | |
|---|---|---|---|
| 1909: | Rave-Hamburg | 1927: | Weingärtner-Offenbach |
| 1910: | Bartels-Hannover | 1928: | Maul-Nürnberg |
| 1911: | v. Paquet-Berlin | 1929: | Weingärtner-Offenbach |
| 1912: | Edgar Blüher-Leipzig | 1930: | Sackenreuther-Nürnberg |
| 1913: | Puls-Hamburg | 1931: | Gerlach-Breslau |
| 1914: | Knab-Stuttgart | 1932: | Hohl-Halle |
| 1917: | v. Paquet-Berlin | 1933: | Birlem-Berlin |
| 1918: | Klemayer-Leipzig | 1934: | nicht ausgetragen |
| 1919: | v. Paquet-Berlin | 1935: | Maul-Nürnberg |
| 1920: | Koppehel-Berlin | 1936: | Peters-Berlin und Maul-Nürnberg |
| 1921: | Rossi-Stuttgart | | |
| 1922: | Dr. Bauwens-Köln | 1937: | Peters-Berlin |
| 1923: | Martelock-Berlin | 1938: | Rühle-Merseburg |
| 1924: | Dr. Bauwens-Köln | 1939: | Pfützner-Karlsbad |
| 1925: | Birlem-Berlin | 1940: | Schauhuber-Wien |
| 1926: | Weingärtner-Offenbach | 1941: | Beinlich-Wien |

## Endspiele um den Tschammer-Pokal

| | | | |
|---|---|---|---|
| 1935: | Birlem-Berlin | 1938: | Rühle-Merseburg |
| 1936: | Zacher-Berlin | 1939: | Schütz-Düsseldorf |
| 1937: | Grabler-Regensburg | 1940: | Penning-Mannheim |

## Endspiele um den Kampfspiel-Pokal

| | | | |
|---|---|---|---|
| 1922: | Cornelius-Berlin | 1930: | Maul-Nürnberg |
| 1926: | Birlem-Berlin | 1934: | Birlem-Berlin |

## Endspiel um den Adolf-Hitler-Pokal

1933: 1. Spiel Schulz-Leipzig. 2. Spiel Dr. Bauwens-Köln.

# 6. Die Vereine
# der deutschen Bereichsklasse
# 1941/42

# Bereich 1 Ostpreußen

**Reichsbahn Königsberg:** Reichsbahn-Sportgemeinschaft Königsberg (Pr.) e. V. — Geschäftsstelle: Vorstädt. Langgasse 117/121 — Telephon: 4 63 21 — Vereinsführer: Bellgardt, Charlottenstraße 7 — Spielführer: Bruno Pionczewski — Uebungsleiter (ehrenamtlich): Bruno Pionczewski — Spielkleidung: Hemd: blau. Hose: schwarz.

**Prussia-Samland:** Sportvereinigung Prussia - Samland e. V., Königsberg — Geschäftsstelle: Königsberg/Pr., Goltzallee 12 — Telephon: 2 27 83 — Vereinsführer: Karl Mariaschk, Golzallee 12 — Spielführer: Willy Dzaebel, Hagenstraße 100 — Uebungsleiter (ehrenamtlich): Reichsbundfachlehrer Bruno Lehmann. Metgethen b. Königsberg, Hindenburgweg — Spielkleidung: Hemd: rot. Hose: weiß — Sportplatz: Steffeckstraße 29 — Telephon: 2 35 15; ab Hauptbahnhof mit Straßenbahnlinie 3 und 15 in 20 Minuten; Fassungsvermögen: 6000 (Tribüne 500).

**Preußen Mielau (Mlawa):** SV. Preußen Mielau — Geschäftsstelle: Kdtr. Tr.-Ueb.-Platz Nord. Mielau/Südostpr. — Vereinsführer: Hauptm. Dietrichsdorf — Spielführer: Uffz. Hallex — Uebungsleiter: Uffz. Hallex — Spielkleidung: Hemd: blau, Hose: weiß — Sportplatz: Städt. Sportplatz Mielau, ab Hauptbahnhof in 15 Minuten; Fassungsvermögen: 5000; Zuschauerrekord: 2000 (1940).

**VfB. Königsberg:** Verein für Bewegungsspiele Königsberg/Pr. — Geschäftsstelle: Clubheim „Reichshof". Theaterplatz 10/11 — Telephon: 3 72 22 — Vereinsführer: Kriegsvertreter Walter Stephani. Königsberg (Pr.), Wallenrodtstr. 48 — Spielführer: wechselnd — Uebungsleiter: wechselnd (ehrenamtlich) — Spielkleidung: Hemd: weiß, Hose: schwarz — Sportplatz: Friedländer Torplatz — Telephon: 4 30 55; ab Hauptbahnhof mit Straßenbahnlinie 1, 2, 3 und 4, umsteigen in Linie 5 und 12, in 20 Minuten; Fassungsvermögen: 22 000 (Tribüne 750. Sitzplätze 3000); Zuschauerrekord: 18 000 (1937).

**SV. Insterburg:** Sportverein Insterburg — Geschäftsstelle: A. Weiß. Gartenstraße 21a — Telephon: 705 — Vereinsführer: F. Weiß. Gartenstraße 21a — Spielführer: wechselnd — Uebungsleiter: wechselnd — Spielkleidung: Hemd: blau, Hose: weiß — Sportplatz: Städt. Stadion — Telephon: 11 31; ab Hauptbahnhof mit Omnibus oder zu Fuß in 30 Minuten; Fassungsvermögen: 6000 (Tribüne 250).

**VfB. Osterode:** Verein für Bewegungsspiele e. V. — Geschäftsstelle: Osterode. Bergstraße 8 — Telephon: 339 — Vereinsführer: Gg. Marschner. Bergstraße 8 (Tel. 339)) — Spielführer: Fritz Wietrzychowski — Uebungsleiter: Gerhard Müller — Spielkleidung: Hemd: schwarz, Hose: weiß — Sportplatz: Bismarcksportplatz (städt.); zu erreichen in etwa 20 Minuten; Fassungsvermögen: 5000; Zuschauerrekord: 3000 (30. Juni 1935).

**Richthofen - Neukuhren:** Luftwaffen - Sportverein „Richthofen-Neukuhren" — Geschäftsstelle: Feldw. Walter Störmer, 4. Flg.-Ausb.-Reg 10 Neukuhren/Ostpr. — Vereinsführer: Oberleutnant Manfred Müller — Spielführer: Oberfeldwebel Paul Haffke — Spielkleidung: Hemd: weiß mit gelbem Brustring, Hose: weiß oder schwarz — Sportplatz: Fliegerhorst Neukuhren; Fassungsvermögen: 10 000; Zuschauerrekord: 2000.

**Freya Memel:** Verein für Bewegungsspiele Freya Memel — Geschäftsstelle: Henry Szattat, Memel, Pommelsvitte 231 — Telephon: 40 75 — Vereinsführer: Henry Szattat — Spielführer: wechselnd — Uebungsleiter (ehrenamtlich): wechselnd — Spielkleidung: Hemd: weiß, Hose: grün — Sportplatz: neuer städt. Sportplatz Memel — Telephon: 34 62; ab Hauptbahnhof zu Fuß in 20 Minuten; Fassungsvermögen: 6000.

**Rasensport Preußen:** SVg. Rasensport Preußen, Königsberg — Geschäftsstelle: Königsberg/Pr., Vord. Roßg. 25 — Vereinsführer: Willi Jebsen, Vord. Roßg. 25 — Telephon: 3 41 41 — Spielführer: Kurt Koelnbach — Sportlehrer (hauptberuflich): Lehmann — Uebungsleiter (ehrenamtlich): Wiese — Spielkleidung: Hemd: schwarz-gelb längsgestreift, Hose: weiß — Sportplatz: KMTV.-Platz — Telephon: 3 41 31; ab Hauptbahnhof mit Straßenbahnlinie 8 in etwa 15 Minuten; Fassungsvermögen: 10 000.

**Insterburg:** Sport-Club „Preußen" Insterburg — Geschäftsstelle: H. Abromeit, Insterburg, Wichertstraße 40 — Telephon: 474 — Vereinsführer: H. Abromeit — Spielführer: Otto Krause — Sportlehrer: Tutte Lehmann — Uebungsleiter: Kuchenbecker — Spielkleidung: Hemd: weiß, Hose: schwarz — Sportplatz: Preußenplatz; zu erreichen mit Omnibus-Linie Soldaierstraße in 15 Minuten; Fassungsvermögen: 3000.

**Heiligenbeil:** LSV. Heiligenbeil — Geschäftsstelle: Heiligenbeil 2 / Ostpr., Techn.-Komp. — Vereinsführer: Lt. Hindenburg — Spielführer: Fw. Lehnert — Uebungsleiter: Badoneck — Spielkleidung: Hemd: blau (gelb), Hose: weiß (gelb) — Sportplatz: Heiligenbeil (städt.); zu erreichen in etwa 5 Minuten; Fassungsvermögen: 3000; Zuschauerrekord: 1200.

# Bereich 2 Pommern

**Viktoria Stolp:** SV. Viktoria 09 e. V. — Geschäftsstelle: Kasischke, Stolp/Pommern, Blücherstraße 68 — Vereinsführer: Pegenau, Stolp, Hindenburgstraße — Spielführer: Karl Albrecht — Uebungsleiter (ehrenamtlich): Bruno Tietz — Spielkleidung: Hemd: weiß, Hose: schwarz — Sportplatz: Hindenburgkampfbahn — Telephon: 24 42; ab Hauptbahnhof

Straßenbahnlinie rot in 15 Minuten; **Fassungsvermögen:** 15 000; Zuschauerrekord: 16 000 (1926).

**Germania** Stolp: SV. Germana e. V. — Geschäftsstelle: W. Groll, Stolp i. Pomm., Hindenburgstr. 5 — Telephon: 35 17 — Vereinsführer: Walter Groll — Spielführer: Hans Block, Stolp, Petrikirchsteig 11 — Uebungsleiter (ehrenamtlich): Hans Block — Spielkleidung: Hemd: rot mit weißen Aufschlägen, Hose: weiß — Sportplatz: Germania-Sportplätze, Hauptplatz — Telephon: 35 17; Fassungsvermögen: 15 000 (Tribüne 1000); Zuschauerrekord: 12 000 (1937).

**Pommerensdorf:** Männer-Turn-Verein Pommerensdorf e. V. — Geschäftsstelle: Erich Jahnke, Stettin-Pommerensdorf, Stettiner Straße 13 — Telephon: Gastwirt Haasch 3 27 38 — Vereinsführer: Karl Schlossow, Stettin-Pommerensdorf, Adolf-Hitler-Straße 34 — Spielführer: Gerhard Müller, Stettin, Apfelallee 68a — Uebungsleiter (ehrenamtlich): Erich Jahnke — Spielkleidung: Hemd: grün mit weißer Halseinfassung, Hose: weiß — Sportplatz: Gemeindesportplatz Pommerensdorf: ab Hauptbahnhof Straßenbahnlinie 3 in 20 Minuten; Fassungsvermögen: 5000; Zuschauerrekord: 2856 (1938).

**Luftwaffen-Sportverein Stettin** — Geschäftsstelle: Fliegerhorst Stettin — Telephon: 2 52 41/App 53 — Vereinsführer: Major Weinschenck, Fliegerhorst Stettin — Fußball-Leiter: Feldw. Hans Kummerfeld, Fliegerhorst Stettin — Spielführer: Feldwebel Oeter Zerwas, Fliegerhorst Stettin — Spielkleidung: Hemd: blau, Hose: blau — Sportplatz: SSC.-Platz: ab Hauptbahnhof mit Straßenbahnlinie 3 in 20 Minuten; Fassungsvermögen: 12 000 (Tribüne 800); Zuschauerrekord: 5000 (23. 3 1941 gegen Germania Stolp).

**SSC.:** Stettiner Sport-Club e. V. — Geschäftsstelle: SSC.-Sportpark am Eckersberger Wald — Telephon: 2 78 38 — Vereinsführer: Wilhem Bodecke, Stettin, König-Albert-Straße 36 — Spielführer: Fritz Gahren — Sportlehrer: Charly Pohl — Uebungsleiter und Fußballfachwart (ehrenamtlich): Gerhard Schultz, Stettin, Kronprinzenstraße 19 — Telephon: 2 45 79 — Spielkleidung: Hemd: weiß mit rotem Winkel, Hose: rot — Sportplatz: SSC.-Sportplatz am Eckerberger Wald — Telephon: 2 78 38; ab Hauptbahnhof Straßenbahnlinie 3 in 20 Minuten; Fassungsvermögen: 25 000; Zuschauerrekord: 16 000 (1935).

**VfL.:** Verein für Leibesübungen Stettin e. V. — Geschäftsstelle: Adolfstraße 10, Stettin — Telephon: 3 12 84 — Vereinsführer: Erich Gauger — Telephon: 2 57 31, Voranmeldung — Spielführer: Hans Schittek — Uebungsleiter (ehrenamtlich): Hans Schittek — Spielkleidung: Hemd: blau, Hose: weiß — Sportplatz: Preußen-Sportplätze, Stettin-Neuwestend — Telephon: 2 77 58: ab Hauptbahnhof Straßenbahnlinie 3 und 1 in 25 Minuten; Fassungsvermögen: 10 000; Zuschauerrekord: 5000 (1922).

**Phönix Köslin:** Kösliner Sportverein „Phönix" 1929 e. V. — Geschäftsstelle: Ernst Ewert, Friedrichstraße 5 — Telephon: 20 87 — Vereinsführer: Fritz Henke. Am runden Teich 9 — Spielführer: Karl-Heinz Wiener, Kavelungenweg 29 — Telephon: 25 88 — Uebungsleiter (ehrenamtlich): Karl-Heinz Wiener — Spielkleidung: Hemd: rot mit schwarzen Aufschlägen, Hose: schwarz — Sportplatz: Neue Kampfbahn; ab Hauptbahnhof bis Haltestelle Adolf-Hitler-Straße, Post; Fassungsvermögen: 20 000; Zuschauerrekord: 2000 (1938).

**Viktoria Kolberg:** SV. Viktoria e. V. 1921 Kolberg — Geschäftsstelle: Lothar Strehlow, Kolberg, Altdammerweg 11 — Vereinsführer: Julius Mindner (jetzt eingezogen), Vertreter Arthur Kachur, Roonstr. 10 — Spielführer: Herbert Duchrow, Treptower Str. 22 — Uebungsleiter: Uffz. Werner Lässig, Fliegerhorst Kolberg — Spielkleidung: Hemd: gelb, Hose: schwarz — Vereinslokal Telephon: 27 53; ab Hauptbahnhof in 10 Minuten; Fassungsvermögen: 2000; Zuschauerrekord: 1000 (1940).

**Stern-Fortuna:** Spielvereinigung Stern-Fortuna e. V. — Geschäftsstelle: Stolp/Pom., Hindenburgstraße 27 — Telephon: 24 09 — Vereinsführer: Hans Stolpmann, Stolp, Kassuberstraße 9a — Spielführer: Walter Erdmann, Stolp, Wagnerstraße 15 —Uebungsleiter (ehrenamtlich): Alfred Buß, Stolp, Lachsschleuse 25 — Spielkleidung: Hemd: blau, Hose: blau — Sportplatz: Regimentssportplatz; ab Hauptbahnhof mit Straßenbahnlinie rot (Kaserne) in 20 Minuten; Fassungsvermögen: 2000; Zuschauerrekord: 800.

**Pütnitz:** Luftwaffensportverein Pütnitz — Geschäftsstelle: Uffz. Willi Anton, Seefliegerhorstkompanie Pütnitz — Telephon: Damgarten 327/28/App. 120 — Vereinsführer: Oberleutnant Klohn — Spielführer: Uffz. Willi Anton — Spielkleidung: Hemd: blau, Hose: schwarz — Sportplatz: Damgarten, evtl. Städt. Sportplatz Greifswald; ab Hauptbahnhof zu Fuß in 20 Minuten (Greifswald mit Bus in 10 Minuten); Fassungsvermögen: 10 000 (Greifswald), 3000 (Damgarten).

**Parow:** Luftwaffen-Sportverein Parow — Geschäftsstelle: Parow ü/Stralsund — Telephon: 14 36/N/App. 83 — Vereinsführer: Obltn. Iwersen (Sportoff.) — Spielführer: Uffz. Nachbauer — Spielkeidung: Hemd: blau, Hose: weiß — Sportplatz: Fliegerhorst-Sportplatz Parow; zu erreichen mit Omnibus in 10 Minuten; Fassungsvermögen: 10 000; Zuschauerrekord: 4000 (31. 8. 1941 gegen Stadtmannschaft Stralsund).

**„Hubertus" Kolberg:** HSV. „Hubertus" Kolberg — Geschäftsstelle: Kolberg — Telephon: 29 81 — Vereinsführer: Leutnant Brunke — Spielführer: Fm. Griep — Spielkleidung: Hemd: grün, Hose: weiß — Sportplatz: Militärsportplatz; zu erreichen in 15 Minuten; Fassungsvermögen: 3000; Zuschauerrekord: 1200 (13. 7. 1941 gegen LSV. Kamp).

# Bereich 3 Brandenburg

**Spandau:** Spandauer Sport-Verein e. V. — Geschäftsstelle: für die Kriegszeit: R. Janicke, Spandau, Dallgower Straße 3 — Telephon: Vereinskasino 37 36 60 — Vereinsführer: R. Janicke, Berlin-Spandau, Dallgower Straße 3 — Spielführer: Kurt Rudolph — Sportlehrer (hauptberuflich): A. Marohn — Spielkleidung: Hemd: rot, Hose: weiß — Sportplatz: SSV.-Sportplatz, Berlin-Spandau, Neuendorfer Straße 18—24 — Telephon: 37 36 60; ab Hauptbahnhof mit Straßenbahnlinie 54 und 75 in 10 Minuten; Fassungsvermögen: 7500; Zuschauerrekord: vor dem Umbau 8500 (1931).

**Wacker:** Sportclub Wacker 1904 e. V. Berlin-Tegel — Geschäftsstelle: Paul Ahrendt, Berlin-Reinickendorf-West, Auguste-Victoria-Allee 58 — Telephon: 49 37 75 — Vereinsführer: Walter Nadolny, Berlin-Reinickendorf-West, Scharnweberstraße 34 — Telephon: 49 14 25 — Spielführer: Kurt Burnitzki — Uebungsleiter (ehrenamtlich): Kurt Burnitzki — Spielkleidung: Hemd: lila, Hose: weiß — Sportplatz: Wackerplatz — Telephon: 49 32 72; ab Hauptbahnhof mit Straßenbahnlinie 25, 27, 28, 128, 41, Omnibus 6 und S-Bahn bis Eichbornstraße; Fassungsvermögen: 8000; Zuschauerrekord: 7000 (1935).

**Union-Ob.:** Sport-Club Union-Oberschöneweide e. V. — Geschäftsstelle: Wilhelm Kuhlmann, Berlin-Köpenick, Mittelheide 32 — Vereinsführer: Otto Weigt, Berlin-Köpenick, Kinzerallee 26 — Telephon: in dringenden Fällen: 50 12 06 — Spielführer: Herbert Raddatz — Uebungsleiter (ehrenamtlich): Willi Knüppel — Spielkleidung: Hemd: blau, Hose: weiß — Sportplatz: Union-Sportplätze, Straße an der Wuhlheide; ab Bahnhof Köpenick mit Straßenbahn 95 in 10 Minuten; Fassungsvermögen: 10 000 (Sitzplätze 200); Zuschauerrekord: 8235 (1937 gegen BSV. 92).

**Blau-Weiß:** Sportliche Vereinigung „Blau-Weiß" 1890 e. V. — Geschäftsstelle: Franz Scharlewski, Berlin-Tempelhof, Manteuffelstraße 47 — Telephon: 75 51 13 — Vereinsführer: Ludwig Zeitz, Berlin NW 87, Kloostockstraße 22 — Telephon: 39 91 13 — Spielführer: Günther Bien — Sportlehrer (hauptberuflich): Hans Semmler — Uebungsleiter (ehrenamtlich): Karl Wolter — Spielkleidung: Hemd: blau, Hose: weiß — Sportplatz: Sportl. Vgg. „Blau-Weiß" — Telephon: 75 40 31; ab Hauptbahnhof mit Straßenbahnlinie 99, 199, 25, 35 in 25 Minuten; Fassungsvermögen: 10 000; Zuschauerrekord: 12 000 (1938 gegen BSV. 92).

**Brandenburg:** Brandenburger Sport-Club 05 e. V. Brandenburg/Havel — Geschäftsstelle: Kurt Görsdorf, Bäckerstr. 19, Mittwoch und Freitag — Tel. 35 88 — Vereinsführer: Kreisleiter W. Schöttler, Kath. Kirchplatz 4—5 — Spielführer: Hans Neuweiler, Brielower Str. 53 — Uebungsleiter: Hans Neuweiler — Spielkleidung: Hemd: grün, Hose: weiß —

Sportplatz: Musterwiese, Brielower Str. 11—22 — Telephon.
35 88: ab Hauptbahnhof mit Straßenbahn rot und gelb in
15 Minuten; Fassungsvermögen: 12 000 (Tribüne 200, Sitzplätze 400); Zuschauerrekord: 10 000 (1938 gegen Hertha-
BSC.).

**Hertha BSC.:** Hertha BSC. e. V. — Geschäftsstelle: Berlin N 20,
Heidebrinker Straße 3 — Telephon: 44 76 79 — Vereinsführer: Karl Windgassen, Diplom-Kaufmann und Syndikus
— Spielführer: Hermann Halm — Sportlehrer (hauptberuflich): Hans Sauerwein — Spielkleidung: Hemd: weiß, Hose:
blau — Sportplatz: Sportplatz am Bahnhof Gesundbrunnen
— Telephon: 44 66 86, direkt am Reichsbahnhof und S-
und U-Bahnhof Berlin-Gesundbrunnen; Fassungsvermögen:
24 000; Zuschauerrekord: 24 000 (1932).

**Lufthansa:** Lufthansa Sportgemeinschaft Berlin e. V. — Geschäftsstelle: Berlin NW 29, Flughafen-Neubau — Telephon:
Ort: 19 53 53, Telephon: 19 54 81 — Vereinsführer: Albert
Schoeps, Berlin-Staaken, am Fliegerhorst 10 — Telephon:
37 30 63 — Spielführer: Otto Runge — Sportlehrer (hauptberuflich): Fritz Maurischat — Spielkleidung: Hemd: blau
(kornblau), gelber Halsring, gelbe Aermel. Hose: blau
(kornblau), gelbe Biese — Sportplatz: Berlin-Schöneberg,
Monumentenstraße — Telephon: Warth 71 01 08: ab Hauptbahnhof mit S-Bahn Kolonnenstraße, Straßenbahn 24 und 95
bis Kolonnenstraße; Fassungsvermögen: 7/8000; Zuschauerrekord: 8000 (1927).

**Minerva:** SV. Minerva 1893 e. V. Berlin — Geschäftsstelle:
Erwin Schröer, Berlin N 54, Brunnenstraße 11 — Telephon:
42 72 42 — Vereinsführer: Richard Schröer, Berlin N 54,
Brunnenstraße 160 — Telephon: 44 75 74 — Spielführer:
Hermann Unger — Sportlehrer (hauptberuflich): Jupp Winter — Spielkleidung: Hemd: gelb, Hose: blau — Sportplatz: Volkspark Rehberge (Hauptkampfbahn), Berlin N 65,
Afrikanische Straße — Telephon: 46 84 25; ab Hauptbahnhof
mit allen Straßenbahnen in Richtung Tegel bis Otawistraße
in 10 bzw. 20 Minuten; Fassungsvermögen: 12 000; Zuschauerrekord: 12 000.

**Tennis-Borussia:** Berliner Tennis-Club „Borussia" e. V. — Geschäftsstelle: Berlin-Pankow, Paracelsusstraße 4 — Telephon: 48 64 00 — Dienstag und Donnerstag: 41 19 32 — Vereinsführer: Carl Helfert, Berlin-Lichtenberg-Friedrichsfelde,
Alt-Friedrichsfelde — Spielführer: Erich Kauer — Uebungsleiter: Artur Fricke — Spielkleidung: Hemd: lila, Hose:
weiß — Sportplatz: Berlin N 4, Chausseestraße 96 — Telephon: 41 19 32; vom Stettiner Bahnhof in 5 Minuten; Fassungsvermögen: 35 000; Zuschauerrekord: 34 000 (1938).

**Marga:** Sportverein Marga e. V. — Vereinsführer: E. Groeger,
Grube Marga N.-L., Horst-Wessel-Straße 14 — Spielführer:
Alfred Wagner — Spielkleidung: Hemd: blau, Hose: blau -
Sportplatz: Grube Marga N.-L. — Telephon: Senftenberg

Nr. 133: vom Bahnhof Senftenberg mit Autobus bis Marga in 15 Minuten, dann 10 Minuten Fußweg; Fassungsvermögen: 5000; Zuschauerrekord: 2500 (1941).

**Ordnungspolizei:** Sportgemeinschaft der Ordnungspolizei, Berlin — Geschäftsstelle: Berlin-NW 7, Karlstraße 34/35 — Vereinsführer: Generalmajor der Polizei, Klinger — Spielführer: Hauptwachtmeister der Schutzpolizei, Köller — Uebungsleiter: Kriminalobersekretär Bebiolka — Spielkleidung: Hemd: grau, Hose: weiß — Sportplatz: Polizeistadion, Berlin-N, Chausseestraße; zu erreichen mit U- und S-Bahn; Fassungsvermögen: 45 000; Zuschauerrekord: 53 000 (1935).

# Gau Niederschlesien

**Breslau 06:** Breslauer Fußballverein 06 e. V. — Geschäftsstelle: Breslau 16, Frau-Holle-Weg 1 — Telephon: 4 63 92 — Vereinsführer: Georg Scholz, Frau-Holle-Weg 1 — Spielführer: Erich Wronner — Uebungsleiter (ehrenamtlich): Walter Urbanski — Spielkleidung: Hemd: blau (rot), Hose: weiß (schwarz) — Sportplatz: Breslau-Oswitz — Telephon: 4 56 07; ab Hauptbahnhof mit Straßenbahnlinie 15 in 30 Miruten; Fassungsvermögen: 6000—8000; Zuschauerrekord: 6000.

**Breslau 02:** Breslauer Sport-Vereinigung 02 e. V. — Geschäftsstelle und Vereinsheim: Sportpark Gräbschen, Oppauer Straße — Telephon: 8 38 78 — Vereinsführer: Kurt Schulze, Breslau, Gräbschener Straße 215 — Spielführer: Herbert Fleischer — Uebungsleiter (ehrenamtlich): Benno Hvede — Spielkleidung: Hemd: rot, Hose: rot evtl. weiß — Sportplatz: Sportpark Gräbschen — •Telephon: 8 38 78; •ab Hauptbahnhof mit Straßenbahnlinie 14 in 15 Minuten; Fassungsvermögen: 15 000; Zuschauerrekord: 14 500

**Hertha:** SC. Hertha 1915 e. V. — Geschäftsstelle: SC. Hertha, Breslau, Schönstraße 56 — Telephon: 3 37 64 — Vereinsführer: Erich Bock, Breslau 23, Filkestraße 9/11 — Uebungsleiter (ehrenamtlich): W. Georg Tekly — Spielkleidung: Hemd: gelb-schwarz, Hose: schwarz — Sportplatz: Schönstraße 56 — Telephon: 3 37 64; ab Hauptbahnhof mit Straßenbahnlinie 6, 16 und 3 in 15 Minuten; Fassungsvermögen: 10 000; Zuschauerrekord: 10 000 (1935/36).

**Görlitz:** Sportvgg. „Gelb-Weiß", Görlitz — Geschäftsstelle: Alfred Wolf, Schremberger Straße 6 — Vereinsführer: Alfred Wolf — Spielführer: Günther Schmidt — Uebungsleiter: Fritz Schneider — Spielkleidung: Hemd: weiß mit gelbem Brustring, Hose: gelb — Sportplatz: Schenkendorffplatz — Telephon: 33 09; ab Hauptbahnhof mit Straßenbahnlinie 2 in 13 Minuten; Fassungsvermögen: ca. 4000; Zuschauerrekord: ca. 3000 (21. 6. 1941).

**Oels:** Reichsbahn-Sportgemeinschaft Oels — Telephon: Oels 536, Nebennummer 511 — Vereinsführer: Fritz Böhnert,

Obering.. Oels. v. Paoenweg — Spielführer: Edmund Erfort — Sportlehrer: Fritz Hoffmann, Breslau — Uebungsleiter: Nastulla — Spielkleidung: Hemd: weiß mit Bruetring. Hose: grün — Sportplatz: Stadion Oels; ab Hauptbahnhof in 30 Minuten; Fassungsvermögen: 10 000; Zuschauerrekord: 1500 (8. 6. 1941 gegen LSV. Reinecke Brieg).

**Brieg:** LSV. „Reinecke" Brieg — Geschäftsstelle: Hauptfeldw. Dönsdorf. Aufkl.-Flieg.-Schule. Brieg. 1. Techn. Komp. — Telephon: Brieg 841/Hausapp. 146 — Vereinsführer: Major Holz. Aufkl.-Flieg.-Schule 2 Brieg — Spielführer: Obfw. Bazyli. Aufkl.-Flieg.-Schule Brieg — Uebungsleiter: Obfw. Bazyli — Spielkleidung: Hemd: blau. Hose: blau. weiße Streifen — Sportplatz: Brieger Stadion; zu erreichen in 15 Minuten; Fassungsvermögen: 6000; Zuschauerrekord: 4000 (26. 7. 1938 Bayern gegen Niederrhein).

**WSV. Liegnitz:** Wehrmacht-Sport-Verein Liegnitz — Geschäftsstelle: Liegnitz. Füsilierkaserne. Stabsgebäude — Telephon: 19 51/App. WSV. — Vereinsführer: Obltn. Herbert Hildebrand — Spielführer: Oberfeldw. A. Pawlitzki — Sportlehrer: Feldw. Kurt Otto — Uebungsleiter: Gefr. Kurt Börner — Spielkleidung: Hemd: weiß, roter Brustring, Hose: schwarz — Sportplatz: WSV.-Platz (fr. Blitzer-Platz). Glogauer/Grünthaler Straße; zu erreichen in etwa 15 Minuten; Fassungsvermögen: 6000; Zuschauerrekord: 2300 (25. 5. 1941 gegen LSV. Reinecke-Brieg).

**Liegnitz:** NS.-Turn- und Sportgemeinschaft. Liegnitz. Fußball-Abt. 96 — Fußball-Abt.-Führer: Martin Weiß, Liegnitz, Schubertstraße 36 — Telephon: 26 60. — Spielführer: Günther Klar — Uebungsleiter: Sportwart Gerh. Türpitz, Marthastraße — Telephon: 29 11 — Spielkleidung: Hemd: blau, Hose: weiß — Sportplatz: Jahnsportplatz am Schützenhaus und 96er Kampfbahn am Kreiskrankenhaus; zu erreichen mit Straßenbahnlinie 3 in 20 Minuten; Fassungsvermögen: 10 000; Zuschauerrekord: 10 000 (1938).

**VfB. Liegnitz:** Verein für Bewegungsspiele — Geschäftsstelle: Erwin Wolle, Liegnitz, Margaretenstraße 5 — Vereinsführer: Karl-Willi Langner, Liegnitz, Emilienstraße 17 — Spielführer: Sportlehrer Walter Schneider — Sportlehrer· Walter Schneider — Spielkleidung: Hemd: rot mit weißen Aufschlägen. Hose: weiß — Sportplatz: VfB. Stadion. Liegnitz, Freiherr-von-Stein-Straße; vom Hauptbahnhof mit Omnibus in 5 Minuten; Fassungsvermögen: 10 000 (Tribüne: 2000); Zuschauerrekord: 4000.

# Gau Oberschlesien

**Beuthen 09:** Beuthener Spiel- und Sportverein 09 e. V. — Geschäftsstelle: Konzerthaus Beuthen. Gymnasialstraße – Telephon: 43 18 — Spielführer: Malik Richard — Uebungsleiter (ehrenamtlich): Malik Richard — Spielkleidung: Hemd: weiß, Hose: gelb — Sportplatz: Beuthener Stadion — Telephon: 33 61: zu Fuß in 15 Minuten und Autobuslinie 2 in 15 Minuten; Fassungsvermögen: 40 000; Zuschauerrekord: 35 000 (1941).

**Preußen Hindenburg:** SC. „Preußen" 1910 e. V. — Geschäftsstelle: Hindenburg-Ost, Kronprinzenstraße 463 — Telephon: 36 07 — Vereinsführer: Hans Blascyk (z. Zt. bei der Wehrmacht) — Spielführer: Günter Pawelzyk — Sportlehrer (ehrenamtlich): Hans Blasczyk — Uebungsleiter: Sportwart Erich Kampa — Spielkleidung: Hemd: schwarz, Hose: weiß — Sportplatz: Preußenplatz im Steinhofpark Hindenburg; mit Straßenbahnlinie 3 in 10 Minuten; Fassungsvermögen: 18 000; Zuschauerrekord: 14 894 (1939 gegen VR. Gleiwitz).

**Hindenburg 09:** Turn- und Sportverein Hindenburg 09 e. V. — Geschäftsstelle: Hindenburg O/S. — Telephon: 33 11 — Vereinsführer: Generaldirektor E. Deichsel — Spielführer: Konr. Raschczyk — Uebungsleiter: Erich Immisch — Spielkleidung: Hemd: gelb-schwarz gestreift, Hose: schwarz — Sportplatz: Deichselsportplatz; zu erreichen in etwa 5 Minuten von Haltestelle Alsenstraße; Fassungsvermögen: 8000; Zuschauerrekord: 7800 (1935 gegen Vorw. Gleiwitz).

**VR. Gleiwitz:** Sportvereinigung Vorwärts - Rasensport, Gleiwitz 09 e. V. — Geschäftsstelle: Kurt Mettke, Gleiwitz, Kreuzstraße 7 — Telephon: 27 32 — Vereinsführer: Dr. Wolfram Neumann, Gleiwitz, Wilhelmstraße 2c — Spielführer: Norbert Richter — Uebungsleiter: Georg Wostal — Spielkleidung: Hemd: grün, Hose: weiß — Sportplatz: Jahnstadion: ab Hauptbahnhof mit Straßenbahnlinie 4 in 12 Minuten; Fassungsvermögen: 15 000 ' (Sitzplätze 1000); Zuschauerrekord: 14 000 (1938 gegen Fortuna Düsseldorf).

**Germania:** Fußball-Verein Germania, Königshütte O/S. — Geschäftsstelle: Gerhard Barthel, Königshütte — Telephon: 4 09 62 — Vereinsführer: K. Schweda, Adolf-Hitler-Str. 20 -– Telephon: 4 11 74 — Spielführer: Leonhard Piontek, Bergfreiheitstraße 34 — Sportlehrer (nebenberuflich): Gustav Wieser, im Wehrbezirkskommando — Uebungsleiter (ehrenamtlich): Sportwart Ernst Schweda, Charlottenstraße 33 -– Telephon: 4 07 39 — Spielkleidung: Hemd: weinrot, Hose: schwarz — Sportplatz: Redenberg-Kampfbahn — Telephon: 4 05 91; ab Hauptbahnhof mit Straßenbahnlinie Richtung Domb in etwa 10 Minuten; Fassungsvermögen: 20 000 (Tribüne 2000); Zuschauerrekord: 18 000 (1938).

**Schwientochlowitz:** Turn- und Sportverein 1890 e. V. — Geschäftsstelle: Schwientochlowitz O/S., Bergwerkstraße 6 — Telephon: 4 17 11 — Vereinsführer: Direktor Johannes Meyer — Spielführer: Wilhelm Seiffert — Uebungsleiter (ehrenamtlich): Herbert Krolik — Spielkleidung: Hemd: dunkelblau, Hose: weiß — Sportplatz: Kampfbahn Schwientochlowitz; ab Hauptbahnhof in etwa 10 Minuten; Fassungsvermögen: 10 000; Zuschauerrekord: 5000 (1941).

**Bismarckhütte:** „Bismarckhütter Sport-Vereinigung 1899" e. V. — Geschäftsstelle: Bismarckhütte O/S., Richthofenstraße 6 — Vereinsführer: Ewald Czech, Kattowitz O/S., Emmastraße 49/51 — Spielführer: Anton Andrzejewski, Bismarckhütte, Landsberger Straße 6 — Uebungsleiter: Gerhard Wodarz, Sczeponikstraße 9 — Spielkleidung: Hemd: blauweiß, Hose: weiß — Sportplatz: Kampfbahn Bismarckhütte: ab Hauptbahnhof mit allen Straßenbahnlinien in 3 Minuten; Fassungsvermögen: 35 000.

**1. FC. Kattowitz:** Erster Fußball-Club Kattowitz 05 e. V. — Geschäftsstelle: Höferstraße 41 — Telephon: 3 45 31/3 39 88 — Vereinsführer: Max Gora — Spielführer: W. Schmitkowski — Uebungsleiter: Schmitkowski — Spielkleidung: Hemd: weiß, Hose: schwarz — Sportplatz: Turngemeindeplatz: zu erreichen in etwa 7 Minuten; Fassungsvermögen: 35 000; Zuschauerrekord: 20 000 (gegen Sachsen).

# Bereich 5  Sachsen

**DSC.:** Dresdner Sport Club e. V. — Geschäftsstelle: Dresden A 5 Pieschner Allee 1 — Vereinsführer: Alwin Weinhold, Dresden-A 28, Weißeritzufer 2 — Spielführer: Heinz Hempel — Keinen hauptberuflichen Sportlehrer, da Bergmann zur Wehrmacht eingezogen worden ist — Uebungsleiter (ehrenamtlich): Georg Köhler — Spielkleidung: Hemd: rot, Hose: schwarz — Sportplatz: Dresden-Ostragehege, Pieschener Allee 1 — Telephon: 1 42 70; ab Hauptbahnhof mit Straßenbahnlinie 10 und 26 in 15 Minuten; Fassungsvermögen: 55 000; Zuschauerrekord: 59 000 (1935).

**PSV.:** Polizei-Sportverein Chemnitz e. V. — Geschäftsstelle: Chemnitz, Hartmannstraße 24 — Telephon: 2 24 41 — Vereinsführer: Polizeipräsident und ⚡-Oberführer Weidermann — Spielführer: Erwin Helmchen — Uebungsleiter (ehrenamtlich): Rudolf Lieberwirth — Spielkleidung: Hemd: weißgrün, Hose: weiß — Sportplatz: Polizei-Sportplatz — Telephon: 4 04 21; ab Hauptbahnhof mit Straßenbahnlinie 1 und 1 E in 10 Minuten; Fassungsvermögen: 35 000; Zuschauerrekord: 32 000 (1938).

**Planitz:** Planitzer Sportclub e. V. — Geschäftsstelle: Albin Stietzel, Aeuß. Zwickauer Straße 1a — Telephon: 58 66 — Vereinsführer: Fritz Helmig, Hauptmann, Göringstr. 7/9 — Spielführer: Herbert Seltmann — Uebungsleiter (ehrenamtl.): Kurt Weigel — Spielkleidung: Hemd: gelb, Hose: schwarz — Sportplatz: Westsachsen-Kampfbahn; ab Hauptbahnhof mit Omnibus Zwickau/Planitz in 15 Minuten; Fassungsvermögen: 30 000; Zuschauerrekord: 18 000 (1938).

**Riesa:** Riesaer Sportverein e. V. — Geschäftstelle: Riesa II, Postfach 56 — Telephon: 12 95 — Vereinsführer: Kurt Mießner, Riesa — Spielführer: Hauptmann der Schutzpolizei Willy Menzel, Riesa, Rathaus — Sportlehrer: Ludwig Koch, Riesa — Spielkleidung: Hemd: rot, Hose: schwarz — Sportplatz: RSV.-Park, am Bürgergarten — Telephon: 919; ab Hauptbahnhof zu Fuß in 5 Minuten; Fassungsvermögen: 8000; Zuschauerrekord: 6000 (1937).

**Tura 99:** Turn- und Rasensportverein 1899 e. V. — Geschäftstelle: Leipzig-W 35, Böhlitz-Ehrenberger Weg 1 — Telephon 4 32 73 — Vereinsführer: Georg Wernicke, Leipzig-W 33, Merseburger Straße 126/III — Spielführer: Herbert Carolin — Sportlehrer: Ludwig Koch — Spielkleidung: Hemd: rot, Hose: rot 1. Mannschaft, übrige Mannschaft: Hemd: blau, Hose: blau — Sportplatz: Turaplatz, Böhlitz-Ehrenberger Weg 1; ab Hauptbahnhof mit Straßenbahnlinie 17 in 25 Minuten; Fassungsvermögen: 22 000; Zuschauerrekord: 22 000 (1939).

**CBC.:** Chemnitzer Ballspielclub 1933 e. V. — Geschäftstelle: Chemnitz, Kronenstraße 4 — Telephon: 2 54 20 (P. G. Werner Wagner) — Vereinsführer: Direktor Erich Friedrich, Chemnitz - Adelsberg, Ernst-Georgi-Straße 56 — Telephon: 5 09 65 — Spielführer: Lothar Richter, Blücherstraße 5 — Spielkleidung: Hemd: rot, Hose: schwarz — Sportplatz: Chemnitzer Großkampfbahn, Reichenhainer Straße — Telephon: 5 33 80; zu erreichen mit Straßenbahnlinie 1 (in 3 umsteigen) in etwa 40 Minuten; Fassungsvermögen: 60 000 (Tribüne 2000, Sitzplätze 5000); Zuschauerrekord: 60 000 (1938 Länderspiel gegen Polen).

**VfB.:** Verein für Bewegungsspiele e. V., Leipzig — Geschäftstelle: Leipzig O 39 Connewitzer Straße 13 — Vereinsführer: Rechtsanwalt Dr. jur. Herb. Fricke — Telephon: 6 26 15 — Geschäftsführer: Otto Roterberg — Telephon: 6 31 20 und 6 26 15 — Spielführer: Martin Schön — Uebungsleiter (ehrenamtlich): Erich Dobermann — Spielkleidung: Hemd: hellblau-weiß, längsgestreift, Hose: weiß — Sportplatz: Stadion Connewitzer Straße — Telephon: 6 26 15; ab Hauptbahnhof mit Straßenbahnlinie 8, 15 und 25 in 25 Minuten; Fassungsvermögen: 45 000; Zuschauerrekord: 50 000 (1932).

**Fortuna 02:** Sportverein „Fortuna 02" — Geschäftstelle: Leipzig O 29, Schließfach — Telephon: 6 16 20 — Vereinsführer: Georg Dornig, Leipzig 61, Stephanstraße 16 — Sportlehrer (hauptberuflich): Emil Kutterer — Spielkleidung: Hemd: rotweiß gestreift, Hose: weiß — Sportplatz: Leipzig-Engelsdorf — Telephon: 6 16 20; ab Hauptbahnhof mit Straßenbahnlinie 4 in 20 Minuten; Fassungsvermögen: 30 000.

**Döbelner SC.:** Döbelner Sport-Club 02 e. V. — Geschäftstelle: Döbeln — Telephon: 31 76 und 31 85 — Vereinsführer: Carl Schmidt, Döbeln — Spielführer: Walter Seltmann — Uebungsleiter: Hauptfeldw. Kurt Majetschack — Spielklei-

dung: Hemd: schwarz-weiß, Hose: weiß — Sportplatz:
DSC.-Park; ab Hauptbahnhof mit Autobus in 5 Minuten;
Fassungsvermögen: 10 000; Zuschauerrekord: 4000.

# Bereich 6 Mitte

**Dessau 05:** Dessauer Sportverein 1905 e. V. — Geschäftsstelle:
Dessau, Postfach 46 — Telephon: 10 35 — Vereinsführer:
Stadtverwaltungsrat Karl Fritze, Dessau, Richard-Wagner-
Straße 9 — Telephon: 30 51 — Spielführer: Heinz Gehlert
— Sportlehrer (nebenberuflich): Karl Höger — Spielkleidung:
Hemd: weinrot Hose: weiß — Sportplatz: Schillerpark —
Telephon: 10 35; ab Hauptbahnhof in 15 Minuten; Fassungs-
vermögen: 18 000; Zuschauerrekord: 15 000 (1938).

**SV. Jena:** 1. Sport-Verein, vorm. FC. C. Zeiß 03 e. V. — Geschäftsstelle: Stadion — Telephon: 28 84 (Dienstag, Mittwoch und Freitag ab 19 Uhr) — Vereinsführer: Dr. E.
Liebmann, Studienrat — Spielführer: Heinz Werner —
Sportlehrer (hauptberuflich): S. Kretschmann — Uebungsleiter (ehrenamtlich): H. Werner, Kurt Beckert, Sepp Jonek
— Spielkleidung: Hemd: blau, weißer Ringkragen, Hose:
blau und weiß — Sportplatz: Stadion 1. SpV, Jena —
Telephon: 28 84; ab Hauptbahnhof mit Straßenbahnlinie
Lobeda, Haltestelle Felsenkeller, in 10 Minuten, ab Westbahnhof und Paradiesbahnhof 5 Minuten Fußweg; Fassungsvermögen: 25 000; Zuschauerrekord: 1900 (1937).

**Cricket Victoria:** MF. und CC. „Victoria" e. V. — Geschäfts-
stelle: G. Bruns, Magdeburg, Walbecker Straße 55/I —
Telephon: 3 32 58 — Vereinsführer: Otto Anhalt, Magde-
burg, Gr. Mühlenstraße 5/6 — Spielführer: Walter Seyer —
Sportlehrer (hauptberuflich): B. Kellerhoff — Spielkleidung:
Hemd weiß mit rotem Aermel, Hose: rot — Sportplatz:
Polizeistadion — Telephon: 2 07 30; ab Hauptbahnhof mit
Straßenbahnlinie 11 in 3 Minuten; Fassungsvermögen: 10 000;
Zuschauerrekord: 9000 (1938/39).

**Halle 96:** Verein für Leibesübungen 1896 e. V. — Geschäftsstelle: Halle, Krosigkstraße 24 — Telephon: 2 27 91 — Vereinsführer: Bankdirektor Curt Bretschneider, Universitäts-
ring 3 — Spielführer: Dr. Lothar Geisler, Franckeplatz 1
— Uebungsleiter (ehrenamtlich): Otto Pietsch, Friedrichstraße 42 — Spielkleidung: Hemd: blau mit roten Aufschlägen, Hose: blau — Sportplatz: Krosigkstraße 24 — Telephon: 2 27 91; ab Hauptbahnhof mit Straßenbahnlinie 5 in
20 Minuten; Fassungsvermögen: 20 000; Zuschauerrekord:
16 000 (1929).

**Weida:** FC. Thüringen e. V. — Geschäftsstelle: Weida, Hotel Goldner Ring. Dienstag — Telephon: 315 (außer der Zeit von 7—16 Uhr Weida 14) — Vereinsführer: Karl Häßner — Spielführer: Alfred Bilke — Sportlehrer (hauptberuflich): Hans Stirnadl, früher Wien — Uebungsleiter (ehrenamtlich): Sportwart Lautenschläger — Spielkleidung: Hemd: blau-weiß gestreift. Hose: weiß — Sportplatz: Roter Hügel (Aumühle): ab Hauptbahnhof zu Fuß in 30 Minuten; Fassungsvermögen: 8000; Zuschauerrekord: 5000 (1937).

**Wacker:** HFC. „Wacker 1900" e. V. — Geschäftsstelle: Halle, Dessauer Straße 54/67 — Telephon: 2 96 15 — Vereinsführer: Walter Fellmann — Spielführer: Fritz Belger — Spielkleidung: Hemd: blauweiß gestreift. Hose: blau — Sportplatz: Wackerplatz — Telephon: 2 96 15; zu erreichen mit Straßenbahnlinie 5 und 1 in 10 Minuten; Fassungsvermögen: 18 000; Zuschauerrekord: 18 000 (gegen DSC.).

**Zeitz:** FC. Sportvereinigung von 1910 e. V. — Geschäftsstelle: Paul Hornickel. Neumarkt 36 — Telephon: 27 81 — Vereinsführer: Otto Gerhardt. Straße der SA. 6 (Telephon: 25 11) — Spielführer: Otto Seifert — Uebungsleiter: Paul Hornickel — Spielkleidung: Hemd: rot-weiß gestreift, Hose: rot oder weiß — Sportplatz: Tiergartenhof — Telephon: 27 81: zu erreichen in 5 Minuten: Fassungsvermögen: 5000: Zuschauerrekord: 3600 (1937 gegen Bitterfeld).

**Steinach 08:** Sportverein 08 e. V., Steinach/Thür. — Geschäftsstelle: Otto Träger. Stadtverwaltung Steinach — Telephon: 318 — Vereinsführer: Otto Scheler. Bürgerstraße 5 — Telephon: 167 — Spielführer: Chr. Weigelt — Spielkleidung: Hemd: weiß. Hose: schwarz — Sportplatz: Steinach Nr. 113: zu erreichen in etwa 10 Minuten: Fassungsvermögen: 5000: Zuschauerrekord: 4800 (1938 gegen Dessau 05).

**Dessau 98:** Sportgemeinschaft von 1898 Dessau — Geschäftsstelle: Werner Löwe. Jöstener Straße 34 — Vereinsführer: Rudi Rost — Sportlehrer: Erwin Kiesewetter — Spielkleidung: Hemd: weiß Hose: rot — Sportplatz: 98er Sportplatz — Telephon: 1898: zu erreichen mit Omnibus in etwa 5 Minuten; Fassungsvermögen: 10 000; Zuschauerrekord: 13 000 (1932).

**Gera:** 1. Sportverein Gera e. V. — Geschäftsstelle: am Debschwitzer Steg — Telephon: 31 81 — Vereinsführer: Ernst Muckisch. Hohenlohestraße 31 — Spielführer (nebenberuflich): Walter Gloede — Spielkleidung: Hemd: gelb-schwarz und weiß - schwarz, Hose: schwarz — Sportplatz: Am Debschwitzer Steg — Telephon: 31 81; ab Hauptbahnhof mit Straßenbahnlinie 2 in 20 Minuten. vom Südbahnhof in 20 Minuten zu Fuß; Fassungsvermögen: 15 000; Zuschauerrekord: 10 000 (1937).

**Lauscha:** 1. Fußball-Club von 1907 e. V. — Geschäftsstelle: O. Hartung, Lauscha, Köppleinstraße 66 — Telephon: 261 — Vereinsführer: Paul Wagner, Lauscha, L.-Str. 1 — Spielführer: Elias Söllner, Köppleinstraße 36 — Uebungsleiter (ehrenamtlich): Elias Söllner — Spielkleidung: Hemd: schwarz, Auswechsel-T. weiß, Hose: schwarz — Sportplatz: Oberland; ab Bahnhof in 10 Minuten; Fassungsvermögen: 5000.

# Bereich 7 Nordmark

**HSV.:** Hamburger Sport-Verein e. V. Hamburg 13, Rothenbaumchaussee 115 — Telephon: 55 34 51—53 — Vereinsführer: Karl Mechlen — Spielführer: Frido Dörfel — Sportlehrer: J. Schulz — Spielkleidung: Hemd: weiß, Hose: rot — Sportplatz: Rothenbaum — Telephon: 55 43 51—53 — und Sportpark Ochsenzoll 57 81 17; ab Hauptbahnhof mit Straßenbahnlinie 18 in etwa 15 Minuten; Fassungsvermögen: 22 000 (Tribüne 1250).

**Victoria Hamburg:** Sport-Club Victoria 1895 e. V. — Geschäftsstelle: Hamburg 20, Martinistraße/Tribüne — Telephon: 53 31 60 — Vereinsführer: Carl Reimers, Hamburg 13, Nonnenstieg 19 — Spielführer: Hans Schwartz — Sportlehrer (hauptberuflich): Ernst Michelsen — Spielkleidung: Hemd: gelb, Hose: blau — Sportplatz: Victoria-Sportplatz Hoheluft — Telephon: 53 31 60; ab Hauptbahnhof mit Straßenbahnlinie 22 in 20 Minuten; Fassungsvermögen: 28 000; Zuschauerrekord: 28 500 (1940).

**Lübeck:** Sportgemeinschaft der Ordnungspolizei Lübeck e. V. — Geschäftsstelle: Sportplatz Wilhelmshöhe — Telephon: 2 51 21, Apparat 645 — Vereinsführer: Polizeipräsident Senator Walter Schröder — Spielführer: Erwin Luchs — Uebungsleiter (ehrenamtlich): Hauptmann der Sch. Beyerlein — Spielkleidung: Hemd: weiß, Hose: weiß mit grünen Seitenstreifen — Sportplatz: Adolf - Hitler - Kampfbahn (Lohmühle) Telephon: 2 77 25; ab Hauptbahnhof mit Straßenbahnlinie 11, 12 und 4 in 5 Minuten; Fassungsvermögen: 6000; Zuschauerrekord: 5000.

**Eimsbüttel:** Eimsbütteler Turnverband e. V., Fußballabteilung — Geschäftsstelle: Hamburg-Lokstedt, Hindenburgstraße — Telephon: 53 30 28 — Leiter der Fußball-Abt.: Walter Kramer, Dehnhaide 12, Hamburg 22 — Telephon: 23 26 90 — Spielführer: H. Rohde — Sportlehrer: Walter Risse — Spielkleidung: Hemd: rot, Hose weiß — Sportplatz: Tribünensportplatz Hamburg-Lokstedt, Hindenburgstraße; ab Hauptbahnhof mit Straßenbahnlinie 2, 8, 22 in 20 Minuten; Fassungsvermögen: 27 000; Zuschauerrekord: 27 000 (1938).

**Holstein Kiel:** KSV. „Holstein" von 1900 e. V. — Geschäftsstelle: Holtenauer Straße 162/170 Kiel — Telephon: 42 73 — Vereinsführer: Carl Friese, Kiel, Muhliusstraße 103 — Spielführer: Fr. Linken — Uebungsleiter (ehrenamtlich):

Ernst Föge, Johs. Ludwig — Spielkleidung: Hemd: blau, Hose: weiß. Stutzen: rot — Sportplatz: Projensdorfer Straße und Mühlenweg — Telephon: 1 06 74; ab Hauptbahnhof mit Straßenbahnlinie 1 und 2 in 25 Minuten; Fassungsvermögen: 13 000; Zuschauerrekord: 13 000.

**Kilia:** Kieler Fußballvereinigung „Kilia" von 1902 e. V. — Geschäftsstelle: Kiel, Schillerstraße 2 — Telephon: Klubhaus 485 — Vereinsführer: Hch. Spengler, Schillerstraße 2 — Spielführer: W. Pedersen — Uebungsleiter: W. Pedersen — Spielkleidung: Hemd: rot, Hose: weiß — Sportplatz: Kilia-Sportplätze am Hasseldieksdammer Weg; zu erreichen mit Straßenbahnlinie 7 in 20 Minuten; Fassungsvermögen: 5—6000; Zuschauerrekord: 5000 (1941 gegen HSV.).

**Altona 93:** Altona 93 — Geschäftsstelle: Hamburg-Altona 1, Brahmsstr. 110 — Telephon: 42 51 52 und 42 00 70 — Vereinsführer: Hermann Essich, Hamburg-Altona 1, Othmarscher Kirchenweg 8 — Telephon: 42 27 85 — Spielführer: Karl Bohn — Uebungsleiter (ehrenamtlich): Karl Bohn und E. G. William Meyer — Spielkleidung: Hemd: quer gestreift schwarz-weiß-rot, Hose: weiß — Sportplatz: AFC.-Kampfbahn — Telephon: 42 51 52; ab Hauptbahnhof mit Straßenbahnlinie 4 in 2 Minuten und mit der S-Bahn in 3 Minuten; Fassungsvermögen: 22 000, Zuschauerrekord: 27 000 (1922).

**Barmbeck:** Barmbecker Sportgemeinschaft — Geschäftsstelle: Hamburg 22, Sentastraße 35 — Telephon: 23 31 10 — Vereinsführer: Oskar Erlhoff — Spielführer: Herbert Timm — Uebungsleiter (ehrenamtlich): F. Golz — Spielkleidung: Hemd: grün, Hose: blau — Sportplatz: Brucknerstraße — Telephon: 22 65 08, ab Hauptbahnhof mit Straßenbahnlinie 6, 7, 8 und 9 in 12 Minuten; Hochbahn bis Stadtpark in 12 Minuten; Stadtbahn bis Barmbeck in 12 Minuten; Fassungsvermögen: 5000.

**Wilhelmsburg:** Wilhelmsburger Fußball-Verein von 1909 — Geschäftsstelle: John Breuning, Veringstr. 42 — Telephon: 38 71 40 — Vereinsführer: John Breuning — Spielführer: Johann Plewka, Eichenallee 33 — Uebungsleiter (ehrenamtlich): Johann Marzinkowski, Freiligratstraße 10 — Spielkleidung: Hemd: schwarz-gelb längsgestreift, Hose: schwarz — Sportplatz: Hindenburgstr. Schulte — Telephon: 38 71 40; ab Hauptbahnhof mit Straßenbahnlinie 33 in 35 Minuten; Fassungsvermögen: 4000; Zuschauerrekord: 4000 (1930).

**WSV. Schwerin:** Wehrmacht-Sport-Verein Schwerin — Vereinsfachwart: Feldw. Heinz Salbach, Schwerin - Görries, Kommando Fl.-Bereich — Vereinsführer: Oblt. Kresken, Schwerin-Görries, Fliegerhorstkomp. — Spielführer: Oberfw. Weber — Uebungsleiter: Obergefr. Strack — Spielkleidung: Hemd: rot, Hose: weiß — Sportplatz: „Paulshöhe", Clubhaus — Telephon: Schwerin 33 07; zu erreichen in 10 Minuten; Fassungsvermögen: 5000; Zuschauerrekord: 4000 (1938/39).

# Bereich 8 Niedersachsen

**ViL. Osnabrück:** Verein für Leibesübungen von 1899 e. V. — Geschäftsstelle: Wittekindplatz 7 — Telephon: 39 17 — Vereinsführer: Dr. H. Gösmann — Spielführer: Matth. Billen — Sportlehrer (hauptberuflich): Walter Hollstein — Uebungsleiter (ehrenamtlich): Friedel Schwarze (Fußballobmann und Ligaleiter) — Spielkleidung: Hemd: lila, Hose: weiß — Sportplatz: VfL.-Kampfbahn — Telephon: 23 65; ab Hauptbahnhof mit Straßenbahnlinie 1, umsteigen in Linie 3, in 10 Minuten; Fassungsvermögen: 15 000; Zuschauerrekord: 15 000 (1939).

**Osnabrück 97:** Turn-Sportverein Osnabrück von 1897 e. V. — Geschäftsstelle: Osnabrück, Kokschestraße 79/81 — Telephon: 24 77 — Vereinsführer: Alfred Krebs, Osnabrück, Kokschestraße 79/81 — Spielführer: Rudolf Hölscher — Uebungsleiter (ehrenamtlich): Helmut Kronsbein, Heinr. Hölscher — Spielkleidung: Hemd: blau, Hose: blau — Sportplatz: Kampfbahn „Paradies" — Telephon: 71 46); ab Hauptbahnhof mit Straßenbahnlinie 2 in 25 Minuten; Fassungsvermögen: 10 000.

**Hannover 96:** Hannoverscher Sportverein von 1896 e. V. — Geschäftsstelle: Hannover, Misburgerdamm 47c — Spielführer: W. Petzold — Sportlehrer (hauptberuflich): Robert Fuchs — Spielkleidung: Hemd: weinrot, Hose: schwarz — Sportplatz: Radrennbahn — Telephon: 8 18 96; ab Hauptbahnhof mit Straßenbahnlinie 5 und 6 in 15 Minuten; Fassungsvermögen: 10 000; Zuschauerrekord: 9000 (1940).

**Arminia:** Sportverein Arminia e. V. — Geschäftsstelle: Bernhard Otten, Hannover, Ostwender Straße 7 — Telephon: 6 16 98 — Vereinsführer: Dr. König — Spielführer: Franz Radtke — Sportlehrer (hauptberuflich): Pölsterl — Spielabschlüsse: Heinrich Könemann, Ulanenstraße 6 — Telephon: 2 86 20 — Spielkleidung: Hemd: blau, Hose: weiß — Sportplatz: Bischofsholerdamm 119 — Telephon: 8 49 64; ab Hauptbahnhof mit Straßenbahnlinie 5 bis Tierärztlicher Hochschule in 20 Minuten; bei Wettspielen mit E-Wagen Fußball in 15 Minuten; Fassungsvermögen: 13 000.

**Schinkel 04:** Sportgemeinschaft „Schinkel 04" e. V., Osnabrück — Geschäftsstelle: Osnabrück. Schützenhofallee 31 — Vereinsführer: Wilhelm Röscher — Spielführer: Willy Weber — Uebungsleiter: Karl Voß — Spielkleidung: Hemd: weiß, Hose: blau — Sportplatz: Telephon: 23 91; ab Hauptbahnhof mit Straßenbahnlinie 1, umsteigen in Linie 3, in 15 Minuten; Fassungsvermögen: 15 000; Zuschauerrekord: 12 000.

**Linden 07:** Sportverein von 1907 e. V., Hannover-Linden — Geschäftsstelle: K. H. Heitmann, Hann.-Linden, Wittekindstraße 32 — Vereinsführer: Richard Emmerich, Hann.-Linden, Rodenstraße — Spielführer: Hermann Werner —

Uebungsleiter: Karl Amelung — Spielkleidung: Hemd: lila, Hose: weiß — Sportplatz: Fössepark — Telephon: 4 09 90; ab Hauptbahnhof mit Straßenbahnlinie 8 und 14 in etwa 20 Minuten; Fassungsvermögen: 6000.

**Werder:** Sport-Verein „Werder" von 1899 e. V. — Geschäftsstelle: Bremen. Bahnhofstraße 35 — Telephon: 2 38 25 — Vereinsführer: Karl-Heinz Schulz — Spielführer: Hugo Scharmann — Uebungsleiter: Hugo Scharmann — Spielkleidung: Hemd: grün. weiße Aufschl., Hose: weiß — Sportplatz: Bremer Kampfbahn — Telephon: 4 06 72; zu erreichen mit Straßenbahnlinie 10 in 15 Minuten; Fassungsvermögen: 32 000; Zuschauerrekord: 32 000 (1936).

**Jäger Bückeburg:** Militärsportverein „Jäger 7" Bückeburg (Sch.-L.), MSV. „Jäger 7" — Vereinsführer: Oberleutnant Hellwig — Spielführer: Feldwebel Schulz — Spielkleidung: Hemd: weiß, Hose: grün — Sportplatz; ab Hauptbahnhof in 3 Minuten; Fassungsvermögen: 8000; Zuschauerrekord: 6800 (1939).

**Wilhelmshaven:** Spielvereinigung Wilhelmshaven 05 e. V. — Geschäftsstelle: Hotel „Friesenhof". Nordstr. 23 — Telephon: 13 20 — Vereinsführer: Walter Glunz. Lübecker Straße 6 — Telephon: 12 48/12 59 — Spielführer: Johannes Reukens, Bremer Straße 70 — Uebungsleiter: MA.-Gefr. Robert Weiler. 5. K. IV. SStA. — Spielkleidung: Hemd: rot, Hose: weiß — Sportplatz: Marinesportplatz. Fortifikationsstraße; zu erreichen in etwa 20 Minuten; Fassungsvermögen: 10 000 (Tribüne 500. Sitzplätze 500); Zuschauerrekord: 10 000.

**Blumenthal:** Allgemeiner Sportverein Blumenthal von 1919 — Geschäftsstelle: ASV. Blumenthal. Postfach 15 — Telephon: 480. Amt Vegesack — Vereinsführer: Fritz Ebberfeld, Bremen-Blumenthal. Weserstraße — Telephon dienstlich: 10 76. privat 846. beide Amt Vegesack — Spielführer: Paul Marczieniak. Kurt Rosika — Uebungsleiter (ehrenamtlich): Clemens Degen — Spielkleidung: Hemd: blau mit roten Aufschlägen. Hose: weiß — Sportplatz: Forsthaus — Telephon: 480. Amt Vegesack; ab Hauptbahnhof mit Autobus in 10 Minuten; Fassungsvermögen: 6000; Zuschauerrekord: 6500 (1937).

**Göttingen 05:** 1. Sport-Club 05 e. V. Göttingen. Postfach 68 — Geschäftsstelle: Göttingen. Maschpark — Telephon: 34 83 — Vereinsführer: A. Heinrichs (Vertr.: W. Bensemann) — Spielführer: Heinrich Melching — Uebungsleiter: Walter Schulze — Spielkleidung: Hemd: schwarz-gelb. Hose: weiß — Sportplatz: Maschpark; zu erreichen in 5 Minuten; Fassungsvermögen: 6000; Zuschauerrekord: 3500 (Ostern 1933 gegen Jahn Regensburg).

**Eintracht:** Braunschweiger Sportverein „Eintracht" e. V. — Geschäftsstelle: Braunschweig, Hamburger Straße 210 — Telephon: 24 — Vereinsführer: Benno Kuhlmann — Spielführer: Ludwig Lachner — Sportlehrer (hauptberuflich): Georg Knöpfle — Spielkleidung: Hemd: blau-gelb gestreift, Hose: blau mit gelben Streifen — Sportplatz: Hamburger Straße 210 — Telephon: 24; ab Hauptbahnhof mit Straßenbahnlinie 6, 7, 8 bis Rathaus, dann Linie 1, in 20 Minuten; Fassungsvermögen: 24 000; Zuschauerrekord: 24 000 (1937).

# Bereich 9 Westfalen

**Schalke 04:** Fußballclub Gelsenkirchen-Schalke 04 e. V. — Geschäftsstelle: Gelsenkirchen, Schalker Markt 10 — Telephon: 2 14 33 — Vereinsführer: Heinrich Pieneck — Spielführer: Ernst Kuzorra — Sportlehrer: Otto Faist — Spielkleidung: Hemd: blau mit weißem Aufschlag, Hose: blau — Sportplatz: Kampfbahn Glückauf — Telephon: 2 16 60; ab Hauptbahnhof mit Straßenbahnlinie 2 in etwa 10 Minuten; Fassungsvermögen: 35 000 Tribüne 1480, Vortr. 630); Zuschauerrekord: 32 000.

**VfL. Bochum:** Verein für Leibesübungen Bochum 1848 e. V., Bochum, Postfach 84 — Geschäftsstelle: Emil Hutmacher, Bochum, Große-Beck-Straße — Telephon: 6 14 74 — Vereinsführer: Karl Eisermann, Schellstraße 14 — Leiter der Abt. Fußball: Otto Wüst, Brückstraße 2 — Telephon: 6 81 35 — Spielführer: August Trawny — Sportlehrer (hauptberuflich): Georg Hochgesang — Spielkleidung: Hemd: blau, Hose: blau und Hemd: weiß, Hose: blau — Sportplatz: VfL.-Stadion, Castroper Straße; ab Hauptbahnhof mit Straßenbahnlinie 7 und 17 in 20 Minuten; Fassungsvermögen: 25 000; Zuschauerrekord: 12 000 (1939). Sitzungen: jeden Dienstagabend von 20.45—22.30 Uhr im Vereinsheim: „Hotel Bochumer Hof", Bochum, Alleestr. 17 — Telephon: 6 15 88.

**Borussia Dortmund:** BV. Borussia 09 e. V. — Geschäftsstelle: Dortmund, Oesterholzstr. 60 — Telephon: 3 13 02 — Vereinsführer: August Busse — Spielführer: August Lenz, Zideller — Uebungsleiter (ehrenamtlich): Fritz Thelen (Schalke 04) — Spielkleidung: Hemd: gelb, Hose: schwarz — Sportplatz: Städt. Kampfbahn „Rote Erde" — Telephon: 2 01 11 Stadtverwaltung oder 2 86 05 Kampfbahn; ab Hauptbahnhof mit Straßenbahnlinie 3 und 8 in 12 Minuten; Fassungsvermögen: 50 000 (Tribüne 2200); Zuschauerrekord: 30 000 (1938).

**VfB.:** Verein für Bewegungsspiele e. V. 03 — Geschäftsstelle: Bielefeld, Postfach 1520 — Vereinsführer: Willy Schnur — Telephon: 26 — Geschäftsführer: Hans Lienenlücke — Telephon: 72 77 — Spielführer: Ewald Strothmann — Spielkleidung: Hemd: rot, Hose: weiß — Sportplatz: VfB.-

Kampfbahn: ab Hauptbahnhof mit Straßenbahnlinie 2 in 10 Minuten; Fassungsvermögen: 15 000 (Tribüne 450); Zuschauerrekord: 15 000.

**Arminia Bielefeld:** Deutscher Sport-Club Arminia e. V. — Geschäftsstelle: Postfach 399. Bielefeld — Telephon: 67 66 — Vereinsführer: Konrad Müller, Bielefeld, Pestalozzistraße 7 — Spielführer: Otto Kranefeld — Uebungsleiter (ehrenamtlich): Otto Kranefeld — Spielkleidung: Hemd: blau, Hose: blau — Sportplatz: Melanchthonstraße, Restaur. Schütze — Telephon: 42 10; ab Hauptbahnhof in 15 Minuten; Fassungsvermögen: 15 000; Zuschauerrekord: 18 000 (1939).

**Westfalia Herne:** Sportclub Westfalia 04 e. V. — Geschäftsstelle: Bahnhofstraße 8b. Herne i. W., Postfach 151 — Telephon: 5 19 89 — Vereinsführer: Oberstudiendirektor Hermann Kracht — Spielführer: van Haren — Uebungsleiter (ehrenamtlich): Karl Joswiak — Spielkleidung: Hemd: blau, Hose: weiß oder blau — Sportplatz: Westfalia-Stadion am Schloß Strünkede: ab Hauptbahnhof mit Straßenbahnlinie 8 oder 18 in 3 Minuten; Fassungsvermögen: 23 000; Zuschauerrekord: 26 000 (1939).

**BSG. Gelsenguß:** BSG. Gelsenguß Gelsenkirchen — Geschäftsstelle: Gelsenkirchen, Bochumer Straße 86 — Telephon: 2 00 61 — Betriebssportwart und Wettkampfleiter: Konrad Schmedeshagen — Spielführer: Hugo Bartsch — Spielleiter (ehrenamtlich): Franz Heßmann — Spielkleidung: Hemd: blau, Hose: weiß — Sportplatz: Gelsenguß-Kampfbahn — Telephon: 2 48 39; ab Hauptbahnhof mit Straßenbahnlinie 3 und 2 in 10 Minuten; Fassungsvermögen: 10 000; Zuschauerrekord: 9500 (1941).

**Röhlinghausen:** Spielvereinigung Röhlinghausen 1913 e. V. (Stadt Wanne-Eickel) — Geschäftsstelle: SpVgg. Röhlinghausen e. V. Wanne-Eickel, Marktstraße 10 — Telephon: Wanne-Eickel 4 16 15 — Vereinsführer: Obersteiger Hempel, Hofstraße 1 — Spielführer: Heinrich Cedero — Sportlehrer (hauptberuflich): Josef Schulte — Uebungsleiter (ehrenamtlich): Hans Kampner — Spielkleidung: Hemd: grün, Hose: schwarz — Sportplatz: Goebbelsplatz — Telephon: 4 16 15; ab Hauptbahnhof mit Straßenbahnlinie 3 in 10 Minuten; Fassungsvermögen 15 000· Zuschauerrekord: 16 500 (1931).

**Herten:** Spielvereinigung 1912 e. V. Herten/W. — Vereinsführer: Alfred Schäfer. Schützenstraße 149 — Spielführer: Karl Niederhausen, Herten-Sch., Hindenburgstraße — Uebungsleiter: G. Modsel, Roonstraße — Spielkleidung: Hemd: grün, Hose: weiß — Sportplatz: Herten-Katzenbusch — Telephon: Recklinghausen 3082; zu erreichen mit Straßenbahnlinie 1 in 10 Minuten; Fassungsvermögen: 8000; Zuschauerrekord: 8000 (1933 gegen Schalke 04).

**Altenbögge:** Verein für Leibesübungen 1928 e. V. Altenbögge-Bönen — Vereinsführer: Richard Augustin — Spielführer: Franz Rodenkirchen — Sportlehrer: Uridil — Spielkleidung:

Hemd: rot-weiß. Hose: weiß — Sportplatz: Kampfbahn am Rehbusch. Altenbögge — Telephon: 309 Altenbögge; ab Bahnhof Bönen in 7 Minuten; Fassungsvermögen: 7—8000; Zuschauerrekord: 4000 (1941 gegen Schalke 04).

# Bereich 10 Niederrhein

**Fortuna Düsseldorf:** Düsseldorfer Turn- und Sportverein „Fortuna 1895" e. V., Düsseldorf. Postfach 406 — Telephon: 2 78 95 — Vereinsführer komm.: Toni Rudolph, Steinstraße 1 — Spielführer: Ernst Albrecht — Sportlehrer: Paul Horvarth — Spielkleidung: Hemd: weiß, Hose: rot — Wechseltracht: Hemd: rot, Hose: rot — Sportplatz: Flingerbroich 85. Fortunasportplatz; ab Hauptbahnhof mit Straßenbahn in 15—20 Minuten; Fassungsvermögen: 19 000 (Tribüne 1000); Zuschauerrekord: 19 026 (1933).

**Tura Düsseldorf:** Turn- und Rasensport Union 1880 e. V. — Geschäftsstelle: Düsseldorf, Postfach 187 — Telephon: 2 74 77 — Vereinsführer: Heinz von der Nüll, Brend'amourstraße 25 — Spielführer: Ludwig Müller — Sportlehrer (hauptberuflich): Paul Horvarth — Spielkleidung: Hemd: blau, Hose: weiß — Sportplatz: Hermann-Göring-Kampfbahn Telephon: 2 74 77; ab Hauptbahnhof mit Straßenbahnlinie 14 in 8 Minuten; Fassungsvermögen: 16 000; Zuschauerrekord: 14 500 (1938).

**Rot-Weiß Oberhausen:** SC. Rot-Weiß Oberhausen e. V. — Geschäftsstelle: Oberhausen/Rhld. — Telephon: 2 17 00 — Vereinsführer: II. RA. und Notar Dr. jur. Otto Hütter, Oberhausen — Spielführer: Anton Schweiger — Sportlehrer: Th. Lohrmann — Uebungsleiter: Th. Lohrmann — Spielkleidung: Hemd: weiß, Hose: rot — Sportplatz: Lothringer Straße; ab Hauptbahnhof mit Straßenbahnlinie 2 und 16 in etwa 5 Minuten; Fassungsvermögen: 10 000; Zuschauerrekord: 12 000.

**Hamborn 07:** Spielverein Hamborn 1907 e. V. — Geschäftsstelle: Hamborn, Ratskeller, Duisburger Straße — Telephon: Duisburg 5 00 34 — Vereinsführer: Amtsgerichtsrat P. Havers, Hamborn, Weseler Straße 18 — Telephon: 5 07 58 — Spielführer: Bernhard Bütterich — Uebungsleiter: Bütterich, Duch und Rodzinski — Spielkleidung: Hemd: gelb mit schwarzem Brustring. Hose: weiß — Sportplatz: 1. Platz an der Buschstraße — Telephon: 5 04 56. 2. Stadion Hamborn — Telephon: 5 18 30; ab Hauptbahnhof mit Straßenbahnlinie B und D in 10 Minuten; Fassungsvermögen: 35 000; Zuschauerrekord: 20 000 (1940).

**Rot-Weiß Essen:** Rot-Weiß Essen e. V. — Geschäftsstelle: Essen-Bergeborbeck. Postfach 19 — Telephon: 3 14 04 .— Vereinsführer: Gustav Klar, Essen-Altenessen, Wiehagenstraße 43 — Spielführer: Heini Moritz, Essen, Von-der-

Tann - Straße 11 — Sportlehrer (hauptberuflich): Erich
Schmidt. Essen-Bergeborbeck, Bottroper Straße — Spielkleidung: Hemd: rot, Hose: weiß — Sportplatz: an der
Hafenstraße — Telephon: Essen 3 14 04; ab Hauptbahnhof
mit Straßenbahnlinie 3 und 33 in 25 Minuten; Fassungsvermögen: 23 000; Zuschauerrekord: 22 000 (1939).

**Schwarz-Weiß:** Essener Turnerbund Schwarz-Weiß, Essen e. V.
— Geschäftsstelle: Theo Ruhrmann, Essen - Steele, Alte-
Zeilen 1—3 — Telephon: 5 89 25 — Vereinsführer: Kreis-
leiter Hütgens. Essen-Ruhr, Pirolstraße 2 — Spielführer:
Günther Stephan — Sportlehrer: Josef Uridil — Uebungs-
leiter: Theo Ruhrmann — Spielkleidung: Hemd: schwarz-
weiß. Hose: schwarz — Sportplatz: Am Uhlenkrug, Max-
Ring-Kampfbahn — Telephon: 4 60 69; ab Hauptbahnhof mit
Straßenbahnlinie 17 und 15 in 15 Minuten; Fassungsver-
mögen: 40 000 (Tribüne 3000); Zuschauerrekord: 25 000.

**TuS. Helene Essen:** Turn- und Sportverein „Helene" Essen e. V.
— Geschäftsstelle: Essen-Altenessen, Bäuminghausstraße 29
— Telephon: Essen 3 29 35 — Vereinsführer: Peter Wey-
mann. Essen-West, Zollstraße 56 — Spielführer: Josef Pathe
— Sportlehrer (hauptberuflich): Raymund Schwab, Essen,
Jennerstraße 12 — Spielkleidung: Hemd: schwarz-weiß,
lang gestreift, Hose: schwarz — Sportplatz: Essen-Alten-
essen, Bäuminghausstraße 29; ab Hauptbahnhof mit Stra-
ßenbahnlinie 1, 21, E 21 und 31 in 15 Minuten, ab Bahnhof
E-Altenessen in 5 Minuten; Fassungsvermögen: 25 000. —
Hauptkampfbahn (Rasenplatz), Uebungsplatz (Asche);
Fassungsvermögen: 7500 (Tribüne 500).

**Duisburg:** Turn- und Sportverein von 1848/99 e. V., Duisburg
— Geschäftsstelle: Postfach 329, Margarethenstraße 26 —
Telephon: 3 15 67 — Vereinsführer: Prof. Dr. Fritz Partsch,
Kiefernweg 8 — Spielführer: Willi Krabbe — Uebungsleiter:
Willi Krabbe — Spielkleidung: Hemd: weiß, Hose: schwarz
— Sportplatz: Am Kalkweg — Telephon: 3 15 67; ab Haupt-
bahnhof mit Straßenbahnlinie 3 und 8 in 20 Minuten; Fas-
sungsvermögen: 15 000.

**Benrath 06:** Verein für Leibesübungen 06 e. V. Benrath — Ge-
schäftsstelle: Benrath, Postfach 45 — Vereinsführer: Jos.
Tiggelkamp — Spielführer: Hans Klein — Sportlehrer: Paul
Horvath — Uebungsleiter: G. Stoffels — Spielkleidung:
Hemd: weiß, Hose: schwarz — Sportplatz: Münchener
Straße: zu erreichen mit Straßenbahnlinie 1 und 18 in
25 Minuten; Fassungsvermögen: 15 000; Zuschauerrekord:
17 000 (November 1935 gegen Fortuna Düsseldorf).

**Wuppertal:** Sportfreunde Schwarz-Weiß 04 e. V., Wuppertal —
Geschäftsstelle: W.-Barmen, Postfach 253 — Telephon:
6 28 28 Vereinsführer: Karl Forsthoff, W.-Barmen, Kreuzstraße 27 — Spielführer: Karl Bosmans — Uebungsleiter:
Karl Bosmans — Spielkleidung: Hemd: schwarz-weiß, Hose:
schwarz — Sportplatz: Sportplatz Mallack — Telephon:

5 öö 01; zu erreichen mit Straßenbahnlinie 6 in 20 Minuten; Fassungsvermögen: 12 000; Zuschauerrekord: 10 000 (1933 gegen Fortuna Düsseldorf).

# Gau 11 Köln-Aachen

**Köln-Mülheim:** Mülheimer Sport-Verein 1906 e. V. — Geschäftsstelle: Köln-Mülheim, Stöckerstr. 20 — Telephon: 6 07 95 — Vereinsführer: Rechtsanwalt Dr. Fritz Eickenberg, Köln-Mülheim, Elisabeth-Breuer-Straße 28 — Telephon: 6 32 74 — Spielführer: Wilhelm Hoofs, Köln-Dünnwald, Amselstr. 92 — Uebungsleiter (ehrenamtlich): Karl Gerhold, Köln-Riehl, am Botanischen Garten 34 — Spielkleidung: Hemd: rotweiß langgestreift, Hose: schwarz — Sportplatz: Köln-Mülheim, Bergisch-Gladbacher Straße 250 — Telephon: 6 04 87; ab Hauptbahnhof mit Straßenbahnlinie 22 und T in 25 Minuten. vom Reichsbahnhof Köln-Mülheim in 15 Minuten; Fassungsvermögen: 10 000; Zuschauerrekord: 9100 (1940).

**VfL. 99 Köln:** Verein für Leibesübungen 1899 e. V., Köln — Geschäftsstelle: Köln, Postschließfach 275 — Telephon: 7 72 39 oder 7 77 30 — Vereinsführer: Jakob Zündorf — Spielführer: Willi Tollmann — Uebungsleiter (ehrenamtlich): Alfred Kogel — Spielkleidung: Hemd: rot mit weiß, Aermel, Hose: schwarz — Sportplatz: Weidenpescher Park; ab Hauptbahnhof mit Straßenbahnlinie 11 und 15 in 18 Minuten; Fassungsvermögen: 15 000; Zuschauerrekord: 10 000.

**Victoria:** Kölner Spielverein Victoria 1911 e. V. — Geschäftsstelle: Georg Musculis, Holzmarkt 15 — Telephon: 22 71 68 — Vereinsführer: Hans Westhofen, Köln, Balthasarstr. 63 — Spielführer: August Rosendahl — Uebungsleiter: Georg Euler — Spielkleidung: Hemd: blau mit weiß, Hose: blau — Sportplatz: Bonnerwall, gegen die Zugwegkaserne; zu erreichen mit Straßenbahnlinie 7, 9 in etwa 25 Minuten; Fassungsvermögen: 4000; Zuschauerrekord: 4100.

**VfR. Köln:** Verein für Rasensport Köln r. Rh., e. V. — Geschäftsstelle: Köln-Kalk, Postfach 18 — Telephon: 1 31 04 — Vereinsführer: Willi Blissenbach — Spielführer: Hermann Loggen — Uebungsleiter: Willi Döhmer — Spielkleidung: Hemd: blau-weiß, Hose: blau; Sportplatz: Köln-Höhenberg — Telephon: 1 31 04; ab Hauptbahnhof mit Straßenbahnlinie 10, 8 und B. in 15 Minuten; Fassungsvermögen: 15 000; Zuschauerrekord: 8000 (gegen Schalke 04).

**Sülz 07:** Spielvereinigung 07 e. V., Köln — Geschäftsstelle: Köln-Sülz, Grafenwerther Straße 10 — Telephon: 4 21 04 — Vereinsführer: Heinz Bremm — Spielführer: Heinz Finken — Uebungsleiter (ehrenamtlich): August Schulz — Spielkleidung: Hemd: weiß, Hose: rot — Sportplatz: Radrennbahn-

Stadion: ab Hauptbahnhof mit Straßenbahnlinie 22 und 25 in 30 Minuten; Fassungsvermögen: 15 000; Zuschauerrekord: 15 000 (1927).

**Troisdorf:** Spiel- und Sportverein Troisdorf 1905 e. V. — Geschäftsstelle: Wilhelm Helm, Kölner Straße 74 — Telephon: Amt Siegburg 33 05 — Vereinsführer: Johann Fritzen — Spielführer: Josef Hupperich — Uebungsleiter: Otto Müsch — Spielkleidung: Hemd: schwarz-weiß, Hose: schwarz — Sportplatz: Auf der Heide; zu erreichen in etwa 10 Minuten; Fassungsvermögen: 6500 (Sitzplätze 300); Zuschauerrekord: 6700 (1938 gegen Andernach).

**Düren 99:** Sportgemeinschaft Düren 1899 e. V. — Geschäftsstelle: Düren, Postfach 176 — Telephon: 43 08 — Vereinsführer: Paul Budde, Kreuzstraße 47 — Spielführer: Franz Stollenwerk, Düren, Oberstraße 15 — Sportlehrer (hauptberuflich): Heinz Pfaff, Köln — Uebungsleiter (ehrenamtl.): Georg Stollenwerk, Düren, Oberstr. 15 — Telephon: 31 32 — Spielkleidung: Hemd: schwarzrot gestreift, Hose: schwarz — Sportplatz: „Am Obertor" und Westkampfbahn; 1. ab Hauptbahnhof bis Straßenbahnhaltestelle Friedrichsplatz in 15 Minuten. 2. ab Bahnhof in 20 Minuten zu erreichen Marienweiler Landstraße; Fassungsvermögen: 10 000; Zuschauerrekord: 8000 (1939).

**Rhenania:** SG. Rhenania 1905 e. V., Würselen, Postfach 46 — Geschäftsstelle: Hans Frings, Würselen, Nordstraße 34 — Vereinsführer: Paul Schöner, Friedrichstraße 75 — Telephon: 213 Würselen — Uebungsleiter: Ewald Weber, Hauptwachtm. — Spielkleidung: Hemd: gelb m. schwarz. Aufschl., Hose: schwarz — Sportplatz: Adolf-Hitler-Platz; ab Hauptbahnhof Aachen in etwa 40 Minuten; Fassungsvermögen: 8000; Zuschauerrekord: 8000 (1936/37).

**Tura Bonn:** Sportgemeinschaft Tura Bonn e. V. — Geschäftsstelle: Bonn, Postschließfach 58 — Vereinsführer: Direktor Tackenberg, Witterschlick b. Bonn — Telephon: Bonn 35 13 — Spielführer: Peter Herbst — Uebungsleiter: (ehrenamtlich): Edy Havlicek — Spielkleidung: Hemd: weiß, Hose: schwarz — Sportplatz: Poststadion Bonn — Telephon: Bonn 82 94; ab Hauptbahnhof mit Straßenbahnlinie 1 in 10 Minuten; Fassungsvermögen: 12 000.

**Bonner FV. 01:** Bonner Fußball-Verein 01 e. V. — Geschäftsstelle: Bonn, Argelanderstraße 124 — Telephon: 72 72 — Vereinsführer: Dr. Karl Plate, Schumannstraße 64 — Telephon: 62 62 — Spielführer: Martin Graf — Uebungsleiter (ehrenamtlich): Hermann Nettersheim — Spielkleidung: Hemd: schwarz, Hose: schwarz — Sportplatz: Bonn, Dietrich-Eckart-Allee; ab Hauptbahnhof mit Straßenbahnlinie Bonn—Godesberg bis Johanniterkrankenhaus in 10 Minuten; Fassungsvermögen: 10 000; Zuschauerrekord: 5000 (1940).

**Beuel 06:** Sportverein Beuel 06 — Geschäftsstelle: Beuel, Postfach 52 — Telephon: Bonn 45 09 — Vereinsführer: Bernhard Konie — Spielführer: Ferdinand Müller — Sportlehrer (hauptberuflich): Kyter — Uebungsleiter (ehrenamtlich): Hubert Brunen — Spielkleidung: Hemd: grün, Hose: weiß — Sportplatz: Stadion Beuel; ab Hauptbahnhof zu erreichen in 5 Minuten; Fassungsvermögen: 10 000; Zuschauerrekord: 8000.

# Gau 11 a Moselland

**Bad Kreuznach:** Sportgemeinde Eintracht, Bad Kreuznach — Geschäftsstelle: Kreuzstraße 74. Hotel „Reichshof" — Telephon: 28 91 — Vereinsführer: Steuerinsp. Hans Heim, Finanzamt — Telephon: 22 05 — Uebungsleiter: Andreas Glockner, Schlapshecke — Spielkleidung: Hemd: rot, Hose: schwarz, weiß oder blau — Sportplatz: Heidemauer am Städt. Schlachthof; Fassungsvermögen: 7000 (Tribüne 500); Zuschauerrekord: 6000 (Ostern 1939 gegen Fortuna Düsseldorf).

**TuS. Neuendorf:** Turn- und Spielvgg. Koblenz-Neuendorf — Geschäftsstelle: Peter Staudt, Handwerkerstraße 54 — Vereinsführer: Hch. Kretzer, Hochstraße 80 — Spielführer: Jakob Schäfer — Sportlehrer: Jakob Pies — Spielkleidung: Hemd: gelb, Hose: dunkelblau — Sportplatz: Koblenz-Neuendorf am Rhein; zu erreichen mit Straßenbahnlinie 1 in 15 Minuten; Fassungsvermögen: 6000; Zuschauerrekord im Stadion: 12 000 (1939 gegen Schalke 04).

**Andernach:** Sportvereinigung 1869 e. V., Andernach — Geschäftsstelle: Postfach 116 — Telephon: 847 — Vereinsführer: Lorenz Schneppenheim — Spielführer: Michael Schellenbach — Uebungsleiter: Johann Gremer — Spielkleidung: Hemd: rot, Hose: schwarz — Sportplatz: Städt. Sportplatz, Koblenzer Straße: zu erreichen in etwa 10 Minuten; Fassungsvermögen: 5000; Zuschauerrekord: 3000 (1929).

**Koblenz-L.:** Verein für Bewegungsspiele e. V., Koblenz-L. — Geschäftsselle: Koblenz-Lützel, Brenderweg 91 — Telephon: 38 75 — Vereinsführer: Hans Henseler, Brenderweg 91 — Spielführer: Josef Jungbluth — Uebungsleiter: Hans Knopp — Spielkleidung: Hemd: grünweiß, Hose: weiß; Sportplatz: Stadion Koblenz; zu erreichen mit Straßenbahnlinie 1 in 10 Minuten; Fassungsvermögen: 25 000.

**Trier:** Sportv. „Eintracht 06", Trier, e. V. — Telephon: 41 01 — Spielführer: Klaus Baden — Uebungsleiter: Kurt Lavall — Spielkleidung: Hemd: weiß, Hose: blau — Sportplatz: Trier-West; zu erreichen mit Straßenbahnlinie 1 in 15 Minuten; Fassungsvermögen: 3000; Zuschauerrekord: 3000 (1939 gegen Westmark Trier 05).

**Esch:** Sportverein Schwarz-Weiß 07. Esch/Alzig — Geschäftsstelle: Deutsch-Otherstraße 63 — Telephon: 25 20 — Vereinsführer: Johann Michels, Esch/Alzig. Deutsch-Otherstraße — Spielführer: Th. Loesch — Uebungsleiter: A. Daniele — Spielkleidung: Hemd: schwarz-weiß gestreift, Hose: schwarz — Sportplatz: Schwarz-Weiß; zu erreichen in etwa 10 Minuten; Fassungsvermögen: 4000; Zuschauerrekord: 3500 (November 1938 gegen Olympic Marseille).

**„Stadt" Düdelingen:** Fußballverein „Stadt" Düdelingen — Geschäftsstelle: Gasth. Emil Fellerwürth, Düdelingen, Parkstraße — Telephon: 16 63 — Vereinsführer: Fr. Mootz, Ingenieur. Stadthaus-Platz — Spielführer: Libar Kamill. Tattenberg — Uebungsleiter: Jos. Huttert, Schillerstraße — Spielkleidung: Hemd: weiß. Hose: schwarz — Sportplatz: „Stadt" Düdelingen — Telephon: 16 47, Gasth. Biwer, Kaylerstraße; zu erreichen in etwa 7 Minuten; Fassungsvermögen: 5000 (Tribüne 500); Zuschauerrekord: 2700 (10. Oktober 1937 gegen Schwarz-Weiß Esch).

**SV. Düdelingen:** Sportverein Düdelingen — Geschäftsstelle: Emil Weiler. Blumenstraße 30 — Vereinsführer: Jos. Nosbaum — Spielführer: Prinz Heinrich — Uebungsleiter: R. Hartmann und E. Mengel — Spielkleidung: Hemd: blau. Hose: weiß — Sportplatz: Städt. Sportplatz — Telephon: Düdelingen 15 59; zu erreichen in etwa 10 Minuten; Fassungsvermögen: 6500.

**Differdingen:** Sportklub 07. Differdingen, vorm. „Red-Boys" — Geschäftsstelle: Raimund Hoffmann, Adolf-Hitler-Straße — Spielführer: Reinhardt Heck — Uebungsleiter: P. Bommertz und E. Kolb — Spielkleidung: Hemd: rot, Hose: weiß; Fassungsvermögen des Sportplatzes: 12 000; Zuschauerrekord: 7000 (1928).

## Gau 12 Kurhessen

**Kassel 03:** Casseler Sport-Club 03 e. V. — Geschäftsstelle: Fritz Mander. Jägerstraße 3. Kassel — Vereinsführer: Justus Schmidt. Kassel. Akazienweg 3 — Telephon: 3 67 48 — Spielführer: Kurt Jordan — Uebungsleiter (ehrenamtlich): Arthur Neidnicht — Spielkleidung: Hemd: weiß. Hose: rot — Sportplatz: Nürnberger Straße; ab Hauptbahnhof mit Straßenbahnlinie 3 in 15 Minuten; Fassungsvermögen: 20 000; Zuschauerrekord: 25 000 (1939).

**Kassel 06:** Spielverein e. V.. Kassel-R. 06 — Geschäftsstelle: Kassel-R.. Postfach 12 — Telephon: 2 31 96 — Vereinsführer: Kurt Pahl. Wilhelmshöher Allee 59 — Spielführer: Erich Pape — Uebungsleiter: Walter Heuckenroth — Spielkleidung: Hemd: blau. Hose: weiß — Sportplatz: Hinter den drei Brücken; zu erreichen mit Straßenbahnlinie 7 in 25 Minuten; Fassungsvermögen: 8000; Zuschauerrekord: 7200 (1939 gegen Kassel 03).

**Kurhessen Kassel:** Sportverein Kurhessen 1893 e. V. — Geschäftsstelle: Kassel, Postfach 160 — Vereinsführer: Rechtsanwalt Dr. jur. Ernst Weber — Spielführer: Willy Luckhardt — Uebungsleiter (ehrenamtlich): Sportlehrer Bennöder — Spielkleidung: Hemd: weiß, Hose: weiß — Sportplatz: Kurhessensportanlage — Telephon: 3 15 12; ab Hauptbahnhof mit Straßenbahnlinie 9 in 12 Minuten; Fassungsvermögen: 16 000 (Tribüne 650); Zuschauerrekord: 17 000 (1933).

**Sport Kassel:** 1. Kasseler Ballspiel-Club „Sport 1894" e. V. — Geschäftsstelle: Walter Wiesendorf, Kassel, Sommerweg 30 — Telephon: 2 11 35 — Vereinsführer: Karl Lange, Leipziger Straße 33 — Spielführer: Willi Ziehn, Holländische Straße 113 — Uebungsleiter: Fritz Clobes, Hebbelstraße 58 — Spielkleidung: Hemd: blau oder weiß, Hose: blau — Sportplatz: Scharnhorststraße/Hafenbrücke; ab Hauptbahnhof: mit Straßenbahnlinie 2, 3 und 10 in 15 Minuten; Fassungsvermögen: 5—6000; Zuschauerrekord: 6000 (1926 gegen Kurhessen/Kassel).

**Hermannia 06 Kassel:** Sportverein Hermannia 06 e. V. — Geschäftsstelle: Gustav Berge, Kassel, Holländische Straße 34 — Telephon: 2 10 39 — Vereinsführer: Georg Schornstein, Holländische Straße 88 — Spielführer: Heinrich Schulz — Spielkleidung: Hemd: blau-weiß, Hose: weiß.

**(Die Anschriften der restlichen drei kurhessischen Gauklassevereine fehlten noch bei Drucklegung.)**

# Gau 12 a Hessen-Nassau

**Hanau 93:** 1. Hanauer Fußball-Club 1893 e. V. — Geschäftsstelle: Hanau/Main, Postfach 178; Klublokal „Karthaune", Salzstraße — Telephon: 35 02 — Vereinsführer: Friedrich Pfeiffer, Frankfurter Landstraße 34 — Telephon: 44 68 — Spielführer: Karl Willführ — Uebungsleiter (ehrenamtlich): Kurt Klingler — Spielkleidung: Hemd: weiß, Hose: schwarz — Sportplatz: Sportfeld Hanau 93, Aschaffenburger Straße; ab Hauptbahnhof mit Straßenbahn und Omnibus in 10 Minuten; Fassungsvermögen: 15 000; Zuschauerrekord: 9000 (1940).

**Hanau 60:** Turn- und Sportvereinigung 1860 Hanau/M. — Geschäftsstelle: Sandeldamm — Telephon: 22 46 — Vereinsführer: Ernst Schwarzkopf — Spielführer: Willi Sell — Uebungsleiter (ehrenamtlich): Otto Schömber — Spielkleidung: Hemd: schwarz, Hose: weiß — Sportplatz: Freigerichtstraße; ab Hauptbahnhof zu erreichen in 10 Minuten; Fassungsvermögen: 3000; Zuschauerrekord 1400 (1940).

**Dunlop-Hanau:** Betriebssportgemeinschaft Dunlop-Hanau — Geschäftsstelle: Dunlopstraße 2 — Telephon: 35 41 — Betriebssportwart: Julius Müller. Dunlopstraße 2 — Spielführer: Walter Krause. Dunlopstraße 2 — Sportlehrer: Rudolf Keller. Offenbach/Main. Bleichstraße 69 — Uebungsleiter: Kurt Otto. Hanau. Dunopstraße 2 — Spielkleidung: Hemd: blaugelb längsgestreift. Hose: blau — Sportplatz: Dunlop-Sportplatz — Telephon: 35 41: ab Hauptbahnhof zu Fuß in 10 Minuten: Fassungsvermögen: 6000; Zuschauerrekord: 1500.

**Borussia Fulda:** 1. Sportgemeinschaft Borussia 04 e. V. — Geschäftsstelle: Fulda. Postfach 193 — Telephon: 23 11 (nach 19 Uhr 24 86) — Vereinsführer: Ludwig Jansohn — Spielführer: Clemens Haintz — Sportlehrer: Gausportlehrer Werner Sottong. Kassel — Spielkleidung: Hemd: rot. Hose: schwarz — Sportplatz: Johannisau — Telephon: 24 66: ab Hauptbahnhof in 25 Minuten: Fassungsvermögen: 12 000: Zuschauerrekord: 13 000 (1933/34).

**Wetzlar:** Sportverein 05 e. V., Wetzlar — Geschäftsstelle: Solmser Straße 17 — Telephon: 20 51. Fa. E. Leitz. Herrn Pingel — Vereinsführer: Richard Pingel. Solmser Straße 17 — Spielführer: Herbert Didlapp. Langgasse — Uebungsleiter: Hugo Wieland und Alfred Volkmar — Spielkleidung: Hemd: schwarz. Hose: rot — Sportplatz: An der Nauborner Straße: zu erreichen mit Omnibus in etwa 12 Minuten: Fassungsvermögen: 2500—3000: Zuschauerrekord: 2500 (1922 gegen Eintracht Frankfurt).

**Großauheim:** Verein für Bewegungsspiele 1906. Großauheim a/Main — Geschäftsstelle: Schließfach — Telephon: 21 70 und 27 87. Amt Hanau — Vereinsführer: Karl Roth. Auwanne 10. Großauheim — Spielführer: zur Zeit nicht fest besetzt — Spielkleidung: Hemd: blauweiß. Hose: blau — Sportplatz: An der Lindenau: ab Hauptbahnhof in 15 Minuten: Fassungsvermögen: 4000: Zuschauerrekord: 3500 (1937).

## Bereich 13 Hessen-Nassau

**Eintracht:** Frankfurter Sportgemeinde „Eintracht" e. V. — Geschäftsstelle: Frankfurt/Main. Ratsweg — Telephon: 4 60 30 — Vereinsführer: Dr. Adolf Metzner — Spielführer: Adam Schmidt — Spielkleidung: Hemd: rot-schwarz. Hose: schwarz — Sportplatz: Riederwald — Telephon: 4 60 30: ab Hauptbahnhof mit Straßenbahnlinie 18 in 30 Minuten: Fassungsvermögen: 25 000: Zuschauerrekord: 25 000 (1922).

**Fußballsportverein:** Fußballsportverein Frankfurt e. V. — Geschäftsstelle: Frankfurt/Main. Mainkurstraße 3 — Telephon: 4 67 73 — Vereinsführer: Heinrich Scherer. Wittelsbacher Allee 82 — Spielführer: Willi May — Sportlehrer (hauptberuflich): Peter Szabo. Querstr. 1 — Uebungsleiter (ehrenamtlich): Wilhelm Bertsch, Leichtathletiklehrer — Spielkleidung: Hemd: schwarz-blau, Hose: weiß — Sportplatz: Bornheimer Hang — Telephon: 4 67 70; ab Hauptbahnhof mit Straßenbahnlinie 18, 10 und 15 in 20 Minuten; Fassungsvermögen: 15 000; Zuschauerrekord: 17 000.

**Rot-Weiß Frankfurt:** Reichsbahnsportgemeinschaft Rot - Weiß, Frankfurt e. V. — Geschäftsstelle: Reichsbahndirektion, Hohenzollernanlage 35, Zimmer 82 — Vereinsführer: Wilhelm Grossart — Spielführer: Josef Herchenhan — Uebungsleiter (ehrenamtlich): Willi Lautz — Spielkleidung: Hemd: weiß, Hose: weinrot — Sportplatz: am Brentanobad; ab Hauptbahnhof mit Straßenbahnlinie 3, 2 und 18 in 15 Minuten: Fassungsvermögen: 20 000.

**Union Niederrad:** Sport-Club Union 04 Frankfurt-Niederrad — Geschäftsstelle: Erwin Rösch, Frankfurt-Niederrad, Gundhofstraße 9 — Vereinsführer: Ernst Lamprecht, Ffm., Niederrad — Spielführer: Alfred Kirsch — Uebungsleiter (ehrenamtlich): Max Leichter — Spielkleidung: Hemd: blau-weiß längsgestreift, Hose: schwarz — Sportplatz: Güntherstr.; ab Hauptbahnhof mit Straßenbahnlinie 1, 15 und 21 in 15 Minuten: Fassungsvermögen: 12 000; Zuschauerrekord: 6500.

**Offenbacher Kickers:** Offenbacher Fußball-Club „Kickers" 01 e. V. — Geschäftsstelle: Offenbach a. M., Friedhofstraße 2 — Telephon: 8 25 76 — Vereinsführer: Christian Neubert, Hebestraße 12 — Spielführer: Heinrich Abt — Sportlehrer (hauptberuflich): Rudolf Keller, Bleichstraße 69 — Spielkleidung: Hemd: weiß oder rot, Hose: schwarz — Sportplatz: „Bieberer Berg ' — Telephon: 8 25 27; ab Hauptbahnhof mit Straßenbahnlinie 27 und 16 in 20 Minuten, so-

**Wormatia:** Wormatia 08 e. V., Worms — Geschäftsstelle: Rheinstraße 4 — Vereinsführer: Jakob Ritzheimer — Spielführer: Willi Zimmermann — Uebungsleiter: Ludwig Müller — Spielkleidung: Hemd: weiß, Hose: weinrot — Sportplatz: Adolf-Hitler-Kampfbahn; zu erreichen in etwa 7 Minuten; Fassungsvermögen: 25 000 (Sitzplätze 1000); Zuschauerrekord: 20 000 (1936 gegen Eintracht Frankfurt).

**SV. Darmstadt:** Sportverein Darmstadt 1898 e. V. — Geschäftsstelle: Postfach 40 — Telephon: 44 02 — Vereinsführer: K.-Vereinsführer Dipl.-Volkswirt Heinz Lindner (Telephon. 58 96 — Spielkleidung: Hemd: weiß mit Lilie, Hose: blau — Sportplatz: Niederramstädter Straße, Stadion am Böllenfalltor — Telephon: 44 02; ab Hauptbahnhof mit Straßenbahnlinie 1 und 2 in 20 Minuten; Fassungsvermögen: 7500; Zuschauerrekord: 8000 (gegen SpVgg. Fürth, Jubiläumsspiel).

# Gau 13 a Westmark

**Ludwigshafen:** Turn- und Sport-Gemeinschaft 1861 e. V. — Geschäftsstelle: Ludwigshafen a. Rh., Jahnhaus, Parkstr. 70 — Telephon: 6 20 77 — Vereinsführer: Christ. Krämer — Spielführer: Paul Zettl — Sportlehrer (hauptberuflich): Sepp Müller — Spielkleidung: Hemd: weiß, Hose: blau — Sportplatz: Lagerhausstraße 21 — Telephon: 6 04 87; ab Hauptbahnhof mit Straßenbahnlinie 19 u. 6 in 15 Min.; Fassungsvermögen: 10 000; Zuschauerrekord: 12 000 (1937).

**„Tura":** „Tura". Turn- u. Rasensportverein 1882 e. V., Ludwigshafen/Rh. — Geschäftsstelle: H. Huthoff, Welserstr. 26 — Telephon: 6 20 111/App. 205 — Vereinsführer: K. Mayr, Kanalstraße 11a — Telephon: 6 27 45 — Spielführer: E. Albert — Uebungsleiter: A. Müller, Gartenweg 4c — Spielkleidung: Hemd und Hose: kornblumenblau — Sportplatz: Tura-Stadion, Bayreuther Straße; Fassungsvermögen: 6000; Zuschauerrekord: 3000 (1939 gegen Wacker Wien).

**1 C. Kaiserslautern:** 1. Fußball-Club e. V., Kaiserslautern — Geschäftsstelle: Kaiserslautern, Postfach 80 — Telephon: in dringenden Fällen 148, Pfaffwerk — Vereinsführer: Bürgermeister Karl Albrecht, Spittelstr. 3 — Spielführer: Heinr. Schaub — Uebungsleiter (ehrenamtlich): Bernd — Spielkleidung: Hemd: rot, Hose: weiß — Sportplatz: Stadion Betzenberg; ab Hauptbahnhof in 7 Minuten; Fassungsvermögen: 25 000; Zuschauerrekord: 8500 (1937).

**Mundenheim:** Spielvereinigung Mundenheim — Geschäftsstelle: Karl Weidig, Berwartsteinstraße 42 — Vereinsführer: Julius Weiß — Spielführer: Tiator Ludwig — Uebungsleiter: Tiator Ludwig — Spielkleidung: Hemd: schwarz, Hose: schwarz — Sportplatz: Keßlerweg; zu erreichen mit Straßenbahnlinie 9 und 17 in 2 Minuten; Fassungsvermögen: 5000; Zuschauerrekord: 4500 (1925).

**Pirmasens:** Fußballklub 03 Pirmasens e. V. — Geschäftsstelle: Städt. Verkehrsamt — Telephon: 27 41, von-der-Tann-Straße 14 — Telephon: 23 24 — Vereinsführer: Ludwig Kieffer, von-der-Tann-Straße 14 — Spielführer: Richard Brill — Sportlehrer: Philipp Dietz — Spielkleidung: Hemd: weiß, Hose: blau — Sportplatz: Zweibrückerstraße 150 — Telephon: 29 63; zu erreichen in 15 Minuten; Fassungsvermögen: 14 000; Zuschauerrekord: 14 000 (1930 gegen Spielvgg. Fürth).

**VfR. Frankenthal:** Verein für Rasenspiele 1900 — Geschäftsstelle: Frankenthal — Telephon: 20 11 — Vereinsführer: Bürgermeister Hans Scholl, Frankenthal, Bürgermeisteramt — Spielkleidung: Hemd: blau, Hose: schwarz — Sportplatz: Stadion — Telephon: 29 14; ab Hauptbahnhof zu Fuß in 20 Minuten; Fassungsvermögen: 12 000; Zuschauerrekord: 10 000 (1937).

**Saarbrücken:** Fußball-Verein Saarbrücken e. V. — Geschäftsstelle: Saarbrücken 2, Ludwigstraße 51 — Telephon: 2 18 24 — Vereinsführer: Paul Müller — Telephon: 2 85 19 — Spielführer: Willi Sold — Sportlehrer (hauptberuflich): K. Hennhöfer — Spielkleidung: Hemd: blau-schwarz, Hose: weiß — Sportplatz: Ludwigspark und Camphauser Straße — Telephon: 2 08 12; zu erreichen mit Straßenbahnlinie 1, 2, 3 in 5 Minuten; Fassungsvermögen: 15 000 (Sitzplätze 500); Zuschauerrekord: 15 000.

**Neunkirchen:** Verein für Bewegungsspiele „Borussia" e. V. — Geschäftsstelle: Neunkirchen/Saar, Schließfach 132 — Telephon: 28 54 — Vereinsführer: Walter Schmelzer, Spieserstraße — Spielführer: Heinrich Theobald — Spielkleidung: Hemd: weiß mit schwarzem Brustring, Hose: schwarz — Sportplatz: Ellenfeld — Telephon: 20 98; ab Hauptbahnhof mit Straßenbahnlinie 1 und 2 in 10 Minuten; Fassungsvermögen: 14 000 (Tribüne 700); Zuschauerrekord: 14 000 (1939).

**Metz:** Fußball-Verein Metz — Geschäftsstelle: Metz, Dr.-Karl-Roß-Straße 24 — Telephon: 26 47 — Vereinsführer: Emil Felsburg — Spielführer: Emil Veinante — Uebungsleiter: Emil Veinante — Spielkleidung: Hemd: rot, Hose: weiß — Sportpatz: Metzer Stadion an der Symphorieninsel; zu erreichen mit Straßenbahnlinie weiß (1) in 10 Minuten; Fassungsvermögen: 12 000; Zuschauerrekord: 12 000 (1937 gegen Sochaux).

# Bereich 14 Baden

**Waldhof:** Sportverein Waldhof e. V. 07, Mannheim-Waldhof, Postfach 8 — Telephon: 5 93 64 — Vereinsführer: Dr. Otto Wollmann, Telephon: Mannheim 2 89 14 — Spielführer: Willi Pennig — Sportlehrer (ehrenamtlich): Willi Pennig — Spielkleidung: Hemd: schwarz-blau, Hose: schwarz — Sportplatz: An den Schießständen — Telephon: 5 93 64; ab Hauptbahnhof mit Straßenbahnlinie 2, 3 in 20 Minuten; Fassungsvermögen: 7500 (Tribüne 150); Zuschauerrekord: 7800 (1940 gegen VfR. Mannheim).

**VfR. Mannheim:** Verein für Rasenspiele e. V., Mannheim — Telephon: 2 60 61 — Vereinsführer: Direktor Karl Bühn — Sportführer: Regierungsrat Karl Geppert — Spielführer: Karl Striebinger, z. Zt. Wehrmacht — Uebungsleiter (ehrenamtlich): Albert Conrad — Spielkleidung: Hemd: rot, Hose: weiß, Strümpfe: rot — Sportplatz: „An den Brauereien" — Telephon: 5 33 62; ab Hauptbahnhof mit Straßenbahnlinie 6, 15 und 46 in 10 Minuten; Fassungsvermögen: 12 000; Zuschauerrekord im Stadion: 36 000 (1938/39).

9

**VfL. Neckarau:** Verein für Leibesübungen e. V., Mannheim-Neckarau — Geschäftsstelle: Vereinshaus am Waldweg, Postfach 16 — Telephon: 4 83 85 — Vereinsführer: Otto Siegrist — Spielführer: Karl Gönner — Sportlehrer: Willi Nerz — Spielkleidung: Hemd: blau mit weißem Einsatz, Hose: weiß — Sportplatz: Altriper Fähre; zu erreichen mit Straßenbahnlinie 16 in 30 Minuten; Fassungsvermögen: 10 000 (Tribüne 400); Zuschauerrekord: 12 000 (1927 gegen SpVgg. Fürth).

**Sandhofen:** Spielvereinigung 1903 e. V., Mannheim-Sandhofen — Geschäftsstelle: Mannheim-Sandhofen, Postfach — Telephon: 5 94 18 — Vereinsführer: Fritz Klumpp — Spielführer: Alfred Müller — Uebungsleiter (ehrenamtlich): Kurt Mildenberger — Spielkleidung: Hemd: schwarz-weiß gestreift, Hose: schwarz — Sportplatz: Spielvereinigung e. V. — Telephon: 5 94 18; ab Hauptbahnhof mit Straßenbahnlinie 10 in 40 Minuten; Fassungsvermögen: 6000; Zuschauerrekord: 5500 (1938).

**Feudenheim:** Verein für Turn- und Rasensport e. V., Mannheim-Feudenheim — Geschäftsstelle: Mannheim-Feudenheim, Paulusbergstraße 26 — Telephon: Mannheim 5 10 74 — Vereinsführer: Robert Wildhirt (Stellv. J. Strubel) — Spielführer: Gg. Ripp — Uebungsleiter: Karl Mayer — Spielkleidung: Hemd: schwarz-rot langgestreift, Hose: schwarz — Sportplatz: VfTuR.-Sportplatz Feudenheim, a. d. Neckarstraße; ab Hauptbahnhof mit Straßenbahnlinie 4 u. 16 in 20 Minuten; Fassungsvermögen: 6000.

**FFC.:** Freiburger Fußball-Club e. V. — Geschäftsstelle: Freiburg, Adolf-Hitler-Straße 135 — Telephon: 19 05 — Vereinsführer: Dr. B. Villinger — Spielführer: Karl Keller — Sportlehrer (hauptberuflich): G. Stengel — Uebungsleiter (ehrenamtlich): Otto Hauser — Spielkleidung: Hemd: weinrot, Hose: schwarz — Sportplatz: FFC.-Stadion — Telephon: 28 88; ab Hauptbahnhof mit Straßenbahnlinie 1 in 20 Minuten; Fassungsvermögen: 15 000; Zuschauerrekord: 12 000.

**SC. Freiburg:** Freiburger Turnerschaft, Fußballabt. Sportclub Freiburg/Br. — Geschäftsstelle: Rotteckplatz 3 — Telephon: 25 06 — Vereinsführer: Stadtschulrat E. Kunzmann — Abt.-Leiter des Sportclub: Rektor Karl Ziegler — Spielführer: Reinhold Henger — Uebungsleiter: K. Reutlinger und M. Fischer — Spielkleidung: Hemd: weiß, Hose: rot — Sportplatz: FT.-Stadion, Schwarzwaldstraße 229 — Telephon: 72 07; zu erreichen mit Straßenbahnlinie 3 und 4 Littenweiler in etwa 30 Minuten; Fassungsvermögen: 3500 (Tribüne 350).

**Phönix:** Karlsruher Fußball-Club Phönix e. V. — Geschäftsstelle: Karlsruhe, Postfach 81 — Vereinsführer: Fabrikdirektor A. Schaber, Karlsruhe-Durlach, Postfach 35 — Tele-

phon: Durlach 12 — Uebungsleiter (ehrenamtlich): Heinrich
Hartmann — Spielkleidung: Hemd: blau, schwarz eingefaßt,
Hose: schwarz — Sportplatz: Phönix-Stadion — Telephon:
42 42; ab Hauptbahnhof mit Straßenbahnlinie 2 und 7 in
10 Minuten; Fassungsvermögen: 25 000; Zuschauerrekord:
18 000.

**Pforzheim:** Verein für Rasenspiele e. V., Pforzheim — Geschäftsstelle: Eugen Gimber, Pforzheim, Eutinger Straße 37
— Vereinsführer: W. Nenninger — Spielführer: J. Aydt —
Spielkleidung: Hemd: blau-weiß, Hose: blau — Sportplatz:
Holzhof (Stadtanschluß); zu erreichen mit Straßenbahnlinie 2 in etwa 20 Minuten; Fassungsvermögen: 5000; Zuschauerrekord: 3000 (1938).

**Pforzheim:** 1. Fußballklub Pforzheim e. V. — Geschäftsstelle:
Max Unverferth, Pfälzerstr. 26 — Telephon: 40 52 — Vereins-
führer: Ludwig Lang, Pforzheim, Baustraße 19 — Spiel-
führer: Erich Fischer — Uebungsleiter (ehrenamtlich): Max
Müller — Spielkleidung: Hemd: marineblau, Hose: weiß
— Sportplatz: Brötzinger Tal — Telephon: 45 55; ab
Hauptbahnhof mit Straßenbahnlinie 1 in 10 Minuten; Fas-
sungsvermögen: 15 000; Zuschauerrekord: 17 000 (1921).

**VfB. Mühlburg:** Verein für Bewegungsspiele Mühlburg e. V —
Geschäftsstelle: Karlsruhe-Mühlburg — Telephon: 42 46 —
Vereinsführer: Oskar Deutsch, Karlsruhe, Herderstraße 4 —
Spielführer: Karl Joram — Uebungsleiter (ehrenamtlich):
Josef Fach — Spielkleidung: Hemd: blau-weiß gestreift,
Hose: weiß — Sportplatz: Honsellstraße; ab Hauptbahnhof
mit Straßenbahnlinie 1 und 2 in 25 Minuten; Fassungsver-
mögen: 8000; Zuschauerrekord: 7200 (1939).

**Rastatt:** Fußballclub Rastatt e. V. — Geschäftsstelle: Rastatt,
Postfach 106 — Telephon: 28 53 — Vereinsführer: J. Kalm-
bacher. An der Ludwigfeste — Spielführer: Hermann Eckert
— Uebungsleiter: M. Pfettscher — Spielkleidung: Hemd:
gelb, Hose: schwarz — Sportplatz: Stadion an der Jahn-
allee — Telephon: 28 53; zu erreichen in etwa 10 Minuten;
Fassungsvermögen: 4000 (Tribüne 454, Sitzplätze 454); Zuschauerrekord: 3800 (1932 gegen Bayern München).

# Bereich 14 a Elsaß

**Rasensportclub Straßburg.** Straßburg i. E. — Geschäftsstelle:
Börsenbräu, am Börsenplatz — Telephon: 4 17 40 — Vereinsführer: Karl Belling, Ingenieur — Spielführer der Ligamannschaft: Oskar Heisserer — Uebungsleiter: Albert Freyer-
muth — Spielkleidung: Hemd: blau, Hose: weiß — Sportplatz: Meinau-Stadion — Telephon: 4 17 40; ab Hauptbahnhof mit Straßenbahnlinie 6 in etwa 20 Minuten; Fassungs-

vermögen: 25 000 (Tribüne 500, Sitzplätze 500); Zuschauerrekord: 23 000 (1935 gegen FC. Sochaux).

**Sportverein Straßburg 1890,** Straßburg i. E. — Schriftwart: R. Martz, Straßburg, Königshofener Str. 5 — Vereinsführer: Rechtsanwalt C. Jehl — Spielführer der Ligamannschaft: Luzian Brehm — Uebungsleiter (ehrenamtl.): Julius Gatter — Spielkleidung: Hemd: weiß mit rotem Brustring, Hose: blau — Sportplatz: Tivoli-Stadion; ab Hauptbahnhof mit Straßenbahnlinie 8 in etwa 15 Minuten; Fassungsvermögen: 10 000 (Tribüne 1000, Sitzplätze 1000); Zuschauerrekord: 14 000 (1930).

**Sportverein Straßburg 1980,** Straßburg i. E. — Schriftwart: Georg Schneider, Bischheim, Quergasse 1a — Vereinsführer: Leo Büchel, Bischheim, Steinstraße 4 — Spielführer: Albert Schmitt, Bischheim, Kalbsgasse — Uebungsleiter (ehrenamtlich): Albert Schmitt, Jakob Krieg, Schiltigheim, Dettweiler Straße 9 — Spielkleidung: Hemd: blau, Hose: weiß — Sportplatz: Bischheim, Oberlinstraße; ab Hauptbahnhof Straßburg mit Straßenbahnlinie 4 und 14 in etwa 20 Minuten; Fassungsvermögen: 3000 (Tribüne 300); Zuschauerrekord: 3500 (Oktober 1929).

**Sportgemeinschaft ⚡,** Sportgemeinschaft ⚡-Straßburg, Fußballabteilung FC. Frankonia Straßburg 1900 — Geschäftsstelle: M. Brinster, Straßburg-Neudorf, Josef-Gerber-Straße 16 — Vereinsführer: G. Kohler, Manteuffelstraße 12 — Telephon: 2 33 26 — Spielführer: Fritz Keller — Uebungsleiter: Ernst Groß — Spielkleidung: Hemd: weiß, Hose: schwarz — Sportplatz: .a) Straßburg, am Wasserturm, b) Neudorf, Kibitzenau — Telephon: 4 13 51; zu erreichen mit Straßenbahnlinie 1 (Wasserturm) bzw. 1/4 und 1/14 (Kibitzenau) in 20 bzw. 25 Minuten; Fassungsvermögen (Wasserturm): 4000, (Kibitzenau): 5000; Zuschauerrekord: 4000 (1928).

**FC. Kolmar** — Geschäftsstelle: Alfred Chevalier, Basler Str. 4 — Vereinsführer: A. Chevalier — Spielführer: Alfred Schilling — Uebungsleiter: Eugen Kientzy — Spielkleidung: Hemd: blau, Hose: weiß — Sportplatz: Städt. Stadion, Ladhofstraße; zu erreichen in etwa 10 Minuten; Fassungsvermögen: 5000 (Tribüne 300); Zuschauerrekord: 4000 (1932).

**Sportgemeinschaft Kolmar i. Els.** — Geschäftsstelle: Adolf Feger, Kolmar, Leostraße 8 — Telephon: 36 01 — Vereinsführer: Dr. Michael Ruch, Kolmar, Marsfeldwall 7 — Telephon: 20 85 — Spielführer der Ligamannschaft: Franz Rimely — Uebungsleiter (ehrenamtlich): Fritz Schuller — Spielkleidung: Hemd: weiß, Hose: weiß — Sportplatz: Stadion Frankenweg; ab Hauptbahnhof mit Autobuslinie in etwa 10 Minuten; Fassungsvermögen: 10 000 (Tribüne 4000, Sitzplätze 800); Zuschauerrekord: 6500 (Oktober 1938).

**Spielvereinigung Mülhausen 1941** (früher Allgemeiner Sportverein Mülhausen) — Geschäftsstelle: Hotel zum Deutschen Hof, Mülhausen i. E., Kolmarer Straße — Vereinsführer: Luzian Steck, Mülhausen, Johanniterstraße 1 — Spielführer: Victor Cervini — Spielkleidung: Hemd: rot, Hose: blau — Sportplatz: Stadion „Velodrom". Kolmarer Straße; ab Hauptbahnhof mit Straßenbahnlinie 2 in 10 Minuten; Fassungsvermögen: 6—7000 (Tribüne 450); Zuschauerrekord: 5000 (1932).

**Fußball-Club Mülhausen 93:** Fußball-Club Mülhausen 1893 — Geschäftsstelle: Emil Wersinger, Mülhausen, Dornacher Straße 115 — Vereinsführer: Pg. Renatus Waechter, Mülhausen. Sinnestraße 125 — Spielführer: Peter Korb, Basler Straße 125 — Uebungsleiter: Peter Korb und Heinrich Paul — Spielkleidung: Hemd: weiß, Hose: blau — Sportplatz: Stadion Burzweiler: zu erreichen in etwa 15 Minuten; Fassungsvermögen: 9000 (Tribüne 1000); Zuschauerrekord: 9200 (1936 gegen RC. Straßburg)

**Fußball-Club Hagenau 1900** — Geschäftsstelle: Postfach 67 — Telephon: 243 — Vereinsführer: Karl Mehl — Telephon: 90 — Spielführer: Albert Hoernel — Uebungsleiter (ehrenamtlich): Ernst Steinmetz und Joseph Hilsz — Spielkleidung: Hemd: weiß, Hose: schwarz — Sportplatz: FCH.-Sportplatz, Wintershauserstraße; ab Hauptbahnhof zu Fuß in 10 Minuten; Fassungsvermögen: 3000 (Tribüne 350); Zuschauerrekord: 2800 (1932).

**„Verein für Leibesübungen, Bischweiler"** (vormals: BFC. 1907) — Geschäftsstelle: Postschließfach 3 — Vereinsführer: Reinhardt Bühler, Bischweiler, Spulergasse 16 — Spielführer der 1. Mannschaft: Alfred Wehrle, Bischweiler — Uebungsleiter: Emil Eberhardt, August Lieb, Bischweiler — Spielkleidung: Hemd: blau-weiß vertikal gestreift, Hose: blau — Sportplatz: „Niedermatt": ab Hauptbahnhof zu Fuß in etwa 10 Minuten; Fassungsvermögen: 2000 (Tribüne 400, Sitzplätze 400); Zuschauerrekord: 1408 (10. Dezember 1933).

# Bereich 15 Württemberg

**Stuttgarter Kickers:** SpV. Stuttgarter Kickers — Geschäftsstelle: Stuttgart, Danziger Freiheit 6 — Telephon: 2 87 17 — Vereinsführer: Hermann Kurz — Spielführer: Cozza — Sportlehrer (hauptberuflich): Ossi Müller — Spielkleidung: Hemd: blau-weiß gestreift, Hose: schwarz — Sportplatz: Degerloch — Telephon: 7 22 07; ab Hauptbahnhof mit Straßenbahnlinie 5, 10 und 16 in 20 Minuten; Fassungsvermögen: 12 000.

**VfB. Stuttgart:** Verein für Bewegungsspiele Stuttgart 1893 e. V.
— Geschäftsstelle: Stuttgart 1, Postfach 505 — Telephon:
5 20 67 (Haaga) — Vereinsführer: Hans Kiener, Filder-
straße 1/III — Telephon: 7 22 14 — Spielführer: Erich Koch
— Sportlehrer (hauptberuflich): Josef Pöttinger — Uebungsleiter (ehrenamtlich): Erich Koch, Karl Becker — Spielkleidung: Hemd: weiß mit roten Bruststreifen und Württ.
Wappen — Sportplatz: Cannstatter Wasen, Mercedesstr. 117
— Telephon: 5 10 12; ab Hauptbahnhof mit Straßenbahnlinie 1 und 21 in 30 Minuten; Fassungsvermögen: 7000.

**Stuttgarter Sportclub:** Stuttgarter Sportclub 1900 e. V. — Geschäftsstelle: Stuttgart N, Lautenschlagerstraße 3 — Telephon: 6 41 27 — Vereinsführer: Eugen Niederberger — Spielführer: Alfred Fritschi — Uebungsleiter (ehrenamtlich): Niederbacher — Spielkleidung: Hemd: weiß, Hose: rot —
Sportplatz: SSC.-Platz am Gaskessel — Telephon: 4 14 50;
ab Hauptbahnhof mit Straßenbahnlinie 25 in 30 Minuten;
Fassungsvermögen: 15 000; Zuschauerrekord: 15 000.

**Sportfreunde:** Stuttgarter Sportfreunde 1896 e. V. — Geschäftsstelle: Stuttgart S, Arminstraße 41 — Vereinsführer: Emil
Koch, Arminstraße 41 — Spielführer: Franz Kronenbitter
— Uebungsleiter (ehrenamtlich): Karl Link — Spielkleidung:
Hemd: grün, Hose: weiß — Sportplatz: Degerloch — Telephon: 7 29 50; ab Hauptbahnhof mit Straßenbahnlinie 5
und 16 in 25 Minuten; Fassungsvermögen: 6000; Zuschauerrekord: 12 000

**SSV. Ulm:** 1. Schwimm- und Sportverein Ulm e. V. — Geschäftsstelle: Erich Gaiser, Zinglerstraße 83 — Vereinsführer: Hermann Frey, Glöcklerstraße 31 — Telephon: 42 43 —
Spielführer: Paul Tröger — Spielkleidung: Hemd: schwarz-
weiß, Hose: schwarz — Sportplatz: SSV.-Bad — Telephon: 29 03; mit Straßenbahnlinie 1 in 10 Minuten; Fassungsvermögen: 12 000 (Tribüne 800, Sitzplätze 200); Zuschauerrekord: 9000 (1937).

**Ulm 46:** Ulmer Turn- und Sportgemeinde 1846 e. V. — Ver-
einsführer: Stadtkämmerer Elsässer — Spielführer: Erwin
Schädler — Sportlehrer (hauptberuflich): Huiras — Spiel-
kleidung: Hemd: weiß mit schwarzem Brustring, Hose:
schwarz — Sportplatz: Vereinsplatz beim Stadion, Ulm,
Friedrichstraße 16 — Telephon: 41 93; ab Hauptbahnhof mit
Straßenbahnlinie 1 in 10 Minuten; Fassungsvermögen: 15 000;
Zuschauerrekord: 10 000 (1937).

**Feuerbach:** Sportverein 1898 Feuerbach e. V. — Geschäftsstelle:
P. Striegel, Stuttgart-Feuerbach, Adolf-Hitler-Straße 82 —
Telephon: 8 03 86 — Vereinsführer: Otto Weber — Spiel-
führer: Oskar Dürr — Sportlehrer (ehrenamtlich): Adolf
Ade, Stuttgart-Zuffenhausen, Hördtstraße 39 — Uebungs-
leiter: Adolf Ade — Spielkleidung: Hemd: rot, Hose: weiß

→ Sportplatz: „Im Föhrich" — Telephon: 8 02 86; ab Hauptbahnhof mit Straßenbahnlinie 16 und 13 in 25 Min.; Fassungsvermögen: 10 000; Zuschauerrekord: 9000 (1931 gegen Stuttgarter Kickers).

**VfR. Aalen:** Verein für Rasenspiele Aalen e. V. — Geschäftsstelle: Aalen/W., Postfach 109 — Telephon: 589 — Vereinsführer: Wilhelm Stuzmann — Spielführer: Josef Barthelmeß — Sportlehrer (hauptberuflich): Josef Mihalek — Spielkleidung: Hemd: schwarz-weiß gestreift; Hose: schwarz — Sportplatz: Schlageter-Kampfbahn; ab Hauptbahnhof zu Fuß in 30 Minuten; Fassungsvermögen: 12 000.

**VfB. Friedrichshafen:** Verein für Bewegungsspiele Friedrichshafen e. V. — Geschäftsstelle: Polizeimeister Wild, Löwentaler Str. 50 — Telephon: 796 — Vereinsführer: Rechtsanwalt Herter, Karlstraße 20 — Telephon: 507 — Spielführer: Karl Wild — Uebungsleiter: Hanns B. Kalb, Friedrichshafen-Fischbach — Spielkleidung: Hemd: blau, Hose: weiß — Sportplatz: VfB.-Platz beim Zeppelindorf — Telephon: 956 (Gasth. z. Dorfkrug); zu erreichen in etwa 20 Minuten; Fassungsvermögen: 5000; Zuschauerrekord: 3500 (7. 9. 1941 gegen VfB. Stuttgart).

# Bereich 16 Bayern

**1. FC. Nürnberg:** 1. Fußball-Club Nürnberg — Geschäftsstelle: Sportparkstraße 12 — Telephon: 4 41 60 — Vereinsführer: Rechtsanwalt Karl Müller IV — Spielführer: Willy Billmann — Sportlehrer: Bruno Schwarz — Spielkleidung: Hemd: rot, Hose: schwarz — Sportplatz: Sportparkstr. 12 — Telephon: 4 41 60 und 4 27 88; ab Hauptbahnhof mit Straßenbahnlinie 11 in 20 Minuten; Fassungsvermögen: 22 000; Zuschauerrekord: 27 600 (1922).

**BSG. Neumeyer:** BSG. Neumeyer, Nürnberg — Geschäftsstelle: Nürnberg 2, Abholfach — Telephon: 5 70 44 — Vereinsführer: Max Herrmann, Hiltpoltsteiner Straße 59 — Spielführer: Gustav Schranz — Sportlehrer: Rudolf Schurmann — Spielkleidung: Hemd: gelb, Hose: blau — Sportplatz: Herrnhüttestraße 45 — Telephon: 5 72 68; ab Hauptbahnhof mit Straßenbahnlinie 21 und 24 in 18 Minuten; Fassungsvermögen: 12 000 (Tribüne 1200); Zuschauerrekord: 12 000 (1938).

**Spielvereinigung:** Spielvereinigung Fürth e. V. — Geschäftsstelle: Telephon 7 15 34 Dienstag und Donnerstag von 19 bis 22 Uhr, sonst 7 12 11 Herrn Jäckel — Vereinsführer:

Dr. Eugen Gastreich — Spielführer: Karl Schnitger — Sportlehrer (hauptberuflich): Hans Hagen — Spielkleidung: Hemd: weiß, Hose: schwarz — Sportplatz: Ronhof — Telephon: 7 15 34; ab Hauptbahnhof mit Straßenbahnlinie 1 und Autobus in 20 Minuten; Fassungsvermögen: 20 000; Zuschauerrekord: 23 000 (1925).

**Schwaben Augsburg:** Turn- und Sportverein 1847/Schwaben Augsburg e. V. — Geschäftsstelle: Philipp Grünwald, Augsburg, Katzenstadel 24 — Telephon: 82 51, Nebenstelle 512 — Vereinsführer: Dr. Utz — Telephon: 324, Nebenstelle 764 — Spielführer: Gg. Lechner — Uebungsleiter (ehrenamtlich): Gg. Lechner — Spielkleidung: Hemd: lila, Hose: weiß — Sportplätze: Schwabenplatz und TVA.-Platz, Haunstetter Straße — Telephon: 74 17; ab Hauptbahnhof mit Straßenbahnlinie 1 und 4 in 15 Min.; Fassungsvermögen: 20 000; Zuschauerrekord: 18 000 (1937). — Vereinsheim: Turnhalle, Schießgrabenstraße 28, Linie 4, Haltestelle Kaiserplatz — Telephon: 77 81.

**BCA.:** Ballspiel-Club Augsburg e. V. — Geschäftsstelle: BCA.-Platz, Donauwörther Straße 105a — Telephon: 3 18 72 — Vereinsführer: Josef Wagner, Wertachstraße 1½ — Telephon: 324/Nebenstelle 387 (Ortsgespr.), 48 91/Nebenstelle 387 (Ferngespräch) — Spielführer: Heinrich Wörlen — Uebungsleiter (ehrenamtlich): Peter Stöckl — Spielkleidung: Hemd: weiß, Hose: blau — Sportplatz: BCA.-Platz, Donauwörther Straße; ab Hauptbahnhof mit Straßenbahnlinie 1, dann 4 in 15 Minuten; Fassungsvermögen: 12 000; Zuschauerrekord: 11 500 (1936)

**München 1860:** FA. Turn- und Sportverein München von 1860 — Geschäftsstelle: München 5, Auenstraße 19 — Telephon: 2 43 24 — Abteilungsführer: Ratsherr S. Gleixner — Spielführer: Georg Burger — Uebungsleiter: Dr. Max Schäfer — Spielkleidung: Hemd: blau-weiß gestreift, Hose: schwarz — Sportplatz: Städt. Sportplatz an der Grünwalder Straße; ab Hauptbahnhof mit Straßenbahnlinie 17 und 12 in 25 Minuten; Fassungsvermögen: 30 000.

**Bayern:** FC. „Bayern" e. V. — Geschäftsstelle: München, Weinstraße 14/II — Spielführer: L. Goldbrunner — Uebungsleiter: L. Goldbrunner — Spielkleidung: Hemd: weiß, Hose: rot — Sportplatz: Städt. Stadion an der Grünwalder Straße; zu erreichen mit Straßenbahnlinie 17 in 20 Minuten; Fassungsvermögen: 30 000 (Tribüne 2000, Sitzplätze 1400); Zuschauerrekord: 34 800 (1926).

**Jahn Regensburg:** Sport- und Schwimmverein Jahn von 89 e. V. — Geschäftsstelle: Josef Lammel, Regensburg, Prüfeninger Straße 20 — Telephon: 49 51 — Vereinsführer: Josef Kaiser, Kumpfmühler Straße 2 — Telephon: 37 78 — Spielführer: Hans Jakob, Admiral-Scheer-Straße 6 — Uebungsleiter (ehrenamtlich): Hans Jakob — Spielkleidung: Hemd: weiß, Hose: rot — Sportplatz: Jahnplatz, Prüfeninger Straße — Telephon: 57 24; ab Hauptbahnhof mit Straßenbahnlinie 1 in 10 Minuten; Fassungsvermögen: 12 000; Zuschauerrekord: 10 000 (1927).

**Schweinfurt 05:** 1. FC. Schweinfurt 05 e. V., VfL. — Geschäftsstelle: Schweinfurt, Petersgasse 4¹/₂ — Telephon: 13 05 — Vereinsführer: Georg Schumann, Unt.-Marienbach 3 — Telephon: 453 — Geschäftsstellenleiter: O. Kitzinger, Karl-Peter-Straße 17 — Telephon: 160/555 — Spielführer: A. Kitzinger, Zeughaus 13 — Telephon: 160/549 — Sportlehrer: L. Leinberger, z. Zt. Militär — Stellvertreter A. Kitzinger (ehrenamtl.) — Spielkleidung: Hemd: grün, Hose: weiß — Sportplatz: W.-Sachs-Stadion — Telephon: 13 97; ab Hauptbahnhof mit Omnibus in 15 Minuten; Fassungsvermögen: 17 000; Zuschauerrekord: 16 000 (1936).

**Wacker München:** Fußball-Club „Wacker" e. V. — Geschäftsstelle: München 25, Daiserstr. 58/III — Telephon: 7 44 67 — Vereinsführer: Kurt Frey — Spielführer: Fritz Müller — Spielkleidung: Hemd: blau, Hose: schwarz — Sportplatz: Städt. Sportplatz an der Grünwalder Straße, dto. an der Dantestraße, dto. an der Fuggerstraße; ab Hauptbahnhof in 30 Minuten.

**Weiden:** Reichsbahn-Sportgemeinschaft Weiden/Opf. — Geschäftsstelle: Reichsbahn-Ausbess.-Werk, Weiden, Nikolaistr. 17 — Telephon: 23 41/397 — Vereinsführer: Th. Streble — Spielführer: Josef Meier — Sportlehrer: Paul Baumgartner — Spielkleidung: Hemd: blau-weiß, Hose: schwarz — Sportplatz: „Am Wasserwerk" — Telephon: 23 62; zu erreichen in etwa 25 Minuten; Fassungsvermögen: 6000; Zuschauerrekord: 4000 (1932).

# Bereich 17  Ostmark

**Rapid:** Sport-Club Rapid — Geschäftsstelle: Wien 101, Kannegasse 1 — Telephon: U 3 50 53 — Vereinsführer: Kammersänger Josef Kalenberg — Spielführer: Franz Binder — Sportlehrer (hauptberuflich): Leopold Nitsch — Spielkleidung: Hemd: grün-weiß, Hose: schwarz — Sportplatz: Rapidplatz — Telephon: U 3 95 83; ab Westbahnhof mit der Stadtbahn in 15 Minuten; Fassungsvermögen: 25 000; Zuschauerrekord: 26 000 (1928).

**Vienna:** Fußball-Club Vienna 1894 — Geschäftsstelle: Wien XIX — Sportplatz: Hohe Warte — Telephon: B 1 40 41 — Vereinsführer: Bezirkshauptmann Dr. Rudolf Höllerl, Wien 18,

Edmund-Weiß-Gasse 7 — Telephon: Amt B 1 25 70. Wohnung: U 2 38 21 — Spielführer: Willibald Schmaus — Sportlehrer (ehrenamtlich): Fritz Gschweidl — Spielkleidung: Hemd: gelb, Hose: blau — Sportplatz: Sportplatz Hohe Warte — Telephon: B 1 40 41; ab Hauptbahnhof mit Straßenbahnlinie g2 oder d-Wagen bis Barawitzkagasse oder mit der Stadtbahn bis Heiligenstadt; Fassungsvermögen: 40 000; Zuschauerrekord: 100 000 (1924).

**Austria:** Fußball-Klub Austria — Geschäftsstelle: Wien I, Jasomirgottstraße 4 — Telephon: U 2 02 61 — Vereinsführer: Dr. Bruno Eckerl — Spielführer: Karl Sesta — Sportlehrer (hauptberuflich): Karl Schneider — Spielkleidung: Hemd: violett, Hose: weiß — Sportplatz: Wiener Stadion.

**Admira:** Wiener Sport-Club Admira — Geschäftsstelle: Wien XXI, Hopfengasse 6 (Postamt 142) — Telephon: A 6 20 12 — Spielführer: Otto Marischka — Sportlehrer: Josef Heist — Uebungsleiter: Leopold Vrana — Spielkleidung: Hemd: weiß (schwarz), Hose: weiß (schwarz) — Sportplatz: Hopfengasse: zu erreichen mit Straßenbahnlinie 32 und 31; Fassungsvermögen: 15 000 (Tribüne 2900); Zuschauerrekord: 15 000 (FC. Rapid)

**Wiener SC.:** Wiener Sport-Club — Geschäftsstelle: Wien XVII/107, Rötzergasse 6 — Telephon: A 2 24 05 — Vereinsführer: Amtsrat Karl Kestler — Spielführer: Karl Graf — Sportlehrer: Friedrich Franzl — Spielkleidung: Hemd: schwarz-weiß, Hose: schwarz — Sportplatz: XVII. Hernalser Hauptstraße 214 — Telephon: U 5 12 46; ab Hauptbahnhof mit Straßenbahnlinie 43; Fassungsvermögen: 14 000 (Tribüne 1200).

**Wacker:** Sportklub Wacker — Geschäftsstelle: Wien XII, Rosasgasse 31 — Telephon: 3 60 89 — Vereinsführer: Direktor Franz Röscher — Spielführer: Josef Pekarek — Uebungsleiter: Hans Walzhofer — Spielkleidung: Hemd: weißschwarz, Hose: schwarz — Sportplatz: Wackerplatz — Telephon: 3 60 89; ab Westbahnhof mit Straßenbahnlinie L in 10 Minuten; Fassungsvermögen: 15 000 (Tribüne 882, Sitzplätze 3000); Zuschauerrekord: 17 600 (1932 gegen SK. Rapid).

**Floridsdorf:** Floridsdorfer Athletiksport-Club (FAC.) — Geschäftsstelle: Wien XXI/141, Am Spitz 2 — Telephon: A 6 21 22 — Vereinsführer: Albert Knoblich, Wien XXI/141, Ostmarkg. 35 — Telephon: A 6 10 72 — Spielführer: Josef Smistik — Uebungsleiter (ehrenamtlich): Edmund Frühwirth — Spielkleidung: Hemd: blau-weiß, Hose: schwarz — Sportplatz: FAC. Wien, Deublergasse: ab Hauptbahnhof mit Straßenbahnlinie 31 und 132 in 60 Minuten; Fassungsvermögen: 9000.

**Post:** Post-Sportgemeinschaft Wien e. V. — Geschäftsstelle: Wien I, Postgasse 13 — Vereinsführer: OPR. Dr. F. Kleinowitz — Abt.-Führer für Fußball: Pl. Karl Mitterer — Spielführer: Josef Bugala — Sportlehrer: Franz Roi — Uebungsleiter: Franz Roi — Spielkleidung: Hemd: weinrot, Hose: weiß — Sportplatz: Wien 17/107, Roggendorfgasse 2 — U 5 10 59; ab Hauptbahnhof u. d. Stadtmitte mit Straßenbahnlinie 43 H2 V in 12 Minuten; Fassungsvermögen: 10 000 (Sitzplätze 1500).

**Graz:** Grazer Sportklub „Sturm" — Geschäftsstelle: Graz, Griesplatz 11/I — Telephon: 42 85 — Vereinsführer: Standartenführer Pg. Karl Geisler — Spielführer: Franz Frisch — Uebungsleiter: Dr. Rudolf Schneider — Spielkleidung: Hemd: schwarz-weiß Hose: weiß — Sportplatz: am Jakominigürtel (Sturmplatz); zu erreichen mit Straßenbahnlinie 1, 2, 5, 7 in etwa 15 Minuten; Fassungsvermögen: 10 000 (Tribüne 1240); Zuschauerrekord: 8000 (1940 gegen 1. FCN.).

# Turngau 18 Sudeten

**Karlsbad:** NS.-Turngemeinde Karlsbad, Abtl. Fußball — Geschäftsstelle: Amt für Leibesübungen der Stadt Karlsbad, Stadthaus, Zimmer 21 — Abteilungsleiter: Ewald Seemann, Karlsbad — Telephon: 11 39 — Spielführer: Fritz Schröder — Uebungsleiter (ehrenamtlich): Franz Reisenauer — Spielkleidung: Hemd: blau, Hose: blau — Sportplatz: Alter und neuer Spartaplatz; ab Hauptbahnhof in 5 bzw. 10 Minuten; Fassungsvermögen: alt 2500, neu 5000.

**Gablonz:** NS.-Turngemeinde Gablonz, Abtl. Fußball — Geschäftsstelle: Gablonz/Neisse, Baudengasse 10 — Telephon: 21 22, nach der Arbeitszeit 31 39 — Vereinsführer: Alfred Forbach — Spielführer: Anton Kreuzer — Uebungsleiter (ehrenamtlich): Anton Kreuzer — Spielkleidung: Hemd: weiß, schwarz-weiß, Hose: schwarz, weiß-blau-rot — Sportplatz: Schützenhaus; ab Hauptbahnhof in 10 Minuten; Fassungsvermögen: 6500; Zuschauerrekord: 5500 (1935).

**Brüx:** NS.-Turngemeinde Brüx, Abtl. Fußball — Geschäftsstelle: Stadtoberinspektor Ernst Widder, Rathaus — Telephon: 77, Nebenstelle 30/Büro, 58/Wohnung — Fachwart für Fußball: Ernst Widder — Mannschaftsführer: Bruno Aubrecht — Uebungsleiter (ehrenamtlich): Theodor Dill — Spielkleidung: Hemd: blau-gelb oder weiß-blau, Hose: blau oder weiß — Sportplatz: an der Paredler Straße; ab Hauptbahnhof zu Fuß in fünf Minuten; Fassungsvermögen: 4500; Zuschauerrekord: 3800 (1920).

**Teplitz-Schönau:** NS.-Turngemeinde Teplitz-Schönau, Abtl. Fußball — Geschäftsstelle: Städt. Fürsorgeamt — Vereinsführer: Ernst Ruderer, Leitmaritzer Straße Nr. 1646 — Spielführer: V. Justian, Waldthorplatz 7 — Sportlehrer (hauptberuflich): Rudolf Herbrich, Umfahrtstraße 6 — Uebungsleiter (ehrenamtlich): Rudolf Krcil, Jägerzeile 1918/II — Sportplatz: ehem. TFL. 03-Platz, Feuerwehrstraße; ab Hauptbahnhof zu Fuß in 5 Minuten; Fassungsvermögen: 16 000; Zuschauerrekord: 15 000 (1936).

**Falkenau:** NS.-Turngemeinde Falkenau. Fachabt. Fußball — Geschäftsstelle: Falkenau/Eger, Landratsamt — Vereinsführer: Karl Abicht, Kreisinspektor, Landratsamt Falkenau — Spielführer: Spinner — Sportlehrer: Anton Nossal, Adolf-Hitler-Platz 21 — Spielkleidung: Hemd: weiß, Hose: schwarz — Sportplatz: Sportanlage bei der Schwimmschule; zu erreichen in 10 Minuten; Fassungsvermögen: 4000; Zuschauerrekord: 2000 (17. August 1941 gegen NSTG. Bodenbach).

**Eger:** LSV. Eger — Geschäftsstelle: Fliegerhorst — Telephon: 685/App. 25 — Vereinsführer: Oblt. Heinrich Lindau — Spielführer: Josef Pfitzner — Spielkleidung: Hemd: gelb, Hose: braun — Sportplatz: Hilaria-Platz; zu erreichen in etwa 15 Minuten; Fassungsvermögen: 2000 (Tribüne 120); Zuschauerrekord: 1800 (18. Mai 1941 gegen SpVgg. Fürth).

**Eger:** NS.-Turngemeinde Eger. Abtl. Fußball — Geschäftsstelle: Konrad-Henlein-Straße 18 — Telephon: 519 — Vereinsführer: Mg. Ruß, Adler-Apotheke, Eger — Sportwart: Hans Biedermann, Konrad-Henlein-Straße 18 — Spielführer: Franz Bruckner — Uebungsleiter (ehrenamtlich): Josef Zapf — Spielkleidung: Hemd: weiß, Hose: schwarz — Sportplatz: Sportplatz Hilaria a. d. Eger; ab Hauptbahnhof mit Autobus in 5 Minuten; Fassungsvermögen: 8000; Zuschauerrekord: 5000 (1937).

**Komotau:** NS.-Turngemeinde Komotau. Abt. Fußball — •Geschäftsstelle: Komotau, Hans-Knirsch-Platz — Telephon: 485 — Vereinsführer: Ing. L. Gelinek — Spielführer: A. Zemann — Sportlehrer: Dr. Ewald Hüttl — Uebungsleiter: Alfred Seifert — Spielkleidung: Hemd: weinrot, blau, Hose: weiß-schwarz — Sportplatz zu erreichen in ca. 15 Minuten; Fassungsvermögen: 8—10 000; Zuschauerrekord: 5500 (gegen AC. Sparta Prag).

**Pilsen:** Luftwaffensportverein Pilsen e. V. — Geschäftsstelle: Pilsen, Feldwebel Hans Schumacher, 3. Flg.-Ausb.-Reg. 13 Rokitzan, alte Kaserne, Dch. Deutsche Dienstpost Böhm.-Mähren — Vereinsführer: Oberleutnant Polus — Spielführer: Uffz. Hugo Ammann — Spielkleidung: Hemd: weinrot-weiß, Hose: weinrot — Sportplatz: Platzanlage des SK. Pilsen; ab Hauptbahnhof mit Straßenbahnlinie Bory in 20 Minuten.

**Prosetitz:** NS.-Turngemeinde Wisterschan. Abtl. Fußball, Prosetitz — Geschäftsstelle: Franz Eichler, Prosetitz 76 — Telephon: 22 39 — Fachwart: Franz Eichler — Führer der Gruppe Prosetitz: Hugo Hacker — Spielführer: Rudolf Müller, Prosetitz — Uebungsleiter (ehrenamtlich): Rudolf

Enders, Prosetitz — Spielkleidung: Hemd: blau-gelb gestreift, Hose: blau — Wechselfarbe: Hemd: rot, Hose: weiß — Sportplatz: Teplitz-Schönau, Prager Straße; ab Hauptbahnhof zu Fuß in 20 Minuten, mit Straßenbahn in 10 Minuten; Fassungsvermögen: 6000; Zuschauerrekord: 5500 (1923).

**Jägerndorf:** NS.-Turngemeinde Jägerndorf, Abtl. Fußball — Geschäftsstelle: Hans Gaida, Jägerndorf, Schloßplatz 18 — Telephon: 205 — Vereinsführer: Prof. Karl Hoerweg — Spielführer: Hans Gaida — Uebungsleiter (ehrenamtlich): Ernst Sander — Spielkleidung: Hemd: weiß und blau, Hose: weiß und schwarz — Sportplatz: Peterwitzerstraße; ab Hauptbahnhof in 20 Minuten; Fassungsvermögen: 3500; Zuschauerrekord: 3000.

**Prag:** NS.-Turngemeinde Prag, Abtl. Fußball — Geschäftsstelle: Prag II, Volksstraße 10 (Wilh. Treml) — Telephon: 4 37 51 — Fachwart für Fußball: Wilhelm Treml — Spielführer: Franz Stoy — Uebungsleiter (ehrenamtlich): Adolf Patek — Spielkleidung: Hemd: grün, Hose: schwarz — Sportplatz: bei der Kaisermühle, Prag VII; ab Hauptbahnhof mit Straßenbahnlinie 11, 12 und 23 in 30 Minuten; Fassungsvermögen: 3000.

**Aussig:** NS.-Turngemeinde Aussig, Abt. Fußball — Geschäftsstelle: Aussig, Postfach 132 — Telephon: 37 50, 36 14 — Vereinsführer: Richard Pelz, Lange Gasse 24 — Spielführer: Franz Riedel — Uebungsleiter: Franz Hedanek — Spielkleidung: Hemd: schwarz-weiß, Hose: weiß-schwarz — Sportplatz: Aussig-Prödlitz und städt. Kampfbahn; ab Hauptbahnhof mit Straßenbahnlinie 3 und 7 bzw. 1. 4 und 5 in 10 Minuten; Fassungsvermögen: je 6000.

**Troppau:** NS.-Turngemeinde, Fachabtlg. Fußball — Geschäftsstelle: Troppau, Ensgasse — Telephon: 77 — Vereinsführer: Prof. Anton Bennek — Fachschaftsführer für Fußball: Franz Bednarz, Merveldtstraße 18 — Spielführer: Insp. E. Lubojatzki, Ottendorfer Straße 25 —Sportlehrer: Schwertreich, Ensgasse — Uebungsleiter: Gustl Neumayer, Stadtpark — Spielkleidung: Hemd: blau, Hose: weiß — Sportplatz: beim Schützenhaus, ehem. DSV.-Platz — Telephon: 653; zu erreichen mit Straßenbahnlinie Stadtpark in 10 Minuten; Fassungsvermögen: 4000; Zuschauerrekord: 3200.

**Mähr.-Ostrau:** NSTG. Mährisch-Ostrau 1. Turngruppe 1 — Fachwart: Fr. Ernstbrunner, Mähr.-Ostrau 1 — Telephon: 42 38 — Spielkleidung: Hemd: grün, Hose: weiß — Sportplatz: Marienberg; zu erreichen mit Straßenbahnlinie 5 in 15 Minuten; Fassungsvermögen: 3000; Zuschauerrekord: 3500.

**Mährisch-Schönberg:** NSTG. Mähr.-Schönberg — Geschäftsstelle: Langemarckstraße 50 — Telephon: 680 — Vereinsführer: Gustav Tomola — Spielführer: Fr. Bayl — Uebungsleiter: G. Tomola — Spielkleidung: Hemd: gelb, Hose: blau —

Sportplatz: NSTG. Mähr.-Schönberg; zu erreichen in etwa 10 Minuten; Fassungsvermögen: 8000; Zuschauerrekord: 4000 (1937).

**LSV. Boelcke:** Luftwaffensportverein Oswald Boelcke — Geschäftsstelle: Proßnitz/Mähren, Fliegerhorst, App. 18 — Vereinsführer: Oblt. Karl Jopp — Spielführer: Josef Lausecker — Sportlehrer: Fw. Scharna — Uebungsleiter: Hfw. Sander — Spielkleidung: Hemd: schwarz, Hose: weiß — Sportplatz: SK.-Platz Proßnitz; zu erreichen in etwa 25 Min.; Fassungsvermögen: 8000.

**Olmütz:** Luftwaffensportverein Olmütz — Geschäftsstelle: Olmütz/Mähren, Boelcke-Kaserne — Telephon: 1483/App. 13 — Vereinsführer: Major Zach — Spielführer: Oberfeldw. Figl — Uebungsleiter: Obfw. Figl. Uffz. Schönemann — Spielkleidung: Hemd: rot, Hose: weiß — Sportplatz: Ander-Stadion Olmütz; zu erreichen mit Straßenbahnlinie 2 in 12 Minuten; Fassungsvermögen: 15 000 (Tribüne 1000, Sitzplätze 14 000); Zuschauerrekord: 5000 (15. Mai 1941 gegen Wehrmachtself Wien).

# Bereich 19 Danzig-Westpreußen

**Polizei Danzig:** Sportgemeinschaft der Ordnungspolizei Danzig — Geschäftsstelle: Polizei-Präsidium Danzig, Karrenwall 6 — Telephon: 2 41 41, N.-A. 279 — Vereinsführer: Polizei-Präsident, ﬀ-Brigadeführer Henze — Spielführer: Oberw. d. Sch. Mandelkau — Uebungsleiter (ehrenamtlich): Meister d. Sch. Walter — Spielkleidung: Hemd: grün-weiß, Hose: grün — Sportplatz: Danzig-Langfuhr, Winterfeldtweg (neuer Polizeisportplatz) — Telephon: 2 41 41; ab Hauptbahnhof mit Straßenbahnlinie 1 und 2 in 25 Minuten; Fassungsvermögen: 2000.

**BuEV. Danzig:** Ballspiel- und Eislauf-Verein e. V. — Geschäftsstelle: Danzig-Langfuhr, Seydlitzweg 16 — Telephon: 4 24 54 — Vereinsführer: Hans Albrecht, Seydlitzweg 16 — Spielführer: Karlheinz Rutz — Uebungsleiter (ehrenamtlich): Paul Witt — Spielkleidung: Hemd: schwarz-rot, Hose: rot — Sportplatz: Reichskolonie — Telephon: 4 19 00; ab Hauptbahnhof mit Straßenbahnlinie 5 in 20 Minuten; Fassungsvermögen: 5000; Zuschauerrekord: 2800 (1937).

**Post Danzig:** Post-Sportgemeinde Danzig — Geschäftsstelle: Reichspostdirektion Teleph.: 2 75 35 — Vereinsführer: Paul Schroeter, RPD. — Spielführer: W. Felske, Ohra, Theodor-von-der-Pforten-Straße 13 — Uebungsleiter: Paul Keßler, Danzig, Grabengasse 9 — Spielkleidung: Hemd: blau-gelb, Hose: blau — Sportplatz: Kampfbahn Niederstatt; zu erreichen mit Straßenbahnlinie 4 in 10 Minuten; Fassungsvermögen: 6000 (Tribüne 1000).

**SpC. Preußen:** Sport-Club Preußen 1909 Danzig e. V. — Geschäftsstelle: Harald Busch, Danzig-Oliva, Adolf Hitler-Straße 541 — Telephon: 2 89 51 — Vereinsführer: Harald Busch — Spielführer: Paul Matthies — Uebungsleiter (ehrenamtlich): Herbert Wagner — Spielkleidung: Hemd: schwarz mit weiß. Kragen, weiß. Stulpen und weiß. Längsstrich. Hose: schwarz mit weiß Biese — Sportplatz: Preußenplatz, Danzig-Bischofsberg; ab Hauptbahnhof mit Straßenbahnlinie 1, 2, 3, 4 und 5 in 15 Minuten; Fassungsvermögen: 5000; Zuschauerrekord: 2000 (1940).

**Neufahrwasser:** Sportgemeinschaft 1919 Neufahrwasser e. G. — Geschäftsstelle: H. Kowalk, Danzig-Neufahrwasser, Hedwigskirchstraße 15 — Telephon: 2 32 41, Hausanschluß 205 oder: 3 53 40 — Vereinsführer: Oberfeldwebel Helmut Kowalk, Stab stellv. Gen.-Kdo. XX. AK. Danzig, oder Neufahrwasser, Hedwigskirchstr. 15 — Spielführer: Feldwebel Heinz Amort, Neufahrwasser, Wilhelmstraße 48 — Uebungsleiter (ehrenamtlich): Helmut Kowalk — Spielkleidung: Hemd: schwarz, Hose: weiß — Sportplatz: Ertelplatz in Neufahrwasser — Telephon: 3 53 40; ab Hauptbahnhof Danzig mit Straßenbahnlinie 8 in 20 Minuten; Fassungsvermögen: 1500; Zuschauerrekord: 800 (1940).

**Hansa Elbing:** VfR. „Hansa" Elbing — Geschäftsstelle: P. Zarnikau, Elbing, Schließfach 49 — Telephon: 31 88 — Vereinsführer: Paul Zarnikau — Spielführer: Ernst Sönnke, Bismarckstraße — Uebungsleiter: Walter Priebe, Trusostr. — Spielkleidung: Hemd: schwarz-gelb, Hose: schwarz — Sportplatz: Jahnsportplatz — Telephon: 43 84; ab Hauptbahnhof mit Straßenbahnlinie 1 und 3 in 20 Minuten; Fassungsvermögen: 10 000; Zuschauerrekord: 6000 (1940 gegen Schalke 04).

**Victoria Elbing:** SV. Victoria Elbing — Geschäftsstelle: Helmut Kuhn, Elbing, Heilig-Geist-Straße — Telephon: 24 88 — Vereinsführer: Prokurist Helmut Kuhn, Heilig-Geist-Straße 30/31 — Spielführer: Ernst Friese — Uebungsleiter (ehrenamtlich): Alfred Schwarz — Spielkleidung: Hemd: schwarz-weiß langgestreift, Hose: schwarz — Sportplatz: Jahnplatz (Städt. Platz); ab Hauptbahnhof mit Straßenbahnlinie 1 und 3 in 10 Minuten; Fassungsvermögen: 8000; Zuschauerrekord: 6000 (1940).

**SV. Elbing:** Elbinger Sportverein 05 e. V. — Geschäftsstelle: Friedrich-Wilhelm-Platz 13 — Vereinsführer: Willy Görgens — Telephon: 32 85 — Spielführer: Hans Strambowski — Uebungsleiter: Erich Lehmann — Spielkleidung: Hemd: weiß mit Stadtwappen. Hose: rot — Sportplatz: Städt. Jahnsportplatz; zu erreichen mit Straßenbahnlinie 3 in etwa 10 Minuten; Zuschauerrekord: 8000 (23. August 1940 gegen Schalke 04).

**HUV. Marienwerder:** Heeressportverein Uffz.-Schule, Marienwerder — Geschäftsstelle: Anschrift wie vorstehend — Telephon: 26 55—57 — Vereinsführer: Hauptmann Zander, 1. Kompanie — Spielführer: Leutnant Kammler — Sportlehrer: Fw. Hermann — Spielkleidung: Hemd: weiß, Hose: schwarz Sportplatz: Schwemannplatz; zu erreichen in etwa 8 Minuten: Fassungsvermögen: 3—4000; Zuschauerrekord: 3000 (2. Juni 1941 gegen Preußen Danzig).

# II. Teil

# ÖSTERREICH

## 1. Länderspiele

# Länderspiele Oesterreichs

## Länderspiel-Gesamt-Bilanz

| | | | | | |
|---|---|---|---|---|---|
| Aegypten | 2 | 2 | 0 | 0 | 6:2 |
| Belgien | 5 | 5 | 0 | 0 | 20:7 |
| Bulgarien | 2 | 2 | 0 | 0 | 12:1 |
| Deutschland | 10 | 6 | 1 | 3 | 32:18 |
| England | 5 | 1 | 1 | 3 | 8:30 |
| Finnland | 3 | 2 | 1 | 0 | 7:4 |
| Frankreich | 5 | 5 | 0 | 0 | 17:4 |
| Holland | 2 | 1 | 0 | 1 | 2:3 |
| Italien | 17 | 9 | 4 | 4 | 33:17 |
| Jugoslawien | 2 | 2 | 0 | 0 | 7:1 |
| Lettland | 1 | 1 | 0 | 0 | 2:1 |
| Norwegen | 2 | 1 | 0 | 1 | 1:4 |
| Peru | 1 | 0 | 0 | 1 | 2:4 |
| Polen | 2 | 2 | 0 | 0 | 8:3 |
| Rumänien | 1 | 1 | 0 | 0 | 4:1 |
| Schottland | 3 | 1 | 2 | 0 | 8:3 |
| Schweden | 9 | 6 | 2 | 1 | 26:17 |
| Schweiz | 17 | 13 | 1 | 3 | 56:21 |
| Spanien | 2 | 0 | 0 | 2 | 1:3 |
| Tschechoslowakei | 16 | 4 | 6 | 6 | 23:26 |
| Ungarn | 80 | 26 | 19 | 35 | 169:174 |

Die mit * bezeichneten Städtespiele Wien gegen Budapest wurden nachträglich als Länderspiele Oesterreich gegen Ungarn anerkannt.

### 1901

Oesterreich gegen Schweiz 8. 4. 1901 in Wien 4:0 gewonnen: Nauß; Wachuda. Leuthe; Blooncy. Paul Zander. Shires; Karl Dettelmaier. Gustav Huber Albert. Studnicka. Taurer.

### 1902

* Wien gegen Budapest 12. 10. 1902 in Wien 5:0 gewonnen: Nauß; Wachuda. Eipel; Hüttl. Blässy. Mößmer; Wiesner. Gustav Huber. Schrammel. Studnicka. Taurer.

### '903

* Wien gegen Budapest 10. 6. 1903 in Budapest 2:3 verloren: Rudi Wagner; Leuthe. Fritz Dettelmaier; Schulz. Schrammel. Dick; Fischer. Gustav Huber. Pulchert. Studnicka. Taurer.

* Wien gegen Budapest 11. 10. 1903 in Wien 4:2 gewonnen: Steinmann; Schulz. Fritz Dettelmaier; Schrammel. Wilczek. Pulchert; Schneck. Schediwy. Gustav Huber. Studnicka. Taurer.

## 1904

- Wien gegen Budapest 2. 6. 1904 in Budapest 0:3 verloren:
Prager; Fischer. Franz Dettelmaier; Sax. Wilczek. Schrammel;
Eduard Schönecker. Gustav Huber. Adolf Stürmer.
Cornelius Hoffmann. Taurer
- Wien gegen Budapest 9. 10. 1904 in Wien 5:4 gewonnen:
Pekarna; Fischer. Eipel; Schrammel. Feldmüller. Dick; Karl
Dettelmaier. Bugno. Stanfield. Studnicka. Taurer.

## 1905

- Wien gegen Budapest 9. 4. 1905 in Budapest 0:0 unentschieden:
Prager; Fischer. Leuthe; Bob Lowe. Karl Stürmer.
Großmann; Hussak. Krug. Stanfield König. Taurer.

## 1906

- Wien gegen Budapest 4. 10. 1906 in Budapest 1:3 verloren:
Prager; Hüttl. Vladar; Lenczewsky. Adolf Müller. Mastalka;
Hussak. Dünnmann. Pollatschek. Karl Engel. Eduard Engel.

## 1907

- Wien gegen Budapest 5. 5. 1907 in Wien 3:1 gewonnen:
Kaltenbrunner; Vladar. Wexscheider; Hoitasch. Kohn.
Lenczewsky; Wancura. Pollatschek. Dünnmann. Schediwy.
Wolf.
- Wien gegen Budapest 4. 11. 1907 in Budapest 1:4 verloren:
Kaltenbrunner; Vladar. Groß; Harmer. Lenczewsky. Weihrauch; Beck. Dünnmann. Schediwy. Schmieger Wolf.

## 1908

- Wien gegen Budapest 3. 5. 1908 in Wien 4:0 gewonnen:
Pekarna; Eipel. Retschurv; Knöll Kwietek. Dlabac; Hussak. Kubik Richard Kohn Fischera. Andres.

Oesterreich gegen England 3. 6. 1908 in Wien 1:6 verloren:
Prager; Weihrauch. Smolek; Cimera. Fischl. Wackenreuter; Schmieger Merz. König Hirschl. Thurm.

Oesterreich gegen Deutschland 5. 6. 1908 in Wien 3:2 gewonnen: Kaltenbrunner; Eipel. Retschurv; Knöll. Kurpiel. Dlabac; Hussak. Kubik Studnicka. Fischera. Andres.

Oesterreich gegen England 8 6. 1908 in Wien 1:11 verloren: Donhart; Schwarz. Smolek; Jech. Fischl. Wackenreuter; Hussak. Robert Merz. König. Hirschl. Thurm

Oesterreich gegen Ungarn 1. 11. 1908 in Budapest 3:5 verloren: Kaltenbrunner; Retschurv. Smolek; Jech. Kurpiel. Karl Tekusch; Hussak. Leopold Neubauer. Studnicka. Fischera. Andres

Die vorher ausgetragenen Spiele W i e n gegen B u d a -
p e s t wurden nachträglich in die Reihe der L ä n d e r -
s p i e l e O e s t e r r e i c h gegen U n g a r n aufgenommen.

## 1909

England gegen Oesterreich 1. 6. 1909 in Wien 1:8 verloren: Praxer: Groß Retschury; Löwenfeld. Preiß. Lenczewsky: Hussak. Schediwy. Schrenk. Leopold Neubauer. Scheu.

Oesterreich gegen Ungarn 2. 5. 1909 in Wien 3:4 verloren: Kaltenbrunner: Smolek Retschury: Wackenreuter, Knöll. Singer: Beck Schmieger Leopold Neubauer. König. Kraus.

Oesterreich gegen Ungarn 30. 5. 1909 in Budapest 1:1 unentschieden: Kaltenbrunner: Retschury. Vladar; Lenczewsky. Oppenheim Preiß· Beck. Schrenk. Höllerl. Clemens Cargnelli. Pfeiffer.

Oesterreich gegen Ungarn 7. 11. 1909 in Budapest 2:2 unentschieden· Krof· Weihrauch. Groß; Löwenfeld. Lenczewsky Linsmaier: Beck Robert Merz. Schmieger. Leopold Neubauer. Andres

## 1910

Oesterreich gegen Ungarn 1. 5. 1910 in Wien 2:1 gewonnen: Praxer: Flor Felix Tekusch: Bielohlawek. Fischl. Karl Tekusch; Hussak. Richard Kohn. Leopold Neubauer. Fischera Andres.

Oesterreich gegen Ungarn 6. 11. 1910 in Budapest 0:3 verloren: Weinberg; Drexler. Felix Tekusch; Karl Tekusch. Weber. Reichelt: Beck. Leopold Neubauer. Studnicka. Fischera Meiringer

## 1911

Oesterreich gegen Ungarn 3. 5. 1911 in Wien 3:1 gewonnen: Viktor Müller· Kroier Felix Tekusch: Wackenreuter. Kurpiel. Karl Tekusch. Hussak. Robert Merz. Hans Schwarz. Schmieger. Meiringer.

Oesterreich gegen Deutschland 10. 9. 1911 in Dresden 2:1 gewonnen: Viktor Müller: Popovich. Felix Tekusch; Cimera. Jakob Swatosch. Karl Tekusch· Richard Kohn. Schmieger. Hans Schwarz. Neumann. Spindler.

Oesterreich gegen Ungarn 5. 11 1911 in Budapest 0:2 verloren: Viktor Müller. Kroier. Felix Tekusch: Karl Tekusch. Kurpiel. Wackenreuter: Hussak. Richard Kohn. Studnicka. Neumann Meiringer.

## 1912

Oesterreich gegen Ungarn 5. 5. 1912 in Wien 1:1 unentschieden: Noll: Graubart Felix Tekusch; Weber. Braunsteiner. Karl Tekusch: Richard Kohn. Robert Merz. Studnicka. Fischera. Andres.

Oesterreich gegen Italien 28. 6. 1912 in Stockholm (Olymp. Spiele) 5:1 gewonnen: Kaltenbrunner: Braunsteiner. Graubart: Weber. Brandstädter. Cimera: Hussak. Alois Müller. Studnicka Leopold Neubauer. Grundwald

Oesterreich gegen Deutschland 30. 6. 1912 in Stockholm (Olymp. Sp.) 5:1 gewonnen: Noll: Graubart. Kurpiel: Brand;

städter Braunsteiner Cimera: Hussak. Robert Merz. Studnicka. Alois Müller. Leopold Neubauer

Oesterreich gegen Holland 2. 7. 1912 in Stockholm (Olymp. Sp.) 1:3 verloren: Noll: Graubart. Kurpiel: Brandstädter. Braunsteiner. Cimera: Hussak Robert Merz. Studnicka. Alois Müller. Leopold Neubauer

Oesterreich gegen Norwegen 4. 7. 1912 in Stockholm (Olymp. Sp., Trostturnier) 1:0 gewonnen: Kaltenbrunner: Kurpiel, Braunsteiner: Weber. Brandstädter. Cimera: Alois Müller. Blaha. Robert Merz. Grundwald. Leopold Neubauer.

Oesterreich gegen Ungarn 5. 7. 1912 in Stockholm (Olymp. Sp.) 0:3 verloren: Kaltenbrunner: Graubart. Kurpiel: Brandstädter. Braunsteiner. Cimera: Hussak. Alois Müller. Robert Merz. Leopold Neubauer. Meiringer.

Oesterreich gegen Ungarn 10. 11. 1912 in Budapest 0:4 verloren: Viktor Müller: Popovich. Fritz Brandstädter: Hagler. Brandstädter I. Karl Tekusch: Alois Müller Robert Merz. König. Fischera Schmiedt

Oesterreich gegen Italien 12 12. 1912 in Genua 3:1 gewonnen: Viktor Müller: Kießling. Felix Tekusch: Brandstädter. Braunsteiner. Karl Tekusch: Bauer. Richard Kohn. Kuthan. Schmieger Schmiedt.

## 1913

Oesterreich gegen Ungarn 27. 4 1913 in Wien 1:4 verloren: Kaltenbrunner: Jakob Swatosch: Weber. Brandstädter. Karl Tekusch: Bauer. Twaroch Studnicka. Fischera. Grundwald.

Oesterreich gegen Italien 15. 6. 1913 in Wien 2:0 gewonnen: Kaltenbrunner: Popovich. Sudrich: Sedlacek. Brandstädter. Karl Tekusch: Bauer Twaroch Kuthan. Grundwald. Körner.

Oesterreich gegen Ungarn 30. 10. 1913 in Wien 3:4 verloren: Plhak: Dietrich. Felix Tekusch: Cimera. Brandstädter. Karl Tekusch: Bauer Robert Merz. Hans Schwarz. Grundwald. Körner.

## 1914

Oesterreich gegen Italien 11. 1. 1914 in Mailand 0:0 unentschieden: Plhak: Urban. Jakob Swatosch: Chrenka. Brandstädter. Cimera: Haist Robert Merz. Kuthan. Grundwald. Körner.

Oesterreich gegen Ungarn 2. 5. 1914 in Wien 2:0 gewonnen: Plhak: Urban. Felix Tekusch: Chrenka Brandstädter. Karl Tekusch: Heinzel. Robert Merz. Braunsteiner. Fischera. Neumann

Oesterreich gegen Ungarn 5. 10. 1914 in Budapest 2:2 unentschieden: Bode: Popovich. Löwenfeld: Achatzl. Heiß. Karl Tekusch: Wondrak. König (Rudolfshügel). Studnicka. Ferdl Swatosch. Körner.

Oesterreich gegen Ungarn 8. 11. 1914 in Wien 1:2 verloren: Bode: Dietrich. Schlosser: Achatzl Brandstädter Dr. Karl Tekusch: Haist. Bauer. Kuthan. Neumann. Körner.

Oesterreich gegen Ungarn 2. 5. 1915 in Budapest 5:2 gewonnen: Desnohlidek: Popovich. Jetzinger; Kürner. Prohaska. Sedlatschek: Hoel. Ferdl Swatosch. Studnicka. Kuthan Hans Ehrlich.

Oesterreich gegen Ungarn 30. 5. 1915 in Wien 1:2 verloren: Desnohlidek: Popovich. Schlosser: Cimera. Brandstädter. Kürner: Heinzel. Kuthan. Studnicka. Ferdl Swatosch. Hoel.

Oesterreich gegen Ungarn 3. 10. 1915 in Wien 4:2 gewonnen: Kraupar: Jetzinger. Schlosser; Prohaska. Brandstädter. Nietsch: Hoel Bauer. Studnicka. Heinzel. Hans Ehrlich.

Oesterreich gegen Ungarn 7. 11 1915 in Budapest 2:6 verloren: Kraupar: Popovich. Schlosser: Prohaska. Brandstädter. Nietsch: Hoel. Kuthan, Studnicka. Heinzel. Leopold Neubauer.

Oesterreich gegen Ungarn 7. 5. 1916 in Wien 3:1 gewonnen: kraupar: Popovich. Deutsch I: Sedlatschek. Brandstädter. Deutsch II: Beck. Heinzel Studnicka Bauer. Wieser.

Oesterreich gegen Ungarn 4. 6. 1916 in Budapest 1:2 verloren: Feigl: Popovich. Deutsch I: Sedlatschek. Brandstädter. Prohaska: Josef Stürmer. Leopold Neubauer. Studnicka. Bauer Wieser.

Oesterreich gegen Ungarn 1. 10. 1916 in Budapest 3:2 gewonnen: Kraupar: Popovich. Dietrich; Sedlatschek. Jordan. Konus: Köck Grundwald. Studnicka. Bauer. Wieser.

Oesterreich gegen Ungarn 5. 11. 1916 in Wien 3:3 unentschieden: Plhak: Popovich. Dietrich: Konus. Nietsch. Sedlatschek: Leopold Neubauer Kraus. Studnicka. Bauer.

Oesterreich gegen Ungarn 6. 5. 1917 in Wien 1:1 unentschieden: Kraupar: Dietrich. Popovich: Rupetz. Prohaska. Sedlatschek: Leopold Neubauer. Heinzel. Studnicka. Bauer. Wieser.

Oesterreich gegen Ungarn 3. 6. 1917 in Budapest 2:6 verloren: Kraupar: Popovich. Dietrich: Prohaska. Brandstädter. Konus: Beck. Heinzel. Studnicka. Bauer. Schmiedt.

Oesterreich gegen Ungarn 15. 7. 1917 in Wien 4:1 verloren: Halpern: Popovich. Dietrich: Rupetz. Brandstädter. Sedlatschek: Beck Bauer. Vanek. Proschek. Schmiedt.

Oesterreich gegen Ungarn 7. 10 1917 in Budapest 1:2 verloren: Kraupar: Popovich. Dietrich: Sedlatschek. Fichta (Slavia). Rupetz: Hans Ehrlich. Sedlatschek (Slavia). Leopold Neubauer. Vanek. Proschek.

Oesterreich gegen Ungarn 4. 11. 1917 in Wien 1:2 verloren: Jokl: Popovich. Dietrich: Sedlatschek. Konus. Rupetz: Haist. Steuer. Kozeluh. Studnicka. Bauer.

Oesterreich gegen Schweiz 23. 12. 1917 in Basel 1:0 gewonnen Jokl: Jordan. Popovich: Konus. Brandstädter. Rupetz: Haist. Leopold Neubauer. Studnicka. Bauer. Schmiedt.

Oesterreich gegen Schweiz 26. 12. 1917 in Zürich 2:3 verloren: Jokl: Studnicka. Popovich: Konus. Brandstädter. Rupetz: Haist. Leopold Neubauer. Heinlein. Bauer. Schmiedt.

## 1918

Oesterreich gegen Ungarn 14 4 1918 in Budapest 0:2 verloren: Halpern: Popovich. Dietrich: Beck. Brandstädter. Rupetz: Strnad. Bauer. Biegler. Ferdl Swatosch. Körner

Oesterreich gegen Schweiz 9. 5. 1918 in Wien 5:1 gewonnen: Halpern: Popovich. Dietrich: Konus. Brandstädter. Rupetz: Heinlein. Wilda. Kozeluh. Bauer. Körner.

Oesterreich gegen Ungarn 2. 6. 1918 in Wien 0:2 verloren: Kraupar: Popovich. Steiskal: Sedlatschek. Rupetz. Löwenfeld: Hummenberger. Steuer. Kozeluh. Wilda. Feller.

Oesterreich gegen Ungarn 6. 10. 1918 in Wien 0:3 verloren: Kraupar: Popovich. Dietrich: Rupetz. Brandstädter. Karl Tekusch: Josef Stürmer. Hummenberger. Kozeluh. Bauer. Feller

## 1919

Oesterreich gegen Ungarn 6. 4. 1919 in Budapest 1:2 verloren: Jokl: Popovich. Dietrich: Nietsch. Karl Neubauer. Putzendopler. Wondrak. Uridil. Heinlein. Hansl. Wieser.

Oesterreich gegen Ungarn 2. 10. 1919 in Wien 2:0 gewonnen: Brandweiner: Popovich. Dietrich: Putzendopler. Brandstädter. Nietsch: Wondrak. Uridil. Kuthan. Bauer. Wieser.

Oesterreich gegen Ungarn 9. 11. 1919 in Budapest 2:3 verloren: Brandweiner: Wagner. Deutsch I: Kurz. Karl Neubauer Weiß: Eckl. Hansl. Frithum. Tremmel. Köck.

## 1920

Oesterreich gegen Ungarn 2. 5. 1920 in Wien 2:2 unentschieden: Willy Meisl: Beer. Popovich: Chrenka. Brandstädter. Nietsch: Bauer. Wondrak. Kuthan. Ferdl Swatosch. Wieser.

Oesterreich gegen Deutschland 26. 9. 1920 in Wien 3:2 gewonnen: Pacista: Beer. Popovich: Fuchs. Baar. Nietsch: Seidl. Ferdl Swatosch. Kuthan. Hansl. Wieser.

Oesterreich gegen Ungarn 7 11. 1920 in Budapest 2:1 gewonnen: Pacista: Blum. Popovich: Nietsch. Karl Neubauer. Fuchs: Köck. Bauer. Kuthan. Ferdl Swatosch. Eckl.

## 1921

Oesterreich gegen Schweden 27. 3. 1921 in Wien 2:2 unentschieden: Ostrick: Blum Popovich: Fuchs. Karl Neubauer Oever: Köck. Ferdl Swatosch. Kuthan. Karl Kanhauser Katz.

Oesterreich gegen Ungarn 24. 4. 1921 in Budapest 1:4 verloren: Ostricek; Beer. Popovich; Kurz. Karl Neubauer. Nietsch; Wondrak. Uridil. Kuthan. Ferdl Swatosch. Katz.

Oesterreich gegen Schweiz 1. 5. 1921 in Sankt Gallen 2:2 unentschieden: Ostricek; Popovich. Blum; Kurz. Karl Neubauer. Nietsch; Wondrak. Bauer. Kuthan. Ferdl Swatosch. Katz.

Oesterreich gegen Deutschland 5. 5. 1921 in Dresden 3:3 unentschieden: Ostricek; Blum. Popovich; Kurz. Karl Neubauer. Nietsch; Wondrak. Uridil. Kuthan. Karl Kanhäuser. Eckl.

Oesterreich gegen Schweden 24. 7. 1921 in Stockholm 3:1 gewonnen: Ostricek; Blum. Popovich; Kurz. Brandstädter. Nietsch; Wondrak. Uridil. Kuthan. Ferdl Swatosch. Neumann.

Oesterreich gegen Finnland 31. 7. 1921 in Helsingfors 3:2 gewonnen: Ostricek; Blum. Dietrich; Kurz. Resch. Nietsch; Seidl. Jiszda. Kuthan. Ferdl Swatosch. Wieser.

## 1922

Oesterreich gegen Italien 15. 1. 1922 in Mailand 3:3 unentschieden: Ostricek; Beer. Blum; Kurz. Resch. Geyer; Köck. Jiszda. Fischera. Hansl. Cutti

Oesterreich gegen Deutschland 23. 4. 1922 in Wien 0:2 verloren: Brazda; Blum. Beer; Kurz. Brandstädter. Plank; Wondrak. Karl Kanhäuser. Kuthan. Neumann. Wessely.

Oesterreich gegen Ungarn 30. 4. 1922 in Budapest 1:1 unentschieden: Edi Kanhäuser; Blum. Gold; Nietsch. Brandstädter. Kurz; Seidl. Jiszda. Wana. Fischera. Wessely.

Oesterreich gegen Schweiz 11. 6. 1922 in Wien 7:1 gewonnen: Edi Kanhäuser; Blum. Gold; Kurz. Resch. Nietsch; Köck. Fischera. Kuthan. Uridil. Cutti.

Oesterreich gegen Ungarn 24. 9. 1922 in Wien 2:2 unentschieden: Ostricek; Beer. Blum; Kurz. Brandstädter. Nietsch; Köck. Ferdl Swatosch. Kuthan. Fischera. Wessely.

Oesterreich gegen Ungarn 26. 11. 1922 in Budapest 2:1 gewonnen: Ostricek; Beer. Blum; Kurz. Brandstädter. Geyer; Wondrak. Kowanda. Ferdl Swatosch. Fischera. Horeys.

Oesterreich gegen Schweiz 21. 12. 1922 in Genf 0:2 verloren: Ostricek; Heikenwälder. Blum; Kurz. Brandstädter. Geyer; Wondrak. Ferdl Swatosch. Kuthan. Fischera. Wessely

## 1923

Oesterreich gegen Italien 15. 4. 1923 in Wien 0:0 unentschieden: Ostricek; Blum. Regnard; Kurz. Brandstädter. Nietsch; Wondrak. Richter. Kuthan. Ferdl Swatosch. Wessely.

Oesterreich gegen Ungarn 6. 5 1923 in Wien 1:0 gewonnen: Edi Kanhäuser; Regnard. Blum; Kurz. Brandstädter. Nietsch. Cutti. Ferdl Swatosch. Karl Kanhäuser. Wieser. Wessely.

Oesterreich gegen Schweden in Göteborg 2:4 verloren: Ostricek; Blum. Popovich; Kurz. Puschner. Chrenka: Cutti. Ferdl Swatosch. Horeys. Neumann. Wieser.

Oesterreich gegen Finnland 15. 8. 1923 in Helsingfors 2:1 gewonnen: Ostricek; Blum, Dietrich; Kurz. Brandstädter, Nietsch: Häusler. Eckl. Kuthan. Wieser. Wessely.

Oesterreich gegen Ungarn 23. 9. 1923 in Budapest 0:2 verloren: Ostricek; Horeys. Scheuer: Kurz. Resch. Geyer; Seidl. Schierl. Klima. Wieser. Fischer.

**1924**

Deutschland. 13. 1. 1924. Nürnberg. 4:3 verloren: Aigner — Blum, Tandler — Geyer, Chrenka. Kurz — Wieser. Swatosch. Horvath. Jiszda. Seidl.

Italien. 20. 1. 1924. Genua. 4:0 gewonnen: Aigner — Tandler. Blum — Geyer. Chrenka. Nitsch — Horeys. Horvath. Jiszda. Swatosch. Wieser

Jugoslawien. 10. 2. 1924. Agram. 4:1 gewonnen: Edi Kanhäuser — Beer. Teufel — Geyer. Brandstetter. Nitsch — Wondrak. Horvath. Jiszda. Wieser. Wessely.

Ungarn. 4. 5. 1924. Budapest. 2:2 unentschieden: Ostricek — Rainer. Regnard — Kurz Brandstetter. Ludwig — Seidl. Gschweidl. Höß. Horvath. Hofbauer. Wieser.

Rumänien. 20. 5. 1924. 'Wien. 4:1 gewonnen: Aigner — Rainer. Regnard — Pollak. Brandstetter. Ludwig — Seidl. Häußler. Karl Kanhäuser. Wieser. Mlinarik.

Bulgarien. 21. 5. 1924. Wien. 6:0 gewonnen: Edi Kanhäuser — Beer. Teufel — Geyer. Koch. Baumgartner — Cutti. Danis. Horvath. Grünwald. Sock.

Aegypten. 22. 6 1924. Wien. 3:1 gewonnen: Edi Kanhäuser — Beer. Teufel — Kurz. Brandstetter. Nitsch — Seidl. Höß. Horvath. Hofbauer. Wessely.

Ungarn. 14. 9. 1924. Wien 2:1 gewonnen: Ostricek — Rainer. Blum — Kurz Brandstetter. Nitsch — Cutti. Gschweidl. Höß. Horvath. Wessely.

Schweden. 9. 11. 1924. Wien. 1:1 unentschieden: Saft — Rainer. Tandler — Fried. Reiterer. Nitsch — Cutti. Danis. Horvath. Wieser. Wessely.

Spanien. 21. 12. 1924. Barcelona. 2:1 verloren: Ostricek — Rainer. Tandler — Richter. Puschner. Nitsch — Wondrak. Schierl. Horvath. Wieser. Wessely.

Schweiz. 22. 3. 1925. Wien. 2:0 gewonnen: Jancsik — Rainer, Blum — Kurz, Resch, Nitsch — Cutti, Gschweidl, Horvath, Wieser, Wessely.

Frankreich. 19. 4. 1925. Paris. 4:0 gewonnen: Aigner — Rainer, Blum — Kurz, Resch, Nitsch — Cutti, Gschweidl, Swatosch, Wieser, Fischer.

Ungarn. 5. 5. 1925. Wien. 3:1 gewonnen: Aigner — Rainer, Blum — Kurz, Resch, Nitsch — Cutti, Häusler, Haftl, Gschweidl, Fischer.

Tschecho-Slowakei. 24. 5. 1925. Prag. 3:1 verloren: Aigner — Rainer, Blum — Geyer, Hoffmann, Kurz — Cutti, Häußler, Gschweidl, Swatosch, Fischer.

Schweden. 5. 7. 1925. Stockholm. 4:2 gewonnen: Aigner — Rainer, Tandler — Richter, Nitsch, Schneider — Neufeld, Häusler, Horvath, Swatosch, Wessely.

Finnland. 10. 7. 1925. Helsingfors. 2:1 gewonnen: Aigner — Rainer, Tandler — Schneider, Dumser, Nitsch — Siegl, Richter, Horvath, Swatosch Wessely.

Finnland. 12. 7. 1925. Wiborg. 8:0 gewonnen: Jancsik — Poppovich, Tandler — Richter, Koch, Schneider — Siegl, Rainer, Swatosch, Weiß, Wessely.

Ungarn. 20. 9. 1925. Budapest. 1:1 unentschieden: Edi Kanhäuser — Rainer, Musil — Kurz, Resch, Nitsch — Viertel, Horvath, Haftl, Wieser, Wessely.

Spanien. 27. 9. 1925. Wien. 1:0 verloren: Edi Kanhäuser — Rainer, Tandler — Kurz, Resch, Nitsch — Cutti, Häusler, Horvath, Wieser, Wessely.

Schweiz. 8. 11. 1925. Bern. 2:0 verloren: Edi Kanhäuser — Beer, Teufel — Schneider, Kurz, Nitsch — Neufeld, Häusler, Horvath, Wessely, Eckl.

Belgien. 13. 12. 1925. Lüttich. 4:3 gewonnen: Aigner — Tandler, Blum — Schneider, Resch, Nitsch — Cutti, Horvath, Hierländer, Wieser Fischer.

- Tschecho-Slowakei. 14. 3. 1926. Wien. 2:0 gewonnen: Jancsik — Tandler, Blum — Josef Schneider, Resch, Nitsch — Cutti, Gschweidl, Hierländer, Wieser, Fischer.

Ungarn. 2. 5. 1926. Budapest. 3:0 gewonnen: Aigner — Rainer, Blum — Kaller, Resch, Ludwig (Schneider) — Cutti, Hanel, Hierländer, Höß, Eckl.

Frankreich. 30. 5. 1926. Wien. 4:1 gewonnen: Aigner — Tandler, Blum — Richter, Resch, Schneider — Cutti, Hanel, Gschweidl, Wieser, Wessely.

Ungarn. 19. 9. 1926. Wien. 3:2 verloren: Cart — Tandler, Musil — Schneider, Kurz, Dumser — Hierländer, Uridil, Gschweidl, Höß, Wessely.

Tschecho-Slowakei, 28. 9. 1926. Prag, 2:1 gewonnen: Saft — Tandler, Blum — Richter, Resch, Pepi Schneider — Siegl, Klima, Sindelar, Wortmann, Wessely.

Schweiz, 10. 10. 1926, Wien, 7:1 gewonnen: Aigner — Rainer, Blum — Richter, Resch, Schneider — Siegl, Klima, Sindelar, Horvath, Wessely.

Schweden, 7. 11. 1926, Wien, 3:1 gewonnen: Aigner — Rainer, Blum — Richter, Resch, Schneider — Siegl, Klima, Sindelar, Horvath, Wessely.

## 1927

Ungarn, 14. 2. 1927, Budapest, 1:1 unentschieden: Saft — Becher, Regnard — Brinek, Resch, Pepi Schneider — Weiß, Rappan, Sindelar, Walzhofer, Huber.

Tschecho-Slowakei, 20. 3. 1927, Wien, 2:1 verloren: Saft — Regnard, Blum — Brinek, Resch, Schneider — Siegl, Klima, Sindelar, Schall, Karl Huber.

Ungarn, 10. 4. 1927, Wien 6:0 gewonnen: Saft — Rainer, Blum — Richter, Hoffmann, Geyer — Weiß, Rappan, Jiszda, Horvath, Wessely.

Belgien, 22. 5. 1927, Wien, 4:1 gewonnen: Köhler — Rainer, Blum — Richter, Hoffmann, Geyer — Siegl, Horvath, Jiszda, Schall, Wessely.

Schweiz, 29. 5. 1927, Zürich, 4:1 gewonnen: Köhler — Rainer, Runge, Blum — Kaller, Hoffmann, Cernicky, Siegl, Juranic, Jiszda, Horvath, Giebisch.

Tschecho-Slowakisches Team, 16. 6. 1927, Wien, 1:1 unentschieden: Köhler — Rainer, Blum — Karl Schneider, Hoffmann, Pepi Schneider — Kirbes, Gschweidl, Rappan, Jiszda, Horvath, Cutti.

Tschecho-Slowakei, 18. 9. 1927, Prag, 2:0 gewonnen: Saft — Rainer, Blum — Schneider, Hoffmann, Geyer — Weiß, Rappan, Jiszda, Horvath, Wessely.

Ungarn, 25. 9. 1927, Budapest, 5:3 verloren: Saft — Szoldatics — Blum — Schneider, Hoffmann, Geyer — Siegl, Gschweidl, Jiszda, Horvath, Wessely.

Italien, 6. 11. 1927, Bologna, 1:0 gewonnen: Franzl — Rainer, Blum — Klima, Bilek, Schott — Siegl, Runge, Gschweidl, Walzhofer, Wessely.

## 1928

Belgien, 8. 1. 1928, Brüssel, 2:1 gewonnen: Franzl — Rainer, Blum: Karl Schneider, Hoffmann, Geyer; Siegl, Horvath, Jiszda, Schall, Wessely.

Tschecho-Slowakei, 1. 4. 1928, Wien, 1:0 verloren: Franzl — Janda, Blum – Chloupek, Hummenberger, Geyer — Siegl, Klima, Stoiber, Schall, Wessely.

Ungarn, **6. 5.** 1928, Budapest, **5:5** unentschieden: Cart — Schramseis, Jellinek — Geyer, Hoffmann, Madlmayer (Braun) — Kirbes, Wesselik, Gschweidl, Horvath, Wessely.

Jugoslawien, 6. 5. 1928, Wien, **3:0** gewonnen: Hiden — Graf, Szoldatics — Schneider, Smistik, Schott — Cutti, Sindelar, Kuthan, Juranic, Giebisch.

Schweden, 29. 7. 1928, Stockholm, **3:2** gewonnen: Franzl — Schramseis, B'um — Kaller, Smistik, Schott — Seidl, Juranic, Gschweidl, Horvath, Wessely.

Ungarn, **7. 10.** 1928, Wien, **5:1** gewonnen: Franzl — Schramseis, Tandler — Frühwirth Bilek, Schott — Siegl, Wesselik, Gschweidl, Horvath, Wessely.

Schweiz, 28. 10. 1928, Wien, **2:0** gewonnen: Franzl — Tandler, Janda — Schneider, Kurz, Schott — Siegl, Sindelar, Gschweidl, Juranic, Fischer.

Italien, **11. 11.** 1928, Rom, **2:2** unentschieden: Franzl — Rainer, Tandler — Schneider, Kurz, Schott — Siegl, Runge, Gschweidl, Walzhofer, Giebisch.

### 1929

Tschecho-Slowakei, 17. 3. 1929, Prag, **3:3** unentschieden: Franzl — Schramseis, Janda — Hoffmann, Smistik, Luef — Siegl, Wesselik, Gschweidl, Horvath, Wessely.

Italien, 7. 4. 1929, Wien, **3:0** gewonnen: Franzl — Schramseis, Janda — Schott, Smistik, Luef — Siegl, Wesselik, Haftl, Horvath, Wessely.

Ungarn, **5. 5.** 1929, Wien, **2:2** unentschieden: Franzl — Schramseis, Janda — Schott, Smistik, Luef — Siegl, Wesselik, Gschweidl, Horvath, Wessely.

Tschecho-Slowakei, 15. 9. 1929, Wien, **2:1** gewonnen: Franzl — Schramseis, Blum — Mock, Smistik, Luef — Siegl, Wesselik, Gschweidl, Horvath, Viertel.

Ungarn, **6. 10.** 1929, Budapest, **2:1** verloren: Franzl — Schramseis, Janda — Mock, Kellinger, Schott — Siegl, Klima, Gschweidl, Horvath, Giebisch.

Schweiz, 27. 10. 1929, Bern, **3:1** gewonnen: Franzl — Schramseis, Janda — Nausch, Smistik, Luef — Siegl, Klima, Stoiber, Schall, Horvath.

### 1930

Tschecho-Slowakei, **23. 3.** 1930, Prag, **2:2** unentschieden: Hiden — Rainer, Tandler — Kaller, Hoffmann, Machu — Brosenbauer, Nausch, Sindelar, Horvath, Viertl.

England, 14. 5. 1930, Wien, **0:0** unentschieden: Hiden — Rainer, Tandler — Klima, Hoffmann, Luef — Siegl, Nausch, Gschweidl, Horvath, Wessely.

Ungarn, 1. 6. 1930. Budapest, 2:1 verloren: Hiden — Rainer, Szoldatics — Kaller, Hoffmann, Luef — Brosenbauer, Adelbrecht, Gschweidl, Horvatn, Wessely.

Ungarn, 21. 9. 1930. Wien, 3:2 verloren: Hiden — Tandler, — Kaller, Hoffmann, Luef — Brosenbauer, Wesselik, Gschweidl, Horvarn, Wessely.

Schweden, 16. 11. 1930. Wien, 4:1 gewonnen: Bugala — Schramseis, Csejka - Facco, Smistik, Luef — Siegl, Wesselik, Gschweidl, Schall, Wesselv.

### 1931

Italien, 22. 2. 1931, Mailand, 2:1 verloren: Hiden — Schramseis, Szoldatics — Klima, Smistik, Schott — Siegl, Facco, Gschweidl, Schall, Horvath.

Tschecho-Slowakei, 12. 4. 1931, Wien, 2:1 gewonnen: Hiden — Schramseis, Blum — Mock, Hoffmann, Gall — Siegl, Nausch, Hiltl, Walzhofer, Horvath.

Ungarn, 3. 5. 1931, Wien, 0:0 unentschieden: Franzl — Schramseis, Blum — Mock, Smistik, Gall — Siegl, Adelbrecht, Gschweidl, Tögel, Horvath.

Schottland, 16. 5. 1931, Wien, 5:0 gewonnen: Hiden — Schramseis, Blum — Braun, Smistik, Gall — Zischek, Gschweidl, Sindelar, Schall, Vogel.

Deutschland, 24. 5. 1931, Berlin, 6:0 gewonnen: Hiden — Schramseis, Blum — Braun, Smistik, Gall — Zischek, Gschweidl, Sindelar, Schall, Vogel.

Schweiz, 17. 6. 1931, Wien, 2:0 gewonnen: Bugala — Schramseis, Cseika — Cloupek, Smistik, Urbanek — Hanel, Gschweidl, Stoiber, Schall, Vogel.

Deutschland, 14. 9. 1931, Wien, 5:0 gewonnen: Hiden — Rainer, Blum — Mock, Smistik, Gall — Zischek, Gschweidl, Sindelar, Schall, Vogel.

Ungarn, 4. 10. 31. Budapest, 2:2 unentschieden: Hiden — Rainer, Blum — Mock, Smistik, Gall — Zischek, Gschweidl, Sindelar, Schall, Vogel.

Schweiz, 29 11. 1931. Basel, 8:1 gewonnen: Hiden — Rainer, Blum — Braun, Hoffmann, Luef — Zischek, Gschweidl, Sindelar, Schall, Vogel.

### 1932

Italien, 20. 3. 1932, Wien, 2:1 gewonnen: Hiden — Schramseis, Blum — Mock, Hoffmann, Nausch — Zischek, Gschweidl, Sindelar, Müller, Vogel.

Ungarn, 24. 4. 1932, Wien, 8:2 gewonnen: Hiden — Schramseis, Blum — Braun, Hoffmann, Nausch — Zischek, Gschweidl, Sindelar, Schall, Vogel.

Tschecho-Slowakei, 22. 5. 1932. Prag, 1:1 unentschieden: Hiden — Janda, Sesta — Braun, Hoffmann, Nausch — Zischek, Gschweidl, Sindelar, Luef, Vogel.

Schweden, 17. 7. 1932. Stockholm, 4:3 gewonnen: Zöhrer — Graf, Nausch — Adamek, Drucker, Gall — Molzer, Waitz, Sindelar, Schall, Vogel.

Ungarn, 2. 10. 1932. Budapest, 3:2 gewonnen: Hiden — Rainer, Sesta — Braun, Smistik, Nausch — Molzer, Müller, Sindelar, Schall, Horvath.

Schweiz, 23. 10. 1932. Wien, 3:1 gewonnen: Hiden — Nausch, Sesta — Braun, Hoffmann, Luef — Zischek, Müller, Sindelar, Schall, Horvath.

England, 7. 12. 1932. London, 3:4 verloren: Hiden — Rainer, Sesta — Gall, Smistik, Nausch — Zischek, Gschweidl, Sindelar, Schall, Vogel

Belgien, 11. 12. 1932 Brüssel, 6:1 gewonnen: Hiden — Rainer, Sesta — Gall, Smistik, Nausch — Zischek, Wesselik, Gschweidl, Schall, Vogel.

## 1933

Frankreich, 12. 2. 1933. Paris, 4:0 gewonnen: Hiden — Rainer, Sesta — Gall, Smistik, Nausch — Zischek, Wesselik, Sindelar, Schall, Vogel

Tschecho-Slowakei, 9. 4 1933. Wien, 1:2 verloren: Platzer — Rainer, Sesta — Kaller, Smistik Nausch — Zischek, Adelbrecht, Sindelar, Schall, Vogel.

Ungarn, 30. 4 1933. Budapest, 1:1 unentschieden: Platzer — Rainer, Sesta — Braun, Mock Nausch — Ostermann, Wesselik, Sindelar, Schall, Horvath.

Belgien, 11 6. 1933. Wien, 4:1 gewonnen: Platzer — Rainer, Luef — Wagner, Smistik, Nausch — Brosenbauer, Gschweidl, Sindelar, Binder, Viertl.

Tschecho-Slowakei, 17. 9. 1933. Prag, 3:3 unentschieden: Raftl — Pavlicek, Sesta — Braun, Smistik, Nausch — Zischek, Müller, Sindelar, Binder, Schall.

Ungarn, 1. 10. 1933, Wien, 2:2 unentschieden: Platzer — Nausch, Sesta — Braun, Smistik, Radakovic — Cisar, Müller, Sindelar, Schall, Viertl

Schottland, 29 11. 1933, Glasgow, 2:2 unentschieden: Platzer — Janda, Sesta — Wagner, Smistik, Nausch — Zischek, Bican, Sindelar, Schall, Viertl.

Holland, 10. 12. 1933. Amsterdam, 1:0 gewonnen: Platzer — Sesta, Cisar — Wagner, Smistik, Nausch — Zischek, Bican, Sindelar, Binder, Schall.

**1934**

Italien, 11. 2. 1934. Turin, 4:2 gewonnen: Platzer — Cisar, Sesta — Wagner, Smistik, Nausch — Zischek, Mathias Kaburek, Bican, Binder, Viertl.

Schweiz, 25. 3. 1934, Genf, 3:2 gewonnen: Platzer — Rainer, Sesta — Wagner, Smistik, Nausch — Zischek, Mathias Kaburek, Bican, Binder, Viertl.

Ungarn, 15. 4. 1934, Wien, 5:2 gewonnen: Platzer — Cisar, Sesta — Wagner, Smistik, Nausch — Zischek, Bican, Sindelar, Schall, Viertl.

Bulgarien, 25. 4. 1934, Wien, 6:1 gewonnen: Platzer — Cisar, Sesta — Wagner, Hoffmann, Nausch — Zischek, Bican, Sindelar, Horvath, Viertl.

Frankreich, 27. 5. 1934, Turin (Weltmeisterschaft), 3:2 gewonnen: Platzer — Cisar, Sesta — Wagner, Smistik, Urbanek — Zischek, Bican, Sindelar, Schall, Viertl.

Ungarn, 31. 5. 1934, Bologna (Weltmeisterschaft), 2:1 gewonnen: Platzer — Cisar, Sesta — Wagner, Smistik, Urbanek — Zischek, Bican, Sindelar, Horvatn, Viertl.

Italien, 3. 6. 1934, Mailand (Weltmeisterschaft), 1:0 verloren: Platzer — Cisar, Sesta — Wagner, Smistik, Urbanek — Zischek, Bican, Sindelar, Schall, Viertl.

Deutschland, 7. 6. 1934, Neapel (Weltmeisterschaft), 3:2 verloren: Platzer — Cisar, Sesta — Wagner, Smistik, Urbanek — Zischek, Braun, Bican, Horvath, Viertl.

Tschecho-Slowakei, 23. 9. 1934, Wien, 2:2 unentschieden: Platzer — Janda, Sesta — Urbanek, Hoffmann, Nausch — Zischek, Gschweidl, Sindelar, Binder, Vogl I.

Ungarn, 7. 10. 1934, Budapest, 3:1 verloren: Platzer — Pavlicek, Sesta — Wagner, Hoffmann, Nausch — Zischek, Gschweidl, Sindelar, Donnenfeld, Horvath.

Schweiz, 11. 11. 1934, Wien, 3:0 gewonnen: Platzer — Pavlicek, Sesta — Skoumal, Smistik, Wagner — Zischek, Gschweidl, Mathias Kaburek, Walzhofer, Haßmann.

**1935**

Italien, 24. 3. 1935, Wien, 2:0 verloren: Platzer — Pavlicek, Sesta — Wagner, Smistik I, Skoumal — Zischek, Gschweidl, Sindelar, Mathias Kaburek, Pesser.

Tschecho-Slowakei, 14. 4. 1935, Prag, 0:0 unentschieden: Raftl — Sesta, Schmaus — Wagner, Hoffmann, Nausch — Zischek, Hanreiter, Bican, Durspekt, Haßmann.

Ungarn, 12. 5. 1935, Budapest, 6:3 verloren: Platzer — Pavlicek, Sesta — Braun, Urbanek, Nausch — Zischek, Hanreiter, Bican, Durspekt, Vogl I.

Polen, 12. 5. 1935. Wien. 5:2 gewonnen: Raftl — Jestrab. Tauschek — Lebeda, Hoffmann, Skoumal — Vogel II, Hahnemann. Stoiber, Binder, Pesser.

Ungarn, 6. 10 1935. Wien. 4:4 unentschieden: Platzer, Raftl — Pavlicek, Schmaus — Wagner, Hoffmann, Ertl — Vogel II. Stroh, Bican, Hahnemann, Vogl.

Polen, 6. 10. 1935. Warschau, 1:0 verloren: Havlicek — Rainer, Schlauf — Skoumal, Urbanek, Lebeda — Brousek, Gschweidl, Stoiber, Binder, Holec.

## 1936

Spanien, 19. 1. 1936. Madrid, 5:4 gewonnen: Platzer — Sesta, Schmaus — Urbanek, Smistik, Wagner — Zischek, Hahnemann Bican, Binder, Vogl I, Hanreiter.

Portugal, 26. 1. 1936. Oporto, 3:2 gewonnen: Havlicek — Sesta, Schmaus — Urbanek, Smistik I, Wagner — Zischek, Hahnemann, Bican, Binder, Hanreiter, Vogl.

Tschecho-Slowakei, 22. 3. 1936. Wien, 1:1 unentschieden: Raftl — Sesta, Schmaus — Urbanek, Smistik, Gall — Zischek, Hanreiter, Bican, Hahnemann, Vogl I.

Ungarn, 5. 4. 1936. Wien, 3:5 verloren: Havlicek — Sesta, Schmaus — Mock, Smistik I, Urbanek — Zische, Hahnemann, Stoiber, Bican, Hanreiter.

England, 6. 5. 1936. Wien, 2:1 gewonnen: Platzer — Sesta, Schmaus — Urbanek, Mock, Nausch — Geiter, Stroh, Sindelar, Bican, Viertl.

Italien, 17 5. 1936. Rom, 2:2 unentschieden: Platzer — Schmaus, Sesta — Urbanek, Mock, Nausch — Geiter, Hahnemann, Sindelar, Jerusalem, Viertl.

Ungarn, 27. 9. 1936. Budapest, 5:3 verloren: Zöhrer — Andritz, Sesta — Adamek, Hoffmann, Urbanek — Riegler, Stroh Sindelar, Binder, Fuchsberger.

Schweiz, 8. 11. 1936. Zürich, 3:1 gewonnen: Platzer — Sesta, Schmaus — Adamek, Smistik, Nausch — Zischek, Hahnemann, Bican, Binder, Pesser.

## 1937

Frankreich, 24. 1. 1937. Paris, 2:1 gewonnen: Raftl — Schmaus, Sesta — Adamek, Hoffmann, Nausch — Riegler, Stroh, Binder, Jerusalem, Viertl.

Italien, 21. 3. 1937. Wien: Platzer — Sesta, Schmaus — Adamek, Pekarek, Nausch — Zischek, Stroh, Sindelar, Jerusalem. Beim Stand von 2:0 für Oesterreich in der 73. Minute abgebrochen.

Schottland. 9. 5. 1937. Wien. 1:1 unentschieden: Platzer — Sesta. Schmaus — Adamek. Pekarek. Nausch — Geiter. Stroh. Sindelar. Jerusalem. Pesser.

Ungarn. 23. 5. 1937. Budapest. 2:2 unentschieden: Platzer — Sesta. Schmaus — Adamek. Pekarek. Nausch — Geiter. Stroh. Sindelar. Jerusalem. Pesser.

Schweiz. 19. 9. 1937. Wien. 4:2 gewonnen: Platzer — Sesta. Schmaus — Adamek. Pekarek. Nausch — Geiter. Stroh. Sindelar. Jerusalem. Pesser.

Lettland. 5. 10. 1937. Wien. 2:1 gewonnen: Zöhrer — Andritz. Sesta — Vavra. Pekarek. Nausch — Zischek. Geiter. Binder. Jerusalem. Pesser.

Ungarn. 10. 10. 1937. Wien. 2:1 verloren: Platzer — Andritz. Sesta — Vavra. Mock. Nausch — Geiter. Hahnemann. Stroh. Jerusalem. Neumer.

Tschecho-Slowakei. 24. 10. 1937. Prag. 1:2 verloren: Platzer — Sesta. Schmaus — Vavra. Hoffmann. Nausch — Zischek. Stroh. Fischer. Jerusalem. Neumer.

# Die deutschen Nationalspieler Oesterreichs

Abkürzungen: Ae — Aegypten. Bg — Belgien. Bu — Bulgarien. D — Deutschland. Fi — Finnland. Fr — Frankreich. H — Holland. It — Italien. Ju — Jugoslawien. Le — Lettland. N — Norwegen. Pl — Polen. Pt — Portugal. Rum — Rumänien. Scho — Schottland. Sd — Schweden. Sp — Spanien. Sz — Schweiz. Tsch — Tschecho-Slowakei. U — Ungarn.

2 **Achatzi**, Karl (Wiener Sportklub, WAF.) 1914 U. U

8 **Adamek** (BAC., WAC., Austria) 1932 Sd — 1936 U. Sz — 1937 Fr. It. Scho. U. Sz

3 **Adelbrecht** (Vienna) 1930 U — 1931 U — 1933 Tsch

13 **Aigner**, Rudolf (Simmering) 1929 D. It. Rum — 1925 Fr. U. Tsch Sd Fi Bg — 1926 U Fr. Sz. Sd

5 **Andres**, Johann (WAC) 1908 U. U — 1909 U — 1910 U — 1912 U

3 **Andritz** (Austria) 1936 U — 1937 Le. U

1 **Albert** (Albert Jurecek. Vienna) 1901 Sz

1 **Baar**, Johann (Wiener Sportklub, Slovan) 1920 D

23 **Bauer**, Eduard (Rapid) 1912 It — 1913 U. It. U — 1914 U — 1915 U — 1916 U. U. U — 1917 U. U. U. Sz. Sz 1918 U Sz. U — 1919 U — 1920 U — 1921 U

1 **Baumgartner** (Simmering) 1924 Bu

1 **Becher**, Hans (Slovan, WAC.) 1927 U

9 **Beck**, Karl (Rudolfshügel, Wiener Sportklub) 1907 U — 1909 U — 1910 U — 1916 U — 1917 U. U — 1918 U

11 **Beer**, Richard (Wiener Sportklub) 1920 U. D — 1921 U — 1922 It D. U. U — 1924 Ju Bu Ae — 1925 Sz

19 **Bican**, Josef (Rapid. Admira) 1933 Scho H — 1934 It. Sz. U Bu Fr U It D — 1935 Tsch U. U — 1936 Sp. Pt Tsch. U E. Sz

1 **Biegler** (Floridsdorfer AC.) 1918 U

1 **Bielohlawek** (Rudolfshügel) 1910 U

1 **Bilek**, Anton (Admira, WAC) 1927 It

15 **Binder**, Franz (Rapid) 1933 Bg Tsch H — 1934 It. Sz. Tsch — 1935 Pl. Pl — 1936 Sp Pt. U. Sz — 1937 Fr. Le — 1938 D

1 **Blaessy** (Graphia) 1902 U

1 **Blaha**, Gustav (Rapid) 1912 N

49 **Blum**, Josef (Vienna) 1920 U — 1921 Sd. Sz. D. Sd. Fi — 1922 It. D. U. Sz. U. U. Sz — 1923 It. U. Sd. Fi — 1924 D It U — 1925 Sz. Fr. U. Tsch. Bg — 1926 Tsch U. Fr. Tsch. Sz. Sd — 1927 Tsch. U. Bg. Tsch. Tsch. U. It — 1928 Bg. Tsch Sd — 1929 Tsch — 1931 Tsch. U Scho. D. D U. Sz — 1932 It. U

2 **Bode** (WAF.) 1914 U U

1 **Brandstädter**, Fritz (Rapid) 1912 U

**33 Brandstaedter,** Josef (Rapid) 1912 It. D. H. N. U. U. It —
    1913 U. It. U — 1914 It. U — 1915 U. U. U —
    1916 U. U — 1917 U. U. Sz. Sz — 1918 U. Sz. U. U
    — 1920 U — 1921 Sd — 1922 It. U. U. Sz
**2 Brandweiner,** Hans (Wiener Sportklub, WAC.) 1919 U. U
**10 Braun,** Georg (WAC., Wacker) 1928 U — 1931 Scho. D. Sz
    — 1932 U. Tsch. U. Sz — 1933 U. Tsch
**8 Braunsteiner,** Karl (Wiener Sportklub) 1912 U. It. D. H.
    N. U. It — 1914 U
**1 Bradza** (Rudolfshügel) 1922 D
**2 Brinek** (Wacker) 1927 U. Tsch
**4 Brosenbauer** (BAC., Vienna) 1930 Tsch. U. U — 1933 Bg
**1 Brousek** (Libertas, BAC.) 1935 Pl
**2 Bugala** (Rapid) 1930 Sd — 1931 Sz
**1 Bugno,** Richard (Cricketer) 1904 U

**1 Cargneili,** Clemens (Viktoria) 1909 U
**2 Cart** (Simmering, Wacker) 1926 U — 1928 U
**2 Chloupek,** Franz (Admira, Floridsdorfer AC.) 1918 Tsch —
    1931 Sz
**6 Chrenka,** Gustav (WAC., Vienna) 1914 It. U — 1920 U —
    1923 Sd — 1924 D. It
**10 Cimera** (DFC. Prag, Rapid) 1908 E — 1911 D — 1912 It. D.
    H. N. U — 1913 U — 1914 It — 1915 U
**9 Cisar,** Franz (Hertha, WAC.) 1933 U. H — 1934 Scho. U. Bu.
    Fr. U. It. D
**2 Cseika** (Rapid) 1930 Sd — 1931 Sz
**18 Cutti** (Willy Morocutti, Austria) 1922 It. Sz — 1923 U. Sd
    — 1924 Bu. U. Sd — 1925 Sz. Fr. U. Tsch. Sp. Bg —
    1926 Tsch. U Fr. Tsch — 1928 Ju
**1 Czerniczky** (Slovan) 1927 Sz

**1 Danis,** Leopold (Simmering, Wiener Sportklub) 1924 Sd
**1 Desnohlidek** (Rudolfshügel) 1915 U. U
**3 Dettelmaier,** Fritz (WAC.) 1903 U. U — 1904 U
**2 Dettelmaier** Karl (WAC.) 1901 Sz — 1904 U
**15 Dietrich** (Rapid) 1913 U — 1914 U — 1916 U — 1917 U. U.
    U. U. U — 1918 U. Sz. U — 1919 U. U — 1921 Fi —
    1923 Fi
**2 Dick,** Hans (Vienna, Wiener Sportklub) 1903 U — 1904 U
**1 Dlabag** (WAC.) 1908 U
**1 Donhart,** Rudolf (Wiener Sportklub) 1908 E
**1 Drexler** (Vienna) 1910 U
**2 Dumser,** Franz (Simmering) 1925 Fi — 1926 U
**2 Durspekt,** Karl (Admira) 1935 Tsch. U.
**4 Eipel** (Willy Eipeldauer, Vienna) 1902 U — 1904 U —
    1908 U D
**7 Eckl** (Slovan, Vienna) 1919 U — 1920 U — 1921 D — 1923
    Fi — 1925 Sz — 1926 U — 1928 Bg
**3 Ehrlich,** Hans (Simmering) 1915 U. U — 1917 U
**1 Engel,** Eduard (Cricketer) 1906 U
**1 Engel,** Karl (Cricketer) 1906 U
**2 Ertl,** Franz (Vienna) 1933 Bg -- 1935 U

**2 Facco** (BAC., Admira, Wiener Sportklub) 1930 Sd — 1931 It
**1 Feizl** (Wacker) 1916 U

1 **Feldmüller** (Rapid) 1904 U
2 **Feller** (DFC. Prag) 1918 U. U
1 **Fichta** (Slavia) 1917 U
3 **Fischer, Josef** (WAC.) 1903 U — 1904 U — 1905 U
1 **Fischer, Richard** (Vienna) 1937 Tsch
14 **Fischera, Adolf** (WAC.. WAF.. Vienna. Schwechat) 1908 U.
     U — 1910 U. 'J — 1912 U U — 1913 U — 1914 U —
     1922 It. U. Sz. U. U. Sz
1 **Flor** (Rudolfshügel) 1910 U
13 **Franzl** (Admira. Wiener Sportklub) 1927 It — 1928 Tsch.
     Sd U Sz. It — 1929 Tsch. It. U. Tsch. U. Sz — 1931 U
1 **Frithum**. Ferdinand (Vienna) 1919 U
1 **Frühwirt**. Josef (Rapid Wacker) 1928 U
1 **Fuchsberger** (Sp Vg Urfahr) 1936 U

11 **Gall. Karl** (Austria) 1931 Tsch. U. Scho D. D. U — 1932
     Sd. E. Bg — 1933 Fr — 1936 Tsch
7 **Geiter, Rudolf** (Wiener Sportklub) 1936 E. It — 1937 Scho.
     U. Sz. Le. U
17 **Geyer, Karl** (Austria. WAC.) 1921 Sd — 1922 It. U. Sz —
     1923 U — 1924 D. It. Ju. Bg — 1925 Tsch — 1927 U.
     Bg. Tsch — 1928 Tsch. U. Bg
4 **Giebisch, Leopold** (Wiener Sportklub. Vienna) 1927 Sz —
     1928 Ju. It — 1929 U
2 **Graf, Karl** (BAC. Vienna. Austria. Wiener Sportklub) 1928
     Ju — 1932 Sd
4 **Graubart** (DFC. Prag) 1912 U. It, H. U
3 **Groß. Karl** (Wiener Sportklub) 1907 U — 1909 E. U
8 **Grundwald** Leopold (Rapid) 1912 It. D. N — 1913 U. It.
     U — 1914 It — 1916 U
44 **Gschweidl, Fritz** (Vienna) 1924 U. U — 1925 Sz. F. U. Tsch
     — 1926 Tsch F U — 1927 Tsch. U. It — 1928 Bg. U. Sd.
     U. Sz. It — 1929 Tsch. U. Tsch U — 1930 E. U. Sd
     — 1931 It. U. Scho. D. Sz. D. U. Sz — 1932 It. U.
     Tsch. E Bg — 1933 Bg — 1934 Tsch. U. Sz — 1935
     It Pl

3 **Haftl, Otto** (Wacker. Teplitzer FC.) 1925 U. U — 1929 It
1 **Hagler** (Rapid) 1912 U
10 **Hahnemann, Willy** (Admira) 1935 Pl. U — 1936 Sp. Pl.
     Tsch. U It Sz — 1937 U — 1938 D
5 **Halst, Josef** (WAF.) 1914 It. U — 1917 U. Sz. Sz
3 **Hanel** (Slovan. Rapid) 1926 U. Fr — 1931 Sz
6 **Hanreiter** (Wacker. Admira) 1925 Tsch. U — 1936 Sp. Pl.
     Tsch. U
4 **Hansl** (Austria) 1919 U. U — 1920 D — 1922 It
1 **Harmer** (Rapid) 1907 U
2 **Haßmann** (FC. Wien. Vienna) 1934 Sz — 1935 Tsch
2 **Hawlitschek** (Vienna) 1935 Pl — 1936 Pt U
1 **Heikenwälder, Wilhelm** (Austria) 1922 Sz
1 **Heinlein, Karl** (WAC) 1917 Sz — 1918 Sz — 1919 U
7 **Heinzel** (WAF ) 1914 U 1915 U. U. U — 1916 U — 1917
     U. U
1 **Heiß. Georg** (WAF.) 1914 U

**20 Hiden.** Rudolf (WAC.) 1928 Ju — 1930 Tsch. E. U. U —
1931 It. Tsch. Scho. D. D. U. Sz — 1932 It. U. T.ch.
U Sz E. Bg — 1933 Fr

**5 Hierländer.** Viktor (Floridsdorfer AC.. Austria. WAC.) 1925
Bg — 1926 Tsch. U. U — 1928 Bg

**1 Hiltl.** Heinrich (BAC.. WAC.) 1931 D

**3 Höl** (Rudolfshügel) 1915 U. U. U

**1 Höllerl** (Vienna) 1909 U

**5 Höß.** Otto (Wiener Sportklub. Vienna) 1924 U. Ae. U —
1926 U. U

**2 Holbauer** (BAC.. Rapid) 1924 U. Ae

**1 Hoffmann.** Cornelius (WAC.. Cricketer) 1914 U

**27 Hoffmann.** Leopold (Vienna) 1925 Tsch — 1927 U. Bg. Sz.
Tsch. Tsch. U — 1928 Bg. U — 1930 Tsch. E. U. U —
1931 Tsch. Sz — 1932 It. U. Tsch. Sz — 1934 Bu. Tsch.
U — 1935 Tsch. Pl. U — 1936 U — 1937 Fr. Tsch

**1 Hoffmann** Johann (Rapid) 1929 Tsch

**1 Holec** (Vienna. Rapid) 1935 Pl

**4 Horeis.** Josef (WAF. Vienna) 1922 U — 1923 Sd. U —
1924 It

**46 Horvath.** Hans (Simmering. Wacker. Rapid) 1924 D. It. Ju.
U. Bu. Ae. U. Sd. Sp — 1925 Sz. Sd. Fi. U. Sp. Sz. Bg
1926 Sz. Sd — 1927 U. Bg. Sz. Tsch. Tsch. U — 1928
U. Sd. U — 1929 Tsch. It. U. Tsch. U. Sz — 1930 Tsch
E. U. U — 1931 It. Tsch. U — 1932 U. Sz — 1933 U
— 1934 Bu. U. D

**4 Huber.** Gustav (WAC.) 1902 U — 1903 U. U — 1904 U

**1 Huber.** Karl (WAC.) 1927 U

**2 Hüttel** (Cricketer) 1902 U — 1906 U

**2 Hummenberger.** Ferdinand (Floridsdorfer AC.) 1918 U. U

**1 Hummenberger.** Karl (Floridsdorfer AC.. Admira) 1928 Tsch

**12 Hussak.** Ludwig (Cricketer) 1905 U — 1906 U — 1908 .U.
E. U — 1909 E — 1910 U — 1911 U. U — 1912 It. D. It

**4 Jancsik.** Otto (WAF.) 1925 Sz. Fi — 1926 Tsch — 1928 Sz

**10 Janda** (Admira) 1928 Tsch. Sz — 1929 Tsch. It. U. U. Sz
1932 Tsch — 1933 Scho — 1934 Tsch

**2 Jech.** Karl (Rapid) 1908 E. U

**1 Jellinek.** Franz (Wacker. Wiener Sportklub) 1928 U

**10 Jerusalem.** Camillo (Austria) 1936 It — 1937 Fr. It. Scho.
U. Sz Le. U. Tsch — 1938 D

**1 Jestrab** (Rapid. Wacker) 1935 Pl

**3 Jetzinger** (Hertha. WAC.) 1915 U. U. U

**12 Jiszda.** Karl (Floridsdorfer AC.. Vienna) 1921 Fr — 1922
It. U — 1924 D. It. Ju — 1927 U. Bg. Sz. Tsch. Tsch. U

**2 Jordan.** Karl (Wiener Sportklub) 1916 U — 1917 Sz

**3 Juranic.** Robert (Floridsdorfer AC.) 1927 Sz — 1928 Ju. Sd

**4 Kaburek.** Matthias 'Cricketer. Austria. Rapid) 1934 It. Sz.
Sz — 1935 It

**7 Kaller.** Otto (Vienna) 1926 U — 1927 Sz — 1928 Sd — 1930
Tsch U. U — 1933 Tsch

**11 Kaltenbrunner** (Rapid) 1907 U. U — 1908 D. U — 1909 U.
U — 1912 It. N. U — 1913 U. — 1914 It

9 **Kanhäuser.** Edi (Wiener Sportklub) 1922 U. Sz — 1923 U
    1924 Ju. Bu. Ae — 1925 U. Sp. Sz
5 **Kanhäuser.** Karl (Wiener Sportklub. DFC. Prag) 1921 Sd.
    D — 1922 D — 1923 U — 1924 Rum
1 **Kellinger.** Franz (Rudolfshügel. Wiener Sportklub) 1929 U
1 **Kießling** (Rudolfshügel) 1912 It
2 **Kirbes.** Willy (Rapid) 1927 Tsch — 1928 U
11 **Klima.** Hans (Admira) 1923 U — 1926 Tsch. Sz. Sd — 1927
    Tsch. It — 1928 Tsch — 1929 U. Sz — 1930 E — 1931 It
3 **Knöll** (Cricketer) 1908 U D — 1909 U
2 **Koch** (Admira) 1924 Bu — 1925 Fr
7 **Köck.** Fritz (WAC.. Austria) 1916 U — 1919 U — 1920 U
    1921 Sd — 1922 It Sz U
3 **Köhler** (BAC. Rapid) 1927 Bg. Sz. Tsch
4 **König.** Engelbert (Cricketer Schwechat) 1905 U — 1908 E
    1909 U — 1912 U
1 **König** (Rudolfshügel) 1914 U
7 **Körner.** Heinrich (Rapid) 1913 It U — 1914 It. U. U —
    1918 U. Sz
1 **Kowanda.** Hans (WAF.. Wacker) 1922 U
4 **Kozeluh.** Karl (I. Tepl. FC. WAC. Slavia) 1917 U — 1918
    Sz U U
9 **Kraupar** (FAC. Rapid) 1915 U U — 1916 U. U — 1917 U.
    U U — 1918 U U
2 **Krauß** (Floridsdorfer AC.) 1909 U — 1916 U
1 **Krof** (WAC. WAF.) 1909 U
2 **Kroier.** Gustav (Wiener Sportklub) 1911 U. U
1 **Krug.** Karl (Cricketer) 1905 U
1 **Kubik.** Karl (Cricketer. Sportbrüder Prag) 1908 U
2 **Kürner** (Simmering) 1915 U U
8 **Kuroiel.** Ladislaus (DFC Prag Cricketer) 1908 D U —
    1911 U U — 1912 D H. N. U
32 **Kurz.** Karl (Austria. Simmering) 1919 U — 1921 U. Sz. D.
    Sd. Fr — 1922 It U. U. Sz — 1923 It. U.
    Sd Fr. U — 1924 D. U. Ae. U. Sz — 1925 Fr U Tsch.
    U. Sp Sz — 1926 U — 1928 Sz. It
22 **Kuthan.** Richard (Rapid) 1912 It — 1914 It. U — 1915 U. U.
    U — 1919 U — 1920 U D U — 1921 Sd Sz. D. Sd.
    Fr — 1922 D. Sz U Sz — 1923 It. Tsch — 1928 Ju
1 **Kwietek.** Alois (WAC. WAF.) 1908 U

1 **Leheda** (Rapid. Libertas) 1935 Pl
5 **Lenczewsky** (Vienna) 1906 U — 1907 U — 1909 E. U. U
4 **Leuthe.** Max (Cricketer Vienna WAC.) 1901 Sz — 1902 U
    1903 U — 1905 U
1 **Linsmaier** (Rapid) 1909 U
4 **Löwenfeld.** Viktor (Cricketer Austria) 1909 E. U — 1914
    U — 1918 U
1 **Lowe.** Robert (Cricketer) 1905 U
3 **Ludwig.** `raz (Vienna) 1924 U Rum — 1926 U
13 **Luef.** Johann (Rapid) 1929 Tsch. It. U. Tsch. Sz — 1930
    E. U. U. Sd Sz — 1932 Tsch Sz — 1933 Bg

1 **Machu.** Leo (Vienna) 1930 Isch
1 **Madlmayer.** Josef (Rapid. Wacker) 1928 U

**1 Mastalka.** Josef (Wiener Sportklub) 1906 U
**4 Meiringer.** Hans (Wiener Sportklub) 1910 U — 1911 U. U. U
**13 Merz.** Robert (Wiener Sportklub. DFC. Prag) 1908 E. E —
1909 U — 1911 U — 1912 U. D H N. U U — 1913 U
1914 It. U
**1 Milnarik** (Rudolfshügel) 1924 Rum
**13 Mock.** Hans (FC. Wien. Austria) 1929 Tsch. U — 1931
Tsch. U. D. U — 1932 It — 1933 U — 1936 U. E. It
1937 U — 1938 D
**1 Mößmer.** Raimund (Wiener Sportklub) 1902 U
**2 Molzer.** Josef (Floridsdorfer AC.. Vienna) 1932 Sd. U
**1 Müller.** Adof (Cricketer) 1906 U
**6 Müller.** Alois (Wiener Sportklub) 1912 It. D. H. N. U. U
**5 Müller.** Heinrich (WAC.) 1932 It. U. Sz — 1933 Tsch. U
**5 Müller.** Viktor (Wiener Sportklub) 1911 U. D. U — 1912
U. It
**2 Musil** (Simmering) 1925 U — 1926 U

**39 Nausch** Walter (WAC.. Austria) 1929 Sz — 1930 Tsch. E
1931 Tsch — 1932 It. U. Tsch. Sd. U. Sz. E.
Bg — 1933 Fr Tsch. U. Bg. Tsch. U. Scho. H — 1934
It. Sz. U. Bu. Tsch. U — 1935 Tsch. U — 1936 E. It.
Sz — 1937 Fr. It. Scho. U. Sz. Le. U. Tsch
**2 Nauß.** Philipp (WAC.) 1901 Sz — 1902 U
**6 Neubauer. Karl** (Floridsdorfer AC.. Rapid) 1919 U. U —
1920 U 1921 Sd. U. Sz. D — 1922 D
**18 Neubauer.** Leopold (Wiener Sportklub. WAF.) 1908 U —
1909 E. U. U — 1910 U. U — 1912 It. D. H. N. U —
1915 U — 1916 U. U — 1917 U. U. Sz. Sz
**7 Neumann.** Hans (WAC.) 1911 D. U — 1914 U. U — 1921
Sd — 1922 D — 1923 Sd
**2 Neumer** (Austria) 1937 U. Tsch
**34 Nietsch.** Leopold (Rapid) 1915 U. U. U — 1919 U. U —
1920 U. D. U — 1921 N. Sz. D. Fi — 1922 U. Sz. U —
1923 It U. Fi — 1924 It. Ju. Ae U. Sd. Sp — 1925 Sz.
Fr U Sd Fi. U. Sp Sz Bg — 1926 Tsch

**1 Ostermann** (Rapid Wacker) 1933 U
**17 Ostricek.** Karl (Hertha. Vienna) 1921 Sd. U. Sz. D. Sd. Fi
1922 It. U. Sz — 1923 It. Sd. Fi. U — 1924 U. U. Sp

**2 Pacista** (Vienna. BAC.) 1920 D. U
**6 Pavlicek** (Admira) 1933 Tsch — 1934 U Sz — 1935 It. U. U
**5 Pekarek** (Wacker) 1937 It. Scho. U. Sz. Le
**2 Pekarna.** Karl (Vienna) 1904 U — 1908 U
**9 Pesser.** Johann (Rapid) 1935 It. Pl — 1936 Sz — 1937 It.
Scho. U. Sz. Le — 1938 D
**1 Pfeiffer** (Vienna) 1909 U
**1 Plank.** Franz (Wiener Sportklub) 1922 D
**31 Platzer.** Peter (Floridsdorfer AC.. BAC.. Admira) 1933 Tsch.
U. Bg U. Scho. H — 1934 It. Sz. U. Bu. Fr. U. It.
D. Tsch. U. Sz — 1935 It. U. U — 1936 Sp. E. It. Sz
— 1937 It. Scho. U. Sz U Tsch — 1938 D
**4 Plhak** Heinrich (Floridsdorfer AC.) 1913 U — 1914 It. U —
1916 U

35 **Popovich**, Alexander (Austria. Rapid) 1911 U. D — 1912 U
1913 It — 1914 U 1915 U. U. U — 1916 U. U. U. U —
1917 U. U. U U. U. U. Sz. Sz — 1918 U. Sz. U. U —
1919 U. U — 1920 U. D. U — 1921 Sd. U. Sz. D. Sd
— 1923 Sd — 1925 Fi
6 **Prohaska** (Rudolfshügel) 1915 U. U. U — 1916 U — 1917-
U. U
2 **Proschek** (Slavia) 1917 U. U
2 **Pulchert** (WAC., Slavia) 1,03 U. U
2 **Puschner**, Erwin (WAC.) 1923 Sd — 1924 Sp
2 **Putzendoppler** Gustav (Rapid) 1919 U U

1 **Radakovic** (Slovan. Admira) 1933 U
6 **Raftl**, Rudolf (Hertha. Rapid) 1933 Tsch — 1935 Tsch. Pl.
U — 1936 Tsch — 1937 Fr
40 **Rainer**, Karl (Vienna) 1924 U. Rum U. Sd. Sp — 1925 Sz.
Fr. U. Tsch. Sd. Fi. Fi. U Sp — 1926 U. Sz. Sd —
1927 U. Bg. 1sch. Tsch. It — 1928 Bg. It — 1930 Tsch.
E. U. U — 1931 D U. Sz — 1932 U. E. Bg — 1933
Fr. Ts.h. U. Bg — 1934 Sz — 1925 Pl
5 **Rappan**, Karl (Wacker. Austria) 1927 U. U. Sz. Tsch. Tsch
6 **Regnard**. Emil (Rapid. Austria) 1923 It. U — 1924 U.
Rum — 1927 U. Tsch
1 **Reichelt** (Simmering) 1910 U
1 **Reiterer**, Max (Hertha. Austria) 1924 Sd
5 **Retschury**. Heinrich (Vienna Wiener Sportklub) 1908 U.
D. U — 1909 U. U
18 **Resch**. Leopold (Wacker) 1921 Fi — 1922 It. Sz — 1923
U. — 1925 Sz. Fr. U. U Sp. Bg — 1926 Tsch. U.
Fr. Tsch. Sz. Sd — 1927 U. Tsch
11 **Richter**, Johann (Hertha. Rapid) 1923 It — 1924 Pl —
1925 Sd. Fi. Fi — 1926 Fr. Tsch. Sz. Sd — 1927 U. Bg
2 **Riegler** (FC. Wien. Austria) 1936 U. 1937 Fr
3 **Runge**, Franz (Admira) 1927 Sz. It — 1928 It
10 **Rupetz** (Rapid) 1917 U. U. U. U. Sz. Sz — 1918 U. Sz.
U. U

7 **Saft**, Heinrich (Heinrich Lebensaft; Rudolfshügel. Austria)
1924 Sd — 1926 Tsch — 1927 U. Tsch. U. Tsch U
1 **Sax**. Leopold (WAC., Wiener Sportklub) 1904 U
28 **Schall**. Anton (Admira) 1927 Tsch. Bg — 1928 Tsch —
1929 Sz — 1930 Sd — 1931 It. Scho. D. Sz. D. U.
Sz — 1932 U. Sd. U. Sz E. Bg — 1933 Fr. Tsch.
U. Tsch. U. Scho. H — 1934 U. Fr. It
4 **Schedlwy**, Josef (Rapid) 1903 U — 1907 U. U — 1909 E
1 **Scheu** (Floridsdorfer AC.) 1909 E
2 **Schierl**. Hans (Admira) 1923 U — 1924 Sp
1 **Schlauf** (Vienna, Floridsdorfer AC., Libertas, Rapid) 1935 Pi
4 **Schlosser** (Rapid. WAC.) 1914 U — 1915 U. U. U
16 **Schmaus**. Willy (Vienna) 1935 Tsch. U — 1936 Sp. Pt,
Tsch. U. E. It. Sz — 1937 Fr. It. Scho. U. Sz. Tsch
1938 D
6 **Schmiedt** (Austria) 1912 U. It — 1917 U. U. Sz. Sz
7 **Schmieger**. Willy (Wiener Sportklub) 1907 U — 1908 E —
1909 U. U — 1911 U. D. It

1 **Schneck** (Graphia) 1903 U
17 **Schneider.** Josef (BAC. WAF., Vienna. WAC.) 1925 Sd.
Fi. Fi. Sz. Bg — 1926 Tsch. Fr. U. Tsch. Sz. Sd —
1927 U. Tsch. Tsch. Tsch U — 1928 Ju
4 **Schneider.** Karl (Hertha Austria) 1927 Tsch — 1928 Bg.
Sz It
1 **Schönecker.** Eduard (Rapid) 1904 U
10 **Schott** (Admira. Libertas) 1927 It — 1928 Ju. Sd. U. Sz.
It — 1929 It. U. U — 1931 It
5 **Schrammel** (WAC.) 1902 U — 1903 U. U — 1904 U. U
18 **Schramseis.** Roman (Hertha. Rapid) 1928 U. Sd. U — 1929
Tsch It. U. Tsch. U. Sz — 1930 Sd — 1931 It. Tsch
U. Echo. D. Sz — 1932 It. U
1 **Schrenk.** Karl (Vienna) 1909 E
2 **Schulz.** Edwin (WAC.) 1903 U. U
3 **Schwarz.** Hans (WAF.) 1911 U. D — 1913 U
7 **Sedlatschek.** Franz (WAF.) 1913 It — 1915 U — 1916 U.
U. U. U — 1918 U
1 **Sedlacek** (Slavia) 1917 U
9 **Seidl.** Rudolf (Floridsdorfer AC.. Vienna) 1920 D — 1921
Fi — 1922 U — 1923 U — 1924 D. U. Rum. Ae —
1928 Sd
43 **Sesta.** Karl (Simmering WAC.. Austria) 1932 Tsch. U. Sz.
E. Bg — 1933 Fr. Tsch. It. Tsch. U. Scho. H — 1934
It. Sz. U. Bu. Fr. U. It. D. Tsch. U. Sz — 1935 It.
Tsch. U — 1936 Sp Pt. Tsch. U. E. It. U. Sz — 1937
Fr. It. Scho. U. Sz Le. U. Tsch — 1938 D
1 **Shires.** Eduard (Cricketer) 1901 Sz
25 **Siegl** (Admira) 1925 Fi Fi — 1926 Tsch. Sz. Sd — 1927
Tsch. Bg. Sz. U. It — 1928 Tsch. U. Sz. It — 1929
Tsch. It. U. Tsch U Sz — 1930 E. Sd — 1931 It.
Tsch U
44 **Sindelar.** Mathias (Hertha. Austria) 1926 Tsch. Sz. Sd —
1927 U. Tsch — 1928 Ju. Sz — 1930 Tsch — 1931 Scho.
D. D. U. Sz — 1932 It. U. Tsch. Sd. U. Sp. E —
1933 Fr. Tsch U. Bg Tsch U. Scho. H — 1934 U.
Bu Fr. U. It Tsch. U — 1935 It — 1936 E. It. U —
1937 It. Scho U. Sz — 1938 D
5 **Skoumal** (Rapid) 1934 Sz — 1935 It. Pl. Pl — 1938 D
39 **Smistik** (Rapid) 1928 Ju. Sd — 1929 Tsch. It. U. Tsch.
Sz — 1931 It. U. Scho. D. Sz. D. U — 1932 U. E.
Bg — 1933 Fr Tsch. Bg Tsch. U. E. Scho. H — 1934
It. Sz U. Fr. U. It D. Sz — 1935 It — 1936 Sp. Pt.
Tsch U. Sz
4 **Smolek** (Rapid) 1908 E. E. U — 1909 U
1 **Sock** (Donau Austria) 1924 U
1 **Spindler** (I. Tepl. FC.) 1911 D
2 **Stanfield.** Charles (Cricketer) 1904 U — 1905. U
1 **Steinmann** (Graphia) 1903 U
1 **Steiskal** (Rapid) 1918 U
6 **Stoiber.** Karl (Admira) 1928 Tsch — 1929 Sz — 1931 Sz
— 1935 Pl. Pl — 1936 U
1 **Strnad.** Hans (Wiener Sportklub) 1918 U

11 **Stroh,** Josef (Floridsdorfer AC., Austria) 1935 U — 1936
    E. U — 1937 Fr. It. Scho. U. Sz. U. Tsch — 1938 D
27 **Studnicka,** Johann (WAC.) 1901 Sz — 1902 U — 1903 U.
    U — 1905 U — 1908 U — 1910 U — 1911 U — 1912
    U. It. D. H — 1913 U — 1914 U — 1915 U. U. U. U
    — 1916 U. U. U. U — 1917 U. U. U. Sz. Sz
1 **Stürmer,** Adolf (WAC.) 1904 U
1 **Stürmer,** Karl (WAC.) 1905 U
2 **Stürmer,** Josef (WAF.) 1916 U — 1918 U
1 **Sudrich,** Stefan (WAC.) 1913 It
25 **Swatosch,** Ferdinand (Simmering. Rapid, Austria) 1914 U
    — 1915 U. U — 1918 U — 1920 U. D. U — 1921 Sd.
    U. Sz. Sd. Fi — 1922 U. U. Sz — 1923 It. U. Sd
    — 1924 D It — 1925 Fr Tsch. Sd. Fi. Fi
3 **Swatosch,** Jakob (Simmering) 1911 D — 1913 U — 1914 It
4 **Szoldatics,** Karl (Simmering. Admira) 1927 U — 1928 Ju
    1930 U — 1931 Sz

19 **Tandler,** Hans (Austria) 1924 D. It. Sd. Sp — 1925 Sd. Fi.
    Fi. Sp Bg — 1926 Tsch Fr. U. Tsch — 1928 U. Sz.
    It — 1930 Tsch. E. U
7 **Taurer,** Josef (WAC.) 1901 Sz — 1902 U — 1903 U. U —
    1904 U. U — 1905 U
1 **Tauschek** (Rapid) 1935 Pl
8 **Tekusch,** Felix (WAF.) 1910 U. U — 1911 U. D. U —
    1912 U. It — 1913 U — 1914 U
16 **Tekusch,** Karl (WAC.) 1908 U — 1910 U. U — 1911 U
    D. U — 1912 U. U It — 1913 U. It. U — 1914 U. U.
    U — 1918 U
4 **Teufel,** Josef (Wiener Sportkub) 1924 Ju. Bg. Ae — 1925 **Sz**
1 **Tremmel** (Vienna) 1919 U
2 **Twaroch** (Wacker) 1913 U. It

1 **Urban** Vienna) 1914 U
15 **Urbanek,** Hans (Wacker. FC. Wien. Admira) 1931 Sz —
    1934 Fr. U. It. D. Tsch — 1935 U. Pl — 1936 Sp. Pt.
    Tsch. U. E. It. U
6 **Uridil,** Josef (Rapid. Vienna) 1919 U. U — 1921 D. Sd —
    1922 Sz — 1926 U

3 **Vavra** (Wiener Sportklub) 1937 **Le.** U. Tsch
16 **Viertl,** Rudolf (Simmering Austria) 1925 U — 1929 Tsch
    — 1930. Tsch — 1933 U. Scho — 1934 It. Sz. U. Bu.
    Fr. U. It. D — 1936 E. It — 1937 Fr
4 **Vladar** (Rapid) 1906 U — 1907 U. U — 1909 U
2 **Vanek** (Slavia) 1917 U. U
20 **Vogel,** Adolf (Admira) 1931 Scho. D. Sz. D U. Sz —
    1932 It. U Tsch. Sd. E. Bg — 1933 Fr. Tsch — 1934
    Tsch — 1935 U U — 1936 Sp. Pt. Tsch
2 **Vogel** (Admira) 1935 Pl. U

2 **Wachuda,** Emil (WAC.) 1901 Sz — 1902 U
5 **Wackenreuther,** Arthur (Wiener Sportklub) 1908 E. E —
    1909 U — 1911 U. U

19 **Wagner** (Rapid) 1933 Bg. Scho H — 1934 It. Sz. U. Bu. Fr. U It. D. U. Sz — 1935 It. Isch. U — 1936 So. Pt — 1938 D
1 **Wagner** (Rudolfshügel) 1919 U
1 **Wagner**, Rudi (Cricketer) 1903 U
1 **Waitz** (FC. Wien WAC) 1932 Sd
6 **Walzhofer**, Karl (Rapid. WAC.. Wacker) 1927 U. It — 1928 Bg. It — 1931 Tsch — 1934 Sz
1 **Wana** (Wacker) 1922 U
5 **Weber** (Vienna) 1910 U — 1912 U. It. H — 1913 U
1 **Wexscheider** (Rapid) 1907 U
3 **Weihrauch** (Rudolfshügel) 1907 U — 1908 E — 1909 U
1 **Weiß** (Floridsdorfer AC.) 1919 U
4 **Weiß** (Admira. WAC.) 1925 Fi — 1927 U. U. Tsch
11 **Wesselik**, Franz (Rapid) 1928 U. U — 1929 Tsch. It. U. Tsch — 1930 U. Sd. Bg — 1933 Fr. U
40 **Wessely**, Ferdinand (Rapid) 1922 D. U. U. Sz — 1923 It. U. Fi — 1924 Ju. Ae. U. Sd. Sp — 1925 Sz. Sd Fi. Fi. U. Sp. Sz — 1926 Fr. U. Fi. Sz. Sd — 1927 U. Bg. Tsch U. It — 1928 Bg. Tsch U Sd. U — 1929 Tsch. It — 1930 U. It — 1930 E. U. U. Sd
27 **Wieser**, Gustav (Rapid Austria) 1916 U. U. U — 1917 U — 1919 U. U — 1920 U. D — 1921 Fi — 1923 U. Sd. Fi. U — 1924 D. It. Ju. U Rum. Sd Sp — 1925 Sz. Fr. U. Sp. Bg — 1926 Tsch. Fr
2 **Wiltschek** (Wiener Sportklub) 1903 U — 1904 U
2 **Wolf** (Rapid) 1907 U. U
14 **Wondrack**, Karl (Rapid) 1914 U — 1919 U. U — 1920 U — 1921 U Sz D Sd — 1922 D. U. Sz — 1923 It — 1924 Ju Sp

1 **Zander**, Paul (Vienna) 1901 Sz .
37 **Zischek**, Karl (Wacker) 1931 Scho. D. D. U. Sz — 1932 It U. Tsch. Sz. E. Bg — 1933 Fr. Tsch. Tsch Scho. H — 1934 It. Sz. Bu Fr U. It. D. Tsch. U. Sz — 1935 It. Tsch. U — 1936 Sp Pt. Tsch U. Sz — 1937 It. Le. Tsch
4 **Zöhrer**, Rudolf (Admira. Austria) 1932 Sd. U — 1936 U — 1937 Le

# Spiele der B-Teams

## 1926

Wien gegen Budapest 19. 9. 1926 in Budapest 2:4 verloren: Edl Kanhäuser; Beer, Grünert; Richter, Baar, Barbak; Kirbes, Hanel, Zdarsky, Stepan, Bures.

## 1927

Wien gegen Budapest 20. 9. 1927 in Wien 2:2 unentschieden. Feigl Rainer, Regnard; Brinek, Hummenberger, Jestrab; Danis, Rappan, Sindelar, Juranic, Pillwein.
Wien gegen Ungarische B-Team 10. 4. 1927 in Szegedin 1:1 unentschieden. Hlousek; Reichart, Grünert; Ehrlich, Koch, Cernicky; Danis, Hanel, Zdarsky, Stepan, Eckl.

## 1928

Wien gegen Budapest 7. 10. 1928 in Budapest 8:2 gewonnen. Cart; Vozi, Janda; Schreiber, Koch, Radakovic; Eckl, Danis, Kettner, Juranic, Runge.

## 1930

Wien gegen Budapest 1. 6. 1930 in Wien 2:2 unentschieden. Billich; Schramseis, Csejka; Chloupek, Hummenberger, Mahal; Zischek, Nausch, Stern, Schall, Langer.

## 1932

Wien gegen Budapest 2. 10. 1932 in Wien 6:0 gewonnen. Horeschofsky; Pavlicek, Janda; Kaller, Hoffmann, Urbanek; Brosenbauer, Adelbrecht, Hiltl, Spechtl, Viertl.

## 1934

Italien „B". 11. 2. 1934. Triest. 0:2 verloren: Raftl; Donnenfeld, Tauschek; Braun, Hoffmann, Machu; Brosenbauer, Adelbrecht Stron, Mausner, Langer.
Italien „B". 11. 11. 1934. Genua. 8:1 verloren: Hans Kovar; Cisar, Tauschek; Hartl, Zlatchlavek, Cernic; Riegler, Müller, Weilinger, Donnenfeld Vytlacil.

## 1935

Italien „B". 24. 3 1935. Lovorno. 0:0 unentschieden: Havlicek; Andritz. Schmaus; Adamek. Hofmann, Gall; Smistik II. Ströh. Semp, Binder, Haßmann.

## 1937

Italien „B". 21 3. 1937. Vigevano. 3:2 verloren; Zöhrer; Marischka, Schall; Pollak. Hoffmann, Joksch; Vogel. Hahnemann. Fischer, Walzhofer Holleschofsky.

# Spiele der Amateur-Teams

**1927**

Ungarisches Amateur-Team. 25. 9. 1927. Budapest. 4:2 verloren: Hiden; Raab, Wicher; Robl, Stany, Ondrey; Watzek, Schön, Ptacek, Gaber, Kinkall.

**1928**

Ungarn-Amateur-Team. 6 5 1928. Budapest. 3:2 gewonnen: Horescholsky; Raab, Lowak; Freifeld, Resch, Hodek; Katz, Friese, Kubesch, Molaczek, Kinkall.

Ungarns Amateure 7. 10. 1928. Wien. 3:1 gewonnen: Vybihal; Raab, Lowak; Rol, Resch, Zankl; Kohler, Budin, Mathias, Kaburek, Kubesch, Kinkall.

**1929**

Tschechoslowakei-Amateure 1. 9. 1929. Brünn. 3:1 gewonnen: Vybihal; Leopold, Bossak; Chwatal, Kovar, Kubesch; Cerwenka, Spona, Ertl, Fuchsberger, Kaun.

Ungarn-Amateure. 15. 9. 1929. Wien. 3:2 gewonnen: Vybihal; Gefing, Bossak; Chwatal, Kovar, Kubesch; Cerwenka, Spona, Ertl, Fuchsberger, Kaun.

Polen. 6. 10. 1929. Graz. 3:1 verloren: Vybihal; Gefing, Bossak; Chwatal, Kostron, Kubesch; Gaber, Molaczek, Ptacek, Spona, Katz

**1930**

Tschecho-Slowakei-Amateure. 11. 5. 1930. Wels. 5:4 gewonnen: Fiala; Gering, Böhm; Chwatal, Hans Kaburek, Wagner; Kohler, Fuchsberger, Nowotny, Spechtl, Binder.

Ungarn-Amateure 1. 6. 1930. Budapest 2:1 verloren: Fiala; Gefing, Stuppeck; Chwatal, Hans Kaburek, Wagner; Kohler, Fuchsberger, Nowotny, Spechtl, Binder.

Polen. 15. 6. 1930. Krakau. 3:1 verloren: Fiala; Gefing, Schlosser; Zankl, Hans Kaburek, Wagner; Koch, Thalhammer, Nowotny, Spechtl, Binder.

**1931**

Ungarn-Amateure. 19. 4. 1931. Graz. 6:2 gewonnen: Hergesell; Mendl, Wicher; Otto Kovar, Hans Kaburek; Wagner, Kohler, Ptacek, Reiter, Heubrandner, Gaber.

Tschecho-Slowakei. 17 5 1931. Linz. 3:1 verloren: Fiala; Migl, Wicher; Otto Kovar, Gspann, Doller; Gelbenegger, Ptacek, Reßer, Heubrandner, Gaber.

**1932**

Rumänien. 8. 5 1932. Bukarest. 1:4 verloren: Klimosch; Smolensky, Purer; Galli, Poham, Otto Kovar; Watzek, Seiter, Sobotka, Heubrandtner, Menth.

Tschecho-Slowakei. 26. 6. 1932. Pardubitz. 0:5 verloren: Klimosch; Purer, Bossak; Galli, Laudon, Hanreiter; Watcek, Thalhammer, Durspekt, Proksch, Jokuti.

Rumänien. 16. 10. 1932. Linz 0:1 verloren: Varga; Weigelhofer, Wicher; Pröhm, Morawetz, Kren; Gurtner, Proksch, Reiterer, Fuchsberger, Doppler.

### 1933

Ungarn (Amateure). 22. 10. 1933. Budapest. 2:3 verloren: Edi Kainberger; Hammerschmid, Wicha; Tröger, Koci, Doller; Gurtner, Ertl, Reiter, Heubrandner, Gaber.

### 1934

Frankreichs Amateure. 10. 5. 1934. Straßburg. 3:2 verloren: Edi Kainberger; Frisch, Allmer; Platschek, Kreßl, Kovar; Hörzer, Hochreiter, Reiter, Heubrandner, Gaber.

Norwegen. 8. 6. 1934. Oslo. 4:0 verloren: Edi Kainberger; Wicher, Fau; Ptacek, Laudon, Otto Kovar; Hutterer, Quasnitschka, Reiter, Heubrandner, Gaber.

### 1936

Ungarn. 21. 6. 1936. Budapest. 3:2 gewonnen: Lagofsky; Koutnik, Schnorrer; Ksander, Penzinger, Krenn; Zahradnik, Seiter, Weilinger, Haindobler, Chytra.

Aegypten. 5. 8. 1936. Berlin. 3:1 gewonnen: Edi Kainberger; Kargl, Künz; Krenn, Wallmüller, Hofmeister; Werginz, Laudon, Steinmetz, Kitzmüller, Fuchsberger.

Peru. 8. 8. 1936. Berlin. 4:2 verloren: Edi Kainberger; Kargl, Künz; Krenn, Wallmüller, Hofmeister; Werginz, Laudon, Steinmetz Kitzmüller, Fuchsberger.

Polen. 11 8. 1936 Berlin. 3:1 gewonnen: Edi Kainberger; Kargl, Künz; Krenn, Wallmüller, Hofmeister; Werginz, Laudon, Mandl, Karl Kainberger, Fuchsberger.

Italin. 16. 8. 1936. Berlin. 2:1 verloren: Edi Kainberger; Kargl, Künz; Krenn, Wallmüller, Hofmeister; Werginz, Laudon, Steinmetz, Karl Kainberger, Fuchsberger.

### 1937

Ungarn. 19. 9. 1937. Wien. 6:3 gewonnen: Edi Kainberger; Frisch, Allmer; Krenn, Kment, Mikolasch; Melchior, Epp, Lamoth Heindobler, Tesarek.

# Teilnehmer

## an den Spielen des B-Teams

Abkürzungen: Bd = Budapest, It = Italien,

U = Ungarisches Amateurteam

**Adamek** (Austria) 1935 It
**Adelbrecht** (Vienna, Austria) 1927 Bd — 1935 It
**Andritz** (Austria) 1935 It

**Baar** (Sportklub, Slovan) 1926 Bd
**Beer**, Richard (Wiener Sportklub) 1926 Bd
**Billich** (Hertha, Austria) 1930 Bd
**Binder**, Franz (Rapid) 1935 It
**Braun**, Georg (WAC., Wacker) 1934 It
**Brinek** (Wacker) 1927 Bd
**Brosenbauer** (Vienna) 1932 Bd — 1934 It
**Bures** (Wacker, Slovan) 1926 Bd

**Cart** (Simmering, Wacker) 1928 Bd
**Cernig**, Willy (FC. Wien, Rapid) 1934 It
**Cernicky** (Slovan) 1927 U
**Chlounek**, Franz (Floridsdorfer AC., Admira) 1930 Bd
**Cseika** (Rapid) 1930 Bd

**Danis**, Leopold (Simmering, Sportklub) 1927 Bd, U — 1928 Bd
**Donnenfeld** (Hakoah) 1934 It · It

**Eckl** (Slovan, Vienna) 1927 U — 1928 Bd
**Ehrlich**, Sepp (Simmering Wacker) 1927 Bd

**Feigl** (Wacker) 1927 Bd
**Fischer**, Richard (Vienna) 1927 It

**Gall**, Karl (Austria) 1935 It
**Grüner** (Slovan) 1926 Bd — 1927 U

**Hahnemann**, Willy (Admira) 1937 It
**Hanl** (Slovan, Rapid) 1926 Bd
**Hansl** (Austria) 1927 U
**Hartl** (FC. Wien) 1934 It
**Haßmann** (FC Wien) 1935 It
**Hawlicek** (Vienna) 1935 It
**Housek** (Slovan) 1927 U
**Hoffmann**, Leopold (Vienna) 1932 Bd — 1934 It — 1935 It — 1937 It
**Horeschofsky** (Vienna) 1937 Bd
**Hummenberger**, Karl (FAC., Admira) 1927 Bd — 1930 Bd
**Holleschofsky** (Favoritner AC.) 1937 It

**Janda** (Admira) 1928 Bd — 1932 Bd
**Jestrab** (Wacker, Rapid) 1927 Bd

Joksch, Siegfried (Admira, Austria) 1937 It
Juranic, Robert (FAC) 1927 Bd — 1928 Bd

Kaller, Otto (Vienna) 1932 Bd
Kanhäuser, Edi (Sportklub) 1926 Bd
Kettner, Rudolf (Hertha) 1928 Bd
Kirbes, Willy (Rapid, Wacker) 1926 Bd
Koch (Admira)
Kovar, Hans (Wacker, Libertas, Austria) 1934 It

Langer (FAC.) 1930 Bd — 1934 It

Machu, Leo (Vienna) 1934 It
Mahal (Sportklub, Wacker)
Marischka (Admira) 1937 It
Mausner (Hakoah) 1937 Itl
Müller, Heinrich (WAC.) 1934 It

Nausch, Walter (WAC., Austria) 1920 Bd

Pavlicek (Admira) 1932 Bd
Pesser, Johann (Rapid) 1935 It
Pillwein, Anton (Sportklub) 1927 Bd
Pollack (Vienna) 1937 It

Radakovic (Slovan) 1928 Bd
Raftl, Rudolf (Rapid) 1934 It
Rainer, Karl (Vienna) 1927 Bd
Rappan, Karl (Wacker, Austria) 1927 Bd
Regnard, Emil (Rapid, Austria) 1927 Bd
Reichert (Slovan) 1927 U
Richter, Johann (Hertha, Rapid) 1926 Bd
Riegler (FC. Wien, Austria) 1934 It
Runge, Franz (Admira) 1928 Bd

Schall, Anton (Admira) 1930 Bd — 1937 It
Schmaus, Willy (Vienna) 1935 It
Semp (Sportklub Libertas) 1935 It
Sindelar, Matthias (Hertha, Austria) 1927 Bd
Smistik II (Rapid, Sportklub, WAC.) 1935 It
Snechtl (Austria) 1932 Bd
Stepan (Slovan) 1926 Bd — 1927 U
Stern (Hakoah) 1930 Bdl
Stroh, Josef (FAC, Austria) 1934 It — 1935 It

Tauschek (Rapid) 1934 I' — 1934 It

Urbanek, Hans (Wacker, FC. Wien, Admira) 1932 Bd

Viertl, Rudolf (Simmering, Austria) 1932 Bd
Vogl, Karl (Admira) 1937 It
Vogl, Georg (Admira) 1928 Bd
Vytlacil (Slovan, Rapid, WAC) 1934 It

Walzhofer, Karl (FAC., Wacker, Rapid, WAC) 1937 It
Weilinger, Richard (FAC., Wacker, Sportklub) 1934 It

Zdarsky (Slovan) 1926 Bd — 1927 U
Zischek, Karl (Wacker) 1930 Bd
Zlatohlawek (FC Wien) 1934 It
Zöhrer, Rudolf (Admira, Austria) 1935 It

# 2. Wiener Städte- und Unterverbandsspiele 1899-1937

# Wiener Städte-
# und Unterverbandsspiele

## 1899

Wien gegen Böhmische Athleten Union 12. 3. 1899 in Wien 2:2 unentschieden: Mollisch; Harry Lowe, Nicholson; Rudi Wagner, Anlauf, Gramlick; Starrach, Leuthe, Windett, Gandon, Shires.

Wien gegen Oxford University 3. 4. 1899 in Wien 0:15 verloren: Mollisch; Franz Siems, Albert Siems; Rudi Wagner, Goldberger, Rosenfeld; Eckstein, Gössing, Leuthe, Soldat, Willy Zander.

Wien gegen Oxford University 4. 4. 1899 in Wien 0:13 verloren: Mollisch; Leuthe, Rudi Wagner; Anlauf, Nicholson, Redfern; Gandon, Blyth, Shires, Gramlick, Windett.

Wien gegen Berlin 7. 12. 1899 in Wien 0:2 verloren: Mollisch; Harry Lowe, Dr Menzies; Redfern, Windett, Rudi Wagner; Shires, Blyth, Leuthe, Karl Dettelmaier, Starrach.

## 1902

Wien gegen Prager tschechisches Team 30. 5. 1902 in Wien 2:1 gewonnen· Nuß; Wachuda, Müller (Pseudonym); Smith, Rosenfeld, Blässy; Karl Dettelmaier, Bugno, Weinberger, Studnicka, Taurer.

## 1904

Wien gegen Berlin 5. 3. 1904 in Berlin 1:3 verloren: Rudi Wagner; Fischer, Leuthe; Karl Stürmer, Blooncy, Cornelius Hoffmann; Karl Dettelmaier, Krug, Stanfield, König, Taurer.

## 1905

Wien gegen Berlin 5. 11. 1905 in Wien 4:0 gewonnen: Pekarna; Fischer, Leuthe; Hoitasch, Blooncy, Blässy; Hussak, Robert Merz, Lang, Studnicka, Pfeiffer.

## 1906

Wien gegen Berlin 1. 4. 1906 in Berlin 1:3 verloren: Prager; Eipel, Leuthe; Hoitasch, Blooncy, Cornelius Hoffmann; Eduard Schönecker, Robert Merz, Studnicka, Fischera, Karl Eipel.

Wien gegen Berlin 4. 10. 1906 in Wien 8:1 gewonnen: Donhart; Eipel, Leuthe; Preiß, Lang, Heinrich Kohn; Aspek, Robert Merz, König, Kellner, Pfeiffer.

## 1907

Wien gegen Berlin 7. 4. 1907 in Berlin 2:1 gewonnen (Kronprinzenpokal): Pekarna; Eipel, Leuthe; Lenczewsky, Swoboda, Diabac; Hussak, Schmiexer, Studnicka, Fischera, Andres.

Wien gegen Berlin 6. 10. 1907 in Wien 1:2 verloren: Kaltenbrunner; Axmann, Eipel; Lang, Lenczewsky, Swoboda; Schmieger, Studnicka, König, Andres.

## 1908

Wien gegen Berlin 5. 4. 1908 in Berlin 3:1 gewonnen: Pekarna; Eipel, Albert; Dlabac, Lenczewsky, Knöll; Hussak, Kubik, Studnicka, Fischera Andres.

Wien gegen Berlin 4. 10. 1908 in Wien 4:0 gewonnen: Kaltenbrunner; Weihrauch, Smolek; Knöll, Preiß, Dlabac; Hussak Dünnmann, Leopold Neubauer, Fischera, Andres.

Wien gegen Prager Team 4. 10. 1908 in Prag 5:0 gewonnen: Prager; Felix Tekusch, Fischer; Dr. Frei, Kwietek, Wakkenreuter; Meiringer, Richard Kohn, Schmieger, Hans Schwarz Hirschl.

## 1909

Wien gegen Berlin 29. 3. 1909 in Berlin 3:2 gewonnen: Kaltenbrunner; Groß, Retschury; Lenczewsky, Preiß, Wakkenreuter; Beck, Schediwy, Leopold Neubauer, Strau.

Wien gegen Berlin 3. 10. 1909 in Wien 1:0 gewonnen: Krof; Drexler, Vladar; Wackenreuter, Preiß, Dlabac; Alois Müller, Schmieger, Schediwy, Fischera, Andres.

## 1910

Wien gegen Berlin 3. 4. 1910 in Berlin 1:2 verloren: Kaltenbrunner; Eipel, Löwenfeld; Kolarik, Preiß, Schröder; Beck, Alois Müller, Schmieger, Fischera, Andres.

Wien gegen Berlin 2. 10. 1910 in Wien 4:3 gewonnen: Krof; Felix Tekusch, Flor; Karl Tekusch, Kolarik, Bielohlawek; Beck, Leopold Neubauer, Studnicka, Fischera, Meiringer.

## 1911

Wien gegen Berlin 9. 4. 1911 in Berlin 8:1 gewonnen: Viktor Müller; Felix Tekusch, Flor; Karl Tekusch, Kwietek, Wackenreuter; Hussak, Richard Kohn, Kuthan, Fischera, Meiringer.

Wien gegen Berlin 1. 10. 1911 in Wien 4:0 gewonnen: Krof; Fischer, Felix Tekusch; Karl Tekusch, Brandstädter, Wackenreuter; Hussak, Richard Kohn, Kuthan, Fischera, Meiringer.

## 1912

Wien gegen Berlin 31. 3. 1912 in Berlin 1:1 unentschieden: Bluha; Felix Tekusch, Retschury; Karl Tekusch, Braunsteiner, Weber; Richard Kohn, Grundwald, Kuthan, Neumann, Andres.

Wien gegen Berlin 6. 10. 1912 in Wien 2:0 gewonnen: Kaltenbrunner; Popovich, Felix Tekusch; Weber, Brandstädter Karl Tekusch; Hussak, Richard Kohn, Studnicka, Neumann, Körner.

## 1913

Wien gegen Berlin 6. 4. 1913 in Berlin 2:4 verloren: Plhak; Braunsteiner, Sudrich; Heger, Oppenheim, Klima; Bauer, Kuthan, Studnicka, Richard Kohn, Schmiedt.

Wien gegen München 6. 7. 1913 in Wien 3:1 gewonnen: Kaltenbrunner; Jakob Swatosch. Popovich; Sedlatschek, Brandstätter. Karl Tekusch; Bauer. Bfaha. Kuthan. Ferdl Swatosch. Kaps.

Wien gegen Berlin 9. 10. 1913 in Wien 3:3 unentschieden: Kaltenbrunner; Dietrich. Felix Tekusch; Klima. Brandstädter. Karl Tekusch; Bauer. Alois Müller. Braunsteiner. Fischera. Körner.

## 1914

Wien gegen Berlin 5. 2. 1914 in Berlin 3:0 gewonnen: Plhak; Urban, Popovich; Braunsteiner. Brandstädter. Karl Tekusch; Bauer. Heinzel. Kuthan. Grundwald. Körner.

Wien gegen München 12. 6. 1914 in München 4:0 gewonnen: Bode; Urban, Jakob Swatosch; Sedlatschek. Chrenka. Karl Tekusch; Bauer. Heinzel. Bican. Ferdl Swatosch. Neumann.

Wien gegen Berlin 5. 10. 1914 in Berlin 5:1 gewonnen: Plhak; Freund. Dietrich; Haxler. Chrenka. Prohaska; Haist. Bauer. Kuthan. Neumann. Kaps.

## 1915

Wien gegen Berlin 28. 3 1915 in Berlin 3:4 verloren: Desnohlidek; Löwenfeld. Jetzinger; Nietsch. Prohaska. Kürner; Hans Ehrlich. Leopold Neubauer. Kuthan. Wieser.

Wien gegen Berlin 17. 10. 1915 in Wien 7:0 gewonnen: Kraupar; Schlosser. Jetzinger; Nietsch. Brandstädter. Prohaska; Hans Ehrlich. Heinzel. Heinlein. Bauer. Hoel.

## 1916

Wien gegen Berlin 2. 4. 1916 in Berlin 2:1 gewonnen: Kraupar; Lukaschofsky. Deutsch I; Jordan. Josef Popovich. Prohaska; Patzelt. Beck. Nietsch. Leopold Neubauer. Schober.

## 1919

Wien gegen Berlin 15. 6. 1919 in Wien 5:1 gewonnen: Jokl; Popovich. Dietrich; Putzendoppler. Brandstädter. Nietsch; Bauer. Uridil. Kuthan. Fischera. Wieser.

Niederösterreich gegen Süddeutschland 31. 8. 1919 in Wien 4:0 verloren: Plhak; Jakob Swatosch. Dietrich; Kurz. Brandstädter. Kramer; Wondrak. Bauer. Kuthan. Winkler. Amon.

## 1920

Niederösterreich gegen Süddeutschland 15. 2. 1920 in München 1:1 unentschieden: Pacista; Beer. Popovich; Kurz. Karl Neubauer. Putzendoppler; Körner. Bauer. Gansl. Fischera. Jiszda.

Niederösterreich gegen Süddeutschland 30. 7. 1920 in Wien 5:2 gewonnen: Pacista; Blum. Beer; Kurz. Baar. Braunsteiner II; Köck. Ferdl Swatosch. Karl Kanhäuser. Hanel. Eckl.

**1921**

Wien gegen Süddeutschland 8. 5. 1921 in Fürth 2:3 verloren: Ostricek; Blum. Popovich; Kurz. Brandstädter. Geyer; Wondrak. Uridil. Ferdl Swatosch. Neumann. Wieser.

Wien gegen Amsterdam 18. 7. 1921 in Amsterdam 1:3 verloren: Kraupar; Popovich. Dietrich; Geyer. Karl Neubauer. Nietsch; Wondrak. Uridil. Kuthan. Bauer. Wieser.

Niederösterreich gegen Süddeutschland 4 9. 1921 in Wien 2:0 gewonnen: Ostricek; Blum. Popovich; Kurz. Brandstädter. Geyer; Wondrak. Uridil. Ferdl Swatosch. Neumann. Wieser.

**1922**

Niederösterreich gegen Süddeutschland 26. 2. 1922 in Nürnberg 0:2 verloren: Brazda; Blum. Teufel; Plank. Kurz. Geyer; Cutti. Fischera. Kuthan. Uridil. Köck.

Wien gegen Prag 10. 12. 1922 in Prag 4:6 verloren: Ostricek; Blum. Beer; Kurz. Brandstädter. Pollak; Köck. Kowanda. Ferdl Swatosch. Fischera. Horevs.

**1923**

Wien gegen Süddeutschland 18. 3. 1923 in Wien 4:2 gewonnen: Ostricek; Gold. Blum; Kurz. Brandstädter. Geyer; Seidl. Jiszda. Hanel. Chalupa. Wessely.

Wien gegen Prag 19. 8 1923 in Wien 2:1 gewonnen: Ostricek; Scheuer. Blum; Kurz. Brandstädter. Nietsch; Seidl. Uridil. Kuthan. Wieser. Wessely.

Wien gegen Berlin 23. 9. 1923 in Berlin 3:1 gewonnen: Feigl; Regnard. Popovich; Plank. Brandstätter. Nietsch; Neufeld. Häusler. Schaffer. Bulla. Wessely.

**1924**

Wien gegen Krakau 14. 9. 1924 in Krakau 0:0 unentschieden: Feigl; Beer. Vozi; Pepi Schneider. Puschner. Pollak; Liebhart. Schierl. Klima. Hansl Vitu.

**1926**

Wien gegen Prag 14. 3. 1926 in Prag 1:1 unentschieden: Edi Kanhäuser; Beer. Musil; Richter. Bilek. Ludwig; Machhörndl. Rappan. Höß. Juranic. Wessely.

Wien gegen Krakau 30. 5. 1926 in Krakau 4:2 gewonnen: Feigl; Jellinek (Wacker). Schramseis; Stepan. Hoffmann. Kurz; Bures. Bevbl. Zdarsky Imre Schlosser. Fischer.

Wien gegen Prag 8 9. 1926 in Prag 3:2 gewonnen: Feigl; Tandler Blum; Karl Schneider. Gutmann. Nietsch; Cutti. Uridil. Sindelar. Höß. Wessely.

**1927**

Wien gegen Prag 20. 3. 1927 in Prag 1:2 verloren: Köhler; Schramseis. Becher; Nausch. Bilek. Braun; Runge. Juranic. Jiszda. Rappan. Weiß.

Wien gegen Prag 18. 9. 1927 in Wien 4:2 gewonnen: Feigl; Graf, Szoldatics; Brinek, Bilek, Jestrab; Siegl, Klima, Gschweidl, Walzhofer, Pillwein.

## 1928

Wien gegen Paris 15. 1. 1928 in Paris 3:0 gewonnen: Franzl; Rainer, Blum; Karl Schneider, Hoffmann, Geyer; Eckl, Klima, Hierländer, Juranic, Wessely.

Wien gegen Prag 1. 4. 1928 in Prag 1:1 unentschieden: Cart; Jellinek (Wacker), Schramseis; Schott, Vsolek, Karl Schneider; Giebisch, Cisar, Gschweidl, Molzer, Eckl.

Wien gegen Stockholm 31. 7. 1928 in Stockholm 4:3 gewonnen: Franzl; Graf, Schramseis; Kaller, Smistik, Schott; Eckl, Juranic, Gschweidl, Horvath, Wessely.

Wien gegen Malmö 2. 8. 1928 in Malmö 2:2 unentschieden: Franzl; Schramseis, Blum; Kaller, Smistik, Schott; Seidl, Juranic, Gschweidl, Horvath, Wessely.

Wien gegen Krakau 28. 10. 1928 in Krakau 2:1 gewonnen: Cart; Graf, Jellinek (Wacker); Schreiber, Kellinger, Mahal; Danis, Hostasch, Stoiber, Waitz, Runge.

## 1929

Wien gegen Süddeutschland 6. 1. 1929 in Nürnberg 0:5 verloren: Hiden; Rainer, Nausch; Schreiber, Kurz, Jany; Danis, Sindelar, Gschweidl, Schilling (Wiener Sportklub), Pillwein.

Wien gegen Agram 5. 5. 1929 in Agram 2:1 gewonnen: Hiden; Rainer, Jellinek; Chloupek, Bilek, Nausch; Molzer, Juranic, Jiszda, Walzhofer, Langer.

Wien gegen Südostdeutschland 16. 6. 1929 in Breslau 7:2 gewonnen: Cart; Heidinigsfeld, Franz Uridil; Dumser, Hummenberger, Chloupek; Molzer, Hanel, Jiszda, Waitz, Langer.

Wien gegen Prag 15. 9. 1929 in Prag 5:4 gewonnen: Hiden; Szoldatics, Cseika; Kaller, Hoffmann, Schott; Weiß, Klima, Stoiber, Schall, Langer.

## 1930

Wien gegen Prag 23. 3. 1930 in Wien 2:1 gewonnen: Cart; Becher, Sesta; Braun, Mock, Klima; Weiß, Heinrich Müller, Hiltl, Schall, Langer.

Wien gegen Süddeutschland 15. 4. 1930 in Wien 3:0 gewonnen: Hiden; Rainer, Blum; Braun, Hoffmann, Luef; Brosenbauer, Wesselik, Gschweidl, Horvath, Wessely.

Wien gegen Agram 31. 5. 1930 in Wien 8:0 gewonnen: Billich; Schramseis, Cseika; Klima, Smistik, Mahal; Siegl, Nausch, Stern, Schall, Langer.

## 1931

Wien gegen Prag 12. 4. 1931 in Prag 5:2 gewonnen: Franzl; Rainer, Janda; Kaller, Hummenberger, Schmaus; Marat, Adelbrecht, Stoiber, Schall, Adolf Vogl.

Wien gegen Köln 24. 5. 1931 in Köln 6.1 gewonnen: Franzl; Rainer, Sesta; Facco, Hummenberger, Madlmaier; Ostermann, Heinrich Müller, Hiltl, Walzhofer, Horvath.

**Wien gegen Duisburg** 25. 5. 1931 in Duisburg 6:1 gewonnen:
Franzl; Rainer. Sesta; Facco. Hummenberger. Madlmaier;
Ostermann. Heinrich Müller. Hiltl. Walzhofer. Karl Huber.
**Oesterreich gegen Schweiz** (inoffizielles Freundschaftsspiel)
16. 6. 1931 in Wien 2:0 gewonnen: Franzl; Jestrab. Janda;
Klima. Windner. Urbanek; Brosenbauer. Wesselik. Walz-
hofer. Horvath. Pillwein.
**Wien gegen Agram** 13. 9. 1931 in Agram 1:1 unentschieden:
Platzer; Karl Schneider. Jestrab; Chloupek. Ludwig Stroh.
Thaler; Molzer. Franz Uridil. Weilinger. Walzhofer.
Horvath.

### 1932

**Wien gegen Paris** 24. 1. 1932 in Paris 5:1 gewonnen:
Hiden; Rainer. Janda; Braun. Hoffmann. Luef; Zischek.
Gschweidl. Sindelar. Schall. Adolf Vogl.
**Niederösterreich gegen Mitteldeutschland** 24. 4. 1932 in Dres-
den 4:1 gewonnen    Billich; Rainer. Sesta; Mock. Smistik.
Gall; Molzer. Heinrich Müller. Walzhofer. Horvath. Viertl.
**Wien gegen Süddeutschland** 22. 5. 1932 in München 3:3 un-
entschieden: Raftl; Rainer. Blum; Kaller. Mock. Gall; Mol-
zer. Heinrich Müller. Hiltl. Horvath. Viertl.

### 1933

**Wien gegen Prag** 9. 4. 1933 in Prag 0:2 verloren: Franzl;
Pavlicek. Purz; Braun. Hoffmann. Machu; Cisar. Heinrich
Müller. Hiltl. Walzhofer. Karl Huber.
**Wien gegen Prag** 17. 9. 1933 in Wien 4.0 gewonnen: Löwy;
Rainer. Purz; Najemnik. Hoffmann. Urbanek; Cisar. Hiltl.
Stroh. Hahnemann. Haßmann.
**Wien gegen Paris** 1. 11. 1933 in Paris 4:1 gewonnen:
Platzer; Janda. Sesta; Braun. Hummenberger. Machu;
Zischek. Heinrich Müller. Hiltl. Schall. Adolf Vogl.

### 1934

**Wien gegen Prag** 25. 3. 1934 in Wien 3:3 unentschieden:
Raftl; Donnenfeld. Tauschek; Braun. Hoffmann. Willy Cer-
nic; Ostermann. Gschweidl. Sindelar. Walzhofer. Wenz.
**Wien gegen Prag** 23. 9. 1934 in Prag 4:2 gewonnen: Hans
Kovar; Donnenfeld. Purz. Breitfeld. Zlatohlawek. Willy
Cernig; Riegler Durspekt. Stoiber. Walzhofer. Pillwein.

### 1935

**Wien gegen Paris** 31. 3. 1935 in Paris 1:2 verloren: Raftl;
Andritz. Sesta; Wagner. Smistik. Gall; Smistik II. Stroh.
Mathias Kaburek. Binder. Pesser
**Wien gegen Prag** 14. 5. 1935 in Wien 1:2 verloren: Haw-
licek; Andritz. Purz; Braun. Forster. Adamek; Vogl II.
Stroh Binder. Walzhofer. Donnenfeld.

### 1937

**Wien gegen Prag** 24. 10. 1937 in Wien 1:0 gewonnen:
Raftl; Andritz. Marischka; Galli. Pekarek. Joksch; Kral.
Geiter. Epp. Walzhofer. Sarsoun.
3

# 3. Meisterschaft

# Vorläufer der österreichischen Meisterschaft

Es hat lange, sehr lange gedauert, bis endlich in Oesterreich, das heißt in Wien, eine Meisterschaft geschaffen wurde. Die Unterschiede zwischen den Wiener Mannschaften waren groß und deshalb waren die stärkeren Vereine nicht leicht für Pflichtspiele zu haben. Sie wollten ihre Gegner nach Belieben wählen können. Im Jahre 1894 haben die ersten Fußballspiele in Wien stattgefunden aber erst im Jahre 1900 wurde eine Art Meisterschaft eingeführt. Auch diesmal gingen die Vereine nicht willig mit, aber sie konnten sich nicht recht ausschließen, da die Veranstaltung von der damals in Wien einzigen Tageszeitung, die sich ernsthaft mit dem Sport befaßte, vorgeschlagen und ausgeschrieben wurde. So entstand der

## Neue Wiener Tagblatt-Pokal

ein Bewerb, der in zwei Serien stattfand und nach Punkten gewertet, also ganz nach Meisterschaftsregeln durchgeführt wurde. Nach drei aufeinanderfolgenden Siegen ging der Pokal in den Besitz des Siegers über, aber das war ein Mißgeschick für die Neuschöpfung, denn der Wiener Athletiksportklub siegte bei den ersten drei Austragungen und dann wollte sich wieder niemand entschließen, die Meisterschaft wieder zum Leben zu erwecken. Die Ergebnisse dieses Neuen Wiener Tagblatt-Pokales waren:

1900/01 WAC. I. Cricketer II. Vienna III. Ferner: Turnverein vom Jahre 1898.

1901/02 WAC. I. Vienna II. Turnverein vom Jahre 1898 III. Ferner Vorwärts, Graphia. Die Cricketer starteten nicht.

1902/03 WAC. I. Vienna II. Turnverein vom Jahre 1898 III. Ferner: Graphia, Deutscher Sportverein.

Im Jahre 1906 wurde dann gegen den Willen der Vereine eine Meisterschaft veranstaltet, aber die Vereine setzten nach der ersten Serie durch, daß die Meisterschaftsteilnahme nicht verbindlich war, einer nach dem anderen fiel ab und im Frühjahr 1907 wurde die Konkurrenz abgebrochen. Erst im Jahre 1911 erfolgte dann ein neuer, diesmal erfolgreicher Start zur Meisterschaft. Die Kleineren hatten sich ihr Recht erkämpft und einer dieser Kleineren, Rapid, holte sich auch den ersten Meistertitel.

# Die österreichischen Meister

1911/12: Rapid. — 1912/13: Rapid. — 1913/14: Wiener Associations Football-Club. — 1914/15: WAC. (Nur in einer Serie ausgetragen.) — 1915/16: Rapid. — 1916/17: Rapid. — 1917/18: Floridsdorfer AC — 1918/19: Rapid. — 1919/20: Rapid. — 1920/21: Rapid. — 1921/22: Wiener Sportklub. — 1922/23: Rapid. — 1923/24: Amateure (Austria). — 1924/25: Hakoah. — 1925/26: Austria. — 1926/27: Admira. — 1927/28: Admira. — 1928/29: Rapid. — 1929/30: Rapid. — 1930/'1: Vienna. — 1931/32: Admira. — 1932/33: Vienna. — 1933/34: Admira. — 1934/35: Rapid. — 1935/36: Admira. — 1936/37: Admira. — 1937/38: Rapid.

## Amateurmeisterschaft von Oesterreich

(Nur während der Zeit des Professionalbetriebes, von 1929 bis 1937, ausgetragen)

1929: Grazer Athletiksport-Klub — 1930: Kremser Sport-Klub. — 1931: Linzer Athletik-Sportclub. — 1932: Grazer Athletiksport-Club. — 1933: Grazer Athletiksport-Club. — 1934: Sportclub Sturm Graz. — 1935: Badener Athletiksport-Club. — 1936: I. Wiener Neustädter Sport-Club

## Die Sudeten-Meister 1920/38

1920/21: Teplitzer FK. (Liga) DSV. Leipa (Amateur); 1921/22: Teplitzer FK. (Liga), DSV. Sparta Karlsbad (Amateur); 1922/23: DFC. Prag; 1923/24: DFC. Prag; 1924/25: DFC. Budweis; 1925/26: DFC Prag (Professional), Deutsche Sportbrüder Schreckenstein (Amateur); 1926/27: DFC. Prag (Professional), DFC. Budweis (Amateur); 1927/28: DFC. Prag (Professional), DFC. Budweis (Amateur); 1928/29: DFC. Prag; 1929/30: Karlsbader FK.; 1930/31: DFC. Prag; 1931/32: DFC. Prag; 1932/33: DFC. Prag; 1933/34: DSV. Saaz; 1934/35: DSV. Saaz; 1935/36: SK Mähr.-Schönberg; 1936/37: DFC. Prag; 1937/38: Teplitzer FK.

Von 1929 bis 1936 betätigte sich der Teplitzer FK. an der tschechischen Professional- Ligameisterschaft und konnte im Jahre 1934 am Mitropa-Cup teilnehmen.

| Jahr | Meister | 2. Stelle | 3. Stelle | 4. Stelle | 5. Stelle | 6. Stelle | 7. Stelle | 8. Stelle | 9. Stelle | 10. Stelle | 11. Stelle | 12. Stelle | 13. Stelle |
|---|---|---|---|---|---|---|---|---|---|---|---|---|---|
| 1912 | Rapid | Sportklub | W.A.F. | W.A.C. | Simm. | Vienna | F.A.C. | Amateure | Hertha | Rudolfsh. | Cricketer | | |
| 1913 | Rapid | W.A.F. | Sportklub | Amateure | W.A.C. | Simm. | Rudolfsh. | Vienna | F.A.C. | Hertha | | | |
| 1914 | W.A.F. | Rapid | W.A.C. | Sportklub | Amateure | Simm. | Rudolfsh. | F.A.C. | Hertha | Vienna | | | |
| 1915 | W.A.C. | W.A.F. | Rapid | Amateure | Hertha | F.A.C. | Sportklub | Hertha | Simm. | Simm. | | | |
| 1916 | W.A.C. | F.A.C. | W.A.F. | W.A.C. | Rudolfsh. | Wacker | Amateure | Hertha | Simm. | Hertha | | | |
| 1917 | Rapid | F.A.C. | Rudolfsh. | W.A.F. | W.A.F. | W.A.C. | Sportklub | Amateure | Simm. | Hertha | | | |
| 1918 | Rapid | Rapid | W.A.F. | W.A.F. | W.A.C. | W.A.C. | Sportklub | Amateure | Simm. | Hertha | | | |
| 1919 | Rapid | Rudolfsh. | W.A.C. | W.A.F. | Sportklub | Amateure | F.A.C. | Hertha | Wacker | Wacker | | | |
| 1920 | Rapid | Amateure | Sportklub | F.A.C. | Rudolfsh. | W.A.C. | Simm. | Wacker | Hertha | Vienna | W.A.F. | Admira | W.A.C. |
| 1921 | Rapid | Amateure | Rudolfsh. | Hakoah | Hertha | W.A.F. | Sportklub | F.A.C. | Simm. | Wacker | Vienna | Admira | |
| 1922 | Sportklub | Hakoah | Amateure | Amateure | Wacker | Hertha | W.A.F. | Vienna | Admira | F.A.C. | Rudolfsh. | Simm. | Ostmak |
| 1923 | Rapid | Amateure | Rapid | Vienna | Sportklub | Wacker | Hakoah | Hertha | Simm. | W.A.F. | F.A.C. | W.A.C. | Rudolfsh. |
| 1924 | Amateure | Vienna | Admira | Sportklub | Simm. | Hakoah | Admira | Wacker | Sloven | Hertha | Ostmak | W.A.F. | |
| 1925 | Hakoah | Amateure | Sportklub | Rapid | W.A.C. | Admira | Wacker | Simm. | Sportklub | Sloven | Rudolfsh. | | |
| 1926 | Amateure | Vienna | Simm. | Admira | Rapid | Sloven | Hakoah | Sportklub | Wacker | W.A.C. | F.A.C. | Rudolfsh. | Hertha |
| 1927 | Admira | B.A.C. | Rapid | Vienna | F.A.C. | Simm. | Austria | Wacker | Hakoah | W.A.F. | Sportklub | Sloven | Rudolfsh. |
| 1928 | Admira | Rapid | Vienna | Sportklub | F.A.C. | Hertha | Sloven | Austria | Hakoah | W.A.C. | B.A.C. | Hakoah | Simm. |
| 1929 | Rapid | Admira | Vienna | Wacker | F.A.C. | Nicholson | Vienna | Austria | Hertha | Wacker | Sloven | B.A.C. | |
| 1930 | Rapid | Admira | W.A.C. | Vienna | Austria | Nicholson | Wacker | F.A.C. | Sportklub | Hakoah | Hertha | | |
| 1931 | Vienna | Admira | Rapid | Vienna | Wacker | W.A.C. | Nicholson | W.A.C. | F.A.C. | Slovat | | | |
| 1932 | Admira | Vienna | Rapid | Austria | W.A.C. | Wacker | B.A.C. | Nicholson | Sportklub | Hakoah | F.A.C. | Sloven | |
| 1933 | Vienna | Rapid | Admira | W.A.C. | F.C.Wien | Austria | Wacker | Hakoah | Hakoah | F.A.C. | Libertas | B.A.C. | |
| 1934 | Rapid | Admira | Vienna | Wacker | Libertas | F.C.Wien | F.A.C. | Sportklub | Wacker | Hakoah | Hakoah | Donau | |
| 1935 | Rapid | Admira | Vienna | Wacker | Sportklub | Sportklub | F.A.C. | Austria | Hakoah | Hakoah | W.A.C. | Fav.S.K. | |
| 1936 | Admira | Vienna | Vienna | F.C.Wien | Rapid | Sportklub | Austria | Fav.A.C. | F.C.Wien | Libertas | Hakoah | W.A.C. | |
| 1937 | Admira | Austria | Vienna | Wydar | Wacker | F.A.C. | Sportklub | Fav.A.C. | F.C.Wien | Libertas | Post-Spv. | Hakoah | |
| 1938 | Rapid | Sportklub | Ostmark | Wacker | Vienna | Admira | F.C.Wien | Fav.A.C. | Simm. | Simm. | | | |
| 1939 | Admira | Wacker | Rapid | Sportklub | Vienna | Austria | Aa.Flot | Grazer Sportklub | Amateure Steyr | Wacker Wr.Neust. | | | |

# 4. Pokale

# Der Wiener Cup

Der Name des Bewerbers wurde mehrmals gewechselt, er hieß bald niederösterreichischer, bald Wiener Cup, konnte aber nie wirkliche Volkstümlichkeit erlangen. Seine Anziehungskraft wurde erst dann stärker, als der Cupsieger das Recht zur Teilnahme am Mitropacup erwarb.

In den Schlußrunden siegten:

| | |
|---|---|
| 1918/1919: Rapid gegen Wiener Sportklub | 3:0 |
| 1919/1920: Rapid gegen Amateure (Austria) | 5:2 |
| 1920/1921: Amateure (Austria) gegen Wiener Sportklub | 2:1 |
| 1921/1922: Wiener Associations Football Club gegen Amateure (Austria) | 2:1 |
| 1922/1923: Wiener Sportklub gegen Wacker | 3:0 |
| 1923/1924: Amateure (Austria) gegen Slovan | 8:6 |
| 1924/1925: Austria gegen Vienna | 3:1 |
| 1925/1926: Austria gegen Vienna | 4:3 |
| 1926/1927: Rapid gegen Austria | 3:0 |
| 1927/1928: Admira gegen WAC. | 2:1 |
| 1928/1929: Vienna gegen Rapid | 3:2 |
| 1929/1930: Vienna gegen Austria | 1:0 |
| 1930/1931: WAC. (In diesem Jahre wurde der Cup mit Punktewertung wie die Meisterschaft, aber nur in einer Runde ausgetragen). | |
| 1932/1933: Austria gegen Brigittenauer AC. | 1:0 |
| 1933/1934: Admira gegen Rapid | 8:0 |
| 1934/1935: Austria gegen WAC. | 5:1 |
| 1935/1936: Austria gegen Vienna | 3:0 |
| 1936/1937: Vienna gegen Wiener Sportklub | 2:0 |
| 1937/1938: WAC. gegen Wiener Sportklub | |

# Der Challenge Cup

(Offen für alle Vereine der damaligen österr.-ungar. Monarchie)

1897/1898: Cricketer gegen Deutschösterreichischer Turnverein 7:0

1898/1899: Vienna gegen Cricketer 2:

1899/1900: Vienna gegen Viktoria 4:1

1900/1901: WAC. gegen Slavia (Prag) 1:0

1901/1902: Cricketer gegen Budapest Torna Club 2:1

1902/1903: WAC. im Alleingange, da der Gegner zur Schlußrunde nicht antrat.

1903/1904: WAC. im Alleingange, da der Gegner zur Schlußrunde nicht antrat.

1904/1905: Wiener Sportvereinigung (später Wiener Sportklub) gegen Magyar Athletikai Club (Budapest) 2:1

1908/1909: Ferencvarosi Torna Club (Budapest) gegen Wiener Sportklub 2:1

1910/1911: Wiener Sportklub gegen Ferencvarosi Torna Club
(Budapest) 3:0

Seit diesem Jahre wurde der Cup nicht mehr ausgeschrieben.
Der Ehrenpreis der von einem Engländer John G r a m l i c k,
gewidmet und der als ewiger Wanderpreis ausgetragen wurde,
fiel damit an die Cricketer die als Eigentümer galten. Alle
Versuche zu seiner Wiederbelebung blieben erfolglos.

# III. Teil

# INTERNATIONALER

# FUSSBALL

---

## Die Rekord-Internationalen des Auslands

| | | | | |
|---|---|---|---|---|
| Belgien: Voorhoof | 58 | Jugoslawien: Marjanovitsch | 54 |
| Bulgarien: Pes ceff | 42 | Lettland: Petersons | 59 |
| Dänemark: Tarp | 44 | Litauen: Marcinkus | 41 |
| Dänemark: Laursen | 44 | Luxemburg: M. Becker | 33 |
| Dänemark: P. Jörgensen | 44 | Norwegen: G. Andersen | 46 |
| Estland: Finmann | 64 | Polen: Kotlarczyk | 35 |
| Finnland: Viinioksa | 50 | Portugal: Silva | 23 |
| Frankreich: Devaquez | 41 | Rumänien: Bodola | 46 |
| Griechenland: Miyiakis | 19 | Schweden: S. Lindberg | 50 |
| Holland: G. H. van Heil | 63 | Schweiz: M. Abegglen | 67 |
| Irland: Dunne | 18 | Ungarn: J. Schlosser | 70 |
| Italien: Caligaris | 59 | Uruguay: A. Romano | 77 |
| | | | 85 |

# BELGIEN

## Länderspiele:

|     |                  |      |            |            |
|-----|------------------|------|------------|------------|
| 1.  | B-Frankr.        | 3:3  | 01.05.1904 | Brüssel    |
| 2.  | B-Niederl.       | 1:4  | 30.04.1905 | Antwerpen  |
| 3.  | B-Frankr.        | 7:0  | 07.05.1905 | Brüssel    |
| 4.  | B-Niederl.       | 0:4  | 14.05.1905 | Rotterdam  |
| 5.  | B-Frankr.        | 5:0  | 22.04.1906 | Paris      |
| 6.  | B-Niederl.       | 5:0  | 29.04.1906 | Antwerpen  |
| 7.  | B-Niederl.       | 3:2  | 13.05.1906 | Rotterdam  |
| 8.  | B-Niederl.       | 1:3  | 14.04.1907 | Antwerpen  |
| 9.  | B-Frankr.        | 1:2  | 21.04.1907 | Brüssel    |
| 10. | B-Niederl.       | 2:1  | 09.05.1907 | Haarlem    |
| 11. | B-Niederl.       | 1:4  | 29.03.1908 | Antwerpen  |
| 12. | B-Frankr.        | 2:1  | 12.04.1908 | Paris      |
| 13. | B-England (A)    | 2:8  | 18.04.1908 | Brüssel    |
| 14. | B-Niederl.       | 1:3  | 26.04.1908 | Rotterdam  |
| 15. | B-Schweden       | 2:1  | 26.10.1908 | Brüssel    |
| 16. | B-Niederl.       | 1:4  | 21.03.1909 | Antwerpen  |
| 17. | B-England (A)    | 2:11 | 17.04.1909 | London     |
| 18. | B-Niederl.       | 1:4  | 25.04.1909 | Rotterdam  |
| 19. | B-Frankr.        | 5:2  | 09.05.1909 | Brüssel    |
| 20. | B-Niederl.       | 3:2  | 13.03.1910 | Antwerpen  |
| 21. | B-England (A)    | 2:2  | 26.03.1910 | Brüssel    |
| 22. | B-Frankr.        | 4:0  | 03.04.1910 | Paris      |
| 23. | B-Niederl.       | 0:7  | 10.04.1910 | Haarlem    |
| 24. | B-Deutschl.      | 3:0  | 16.06.1910 | Duisburg   |
| 25. | B-England (A)    | 0:4  | 04.03.1911 | London     |
| 26. | B-Niederl.       | 1:5  | 19.03.1911 | Antwerpen  |
| 27. | B-Niederl.       | 1:3  | 02.04.1911 | Dordrecht  |
| 28. | B-Deutschl.      | 2:1  | 23.04.1911 | Luik       |
| 29. | B-Frankr.        | 7:1  | 30.04.1911 | Brüssel    |
| 30. | B-Frankr.        | 1:1  | 28.01.1912 | Paris      |
| 31. | B-Schweiz        | 9:2  | 20.02.1912 | Antwerpen  |
| 32. | B-Niederl.       | 1:2  | 10.03.1912 | Antwerpen  |
| 33. | B-England (A)    | 1:2  | 08.04.1912 | Brüssel    |
| 34. | B-Niederl.       | 3:4  | 28.04.1912 | Dordrecht  |
| 35. | B-England (A)    | 0:4  | 09.11.1912 | Swindon    |
| 36. | B-Frankr.        | 3:0  | 16.02.1913 | Brüssel    |
| 37. | B-Niederl.       | 3:3  | 09.03.1913 | Antwerpen  |
| 38. | B-Niederl.       | 4:2  | 20.04.1913 | Zwolle     |
| 39. | B-Italien        | 0:1  | 01.05.1913 | Turin      |
| 40. | B-Schweiz        | 2:1  | 04.05.1913 | Basel      |
| 41. | B-Schweiz        | 2:0  | 02.11.1913 | Verviers   |
| 42. | B-Deutschl.      | 6:2  | 23.11.1913 | Antwerpen  |

| | | | |
|---|---|---|---|
| 43. B-Frankr. | 3:4 | 25.01.1914 | Rijsel |
| 44. B-England (A) | 1:8 | 24.02.1914 | Brüssel |
| 45. B-Niederl. | 2:4 | 15.03.1914 | Antwerpen |
| 46. B-Niederl. | 2:4 | 26.04.1914 | Amsterdam |
| 47. B-Frankr. | 2:2 | 09.03.1919 | Brüssel |
| 48. B-England | 3:1 | 17.02.1920 | Brüssel |
| 49. B-Frankr. | 1:2 | 28.03.1920 | Paris |
| 50. B-Spanien | 3:1 | 29.08.1920 | Antwerpen |
| 51. B-Niederl. | 3:0 | 31.08.1920 | Antwerpen |
| 52. B-Tschechosl. | 2:0 | 02.09.1920 | Antwerpen |
| 53. B-Frankr. | 3:1 | 06.03.1921 | Brüssel |
| 54. B-Italien | 2:3 | 05.05.1921 | Antwerpen |
| 55. B-Niederl. | 1:1 | 15.05.1921 | Antwerpen |
| 56. B-England | 0:2 | 21.05.1921 | Brüssel |
| 57. B-Spanien | 0:2 | 09.10.1921 | Bilbao |
| 58. B-Frankr. | 1:2 | 15.01.1922 | Paris |
| 59. B-Niederl. | 4:0 | 26.03.1922 | Antwerpen |
| 60. B-Dänemark | 0:0 | 15.04.1922 | Luik |
| 61. B-Niederl. | 2:1 | 07.05.1922 | Amsterdam |
| 62. B-Italien | 2:4 | 21.05.1922 | Mailand |
| 63. B-Spanien | 1:0 | 04.02.1923 | Antwerpen |
| 64. B-Frankr. | 4:1 | 25.02.1923 | Brüssel |
| 65. B-England | 1:6 | 19.03.1923 | London |
| 66. B-Niederl. | 1:1 | 29.04.1923 | Amsterdam |
| 67. B-England (A) | 3:0 | 05.05.1923 | Brüssel |
| 68. B-England | 2:2 | 01.11.1923 | Antwerpen |
| 69. B-Frankr. | 0:2 | 13.01.1924 | Paris |
| 70. B-Niederl. | 1:1 | 23.03.1924 | Amsterdam |
| 71. B-Niederl. | 1:1 | 27.04.1924 | Antwerpen |
| 72. B-Schweden | 1:8 | 29.05.1924 | Paris |
| 73. B-Dänemark | 1:2 | 05.10.1924 | Kopenhagen |
| 74. B-Frankr. | 3:0 | 11.11.1924 | Brüssel |
| 75. B-England | 0:4 | 08.12.1924 | Birmingham |
| 76. B-Niederl. | 0:1 | 15.03.1925 | Antwerpen |
| 77. B-Niederl. | 0:5 | 03.05.1925 | Amsterdam |
| 78. B-Ungarn | 3:1 | 21.05.1925 | Budapest |
| 79. B-Schweiz | 0:0 | 24.05.1925 | Lausanne |
| 80. B-Österr. | 3:4 | 13.12.1925 | Luik |
| 81. B-Ungarn | 0:2 | 14.02.1926 | Brüssel |
| 82. B-Niederl. | 1:1 | 14.03.1926 | Antwerpen |
| 83. B-Frankr. | 3:4 | 11.04.1926 | Paris |
| 84. B-Niederl. | 5:1 | 02.05.1926 | Amsterdam |
| 85. B-England | 3:5 | 24.05.1926 | Antwerpen |
| 86. B-Frankr. | 2:2 | 20.06.1926 | Brüssel |
| 87. B-Tschechosl. | 2:3 | 02.01.1927 | Luik |
| 88. B-Niederl. | 2:0 | 13.03.1927 | Antwerpen |
| 89. B-Schweden | 2:1 | 03.04.1927 | Brüssel |

| | | | | |
|---|---|---|---|---|
| 90. B-Niederl. | 2:3 | 01.05.1927 | Amsterdam |
| 91. B-Niederl. | 1:9 | 17.05.1927 | Brüssel |
| 92. B-Österr. | 1:4 | 22.05.1927 | Wien |
| 93. B-Tschechosl. | 0:4 | 26.05.1927 | Prag |
| 94. B-Schweden | 0:7 | 04.09.1927 | Stockholm |
| 95. B-Österr. | 1:2 | 08.01.1928 | Brüssel |
| 96. B-Irland | 2:4 | 12.02.1928 | Luik |
| 97. B-Niederl. | 1:1 | 11.03.1928 | Amsterdam |
| 98. B-Niederl. | 1:0 | 01.04.1928 | Antwerpen |
| 99. B-Frankr. | 3:2 | 15.04.1928 | Paris |
| 100. B-England | 1:3 | 19.05.1928 | Antwerpen |
| 101. B-Luxemburg | 5:3 | 25.05.1928 | Amsterdam |
| 102. B-Argentinien | 3:6 | 02.06.1928 | Amsterdam |
| 103. B-Niederl. | 1:3 | 05.06.1928 | Rotterdam |
| 104. B-Niederl. | 1:1 | 04.11.1928 | Amsterdam |
| 105. B-Irland | 0:4 | 20.04.1929 | Dublin |
| 106. B-Niederl. | 3:1 | 05.05.1929 | Antwerpen |
| 107. B-England | 1:5 | 11.05.1929 | Brüssel |
| 108. B-Frankr. | 4:1 | 26.05.1929 | Luik |
| 109. B-Frankr. | 6:1 | 13.04.1930 | Paris |
| 110. B-Niederl. | 2:2 | 04.05.1930 | Amsterdam |
| 111. B-Irland | 1:3 | 11.05.1930 | Brüssel |
| 112. B-Niederl. | 3:1 | 18.05.1930 | Antwerpen |
| 113. B-Frankr. | 1:2 | 25.05.1930 | Luik |
| 114. B-Portugal | 2:1 | 08.06.1930 | Antwerpen |
| 115. B-USA | 0:3 | 13.07.1930 | Montevideo |
| 116. B-Paraguay | 1:0 | 20.07.1930 | Montevideo |
| 117. B-Tschechosl. | 2:3 | 21.09.1930 | Antwerpen |
| 118. B-Schweden | 2:2 | 28.09.1930 | Luik |
| 119. B-Frankr. | 2:2 | 07.12.1930 | Paris |
| 120. B-Niederl. | 2:3 | 29.03.1931 | Amsterdam |
| 121. B-Niederl. | 4:2 | 03.05.1931 | Antwerpen |
| 122. B-England | 1:4 | 16.05.1931 | Brüssel |
| 123. B-Portugal | 2:3 | 31.05.1931 | Lissabon |
| 124. B-Polen | 2:1 | 11.10.1931 | Brüssel |
| 125. B-Schweiz | 2:1 | 06.12.1931 | Brüssel |
| 126. B-Niederl. | 1:4 | 20.03.1932 | Antwerpen |
| 127. B-Niederl. | 1:2 | 17.04.1932 | Amsterdam |
| 128. B-Frankr. | 5:2 | 01.05.1932 | Brüssel |
| 129. B-Dänemark | 4:3 | 05.06.1932 | Kopenhagen |
| 130. B-Schweden | 1:3 | 12.06.1932 | Stockholm |
| 131. B-Österr. | 1:6 | 11.12.1932 | Brüssel |
| 132. B-Italien | 2:3 | 12.02.1933 | Brüssel |
| 133. B-Schweiz | 3:3 | 12.03.1933 | Zürich |
| 134. B-Frankr. | 0:3 | 26.03.1933 | Paris |
| 135. B-Niederl. | 1:3 | 09.04.1933 | Antwerpen |
| 136. B-Niederl. | 2:1 | 07.05.1933 | Amsterdam |

| | | | | |
|---|---|---|---|---|
| 137. B-Polen | 1:0 | 04.06.1933 | Warschau |
| 138. B-Österr. | 1:4 | 11.06.1933 | Wien |
| 139. B-Deutschl. | 1:8 | 22.10.1933 | Duisburg |
| 140. B-Dänemark | 2:2 | 26.11.1933 | Brüssel |
| 141. B-Frankr. | 2:3 | 21.01.1934 | Brüssel |
| 142. B-Irland | 4:4 | 25.02.1934 | Dublin |
| 143. B-Niederl. | 3:9 | 11.03.1934 | Amsterdam |
| 144. B-Niederl. | 2:4 | 29.04.1934 | Antwerpen |
| 145. B-Deutschl. | 2:5 | 27.05.1934 | Florenz |
| 146. B-Niederl. | 2:4 | 31.03.1935 | Amsterdam |
| 147. B-Frankr. | 1:1 | 14.04.1935 | Brüssel |
| 149. B-Deutschl. | 1:6 | 28.04.1935 | Brüssel |
| 149. B-Niederl. | 0:2 | 12.05.1935 | Brüssel |
| 150. B-Schweiz | 2:2 | 30.05.1935 | Brüssel |
| 151. B-Schweden | 5:1 | 17.11.1935 | Brüssel |
| 152. B-Polen | 0:2 | 16.02.1936 | Brüssel |
| 153. B-Frankr. | 0:3 | 08.03.1936 | Paris |
| 154. B-Niederl. | 0:8 | 29.03.1936 | Amsterdam |
| 155. B-Niederl. | 1:1 | 03.05.1936 | Brüssel |
| 156. B-England | 3:2 | 09.05.1936 | Brüssel |
| 157. B-Schweiz | 1:1 | 24.05.1936 | Basel |
| 158. B-Frankr. | 3:1 | 21.02.1937 | Brüssel |
| 159. B-Niederl. | 2:1 | 04.04.1937 | Antwerpen |
| 160. B-Schweiz | 1:2 | 18.04.1937 | Brüssel |
| 161. B-Deutschl. | 0:1 | 25.04.1937 | Hannover |
| 162. B-Niederl. | 0:1 | 02.05.1937 | Rotterdam |
| 163. B-Jugosl. | 1:1 | 06.06.1937 | Belgrad |
| 164. B-Rumänien | 1:2 | 10.06.1937 | Bukarest |
| 165. B-Frankr. | 3:5 | 30.01.1938 | Paris |
| 166. B-Niederl. | 2:7 | 27.02.1938 | Rotterdam |
| 167. B-Luxemburg | 3:2 | 13.03.1938 | Luxemburg |
| 168. B-Niederl. | 1:1 | 03.04.1938 | Antwerpen |
| 169. B-Schweiz | 3:0 | 08.05.1938 | Lausanne |
| 170. B-Italien | 1:6 | 15.05.1938 | Mailand |
| 171. B-Jugosl. | 2:2 | 29.05.1938 | Brüssel |
| 172. B-Frankr. | 1:3 | 05.06.1938 | Paris |
| 173. B-Deutschl. | 1:4 | 29.01.1939 | Brüssel |
| 174. B-Niederl. | 5:4 | 19.03.1939 | Antwerpen |
| 175. B-Niederl. | 2:3 | 23.04.1939 | Amsterdam |
| 176. B-Schweiz | 1:2 | 14.05.1939 | Luik |
| 177. B-Frankr. | 1:3 | 18.05.1939 | Brüssel |
| 178. B-Polen | 3:3 | 27.05.1939 | Lodz |
| 179. B-Niederl. | 7:1 | 17.03.1940 | Antwerpen |
| 180. B-Niederl. | 2:4 | 21.04.1940 | Amsterdam |

## Meister 1896-1945:

| Jahr | Meister | Jahr | Meister |
|------|---------|------|---------|
| 1896 | FC Lüttich | 1922 | AC Beerschot |
| 1897 | RC Brüssel | 1923 | Union St.Gilloise |
| 1898 | FC Lüttich | 1924 | AC Beerschot |
| 1899 | FC Lüttich | 1925 | AC Beerschot |
| 1900 | RC Brüssel | 1926 | AC Beerschot |
| 1901 | RC Brüssel | 1927 | CS Brügge |
| 1902 | RC Brüssel | 1928 | AC Beerschot |
| 1903 | RC Brüssel | 1929 | FC Antwerpen |
| 1904 | Union St.Gilloise | 1930 | CS Brügge |
| 1905 | Union St.Gilloise | 1931 | FC Antwerpen |
| 1906 | Union St.Gilloise | 1932 | 1932 SK Liersche |
| 1907 | Union St.Gilloise | 1933 | Union St.Gilloise |
| 1908 | RC Brüssel | 1934 | Union St.Gilloise |
| 1909 | Union St.Gilloise | 1935 | Union St.Gilloise |
| 1910 | Union St.Gilloise | 1936 | Daring Brüssel |
| 1911 | CS Brügge | 1937 | Daring Brüssel |
| 1912 | Daring Brüssel | 1938 | AC Beerschot |
| 1913 | Union St.Gilloise | 1939 | AC Beerschot |
| 1914 | Daring Brüssel | 1940 | kein Meister |
| 1915 | nicht ausgetragen | 1941 | SK Liersche |
| 1916 | nicht ausgetragen | 1942 | SK Liersche |
| 1917 | nicht ausgetragen | 1943 | FC Mecheln |
| 1918 | nicht ausgetragen | 1944 | FC Antwerpen |
| 1919 | nicht ausgetragen | 1945 | FC Mechel führte, |
| 1920 | FC Brügge | | nicht beendet. |
| 1921 | Daring Brüssel | | |

# BULGARIEN

## Meister 1925-1945:

| Jahr | Meister | Jahr | Meister |
|------|---------|------|---------|
| 1925 | Vladislav Varna | 1936 | Slavia Sofia |
| 1926 | Vladislav Varna | 1937 | Lewski Sofia |
| 1927 | ausgefallen | 1938 | Titschka Varna |
| 1928 | Slavia Sofia | 1939 | Slavia Sofia |
| 1929 | Boteff Plovdiv | 1940 | JCK Sofia |
| 1930 | Slavia Sofia | 1941 | Slavia Sofia |
| 1931 | AC 23 Sofia | 1942 | Schipkenski |
| 1932 | Schipkenski | | Sokol Sofia |
| | Sokol Varna | 1943 | Slavia Sofia |
| 1933 | Lewski Sofia | 1944 | ausgefallen |
| 1934 | Vladislav Varna | 1945 | Lokomotive Sofia |
| 1935 | SC Sofia | | |

# DÄNEMARK

## Meister 1913-1945:

| | | | |
|------|-----------------|------|------------------|
| 1913 | Boldklubben Kopenhagen | 1929 | Boldklubben 93 |
| | | 1930 | Boldklubben 93 |
| 1914 | Boldklubben Kopenhagen | 1931 | Frem |
| | | 1932 | Boldklubben |
| 1915 | ausgefallen | 1933 | Frem |
| 1916 | Boldklubben 93 | 1934 | Boldklubben 93 |
| 1917 | Boldklubben | 1935 | Boldklubben 93 |
| 1918 | Boldklubben | 1936 | Frem |
| 1919 | Akademisk | 1937 | Akademisk |
| 1920 | Boldklubbben 03 | 1938 | Boldklubben 03 |
| 1921 | Akademisk | 1939 | Boldklubben 93 |
| 1922 | Boldklubben | 1940 | Boldklubben 93 |
| 1923 | Frem | 1941 | Frem |
| 1924 | Boldklubben 03 | 1942 | Boldklubben 93 |
| 1925 | Boldklubben | 1943 | Akademisk |
| 1926 | Boldklubben 03 | 1944 | Frem |
| 1927 | Boldklubben 93 | 1945 | nicht ausgetragen |
| 1928 | ausgefallen | | |

# ESTLAND

## Meister 1921-1943:

| | | | |
|------|-------------|------|----------------|
| 1921 | Sport Reval | 1933 | Sport Reval |
| 1922 | Sport Reval | 1934 | Estonia Reval |
| 1923 | Kalev Reval | 1935 | Estonia Reval |
| 1924 | Sport Reval | 1936 | Estonia Reval |
| 1925 | Sport Reval | 1937 | Estonia Reval |
| 1926 | Reval JK | 1938 | Estonia Reval |
| 1927 | Sport Reval | 1939 | Estonia Reval |
| 1928 | Reval JK | 1940 | Olympia Dorpat |
| 1929 | Sport Reval | 1941 | ausgefallen |
| 1930 | Kalev Reval | 1942 | Polizei SV Dorpat |
| 1931 | Sport Reval | 1943 | Estonia Reval |
| 1932 | Sport Reval | | |

# ENGLAND

## Länderspiele:

|  |  |  |  |  |
|---|---|---|---|---|
| 1. Eng.-Schottland | 0:0 | 1872 | Glasgow |
| 2. Eng.-Schottland | 4:2 | 1873 | Kennington Oval |
| 3. Eng.-Schottland | 1:2 | 1874 | Glasgow |
| 4. Eng.-Schottland | 2:2 | 1875 | Kennington Oval |
| 5. Eng.-Schottland | 0:3 | 1876 | Glasgow |
| 6. Eng.-Schottland | 1:3 | 1877 | Kennington Oval |
| 7. Eng.-Schottland | 2:7 | 1878 | Glasgow |
| 8. Eng.-Schottland | 5:4 | 1879 | Kennington Oval |
| 9. Eng.-Wales | 2:1 | 1879 | Kennington Oval |
| 10. Eng.-Schottland | 4:5 | 1880 | Glasgow |
| 11. Eng.-Wales | 3:2 | 1880 | Wrexham |
| 12. Eng.-Schottland | 1:6 | 1881 | Kennington Oval |
| 13. Eng.-Wales | 0:1 | 1881 | Blackburn |
| 14. End.-Schottland | 1:5 | 1882 | Glasgow |
| 15. Eng.-Wales | 3:5 | 1882 | Wrexham |
| 16. Eng.-Irland | 13:0 | 1882 | Belfast |
| 17. Eng.-Schottland | 2:3 | 1883 | Sheffield |
| 18. Eng.-Wales | 5:0 | 1883 | Kennington Oval |
| 19. Eng.-Irland | 7:0 | 1883 | Liverpool |
| 20. Eng.-Schottland | 0:1 | 1884 | Glasgow |
| 21. Eng.-Wales | 4:0 | 1884 | Wrexham |
| 22. Eng.-Irland | 8:1 | 1884 | Belfast |
| 23. Eng.-Schottland | 1:1 | 1885 | Kennington Oval |
| 24. Eng.-Wales | 1:1 | 1885 | Blackburn |
| 25. Eng.-Irland | 4:0 | 1885 | Manchester |
| 26. Eng.-Schottland | 1:1 | 1886 | Glasgow |
| 27. Eng.-Wales | 3:1 | 1886 | Wrexham |
| 28. Eng.-Irland | 6:1 | 1886 | Belfast |
| 29. Eng.-Schottland | 2:3 | 1887 | Blackburn |
| 30. Eng.-Wales | 4:0 | 1887 | Kennington Oval |
| 31. Eng.-Irland | 7:0 | 1887 | Sheffield |
| 32. Eng.-Schottland | 5:0 | 1888 | Glasgow |
| 33. Eng.-Wales | 5:1 | 1888 | Crewe |
| 34. Eng.-Irland | 5:1 | 1888 | Belfast |
| 35. Eng.-Schottland | 2:3 | 1889 | Kennington Oval |
| 36. Eng.-Wales | 4:1 | 1889 | Stoke |
| 37. Eng.-Irland | 6:1 | 1889 | Everton |
| 38. Eng.-Schottland | 1:1 | 1890 | Glasgow |
| 39. Eng.-Wales | 3:1 | 1890 | Wrexham |
| 40. Eng.-Irland | 9:1 | 1890 | Belfast |
| 41. Eng.-Schottland | 2:1 | 1891 | Blackburn |
| 42. Eng.-Wales | 4:1 | 1891 | Sunderland |

| | | | | |
|---|---|---|---|---|
| 43. Eng.-Irland | 6:1 | 1891 | Wolverhampton |
| 44. Eng.-Schottland | 4:1 | 1892 | Glasgow |
| 45. Eng.-Wales | 2:0 | 1892 | Wrexham |
| 46. Eng.-Irland | 2:0 | 1892 | Belfast |
| 47. Eng.-Schottland | 5:2 | 1893 | Richmond |
| 48. Eng.-Wales | 6:0 | 1893 | Stoke |
| 49. Eng.-Irland | 6:1 | 1893 | Birmingham |
| 50. Eng.-Schottland | 2:2 | 1894 | Glasgow |
| 51. Eng.-Wales | 5:1 | 1894 | Wrexham |
| 52. Eng.-Irland | 2:2 | 1894 | Belfast |
| 53. Eng.-Wales | 1:1 | 1894 | Queen's Club, Kensington |
| 54. Eng.-Schottland | 3:0 | 1895 | Everton |
| 55. Eng.-Irland | 9:0 | 1895 | Derby |
| 56. Eng.-Schottland | 1:2 | 1896 | Glasgow |
| 57. Eng.-Wales | 9:1 | 1896 | Cardiff |
| 58. Eng.-Irland | 2:0 | 1896 | Belfast |
| 59. Eng.-Schottland | 1:2 | 1897 | Crystal Palace |
| 60. Eng.-Wales | 4:0 | 1897 | Sheffield |
| 61. Eng.-Irland | 6:0 | 1897 | Nottingham |
| 62. Eng.-Schottland | 3:1 | 1898 | Glasgow |
| 63. Eng.-Wales | 3:0 | 1898 | Wrexham |
| 64. Eng.-Irland | 3:2 | 1898 | Belfast |
| 65. Eng.-Schottland | 2:1 | 1899 | Birmingham |
| 66. Eng.-Wales | 4:0 | 1899 | Bristol |
| 67. Eng.-Irland | 13:2 | 1899 | Sunderland |
| 68. Eng.-Schottland | 1:4 | 1900 | Glasgow |
| 69. Eng.-Wales | 1:1 | 1900 | Cardiff |
| 70. Eng.-Irland | 2:0 | 1900 | Dublin |
| 71. Eng.-Schottland | 2:2 | 1901 | Crystal Palace |
| 72. Eng.-Wales | 6:0 | 1901 | Newcastle |
| 73. Eng.-Irland | 3:0 | 1901 | Southampton |
| 74. Eng.-Schottland | 2.2 | 1902 | Birmingham |
| 75. Eng.-Wales | 0:0 | 1902 | Wrexham |
| 76. Eng.-Irland | 1:0 | 1902 | Belfast |
| 77. Eng.-Schottland | 1:2 | 1903 | Sheffield |
| 78. Eng.-Wales | 2.1 | 1903 | Portsmouth |
| 79. Eng.-Irland | 4:0 | 1903 | Wolverhampton |
| 80. Eng.-Schottland | 1:0 | 1904 | Glasgow |
| 81. Eng.-Wales | 2:2 | 1904 | Wrexham |
| 82. Eng.-Irland | 3:1 | 1904 | Belfast |
| 83. Eng.-Schottland | 1:0 | 1905 | Crystal Palace |
| 84. Eng.-Wales | 3:1 | 1905 | Liverpool |
| 85. Eng.-Irland | 1:1 | 1905 | Middlesbrough |
| 86. Eng.-Schottland | 1:2 | 1906 | Glasgow |
| 87. Eng.-Wales | 1:0 | 1906 | Cardiff |
| 88. Eng.-Irland | 5:0 | 1906 | Belfast |

| | | | | |
|---|---|---|---|---|
| 89. Eng.-Schottland | 1:1 | 1907 | | Newcastle |
| 90. Eng.-Wales | 1:1 | 1907 | | Fulham |
| 91. Eng.-Irland | 1:0 | 1907 | | Everton |
| 92. Eng.-Schottland | 1:1 | 1908 | | Glasgow |
| 93. Eng.-Wales | 7:1 | 1908 | | Wrexham |
| 94. Eng.-Irland | 3:1 | 1908 | | Belfast |
| 95. Eng.-Österreich | 6:1 | 06.06.1908 | Wien |
| 96. Eng.-Österreich | 11:1 | 08.06.1908 | Wien |
| 97. Eng.-Ungarn | 7:0 | 10.06.1908 | Budapest |
| 98. Eng.-Boehmen | 4:0 | 13.06.1908 | Prag |
| 99. Eng.-Schottland | 2:0 | 1909 | | Crystal Palace |
| 100. Eng.-Wales | 2:0 | 1909 | | Nottingham |
| 101. Eng.-Irland | 4:0 | 1909 | | Bradford |
| 102. Eng.-Ungarn | 4:2 | 29.05.1909 | Budapest |
| 103. Eng.-Ungarn | 8:2 | 31.05.1909 | Budapest |
| 104. Eng.-Österreich | 8:1 | 01.06.1909 | Wien |
| 105. Eng.-Schottland | 0:2 | 1910 | | Glasgow |
| 106. Eng.-Wales | 1:0 | 1910 | | Cardiff |
| 107. Eng.-Irland | 1:1 | 1910 | | Belfast |
| 108. Eng.-Schottland | 1:1 | 1911 | | Everton |
| 109. Eng.-Wales | 3:0 | 1911 | | Millwall |
| 110. Eng.-Irland | 2:1 | 1911 | | Derby |
| 111. Eng.-Schottland | 1:1 | 1912 | | Glasgow |
| 112. Eng.-Wales | 2:0 | 1912 | | Wrexham |
| 113. Eng.-Irland | 6:1 | 1912 | | Dublin |
| 114. Eng.-Schottland | 1:0 | 1913 | | Chelsea |
| 115. Eng.-Wales | 4:3 | 1913 | | Bristol |
| 116. Eng.-Irland | 1:2 | 1913 | | Belfast |
| 117. Eng.-Schottland | 1:3 | 1914 | | Glasgow |
| 118. Eng.-Wales | 2:0 | 1914 | | Cardiff |
| 119. Eng.-Irland | 0:3 | 1914 | | Middlesbrough |
| 120. Eng.-Irland | 1:1 | 1919 | | Belfast |
| 121. Eng.-Schottland | 5:4 | 1920 | | Sheffield |
| 122. Eng.-Wales | 1:2 | 1920 | | Highbury |
| 123. Eng.-Irland | 2:0 | 1920 | | Sunderland |
| 124. Eng.-Schottland | 0:3 | 1921 | | Glasgow |
| 125. Eng.-Wales | 0:0 | 1921 | | Cardiff |
| 126. Eng.-Irland | 1:1 | 1921 | | Belfast |
| 127. Eng.-Belgien | 2:0 | 21.05.1921 | Brüssel |
| 128. Eng.-Schottland | 0:1 | 1922 | | Aston Villa |
| 129. Eng.-Wales | 1:0 | 1922 | | Liverpool |
| 130. Eng.-Irland | 2:0 | 1922 | | West Bromwich |
| 131. Eng.-Schottland | 2:2 | 1923 | | Glasgow |
| 132. Eng.-Wales | 2:2 | 1923 | | Cardiff |
| 133. Eng.-Irland | 1:2 | 1923 | | Belfast |
| 134. Eng.-Belgien | 6:1 | 19.03.1923 | Highbury |
| 135. Eng.-Frankreich | 4:1 | 10.05.1923 | Paris |

| | | | | |
|---|---|---|---|---|
| 136. Eng.-Schweden | 4:2 | 21.05.1923 | Stockholm |
| 137. Eng.-Schweden | 3:1 | 24.05.1923 | Stockholm |
| 138. Eng.-Belgien | 2:2 | 01.11.1923 | Antwerpen |
| 139. Eng.-Schottland | 1:1 | 1924 | Wembley |
| 140. Eng.-Wales | 1:2 | 1924 | Blackburn |
| 141. Eng.-Irland | 3:1 | 1924 | Everton |
| 142. Eng.-Frankreich | 3:1 | 17.05.1924 | Paris |
| 143. Eng.-Belgien | 4:0 | 08.12.1924 | West Bromwich |
| 144. Eng.-Schottland | 0:2 | 1925 | Glasgow |
| 145. Eng.-Wales | 2:1 | 1925 | Swansea |
| 146. Eng.-Irland | 0:0 | 1925 | Belfast |
| 147. Eng.-Frankreich | 3:2 | 21.05.1925 | Paris |
| 148. Eng.-Schottland | 0:1 | 1926 | Manchster |
| 149. Eng.-Wales | 1:3 | 1926 | Crystal Palace |
| 150. Eng.-Irland | 3:3 | 1926 | Liverpool |
| 151. Eng.-Belgien | 5:3 | 24.05.1926 | Antwerpen |
| 152. Eng.-Schottland | 2:1 | 1927 | Glasgow |
| 153. Eng.-Wales | 3:3 | 1927 | Wrexham |
| 154. Eng.-Wales | 1:2 | 1927 | Burnley |
| 155. Eng.-Irland | 0:2 | 1927 | Belfast |
| 156. Eng.-Belgien | 9:1 | 11.05.1927 | Brüssel |
| 157. Eng.-Luxemburg | 5:2 | 21.05.1927 | Luxemburg |
| 158. Eng.-Frankreich | 6:0 | 26.05.1927 | Paris |
| 159. Eng.-Schottland | 1:5 | 1928 | Wembley |
| 160. Eng.-Wales | 3:2 | 1928 | Swansea |
| 161. Eng.-Irland | 2:1 | 1928 | Everton |
| 162. Eng.-Frankreich | 5:1 | 17.05.1928 | Paris |
| 163. Eng.-Belgien | 3:1 | 19.05.1928 | Antwerpen |
| 164. Eng.-Schottland | 0:1 | 1929 | Glasgow |
| 165. Eng.-Wales | 6:0 | 1929 | Chelsea |
| 166. Eng.-Irland | 3:0 | 1929 | Belfast |
| 167. Eng.-Frankreich | 4:1 | 09.05.1929 | Paris |
| 168. Eng.-Belgien | 5:1 | 11.05.1929 | Brüssel |
| 169. Eng.-Spanien | 3:4 | 15.05.1929 | Madrid |
| 170. Eng.-Schottland | 5:2 | 1930 | Wembley |
| 171. Eng.-Wales | 4:0 | 1930 | Wrexham |
| 172. Eng.-Irland | 5:1 | 1930 | Sheffield |
| 173. Eng.-Deutschland | 3:3 | 10.05.1930 | Berlin |
| 174. Eng.-Österreich | 0:0 | 14.05.1930 | Wien |
| 175. Eng.-Schottland | 0:2 | 1931 | Glasgow |
| 176. Eng.-Wales | 3:1 | 1931 | Liverpool |
| 177. Eng.-Irland | 6:2 | 1931 | Belfast |
| 178. Eng.-Frankreich | 2:5 | 14.05.1931 | Paris |
| 179. Eng.-Belgien | 4:1 | 16.05.1931 | Brüssel |
| 180. Eng.-Spanien | 7:1 | 09.12.1931 | Highbury |
| 181. Eng.-Schottland | 3:0 | 1932 | Wembley |
| 182. Eng.-Wales | 0:0 | 1932 | Wrexham |

| | | | |
|---|---|---|---|
| 183. Eng.-Irland | 1:0 | 1932 | Blackpool |
| 184. Eng.-Österreich | 4:3 | 07.12.1932 | Chelsea |
| 185. Eng.-Schottland | 1:2 | 1933 | Glasgow |
| 186. Eng.-Wales | 1:2 | 1933 | Newcastle |
| 187. Eng.-Irland | 3:0 | 1933 | Belfast |
| 188. Eng.-Italien | 1:1 | 13.05.1933 | Rom |
| 189. Eng.-Schweiz | 4:0 | 20.05.1933 | Bern |
| 190. Eng.-Frankreich | 4:1 | 06.12.1933 | Tottenham |
| 191. Eng.-Schottland | 3:0 | 1934 | Wembley |
| 192. Eng.-Wales | 4:0 | 1934 | Cardiff |
| 193. Eng.-Ungarn | 1:2 | 10.05.1934 | Budapest |
| 194. Eng.-Tschechosl. | 1:2 | 16.05.1934 | Prag |
| 195. Eng.-Italien | 3:2 | 14.11.1934 | Highbury |
| 196. Eng.-Irland | 2:1 | 1935 | Everton |
| 197. Eng.-Schottland | 0:2 | 1935 | Glasgow |
| 198. Eng.-Wales | 1:2 | 1935 | Wolverhampton |
| 199. Eng.-Irland | 3:1 | 1935 | Belfast |
| 200. Eng.-Niederlande | 1:0 | 18.05.1935 | Amsterdam |
| 201. Eng.-Deutschland | 3:0 | 04.12.1935 | Tottenham |
| 202. Eng.-Schottland | 1:1 | 1936 | Wembley |
| 203. Eng.-Wales | 1:2 | 1936 | Cardiff |
| 204. Eng.-Irland | 3:1 | 1936 | Stoke |
| 205. Eng.-Österreich | 1:2 | 06.05.1936 | Wien |
| 206. Eng.-Belgien | 2:3 | 09.05.1936 | Brüssel |
| 207. Eng.-Ungarn | 6:2 | 02.12.1936 | Highbury |
| 208. Eng.-Schottland | 1:3 | 1937 | Glasgow |
| 209. Eng.-Wales | 2:1 | 1937 | Middlesbrough |
| 210. Eng.-Irland | 5:1 | 1937 | Belfast |
| 211. Eng.-Norwegen | 6:0 | 14.05.1937 | Oslo |
| 212. Eng.-Schweden | 4:0 | 17.05.1937 | Stockholm |
| 213. Eng.-Finnland | 8:0 | 20.05.1937 | Helsinki |
| 214. Eng.-Tschechosl. | 5:4 | 01.12.1937 | Tottenham |
| 215. Eng.-Schottland | 0:1 | 1938 | Wembley |
| 216. Eng.-Wales | 2:4 | 1938 | Cardiff |
| 217. Eng.-Irland | 7:0 | 1938 | Manchester |
| 218. Eng.-Deutschland | 6:3 | 14.05.1938 | Berlin |
| 219. Eng.-Schweiz | 1:2 | 21.05.1938 | Zürich |
| 220. Eng.-Frankreich | 4:2 | 26.05.1938 | Paris |
| 221. Eng.-FIFA-Ausw. | 3:0 | 26.10.1938 | Highbury |
| 222. Eng.-Norwegen | 4:0 | 09.11.1938 | Newcastle |
| 223. Eng.-Schottland | 2:1 | 1939 | Glasgow |
| 224. Eng.-Italien | 2:2 | 13.05.1939 | Mailand |
| 225. Eng.-Jugoslawien | 1:2 | 18.05.1939 | Belgrad |
| 226. Eng.-Rumänien | 2:0 | 24.05.1939 | Bukarest |

## Meister 1889-1945:

| | | | |
|---|---|---|---|
| 1889 | Preston North End | 1919 | nicht ausgetragen |
| 1890 | Preston North End | 1920 | West Bromwich |
| 1891 | Everton | | Albion |
| 1892 | Sunderland | 1921 | Burnley |
| 1893 | Sunderland | 1922 | Liverpool |
| 1894 | Aston Villa | 1923 | Liverpool |
| 1895 | Sunderland | 1924 | Huddersfield Town |
| 1896 | Aston Villa | 1925 | Huddersfield Town |
| 1897 | Aston Villa | 1926 | Huddersfield Town |
| 1898 | Sheffield United | 1927 | Newcastle United |
| 1899 | Aston Villa | 1928 | Everton |
| 1900 | Aston Villa | 1929 | Sheffield Wednesday |
| 1901 | Liverpool | 1930 | Sheffield Wednesday |
| 1902 | Sunderland | 1931 | Arsenal |
| 1903 | Sheffield Wednesday | 1932 | Everton |
| 1904 | Sheffield Wednesday | 1933 | Arsenal |
| 1905 | Newcastle United | 1934 | Arsenal |
| 1906 | Liverpool | 1935 | Arsenal |
| 1907 | Newcastle United | 1936 | Sunderland |
| 1908 | Manchester United | 1937 | Manchester City |
| 1909 | Newcastle United | 1938 | Arsenal |
| 1910 | Aston Villa | 1939 | Everton |
| 1911 | Manchester United | 1940 | nicht ausgetragen |
| 1912 | Blackburn Rovers | 1941 | nicht ausgetragen |
| 1913 | Sunderland | 1942 | nicht ausgetragen |
| 1914 | Blackburn Rovers | 1943 | nicht ausgetragen |
| 1915 | Everton | 1944 | nicht ausgetragen |
| 1916 | nicht ausgetragen | 1945 | nicht ausgetragen |
| 1917 | nicht ausgetragen | 1946 | nicht ausgetragen |
| 1918 | nicht ausgetragen | | |

## Die englischen Cup-Finals 1872-1945:

| | |
|---|---|
| 1872 Wanderers - Royal Engineers | 1:0 |
| 1873 Wanderers - Oxford University | 2:0 |
| 1874 Oxford University - Royal Engineers | 2:0 |
| 1875 Royal Engineers - Old Etonians | 2:0 |
| 1876 Wanderers - Old Etonians | 3:0 |
| 1877 Wanderers - Oxford University | 2:0 |
| 1878 Wanderers - Royal Engineers | 3:1 |
| 1879 Old Etonians - Clapham Rovers | 1:0 |
| 1880 Clapham - Oxford University | 1:0 |
| 1881 Old Carthusians - Old Etonians | 3:0 |
| 1882 Old Etonians - Blackburn Rovers | 1:0 |
| 1883 Blackburn Olympic - Old Etonians | 2:1 |

1884 Blackburn Rovers - Queens Park Glasgow 2:1
1885 Blackburn Rovers - Queens Park Glasgow 2:0
1886 Blackburn Rovers - West Bromwich Albion 0:0 und 2:0
1887 Aston Villa - West Bromwich Albion 2:0
1888 West Bromwich Albion - Preston North End 2:1
1889 Preston North End - Wolverhampton Wanderers 3:0
1890 Blackburn Rovers - Sheffield Wednesday 6:1
1891 Blackburn Rovers - Notts County 3:1
1892 West Bromwich Albion - Aston Villa 3:0
1893 Wolverhampton Wanderers - Everton 1:0
1894 Notts County - Bolton Wanderers 4:1
1895 Aston Villa - West Bromwich Albion 1:0
1896 Sheffield Wednesday-Wolverhampton Wanderers 2:1
1897 Aston Villa - Everton 3:2
1898 Notts Forest - Derby County 3:1
1899 Sheffield United - Derby County 4:1
1900 Burry - Southampton 4:0
1901 Tottenham Hotspurs - Sheffield United 2:2 abgebr., 3:1
1902 Sheffield United - Southampton 1:1 und 2:1
1903 Burry - Derby County 6:0
1904 Manchester City - Bolton Wanderers 1:0
1905 Aston Villa - Newcastle United 2:0
1906 Everton - Newcastle United 1:0
1907 Sheffield Wednesday - Everton 2:1
1908 Wolverhampton Wanderers - Newcastle United 3:1
1909 Manchester United - Bristol City 1:0
1910 Newcastle United - Barnsley 1:1 und 2:0
1911 Bradford City - Newcastle United 1:1 und 1:0
1912 Barnsley - West Bromwich Albion 0:0 und 1:0
1913 Aston Villa - Sunderland 1:0
1914 Burnley - Liverpool 1:0
1915 Sheffield United - Chelsea 3:0
1916 bis 1919 ausgefallen
1920 Aston Villa - Huddersfield Town 1:0
1921 Tottenham Hotspurs - Wolverhampton Wanderers 1:0
1922 Huddersfield Town - Preston North End 1:0
1923 Bolton Wanderers - Westham United 2:0
1924 Newcastle United - Aston Villa 2:0
1925 Sheffield United - Cardiff City 1:0
1926 Bolton Wanderers - Manchester City 1:0
1927 Cardiff - Arsenal 1:0
1928 Blackburn Rovers - Huddersfield Town 3:1
1929 Bolton Wanderers - Portsmouth 2:0
1930 Arsenal - Huddersfield 2:0
1931 West Bromwich Albion - Birmingham 2:1
1932 Newcastle United - Arsenal 2:1
1933 Everton - Manchester City 3:0

- 261 -

1934 Manchester City - Portsmouth      2:1
1935 Sheffield Wednesday - West Bromwich      4:2
1936 Arsenal - Sheffield United      1:0
1937 Sunderland - Preston North End      3:1
1938 Preston North End - Huddersfield      1:0
1939 Portsmouth - Wolverhampton      4:1
1940 - 1945 ausgefallen.

## Austragungsplätze der Cup-Finals:

| | |
|---|---|
| 1871/1872 | Kennington Oval |
| 1872/1873 | Lillie Bridge |
| 1873/1874 - 1891/1892 | Kennington Oval |
| 1892/1893 | Fallowfield Manchester |
| 1893/1894 | Everton |
| 1894/1895 - 1913/1914 | Crystal Palace |
| 1914/1915 | Old Trafford Manchester |
| 1919/1920 - 1921/1922 | Stamford Bridge |
| 1922/1923 bis heute | Wembley |

# Weitere interessante Zahlen

**Den Meisterschafts-"Hat-trick"** vollbrachten 1924 bis 1926 Huddersfield Town und 1933-1935 Arsenal London.

**Der große Doppelsieg von Meisterschaft und Pokal** gelang bisher nur drei Mannschaften, nämlich 1889 Preston North End und 1897 Aston Villa, 1961 Tottenham Hotspurs.

**Mit 66 Punkten** erreichten Arsenal 1931 und Tottenham 1961 die bisher höchste Zahl von 84 möglichen.

**Was bisher nur einer Elf gelang:** West Bromwich Albion gewann 1931 als Zweitklassiger den Pokal und stieg gleichzeitig in die erste Division auf.

**Die Sensation schlechthin:** Everton wird 1931 Meister der II. Division und steigt auf, wird auch Meister der I. Division 1932 und gewinnt anschließend 1933 den Cup.

**Die höchsten Zuschauerzahlen,** die je gezählt wurden:
a) überhaupt: 1937 Schottland - England 149 547
b) in einem Cupfinal: 1923 Bolton - West Ham 126 047; geschätzt wurden 150 000, die die Barrieren durchbrachen
c) in einem Cupspiel: 1934 Manchester City - Stoke 84 569

**Die meisten Tore** in einer Saison schoß als Einzelspieler Dean (Everton) 1927/1928 mit 60, als Mannschaft Aston Villa 1930/1931 mit 123 Treffern.

**Den Elfmeter-Hat-trick** erzielten bisher nur drei Spieler: Billy Walker 1921, Alf Horne 1935 und George Milburn 1947.

**Pokalblüten:** Das höchste Cupresultat: 26:0 schlug Preston - Hyde. Das höchste Ergebnis im Finale: Derby - Bury 0:6 1903. Das längste Cupspiel dauerte 9 1/2 Stunden (5 Spiele). Ein nichtenglischer Cupsieger: 1927 Cardiff City (Wales).

**Den Rekord**, in einem Länderspiel die meisten Spieler abgestellt zu haben, hält Arsenal mit sieben. Gegen Italien 1934 3:2 standen Moss, Male, Hapgood, Bowden, Copping, Drake, Bastin in Englands Auswahl.

**Blackburn Rovers** blieben 1881/1882 in 35 Spielen unbesiegt.

# FRANKREICH

## Länderspiele:

| | | | | |
|---|---|---|---|---|
| 1. | Belgien-F | 3:3 | 1.5.1904 | Brüssel |
| 2. | F-Schweiz | 1:0 | 12.2.1905 | Paris |
| 3. | Belgien-F | 7:0 | 7.5.1905 | Brüssel |
| 4. | Belgien-F | 5:0 | 22.4.1906 | Saint-Cloud |
| 5. | F-England | 0:15 | 1.11.1906 | Paris |
| 6. | Belgien-F | 1:2 | 21.4.1907 | Brüssel |
| 7. | Schweiz-F | 1:2 | 8.3.1908 | Genf |
| 8. | England-F | 12:0 | 23.3.1908 | Ipswich |
| 9. | F-Belgien | 1:2 | 12.4.1908 | Paris |
| 10. | Niederlande-F | 4:1 | 10.5.1908 | Rotterdam |
| 11. | Dänemark-F | 9:0 | 19.10.1908 | London |
| 12. | Dänemark-F | 17:1 | 22.10.1908 | London |
| 13. | Belgien-F | 5:2 | 8.5.1909 | Brüssel |
| 14. | F-England | 0:11 | 14-22.5.1909 | Gentilly |
| 15. | F-Belgien | 0:4 | 3.4.1910 | Gentilly |
| 16. | England-F | 10:1 | 16.4.1910 | Brighton |
| 17. | Italien-F | 6:2 | 18.5.1910 | Mailand |
| 18. | F-Ungarn | 0:3 | 1.1.1911 | Charentonneau |
| 19. | F-England | 0:3 | 23.3.1911 | Saint-Ouen |
| 20. | F-Italien | 2:2 | 9.4.1911 | Saint-Ouen |
| 21. | Schweiz-F | 5:2 | 23.4.1911 | Genf |
| 22. | Belgien-F | 7:1 | 30.4.1911 | London |
| 23. | Luxemburg-F | 1:4 | 29.10.1911 | Luxemburg |
| 24. | F-Belgien | 1:1 | 28.1.1912 | Saint-Ouen |
| 25. | F-Schweiz | 4:1 | 18.2.1912 | Saint-Ouen |
| 26. | Italien-F | 3:4 | 17.3.1912 | Turin |
| 27. | F-Italien | 1:0 | 12.1.1913 | Saint-Ouen |
| 28. | Belgien-F | 3:0 | 16.2.1913 | Brüssel |
| 29. | F-England | 1:4 | 27.2.1913 | Colombes |
| 30. | Schweiz-F | 1:4 | 9.3.1913 | Genf |
| 31. | F-Luxemburg | 8:0 | 29.4.1913 | Saint-Ouen |
| 32. | F-Belgien | 4:3 | 25.1.1914 | Lille |
| 33. | Luxemburg-F | 5:4 | 8.2.1914 | Luxemburg |
| 34. | F-Schweiz | 2:2 | 8.3.1914 | Saint-Ouen |
| 35. | Italien-F | 2:0 | 29.3.1914 | Turin |
| 36. | Ungarn-F | 5:1 | 31.5.1914 | Budapest |
| 37. | Belgien-F | 2:2 | 9.3.1919 | Brüssel |
| 38. | Italien-F | 9:4 | 18.1.1920 | Mailand |
| 39. | Schweiz-F | 0:2 | 29.2.1920 | Genf |
| 40. | F-Belgien | 2:1 | 28.3.1920 | Paris |
| 41. | F-England | 0:5 | 5.4.1920 | Rouen |
| 42. | F-Italien | 3:1 | 29.8.1920 | Antwerpen |

| | | | |
|---|---|---|---|
| 43. Tschechosl.-F | 4:1 | 31.8.1920 | Antwerpen |
| 44. F-Irland | 1:2 | 8.2.1921 | Paris |
| 45. F-Italien | 1:2 | 20.2.1921 | Marseille |
| 46. Belgien-F | 3:1 | 6.3.1921 | Brüssel |
| 47. England-F | 1:2 | 5.5.1921 | Pershing |
| 48. Niederlande-F | 5:0 | 13.11.1921 | Pershing |
| 49. F-Belgien | 2:1 | 15.1.1922 | Colombes |
| 50. F-Spanien | 0:4 | 30.4.1922 | Bordeaux |
| 51. Spanien-F | 3:0 | 29.1.1923 | San Sebastian |
| 52. Belgien-F | 4:1 | 25.2.1923 | Brüssel |
| 53. Niederlande-F | 8:1 | 2.4.1923 | Amsterdam |
| 54. F-Schweiz | 2:2 | 22.4.1923 | Pershing |
| 55. England-F | 4:1 | 10.5.1923 | Pershing |
| 56. F-Norwegen | 0:2 | 28.10.1923 | Paris |
| 57. F-Belgien | 2:0 | 13.1.1924 | Buffalo |
| 58. Schweiz-F | 3:0 | 23.3.1924 | Genf |
| 59. England-F | 3:1 | 17.5.1924 | Pershing |
| 60. F-Lettland | 7:0 | 27.5.1924 | Paris |
| 61. Uruguay-F | 5:1 | 11.6.1924 | Paris |
| 62. F-Ungarn | 0:1 | 4.6.1924 | Le Havre |
| 63. Belgien-F | 3:0 | 11.11.1924 | Brüssel |
| 64. Italien-F | 7:0 | 22.3.1925 | Turin |
| 65. Österreich-F | 4:0 | 19.4.1925 | Pershing |
| 66. F-England | 2:3 | 25.5.1925 | Colombes |
| 67. F-Belgien | 4:3 | 11.4.1926 | Pershing |
| 68. F-Portugal | 4:2 | 18.4.1926 | Toulouse |
| 69. F-Schweiz | 1:0 | 25.4.1926 | Colombes |
| 70. Österreich-F | 4:1 | 30.5.1926 | Wien |
| 71. F-Jugoslawien | 4:1 | 14.6.1926 | Colombes |
| 72. Belgien-F | 2:2 | 20.6.1926 | Brüssel |
| 73. Portugal-F | 4:0 | 16.3.1927 | Lissabon |
| 74. F-Italien | 3:3 | 24.4.1927 | Colombes |
| 75. F-Spanien | 1:4 | 22.5.1927 | Colombes |
| 76. F-England | 0:6 | 26.5.1927 | Colombes |
| 77. Ungarn-F | 13:1 | 12.6.1927 | Budapest |
| 78. F-Irland | 4:0 | 21.2.1928 | Buffalo |
| 79. Schweiz-F | 4:3 | 11.3.1928 | Lausanne |
| 80. F-Belgien | 2:3 | 15.4.1928 | Colombes |
| 81. F-Portugal | 1:1 | 29.4.1928 | Paris |
| 82. F-Tschechosl. | 0:2 | 13.5.1928 | Colombes |
| 83. F-England | 1:5 | 17.5.1928 | Colombes |
| 84. Italien-F | 4:3 | 29.5.1928 | Amsterdam |
| 85. F-Ungarn | 3:0 | 24.2.1929 | Colombes |
| 86. F-Portugal | 2:0 | 24.3.1929 | Colombes |
| 87. Spanien-F | 8:1 | 14.4.1929 | Saragossa |
| 88. F-England | 1:4 | 9.5.1929 | Colombes |
| 89. F-Jugoslawien | 1:3 | 19.5.1929 | Colombes |

| | | | | |
|---|---|---|---|---|
| 90. Belgien-F | 4:1 | 26.5.1929 | Liège |
| 91. Portugal-F | 2:0 | 23.2.1930 | Porto |
| 92. F-Schweiz | 3:3 | 23.3.1930 | Colombes |
| 93. F-Belgien | 1:6 | 13.4.1930 | Colombes |
| 94. F-Tschechosl. | 2:3 | 11.5.1930 | Colombes |
| 95. F-Schottland | 0:2 | 18.5.1930 | Colombes |
| 96. Belgien-F | 1:2 | 25.5.1930 | Liège |
| 97. F-Mexico | 4:1 | 13.7.1930 | Montevideo |
| 98. Argentinien-F | 1:0 | 15.7.1930 | Montevideo |
| 99. Chile-F | 1:0 | 19.7.1930 | Montevideo |
| 100. F-Belgien | 2:2 | 7.12.1930 | Buffalo |
| 101. Italien-F | 5:0 | 25.1.1931 | Bologna |
| 102. F-Tschechosl. | 1:2 | 15.2.1931 | Colombes |
| 103. F-Deutschland | 1:0 | 15.3.1931 | Colombes |
| 104. F-England | 5:2 | 14.5.1931 | Colombes |
| 105. F-Niederlande | 3:4 | 29.11.1931 | Colombes |
| 106. Schweiz-F | 3:3 | 20.3.1932 | Bern |
| 107. F-Italien | 1:2 | 10.4.1932 | Colombes |
| 108. Belgien-F | 5:2 | 1.5.1932 | Brüssel |
| 109. F-Schottland | 1:3 | 8.5.1932 | Colombes |
| 110. Jugoslawien-F | 2:1 | 5.6.1932 | Belgrad |
| 111. Bulgarien-F | 3:5 | 9.6.1932 | Sofia |
| 112. Rumänien-F | 6:3 | 12.6.1932 | Bukarest |
| 113. F-Österreich | 0:4 | 12.2.1933 | Paris |
| 114. Deutschland-F | 3:3 | 19.3.1933 | Berlin |
| 115. F-Belgien | 3:0 | 26.3.1933 | Colombes |
| 116. F-Spanien | 1:0 | 24.4.1933 | Paris |
| 117. F-Wales | 1:1 | 25.5.1933 | Colombes |
| 118. Tschechosl.-F | 4:0 | 10.6.1933 | Prag |
| 119. England-F | 4:1 | 6.12.1933 | London |
| 120. Belgien-F | 2:3 | 21.1.1934 | Brüssel |
| 121. F-Schweiz | 0:1 | 11.3.1934 | Paris |
| 122. F-Tschechosl. | 1:2 | 25.3.1934 | Colombes |
| 123. Luxemburg-F | 1:6 | 15.4.1934 | Luxemburg |
| 124. Niederlande-F | 4:5 | 10.5.1934 | Amsterdam |
| 125. Österreich-F | 3:2 | 27.5.1934 | Turin |
| 126. F-Jugoslawien | 3:2 | 6.12.1934 | Paris |
| 127. Spanien-F | 2:0 | 27.1.1935 | Madrid |
| 128. Italien-F | 2:1 | 17.2.1935 | Rom |
| 129. F-Deutschland | 1:3 | 17.3.1935 | Paris |
| 130. Belgien-F | 1:1 | 14.4.1935 | Brüssel |
| 131. F-Ungarn | 2:0 | 19.5.1935 | Colombes |
| 132. Schweiz-F | 2:1 | 27.10.1935 | Genf |
| 133. F-Schweden | 2:0 | 10.11.1935 | Paris |
| 134. F-Niederlande | 1:6 | 12.1.1936 | Paris |
| 135. F-Tschechosl. | 0:3 | 9.2.1936 | Paris |
| 136. F-Belgien | 3:0 | 8.3.1936 | Colombes |

| | | | |
|---|---|---|---|
| 137. F-Jugoslawien | 1:0 | 13.12.1936 | Paris |
| 138. F-Österreich | 1:2 | 24.1.1937 | Paris |
| 139. Belgien-F | 3:1 | 21.2.1937 | Brüssel |
| 140. Deutschland-F | 4:0 | 21.3.1937 | Stuttgart |
| 141. F-Irland | 0:2 | 23.5.1937 | Colombes |
| 142. F-Schweiz | 2:1 | 10.10.1937 | Paris |
| 143. Niederlande-F | 2:3 | 31.10.1937 | Amsterdam |
| 144. F-Italien | 0:0 | 5.12.1937 | Paris |
| 145. F-Belgien | 5:3 | 30.1.1938 | Paris |
| 146. F-Bulgarien | 6:1 | 24.3.1938 | Paris |
| 147. F-England | 2:4 | 26.5.1938 | Paris |
| 148. F-Belgien | 3:1 | 5.6.1938 | Colombes |
| 149. Italien-F | 3:1 | 12.6.1938 | Colombes |
| 150. Italien-F | 1:0 | 4.12.1938 | Neapel |
| 151. F-Polen | 4:0 | 22.1.1939 | Paris |
| 152. F-Ungarn | 2:2 | 16.3.1939 | Paris |
| 153. Belgien-F | 1:3 | 18.5.1939 | Brüssel |
| 154. F-Wales | 2:1 | 21.5.1939 | Colombes |
| 155. F-Portugal | 3:2 | 28.1.1940 | Paris |
| 156. F-Schweiz | 0:2 | 8.3.1942 | Marseille |
| 157. Spanien-F | 4:0 | 15.3.1942 | Sevilla |
| 158. F-Belgien | 3:1 | 24.12.1944 | Paris |

## Meister 1933-1944

(Seit Einführung des Professionalismus 1933)

| | |
|---|---|
| 1933 | Olympique Lille |
| 1934 | FC Sete |
| 1935 | FC Sochaux |
| 1936 | Racing Paris |
| 1937 | Olympique Marseille |
| 1938 | FC Sochaux |
| 1939 | FC Sete |
| 1940 - | Zone Nord: Rouen |
| - | Zone Südost: Nizza |
| - | Zone Südwest: Girondins Bourdeaux |
| 1941 - | Red Star Paris (bes. Zone), |
| - | Olympique Marseille (unbes. Zone) |
| 1942 - | Stade Reims (bes. Zone), |
| - | FC Sete (unbes. Zone) |
| 1943 - | Lens (Gr. Nord) |
| - | Toulouse (Gr. Süd) |
| 1944 | Artois (als Regionalmannschaft) |

# Pokalsieger 1918-1944

| | |
|---|---|
| 1918 | Olympique Paris |
| 1919 | CAS Generaux |
| 1920 | CA Paris |
| 1921-1923 | Red Star Paris |
| 1924 | Olympique Marseille |
| 1925 | CAS Generaux |
| 1926-1927 | Olympique Marseille |
| 1928 | Red St. Ol. Paris |
| 1929 | Montpellier |
| 1930 | FC Sete |
| 1931 | Club Francais Paris |
| 1932 | AS Cannes |
| 1933 | Excelsior Rubaix |
| 1934 | FC Sete |
| 1935 | Olympique Marseille |
| 1936 | Racing Paris |
| 1937 | FC Sochaux |
| 1938 | Olympique Marseille |
| 1939-1940 | Racing Paris |
| 1941 | AS Girondins |
| 1942 | Red St. OL. Paris |
| 1943 | Olympique Marseille |
| 1944 | Nancy-Lorraine (als Regionalmannschaft) |

# FINNLAND

## Meister 1908-1944

| | | | |
|---|---|---|---|
| 1908 | Unitas Helsinki | 1927 | PS Helsinki |
| 1909 | PUS Helsinki | 1928 | Turun PS Turku |
| 1910 | IFK Abo | 1929 | PS Helsinki |
| 1911 | JK Helsinki | 1930 | IFK Helsinki |
| 1912 | JK Helsinki | 1931 | IFK Helsinki |
| 1913 | KJF Turku | 1932 | PS Helsinki |
| 1914 | ausgefallen | 1933 | IFK Helsinki |
| 1915 | KJF Helsinki | 1934 | PS Helsinki |
| 1916 | KJF Helsinki | 1935 | PS Helsinki |
| 1917 | JK Helsinki | 1936 | JK Helsinki |
| 1918 | JK Helsinki | 1937 | IFK Helsinki |
| 1919 | JK Helsinki | 1938 | JK Helsinki |
| 1920 | IFK Abo | 1939 | Abo TPS |
| 1921 | PS Helsinki | 1940 | Sudet |
| 1922 | PS Helsinki | 1941 | Abo TPS |
| 1923 | JK Helsinki | 1942 | HT |
| 1924 | IFK Abo | 1943 | nicht ausgetragen |
| 1925 | JK Helsinki | 1944 | IFK Vaasa |
| 1926 | PS Helsinki | | |

# NIEDERLANDE

## Länderspiele:

| | | | | |
|---|---|---|---|---|
| 1. | NL-Belgien | 4:1 | 30.04.1905 | Antwerpen |
| 2. | NL-Belgien | 4:0 | 14.05.1905 | Rotterdam |
| 3. | NL-Belgien | 0:5 | 29.04.1906 | Antwerpen |
| 4. | NL-Belgien | 2:3 | 13.05.1906 | Rotterdam |
| 5. | NL-England | 1:8 | 01.04.1907 | Den Haag |
| 6. | NL-Belgien | 3:1 | 14.04.1907 | Antwerpen |
| 7. | NL-Belgien | 1:2 | 09.05.1907 | Haarlem |
| 8. | NL-England | 2:12 | 21.12.1907 | Darlington |
| 9. | NL-Belgien | 4:1 | 29.03.1908 | Antwerpen |
| 10. | NL-Belgien | 3:1 | 26.04.1908 | Rotterdam |
| 11. | NL-Frankr. | 4:1 | 10.05.1908 | Rotterdam |
| 12. | NL-England | 0:4 | 22.10.1908 | London |
| 13. | NL-Schweden | 2:0 | 23.10.1908 | London |
| 14. | NL-Schweden | 5:3 | 25.10.1908 | Den Haag |
| 15. | NL-Belgien | 4:1 | 25.04.1909 | Rotterdam |

| | | | |
|---|---|---|---|
| 16. NL-England | 1:9 | 11.12.1909 | London |
| 17. NL-Belgien | 4:1 | 21.03.1909 | Antwerpen |
| 18. NL-England | 0:4 | 12.04.1909 | Amsterdam |
| 19. NL-Belgien | 2:3 | 13.03.1910 | Antwerpen |
| 20. NL-Belgien | 7:0 | 10.04.1910 | Haarlem |
| 21. NL-Deutschl. | 4:2 | 24.04.1910 | Arnheim |
| 22. NL-Deutschl. | 2:1 | 16.10.1910 | Kleef |
| 23. NL-Belgien | 5:1 | 19.03.1911 | Antwerpen |
| 24. NL-Belgien | 3:1 | 02.04.1911 | Dordrecht |
| 25. NL-England | 0:1 | 17.04.1911 | Amsterdam |
| 26. NL-Belgien | 2:1 | 10.03.1912 | Antwerpen |
| 27. NL-England | 0:4 | 16.03.1912 | Hull |
| 28. NL-Deutschl. | 5:5 | 24.03.1912 | Zwolle |
| 29. NL-Belgien | 4:3 | 28.04.1912 | Dordrecht |
| 30. NL-Schweden | 4:3 | 29.06.1912 | Stockholm |
| 31. NL-Österr. | 3:1 | 30.06.1912 | Stockholm |
| 32. NL-Dänemark | 1:4 | 02.07.1912 | Stockholm |
| 33. NL-Finland | 9:0 | 04.07.1912 | Stockholm |
| 34. NL-Deutschl. | 3:2 | 17.11.1912 | Leipzig |
| 35. NL-Belgien | 3:3 | 09.03.1913 | Antwerpen |
| 36. NL-England | 2:1 | 24.03.1913 | Den Haag |
| 37. NL-Belgien | 2:4 | 20.04.1913 | Zwolle |
| 38. NL-England | 1:2 | 15.11.1913 | Hull |
| 39. NL-Belgien | 4:2 | 15.03.1914 | Antwerpen |
| 40. NL-Deutschl. | 4:4 | 05.04.1914 | Amsterdam |
| 41. NL-Belgien | 4:2 | 26.04.1914 | Amsterdam |
| 42. NL-Dänemark | 3:4 | 17.05.1914 | Kopenhagen |
| 43. NL-Schweden | 3:1 | 09.06.1919 | Amsterdam |
| 44. NL-Schweden | 1:4 | 24.08.1919 | Stockholm |
| 45. NL-Norwegen | 1:1 | 31.08.1919 | Oslo |
| 46. NL-Dänemark | 2:0 | 05.04.1920 | Amsterdam |
| 47. NL-Italien | 1:1 | 13.05.1920 | Genua |
| 48. NL-Schweiz | 1:2 | 16.05.1920 | Basel |
| 49. NL-Luxemburg | 3:0 | 28.08.1920 | Brüssel |
| 50. NL-Schweden | 5:4 | 29.08.1920 | Antwerpen |
| 51. NL-Belgien | 0:3 | 31.08.1920 | Antwerpen |
| 52. NL-Spanien | 1:3 | 05.09.1920 | Antwerpen |
| 53. NL-Schweiz | 2:0 | 26.03.1921 | Amsterdam |
| 54. NL-Italien | 2:2 | 08.05.1921 | Amsterdam |
| 55. NL-Belgien | 1:1 | 15.05.1921 | Antwerpen |
| 56. NL-Dänemark | 1:1 | 12.06.1921 | Kopenhagen |
| 57. NL-Frankr. | 5:0 | 13.11.1921 | Paris |
| 58. NL-Belgien | 0:4 | 26.03.1922 | Antwerpen |
| 59. NL-Dänemark | 2:0 | 17.04.1922 | Amsterdam |
| 60. NL-Belgien | 1:2 | 07.05.1922 | Amsterdam |
| 61. NL-Schweiz | 0:5 | 19.11.1922 | Bern |
| 62. NL-Frankr. | 8:1 | 02.04.1923 | Amsterdam |

| | | | |
|---|---|---|---|
| 63. NL-Belgien | 1:1 | 29.04.1923 | Amsterdam |
| 64. NL-Deutschl. | 0:0 | 10.05.1923 | Hamburg |
| 65. NL-Schweiz | 4:1 | 25.11.1923 | Amsterdam |
| 66. NL-Belgien | 1:1 | 23.03.1924 | Amsterdam |
| 67. NL-Deutschl. | 0:1 | 21.04.1924 | Amsterdam |
| 68. NL-Belgien | 1:1 | 27.04.1924 | Antwerpen |
| 69. NL-Rumänien | 6:0 | 27.05.1924 | Paris |
| 70. NL-Irland | 2:1 | 02.06.1924 | Paris |
| 71. NL-Uruguay | 1:2 | 06.06.1924 | Paris |
| 72. NL-Schweden | 1:1 | 08.06.1924 | Paris |
| 73. NL-Schweden | 1:3 | 09.06.1924 | Paris |
| 74. NL-Süd Afrika | 2:1 | 02.11.1924 | Amsterdam |
| 75. NL-Belgien | 1:0 | 15.03.1925 | Antwerpen |
| 76. NL-Deutschl. | 2:1 | 29.03.1925 | Amsterdam |
| 77. NL-Schweiz | 1:4 | 19.04.1925 | Zürich |
| 78. NL-Belgien | 5:0 | 03.05.1925 | Amsterdam |
| 79. NL-Dänemark | 4:2 | 25.10.1925 | Amsterdam |
| 80. NL-Belgien | 1:1 | 14.03.1926 | Antwerpen |
| 81. NL-Schweiz | 5:0 | 28.03.1926 | Amsterdam |
| 82. NL-Deutschl. | 2:4 | 18.04.1926 | Düsseldorf |
| 83. NL-Belgien | 1:5 | 02.05.1926 | Amsterdam |
| 84. NL-Dänemark | 1:4 | 13.06.1926 | Kopenhagen |
| 85. NL-Deutschl. | 2:3 | 31.10.1926 | Amsterdam |
| 86. NL-Belgien | 0:2 | 13.03.1927 | Antwerpen |
| 87. NL-Tschechosl. | 8:1 | 18.04.1927 | Amsterdam |
| 88. NL-Belgien | 3:2 | 01.05.1927 | Amsterdam |
| 89. NL-Dänemark | 1:1 | 12.06.1927 | Kopenhagen |
| 90. NL-Schweden | 1:0 | 13.11.1927 | Amsterdam |
| 91. NL-Deutschl. | 2:2 | 20.11.1927 | Köln |
| 92. NL-Belgien | 1:1 | 11.03.1928 | Amsterdam |
| 93. NL-Belgien | 0:1 | 01.04.1928 | Antwerpen |
| 94. NL-Dänemark | 2:0 | 22.04.1928 | Amsterdam |
| 95. NL-Schweiz | 1:2 | 06.05.1928 | Basel |
| 96. NL-Uruguay | 0:2 | 30.05.1928 | Amsterdam |
| 97. NL-Belgien | 3:1 | 05.06.1928 | Rotterdam |
| 98. NL-Chile | 2:2 | 08.06.1928 | Rotterdam |
| 99. NL-Ägypten | 1:2 | 14.06.1928 | Rotterdam |
| 100. NL-Belgien | 1:1 | 04.11.1928 | Amsterdam |
| 101. NL-Italien | 2:3 | 02.12.1928 | Mailand |
| 102. NL-Schweiz | 3:2 | 17.03.1929 | Amsterdam |
| 103. NL-Belgien | 1:3 | 05.05.1929 | Antwerpen |
| 104. NL-Schweden | 2:6 | 09.06.1929 | Stockholm |
| 105. NL-Norwegen | 4:4 | 12.06.1929 | Oslo |
| 106. NL-Norwegen | 1:4 | 03.11.1929 | Amsterdam |
| 107. NL-Italien | 1:1 | 06.04.1930 | Amsterdam |
| 108. NL-Belgien | 2:2 | 04.05.1930 | Amsterdam |
| 109. NL-Belgien | 1:3 | 18.05.1930 | Antwerpen |

| | | | | |
|---|---|---|---|---|
| 110. NL-Ungarn | 2:6 | 08.06.1930 | Budapest |
| 111. NL-Schweiz | 3:6 | 02.11.1930 | Zürich |
| 112. NL-Belgien | 3:2 | 29.03.1931 | Amsterdam |
| 113. NL-Deutschl. | 1:1 | 26.04.1931 | Amsterdam |
| 114. NL-Belgien | 2:4 | 03.05.1931 | Antwerpen |
| 115. NL-Dänemark | 2:0 | 14.06.1931 | Kopenhagen |
| 116. NL-Frankr. | 4:3 | 29.11.1931 | Paris |
| 117. NL-Belgien | 4:1 | 20.03.1932 | Antwerpen |
| 118. NL-Belgien | 2:1 | 17.04.1932 | Amsterdam |
| 119. NL-Irland | 0:2 | 08.05.1932 | Amsterdam |
| 120. NL-Tschechosl. | 1:2 | 29.05.1932 | Amsterdam |
| 121. NL-Deutschl. | 2:0 | 04.12.1932 | Düsseldorf |
| 122. NL-Schweiz | 0:2 | 22.01.1933 | Amsterdam |
| 123. NL-Ungarn | 1:2 | 05.03.1933 | Amsterdam |
| 124. NL-Belgien | 3:1 | 09.04.1933 | Antwerpen |
| 125. NL-Belgien | 1:2 | 07.05.1933 | Amsterdam |
| 126. NL-Österr. | 0:1 | 10.12.1933 | Amsterdam |
| 127. NL-Belgien | 9:3 | 11.03.1934 | Amsterdam |
| 128. NL-Irland | 5:2 | 08.04.1934 | Amsterdam |
| 129. NL-Belgien | 4:2 | 29.04.1934 | Antwerpen |
| 130. NL-Frankr. | 4:5 | 10.05.1934 | Amsterdam |
| 131. NL-Schweiz | 2:3 | 27.05.1934 | Mailand |
| 132. NL-Schweiz | 4:2 | 04.11.1934 | Bern |
| 133. NL-Deutschl. | 2:3 | 17.02.1935 | Amsterdam |
| 134. NL-Belgien | 4:2 | 31.03.1935 | Amsterdam |
| 135. NL-Belgien | 2:0 | 12.05.1935 | Brüssel |
| 136. NL-England | 0:1 | 18.05.1935 | Amsterdam |
| 137. NL-Dänemark | 3:0 | 03.11.1935 | Amsterdam |
| 138. NL-Irland | 3:5 | 08.12.1935 | Dublin |
| 139. NL-Frankr. | 6:1 | 12.01.1936 | Paris |
| 140. NL-Belgien | 8:0 | 29.03.1936 | Amsterdam |
| 141. NL-Belgien | 1:1 | 03.05.1936 | Brüssel |
| 142. NL-Norwegen | 3:3 | 01.11.1936 | Amsterdam |
| 143. NL-Deutschl. | 2:2 | 31.01.1937 | Düsseldorf |
| 144. NL-Schweiz | 2:1 | 07.03.1937 | Amsterdam |
| 145. NL-Belgien | 1:2 | 04.04.1937 | Antwerpen |
| 146. NL-Belgien | 1:0 | 02.05.1937 | Rotterdam |
| 147. NL-Frankr. | 2:3 | 31.10.1937 | Amsterdam |
| 148. NL-Luxemb. | 4:0 | 23.11.1937 | Rotterdam |
| 149. NL-Belgien | 7:2 | 27.02.1938 | Rotterdam |
| 150. NL-Belgien | 1:1 | 03.04.1938 | Antwerpen |
| 151. NL-Schottland | 1:3 | 21.05.1938 | Amsterdam |
| 152. NL-Tschechosl. | 0:3 | 05.06.1938 | Le Havre |
| 153. NL-Dänemark | 2:2 | 23.10.1938 | Kopenhagen |
| 154. NL-Ungarn | 3:2 | 26.02.1939 | Rotterdam |
| 155. NL-Belgien | 4:5 | 19.03.1939 | Antwerpen |
| 156. NL-Belgien | 3:2 | 23.04.1939 | Amsterdam |

| | | | | |
|---|---|---|---|---|
| 157. NL-Schweiz | 1:2 | 07.05.1939 | Bern |
| 158. NL-Belgien | 1:7 | 17.03.1940 | Antwerpen |
| 159. NL-Luxemb. | 4:5 | 31.03.1940 | Rotterdam |
| 160. NL-Belgien | 4:2 | 21.04.1940 | Amsterdam |

## Meister 1898-1945

| | | | |
|---|---|---|---|
| 1898 | RAP | 1923 | RC Haarlem |
| 1899 | RAP | 1924 | Feyen. Rotterdam |
| 1900 | VV Den Haag | 1925 | HBS Den Haag |
| 1901 | VV Den Haag | 1926 | VC Enschede |
| 1902 | VV Den Haag | 1927 | Heracles Almelo |
| 1903 | VV Den Haag | 1928 | Feyen. Rotterdam |
| 1904 | HBS Den Haag | 1929 | Philips Eindhoven |
| 1905 | VV Den Haag | 1930 | Go Ahead Deventer |
| 1906 | HBS Den Haag | 1931 | Ajax Amsterdam |
| 1907 | VV Den Haag | 1932 | Ajax Amsterdam |
| 1908 | Quick Den Haag | 1933 | Go Ahead Deventer |
| 1909 | Sparta Rotterdam | 1934 | Ajax Amsterdam |
| 1910 | VV Den Haag | 1935 | Philips Eindhoven |
| 1911 | Sparta Rotterdam | 1936 | Feyen. Rotterdam |
| 1912 | Sparta Rotterdam | 1937 | Ajax Amsterdam |
| 1913 | Sparta Rotterdam | 1938 | Feyen. Rotterdam |
| 1914 | VV Den Haag | 1939 | Ajax Amsterdam |
| 1915 | nicht ausgetragen | 1940 | Feyen. Rotterdam |
| 1916 | Willem II Tilburg | 1941 | Heracles Almelo |
| 1917 | Go Ahead Deventer | 1942 | ADO Den Haag |
| 1918 | Ajax Amsterdam | 1943 | ADO Den Haag |
| 1919 | Ajax Amsterdam | 1944 | de Volewycker's |
| 1920 | Quick Groningen | | Amsterdam |
| 1921 | NAC Breda | 1945 | de Volewycker's |
| 1922 | Go Ahead Deventer | | Amsterdam |

## Pokalsieger 1899-1945

| | | | |
|---|---|---|---|
| 1899 | RAP | 1909 | Quick II Haag |
| 1900 | Velocitas Breda | 1910 | Quick II Haag |
| 1901 | HBS | 1911 | Quick Haag |
| 1902 | Haarlem | 1912 | Haarlem |
| 1903 | HVV | 1913 | HFC |
| 1804 | HFC | 1914 | DFC |
| 1905 | VOC | 1915 | HFC |
| 1906 | Concordia | 1916 | Quick Haag |
| 1907 | VOC | 1917 | Ajax |
| 1908 | HBS II | 1918 | RCH |

| 1919 | nicht ausgetragen | 1933 | nicht ausgetragen |
|------|-------------------|------|-------------------|
| 1920 | CVV | 1934 | Velocitas Groningen |
| 1921 | Schoten | 1935 | Feyenoord |
| 1922 | nicht ausgetragen | 1936 | Roermond |
| 1923 | nicht ausgetragen | 1937 | Eindhoven |
| 1924 | nicht ausgetragen | 1938 | VSV |
| 1925 | HFC | 1939 | Wageningen |
| 1926 | Longa | 1940 | nicht ausgetragen |
| 1927 | VUC | 1941 | nicht ausgetragen |
| 1928 | RCH | 1942 | nicht ausgetragen |
| 1929 | nicht ausgetragen | 1943 | Ajax |
| 1930 | Feyenoord | 1944 | Willem II |
| 1931 | nicht ausgetragen | 1945 | nicht ausgetragen |
| 1932 | DFC | | |

# GRIECHENLAND

## Meister 1928-1945

| 1928 | Aris Saloniki | 1936 | Olympiakos Piräus |
|------|---------------|------|-------------------|
| 1929 | nicht ausgetragen | 1937 | Olympiakos Piräus |
| 1930 | Panathinaikos Athen | 1938 | Olympiakos Piräus |
| 1931 | Olympiakos Piräus | 1939 | AEK Athen |
| 1932 | Aris | 1940 | AEK Athen |
| 1933 | Olympiakos Piräus | 1941- | |
| 1934 | Olympiakos Piräus | 1945 | nicht ausgetragen |
| 1935 | nicht ausgetragen | | |

# FIGC. Im Land des Weltmeisters
## Federazione Italiana Giuoco del Calcio

(unter dem hohen Patronat S. Königl. Hoheit dem Kronprinzen von Italien)

Sitz: Rom, Stadio des PNF. Tel. 390251—390254

## Direktorium:

Präsident Cons. Naz. Lgt. Generale Giorgio Vaccaro, Rom. Sekretär: Ing. Ottorino Barassi, Rom. Verbandskapitän: Comm. Vittorio Pozzo. Turin Via Cristoforo Colombo, 15.

Dem Präsidium gehören auch sechs Vorsitzende von verschiedenen A-Klassen-Vereinen an, ebenso ist darin ein Vertreter der GIL. (ital. Fasc. Jugendorganisation wie die Hitler-Jugend), ein Vertreter des GUF. (ital. Studentenorganisation) und ein Vertreter der FIMS. (Organisation der ital. Sportärzte).

Dem Direktorium ist ein **Verwaltungsausschuß** (Collegio Sindacale), bestehend aus fünf Mitgliedern, unterstellt.

Neuerdings ist der gesamte Auslandsverkehr des Verbandes einer besonderen Kommission anvertraut worden (Commissione per i Rapporti con l'Estero). Diese Kommission untersteht dem Präsidenten Dott. Avv. Gionvanni M a u r o, dem zwei Beisitzer beigegeben sind.

Mit dem **Centro di preparazione Giocatori e Allenatori** mit Sitz in Florenz ist seit dem vorigen Jahre eine Zentrale geschaffen worden, die die Aufgabe hat, Spieler zu besonderen Zwecken (Nationalmannschaft usw.) heranzubilden und den Trainerberuf zu überwachen und die Trainer besonderen Prüfungen zu unterwerfen. Dem Präsidenten dieser Zentrale Marchese Ridolfi, der gleichzeitig Präsident des italienischen Leichtathletikverbandes ist, sind ein Sekretär und drei Fachbeisitzer beigegeben, worunter auch der Verbandskapitän Comm. Pozzo figuriert.

Die oberen Klassen A, B und C unterstehen einem besonderen Direktorium, dem **Direttorio Divisioni Superiori** mit Sitz in Rom, Stadio del PNF., bestehend aus fünf Mitgliedern. Dieses Direktorium regelt den gesamten Spielverlauf der oberen Klassen: ihm unterstehen auch alle Vertragsspieler.

Das **Comitato Italiano Tecnico Arbitrale** (CITA.), die Schiedsrichtervereinigung Italiens, hat ihren Sitz in Rom und wird von einem Präsidenten und vier Beisitzern geleitet. Diesem Ausschuß unterstehen in ihren verschiedenen Unterorganisationen sämtliche Schiedsrichter Italiens.

Der **Commissione di Controllo** mit Sitz in Rom, von einem Präsidenten und zwei Beisitzern geleitet, unterstehen **23** Ver-

**bands-Inspektoren,** welche in den einzelnen Regionen den gesamten Fußballbetrieb überwachen.

Die verschiedenen Regionen Italiens sind in Fußballzonen (Gaue) eingeteilt, die von einem Präsidenten, einem Sekretär und einem Ausschuß geleitet werden, dem ferner angehören Vertreter der GIL., der GUF. und der Schiedsrichtervereinigung.

**Abessinien** untersteht einer besonderen **Commissione Tecnica Federale.**

Die einzelnen Regionen lauten: Direttorio I Zona (Piemonte) Turin, Via Ponzo 2 — Dir. II Zona (Lombardia) Milano, Viale Piave 43 — Dir. III Zona (Veneto) Venezia, S. Geremia, 290 — Dir. IV Zona (Venezia Tridentina) Trento, Galleria Legionari Trentini, 5 — Dir. V Zona (Venezia Giulia) Trieste, Viale Regina, Margherita, 8 — Dir. VI (Liguria) Genova, Galleria Mazzini, 7/1 — Dir. VII (Emilia) Bologna, Via Ugo Bassi. Locali Borsa, 26 B — Dir. VIII Zona (Toscana) Firenze, Via Budalini, 14 — Dir. IX Zona (Marche) Ancona, Piazza Plebiscito, 14 — Dir X Zona (Umbria) Perugia, Via Baglioni, 4 — Dir. XI (Lazio) Roma, Via Colonna Antonina, 41 — Dir. XII Zona (Abruzzi) Aquila, Palazzo del Littorio — Dir. XIII Zona (Campania) Napoli, Via Medina, 63 — Dir. XIV (Puglia) Bari, Via Piccini, 6 — Dir. XV Zona (Lucania) Potenza, Via Pretoria, 10 — Dir. XVI (Calabria) Cosenza, Piazza T. Campanella, 8 — Dir. XVII Zona (Sicilia) Palermo, Via Pignatelli Aragona, 18 — Dir. XVIII Zona (Sardegna) Cagliari, Corso Vittorio Emanuele, 84 Dir. XIX Zona (Tripolitania) Tripoli, Ufficio Sportivo, Federale. Casa Littoria — Dir. XX Zona (Cirenaica) Bengasi Casella Postale, 187 — Dir. XXI Zona (Somalia) Mogadiscio, Casa Littorio — Dir. XXII Zona (Egeo) Rodi, Ufficio Sportivo Federale — Dir. XXIII Zona (Eritrea) Asmara, Viale Garibaldi, 34 — Dir. XXIV Zona (Harar) Harar, Federazione Fasci Combattimento — Dir. XXV Zona (Amara) Gondar, Federazione Fasci Combattimento — Dir. XXVI Zona (Scioa) Addis Abeba, Casa Littorio — Dir XXVII Zona (Galla e Sidama) Gimma, Ufficio Sportivo Federale.

# Streifzug durch die Geschichte

Der italienische Fußballverband ist am 15. März 1898 in Turin gegründet worden. Im Jahre 1905 wurde der Sitz nach Mailand verlegt. Im Jahre 1910, am 15 Mai, trug Italien sein erstes Länderspiel aus. Im gleichen Jahre wurde eine Satzung herausgegeben, die ersten Regionalverwaltungen und auch die erste Schiedsrichtervereinigung gebildet. 1911 wurde der Sitz wieder nach Turin verlegt. 1912 nahm Italien zum ersten Male mit seiner Nationalmannschaft an der Olympiade teil. Während des Weltkrieges fielen die Meisterschaftsspiele aus; es wurde um einen Verbandspokal gekämpft. 1920 trat eine Spaltung innerhalb des italienischen Fußballverbandes ein:

es wurde ein neuer Verband gegründet, doch diese Spaltung dauerte nur ein Jahr. 1924 nimmt Italien erneut an der Olympiade teil. 1926 wird der Sitz des Verbandes nach Bologna verlegt. In diesem Jahre wird eine neue Satzung herausgegeben. 1927 gewinnt die italienische Studentenmannschaft in Rom die Studentenweltmeisterschaft. 1928 wird die italienische Nationalmannschaft auf der Olympiade in Amsterdam Dritter hinter Urguay und Argentinien. Im gleichen Jahre gewinnt die italienische Studentenmannschaft die Studentenweltmeisterschaft in Paris. 1929 wird der Sitz des Fußballverbandes nach Rom verlegt, wo er heute noch ist. 1930 gewinnt die italienische Mannschaft den ersten Wettbewerb um den Internationalen Pokal. Die Studentenmannschaft Italiens gewinnt in diesem Jahre erneut die Studentenweltmeisterschaft in Darmstadt. 1932 gewinnt Bologna den Mitropa-Cup. 1933 wird der ietzige Präsident. Lgt. Generale Giorgio Vaccaro, Führer des italienischen Fußballverbandes. Im gleichen Jahre gewinnt wieder die italienische Studentenmannschaft die Studentenweltmeisterschaft in Turin. 1934 gewinnt die italienische Nationalmannschaft die Weltmeisterschaft im Fußball in Rom. Bologna gewinnt erneut den Mitropa-Cup. Den Teilnehmern an der Weltmeisterschaft verleiht der Duce die goldene Medaille für Sport. 1935 gewinnt die italienische Nationalmannschaft die dritte Austragung des Internationalen Pokals, der ihr Eigentum wird. 1936 ist Italien Sieger im Olympischen Fußball-Turnier zu Berlin. Den Teilnehmern der Olympiademannschaft verleiht der Duce die goldene Medaille für Sport. 1937 gewinnt Bologna in Paris den Pokal der Weltausstellung. 1938 gewinnt die italienische Nationalmannschaft erneut die Weltmeisterschaft im Fußball; die Spieler erhalten vom Duce ebenfalls die goldene Medaille für sportliche Leistungen.

# Besondere Auszeichnungen

Mit der silbernen Medaille sind 18 italienische Fußballer ausgezeichnet worden.

Mit der höchsten italienischen Sportauszeichnung, dem Stern für sportliche Leistungen, sind sieben Führer des italienischen Fußballsportes ausgezeichnet worden: der Präsident des ital. Fußballverbandes. Lgt. Generale. Cons. Naz. Giorgio Vaccaro (2 Sterne). Dott. Avv. Giovanni Mauro. Dott. Ing. Ottorino Barassi. der Verbandskapitän Vittorio Pozzo. der beste ital. Schiedsrichter Geom. Rinaldo Barlassina. Gaudenzi Eraldo, Präsident der II. Zone (Mailand). Mattea Francesco. Schiedsrichter von internationaler Bedeutung.

Goldene Medaillen erhielten: Weltmeisterschaft 1934: Allemandi. Bertolini. Combi. Ferrari. Ferraris. Meazza. Monti. Monzeglio. Orsi. Schiavio.

Weltmeisterschaft 1938: Andreolo. Biavati. Colaussi. Ferrari. Ferraris. Foni. Locatelli. Meazza. Monzeglio. Olivieri. Pasinati Piola. Rava. Serantoni.

Olympiade 1936:  Baldo, Bertoni, Biaggi, Capelli, Foni, Frossi, Gabriotti, Locatelli, Marchini, Negro, Piccini, Rava, Scarabello, Venturini.

Mit der bronzenen Medaille werden in jedem Jahre die Spieler des jeweiligen italienischen Meisters ausgezeichnet.

Die höchste Schiedsrichterauszeichnung erhielten: 1935/36 Francesco Mattea, 1936/37 Rinaldo Barlassina, 1937/38 Raffaele Scorzoni, 1938/39 Gius. Scarpi, 1939/40 Generoso Dattilo, 1940/41 nicht vergeben worden.

# Die Bilanz der italienischen Länderspiele

| | Spiele | | Siege | | Unentsch. | | Niederl. | | Tore |
|---|---|---|---|---|---|---|---|---|---|
| | 155 | | 85 | | 36 | | 34 | | 344 : 232 |
| | It. | Ausl. | It. | Ausl. | It. | Ausl. | It. | Ausl. | |
| Schweiz | 13 | 13 | 9 | 5 | 4 | 4 | 0 | 4 | 56:38 |
| Ungarn | 10 | 9 | 5 | 5 | 3 | 2 | 2 | 2 | 40:34 |
| Oesterreich | 10 | 7 | 2 | 2 | 4 | 1 | 4 | 4 | 19:33 |
| Frankreich | 8 | 9 | 7 | 4 | 0 | 3 | 1 | 2 | 52:26 |
| Tschecho-Slow. | 8 | 6 | 5 | 1 | 3 | 1 | 0 | 4 | 25:23 |
| Spanien | 5 | 7 | 2 | 2 | 2 | 3 | 1 | 2 | 16:10 |
| Deutschland | 5 | 4 | 4 | 2 | 0 | 1 | 1 | 1 | 20:15 |
| Belgien | 3 | 2 | 3 | 2 | 0 | 0 | 0 | 0 | 17: 7 |
| Portugal | 2 | 3 | 2 | 1 | 0 | 0 | 0 | 2 | 12: 7 |
| Norwegen | 0 | 4 | 0 | 4 | 0 | 0 | 0 | 0 | 9: 4 |
| Holland | 2 | 2 | 1 | 0 | 1 | 2 | 0 | 0 | 7: 6 |
| Schweden | 1 | 2 | 0 | 1 | 1 | 0 | 0 | 1 | 6: 7 |
| England | 2 | 1 | 0 | 0 | 2 | 0 | 0 | 1 | 5: 6 |
| Jugoslawien | 2 | 1 | 2 | 1 | 0 | 0 | 0 | 0 | 8: 2 |
| Ver. Staaten | 1 | 1 | 1 | 1 | 0 | 0 | 0 | 0 | 8: 1 |
| Aegypten | 0 | 2 | 0 | 2 | 0 | 0 | 0 | 0 | 13: 4 |
| Finnland | 0 | 2 | 0 | 2 | 0 | 0 | 0 | 0 | 5: 5 |
| Brasilien | 0 | 1 | 0 | 1 | 0 | 0 | 0 | 0 | 2: 1 |
| Japan | 0 | 1 | 0 | 1 | 0 | 0 | 0 | 0 | 8: 0 |
| Griechenland | 1 | 0 | 1 | 0 | 0 | 0 | 0 | 0 | 4: 0 |
| Irland | 1 | 0 | 1 | 0 | 0 | 0 | 0 | 0 | 3: 0 |
| Luxemburg | 1 | 0 | 1 | 0 | 0 | 0 | 0 | 0 | 2: 0 |
| Rumänien | 1 | 1 | 1 | 1 | 0 | 0 | 0 | 0 | 3: 1 |
| Schottland | 1 | 0 | 1 | 0 | 0 | 0 | 0 | 0 | 3: 0 |
| Uruguay | 0 | 1 | 0 | 0 | 0 | 0 | 0 | 1 | 2: 3 |
| Total: | 76 | 80 | 47 | 38 | 20 | 17 | 9 | 25 | 345:233 |

## Die erfolgreichsten Torschützen in Länderspielen

Piola 38; Meazza 33; Baloncieri 25; Ferrari Giov. 21; Colaussi, Libonati und Schiavio je 15; Cevenini III, Levrato, Magnozzi und Orsi je 13; Rosetti 9; Banchero I, Costantino und Frossi je 8; Della Valle, Demaria, Guaita und Moscardini je 1e

7: Fedullo 6; Brezzi, Ferraris II. Pasinati und Volk je 5; Bertoni und Biavati je 5; Biagi, Bisgato, Borel II, Cevenini I, Chini, Sadri und Serantoni je 4: wetere 62 Spieler mit 3 und weniger Toren.

**Gespielt wurden in Italien:**

In Mailand 26 Nationalspiele; in Turin 15; in Rom 11; in Bologna 8; in Genua 9; in Florenz 5: in Neapel 2 und in Padova 1.

# Die erfolgreichsten Nationalspieler

59 **Calligaris** Umberto (Verteidiger) Casale, Juventus
52 **Rosetta** Virginio (Verteidiger) Pro Vercelli, Juventus
53 **Meazza** Giovanni (Stürmer) Ambrosiana
44 **Ferrari** Giovanni (Stürmer) Alessandria, Juventus, Ambrosiana
47 **Baloncieri** Adolfo (Stürmer) Alessandria, Torino
47 **Combi** Gian Pietro (Tormann) Juventus
43 **De Vecchi** Renzo (Verteidiger) Milan, Genova
35 **Monzeglio** Eraldo (Verteidiger) Bologna, Roma
35 **Orsi** Raimondo (Stürmer) Juventus
29 **Piola** Silvio (Stürmer) Pro Vercelli, Lazio
29 **Cevenini III** Luigi (Stürmer) Inter, Novese, Juventus
29 **Pitto** Alfredo (Läufer) Bologna, Fiorentina, Ambrosiana
31 **Conti** Leopaldo (Stürmer) Ambrosiana
28 **Ferraris IV** (Läufer) Attilio, Fotitudo, Roma, Lazio
28 **Levratto** Virg. Felice (Stürmer) Ambrosiana
26 **Bertolini** Luigi (Läufer) Alessandria, Juventus
26 **Magnozzi** Mario (Stürmer) Livorno, Milan
24 **Allemandi** Luigi (Verteidiger) Juventus, Ambrosiana, Roma
26 **Bernardini** Fulvio (Läufer) Lazio, Inter, Roma
26 **Colaussi** Gino (Stürmer) Triestina
24 **Olivieri** Aldo (Tormann) Lucchese, Torino
27 **Rava** Pietro (Verteidiger) Juventus
24 **Andreolo** Michele (Läufer) Bologna
23 **Janni** Antonio (Läufer) Torino
23 **Costantino** Raffaele (Stürmer) Bari, Roma
21 **Schiavio** Angelo (Stürmer) Bologna
19 **De Prà** Giovanni (Tormann) Genova
21 **Foni** Alfredo (Verteidiger) Juventus
19 **Burlando** Luigi (Läufer) Andrea Doria, Genova
21 **Barbieri** Ottavio (Läufer) Genova
22 **Locatelli** Ugo (Läufer) Ambrosiana
18 **Monti** Luigi (Läufer) Juventus
17 **Serantoni** Pietro (Läufer) Ambrosiana, Juventus, Roma
17 **Della Valle** Giuseppe (Stürmer) Bologna
17 **Libonati** Giulio (Stürmer) Torino
14 **Berardo** Felice (Stürmer) Pro Vercelli
13 **Ara** Guido (Läufer) Pro Vercelli
13 **Rosetti** Gino (Stürmer) Ambrosiana
13 **Demaria** Attilio (Stürmer) Ambrosiana

12 **Pizziolo** Mario (Läufer) Fiorentina
11 **Campelli** Piero (Tormann) Inter
11 **Aliberti** Giuseppe (Läufer) Torino
12 **Fossati** Virgilio (Läufer) Inter
10 **Genovesi** Pietro (Läufer) Bologna
11 **Milano I** Giuseppi (Läufer) Pro Vercelli
11 **Pietroboni** Silvio (Läufer) Ambrosiana
13 **Biavati** Amedeo (Stürmer) Bologna
11 **Cesarini** Renato (Stürmer) Juventus
11 **Cevenini I** Aldo (Stürmer) Milan, Inter
10 **Forlivesi** Giuseppe (Stürmer) Modena
10 **Guaita** Enrico (Stürmer) Roma
11 **Mgliavacca** Enrico (Stürmer) Novara
11 **Pasinati** Piero (Stürmer) Triestina
11 **Santamaria** Arist. Emilio (Stürmer) Genova, Novese.

## Es stellten Nationalspieler:

Alessandria 13 Spieler. Ambrosiana 30, Andrea Doria 6, Atatanda (Bergamo) 1, Ausonia 2, Bari 3, Bologna 27, Brescia 5, Casale Monferate 7, Cremonese 1, Fiorentina 10, Fortitudo-Roma 1, Genova 31, Hellas 1, Internazionale/Mailand (später Ambrosiana) 12, Juventus 29 Lazio 15, Legnano 1, Liguria 4, Livorno 6, Lucchese 5, Milano 18, Modena 5, Napoli 10, Novara 7, Novese 3 Padova 6, Piemonte 4, Pisa 3, Pro Vercelli 20, Reggiana 1, Roma 15, Siamperdarena 2, Saronno 1, Savona 1, Sestrese 1, Spes-Genova 1, Spezia 1, Torino 25, Triestina 11, U.S. Milanese 3, U.S. Torinese 2, U.S. Valenzana 1, Vado 1, Viareggio 1, Virtus-Bologna 1 Spieler.

# I T A L I E N

## Länderspiele 1910-1942

| | | | | |
|---|---|---|---|---|
| 1. I-Frankreich | 6:2 | 15.05.1910 | Mailand | |
| 2. I-Ungarn | 1:6 | 26.05.1910 | Budapest | |
| 3. I-Ungarn | 0:1 | 06.01.1911 | Mailand | |
| 4. I-Frankreich | 2:2 | 09.04.1911 | Paris | |
| 5. I-Schweiz | 2:2 | 07.05.1911 | Mailand | |
| 6. I-Schweiz | 0:3 | 21.05.1011 | La Chaux-De-Fonds | |
| 7. I-Frankreich | 3:4 | 17.03.1912 | Turin | |
| 8. I-Finnland | 2:3 | 29.06.1912 | Stockholm | |
| 9. I-Schweden | 1:0 | 01.07.1912 | Stockholm | |
| 10. I-Österreich | 1:5 | 03.07.1912 | Stockholm | |
| 11. I-Österreich | 1:3 | 22.12.1912 | Genua | |
| 12. I-Frankreich | 0:1 | 12.01.1913 | Paris | |
| 13. I-Belgien | 1:0 | 01.05.1913 | Turin | |
| 14. I-Österreich | 0:2 | 15.06.1913 | Wien | |
| 15. I-Österreich | 0:0 | 11.01.1914 | Mailand | |
| 16. I-Frankreich | 2:0 | 29.03.1914 | Turin | |
| 17. I-Schweiz | 1:1 | 05.04.1914 | Genua | |
| 18. I-Schweiz | 1:0 | 17.05.1914 | Bern | |
| 19. I-Schweiz | 3:1 | 31.01.1915 | Turin | |
| 20. I-Frankreich | 9:4 | 18.01.1920 | Mailand | |
| 21. I-Schweiz | 0:3 | 28.03.1920 | Bern | |
| 22. I-Niederlande | 1:1 | 13.05.1920 | Genua | |
| 23. I-Ägypten | 2:1 | 28.08.1920 | Gand | |
| 24. I-Frankreich | 1:3 | 29.08.1920 | Antwerpen | |
| 25. I-Norwegen | 2:1 | 31.08.1920 | Antwerpen | |
| 26. I-Spanien | 0:2 | 02.09.1920 | Antwerpen | |
| 27. I-Frankreich | 2:1 | 20.02.1921 | Marseille | |
| 28. I-Schweiz | 2:1 | 06.03.1921 | Mailand | |
| 29. I-Belgien | 3:2 | 05.05.1921 | Antwerpen | |
| 30. I-Niederlande | 2:2 | 08.05.1921 | Amsterdam | |
| 31. I-Schweiz | 1:1 | 06.11.1921 | Genf | |
| 32. I-Österreich | 3:3 | 15.01.1922 | Mailand | |
| 33. I-Tschechoslow. | 1:1 | 26.02.1922 | Turin | |
| 34. I-Belgien | 4:2 | 21.05.1922 | Mailand | |
| 35. I-Schweiz | 2:2 | 03.12.1922 | Bologna | |
| 36. I-Deutschland | 3:1 | 01.01.1923 | Mailand | |
| 37. I-Ungarn | 0:0 | 04.03.1923 | Genua | |
| 38. I-Österreich | 0:0 | 15.04.1923 | Wien | |
| 39. I-Tschechoslow. | 1:5 | 27.05.1923 | Prag | |
| 40. I-Österreich | 0:4 | 20.01.1924 | Genua | |
| 41. I-Spanien | 0:0 | 09.03.1924 | Mailand | |

| | | | |
|---|---|---|---|
| 42. I-Ungarn | 1:7 | 06.04.1924 | Budapest |
| 43. I-Spanien | 1:0 | 25.05.1924 | Paris |
| 44. I-Luxemburg | 2:0 | 29.05.1924 | Paris |
| 45. I-Schweiz | 1:2 | 02.06.1924 | Paris |
| 46. I-Schweden | 2:2 | 16.11.1924 | Mailand |
| 47. I-Deutschland | 1:0 | 23.11.1924 | Duisburg |
| 48. I-Ungarn | 1:2 | 18.01.1925 | Mailand |
| 49. I-Frankreich | 7:0 | 22.03.1925 | Turin |
| 50. I-Spanien | 0:1 | 14.06.1925 | Valencia |
| 51. I-Portugal | 0:1 | 18.06.1925 | Lissabon |
| 52. I-Jugoslavien | 2:1 | 04.11.1925 | Padua |
| 53. I-Ungarn | 1:1 | 08.11.1925 | Budapest |
| 54. I-Tschechoslow. | 3:1 | 17.01.1926 | Turin |
| 55. I-Irland | 3:0 | 21.03.1926 | Turin |
| 56. I-Schweiz | 1:1 | 18.04.1926 | Zürich |
| 57. I-Schweiz | 3:2 | 09.05.1926 | Mailand |
| 58. I-Schweden | 3:5 | 18.07.1926 | Stockholm |
| 59. I-Tschechoslow. | 1:3 | 28.10.1926 | Prag |
| 60. I-Schweiz | 5:1 | 30.01.1927 | Genf |
| 61. I-Tschechoslow. | 2:2 | 20.02.1927 | Mailand |
| 62. I-Portugal | 3:1 | 17.04.1927 | Turin |
| 63. I-Frankreich | 3:3 | 24.04.1927 | Paris |
| 64. I-Spanien | 2:0 | 29.05.1927 | Bologna |
| 65. I-Tschechoslow. | 2:2 | 23.10.1927 | Prag |
| 66. I-Österreich | 0:1 | 06.11.1927 | Bologna |
| 67. I-Schweiz | 3:2 | 01.01.1928 | Genua |
| 68. I-Ungarn | 4:3 | 25.03.1928 | Rom |
| 69. I-Portugal | 1:4 | 15.04.1928 | Oporto |
| 70. I-Spanien | 1:1 | 22.04.1928 | Gijon |
| 71. I-Frankreich | 4:3 | 29.05.1928 | Amsterdam |
| 72. I-Spanien | 1:1 | 01.06.1928 | Amsterdam |
| 73. I-Spanien | 7:1 | 04.06.1928 | Amsterdam |
| 74. I-Uruguay | 2:3 | 07.05.1928 | Amsterdam |
| 75. I-Ägypten | 11:3 | 10.06.1928 | Amsterdam |
| 76. I-Schweiz | 3:2 | 14.10.1928 | Zürich |
| 77. I-Österreich | 2:2 | 11.11.1928 | Rom |
| 78. I-Niederlande | 3:2 | 02.12.1928 | Mailand |
| 79. I-Tschechoslow. | 4:2 | 03.03.1929 | Bologna |
| 80. I-Österreich | 0:3 | 07.04.1929 | Wien |
| 81. I-Deutschland | 1:2 | 28.04.1929 | Turin |
| 82. I-Portugal | 6:1 | 01.12.1929 | Mailand |
| 83. I-Schweiz | 4:2 | 09.02.1930 | Rom |
| 84. I-Deutschland | 2:0 | 02.03.1930 | Frankfurt/M. |
| 85. I-Niederlande | 1:1 | 06.04.1930 | Amsterdam |
| 86. I-Ungarn | 5:0 | 11.05.1930 | Budapest |
| 87. I-Spanien | 2:3 | 22.06.1930 | Bologna |
| 88. I-Frankreich | 5:0 | 25.01.1931 | Bologna |

| | | | | |
|---|---|---|---|---|
| 89. I-Österreich | 2:1 | 22.02.1931 | Mailand |
| 90. I-Schweiz | 1:1 | 29.03.1931 | Bern |
| 91. I-Portugal | 2:0 | 12.04.1931 | Oporto |
| 92. I-Spanien | 0:0 | 19.04.1931 | Bilbao |
| 93. I-Schottland | 3:0 | 20.05.1931 | Rom |
| 94. I-Tschechoslow. | 2:2 | 15.11.1931 | Rom |
| 95. I-Ungarn | 3:2 | 13.12.1931 | Turin |
| 96. I-Schweiz | 3:0 | 14.02.1932 | Neapel |
| 97. I-Österreich | 1:2 | 20.03.1932 | Wien |
| 98. I-Frankreich | 2:1 | 10.04.1932 | Paris |
| 99. I-Ungarn | 1:1 | 08.05.1932 | Budapest |
| 100. I-Tschechoslow. | 1:2 | 28.10.1932 | Prag |
| 101. I-Ungarn | 4:2 | 27.11.1932 | Mailand |
| 102. I-Deutschland | 3:1 | 01.01.1933 | Bologna |
| 103. I-Belgien | 3:2 | 12.02.1933 | Brüssel |
| 104. I-Schweiz | 3:0 | 02.04.1933 | Genf |
| 105. I-Tschechoslow. | 2:0 | 07.05.1933 | Florenz |
| 106. I-England | 1:1 | 13.05.1933 | Rom |
| 107. I-Ungarn | 1:0 | 22.10.1933 | Budapest |
| 108. I-Schweiz | 5:2 | 03.12.1933 | Florenz |
| 109. I-Österreich | 2:4 | 11.02.1934 | Turin |
| 110. I-Griechenland | 4:0 | 25.03.1934 | Mailand |
| 111. I-USA | 7:1 | 27.05.1934 | Rom |
| 112. I-Spanien | 1:1 | 31.05.1934 | Florenz |
| 113. I-Spanien | 1:0 | 01.06.1934 | Florenz |
| 114. I-Österreich | 1:0 | 03.06.1934 | Mailand |
| 115. I-Tschechoslow. | 2:1 | 10.06.1934 | Rom |
| 116. I-England | 2:3 | 14.11.1934 | London |
| 117. I-Ungarn | 4:2 | 09.12.1934 | Mailand |
| 118. I-Frankreich | 2:1 | 17.02.1935 | Rom |
| 119. I-Österreich | 2:0 | 24.03.1935 | Wien |
| 120. I-Tschechoslow. | 2:1 | 27.10.1935 | Prag |
| 121. I-Ungarn | 2:2 | 24.11.1935 | Mailand |
| 122. I-Schweiz | 2:1 | 05.04.1936 | Zürich |
| 123. I-Österreich | 2:2 | 17.05.1936 | Rom |
| 124. I-Ungarn | 2:1 | 31.05.1936 | Budapest |
| 125. I-USA | 1:0 | 03.08.1936 | Berlin |
| 126. I-Japan | 8:0 | 07.08.1936 | Berlin |
| 127. I-Norwegen | 2:1 | 10.08.1936 | Berlin |
| 128. I-Österreich | 2:1 | 15.08.1936 | Berlin |
| 129. I-Schweiz | 4:2 | 25.10.1936 | Mailand |
| 130. I-Deutschland | 2:2 | 15.11.1936 | Berlin |
| 131. I-Tschechoslow. | 2:0 | 13.12.1936 | Genua |
| 132. I-Ungarn | 2:0 | 25.04.1937 | Turin |
| 133. I-Tschechoslow. | 1:0 | 23.05.1937 | Prag |
| 134. I-Norwegen | 3:1 | 27.05.1937 | Oslo |
| 135. I-Schweiz | 2:2 | 31.10.1937 | Genf |

| | | | | |
|---|---|---|---|---|
| 136. I-Frankreich | 0:0 | 05.12.1937 | Paris |
| 137. I-Belgien | 6:1 | 15.05.1938 | Mailand |
| 138. I-Jugoslavien | 4:0 | 22.05.1938 | Genua |
| 139. I-Norwegen | 2:1 | 05.06.1938 | Marseille |
| 140. I-Frankreich | 3:1 | 12.06.1938 | Paris |
| 141. I-Brasilien | 2:1 | 16.06.1938 | Marseille |
| 142. I-Ungarn | 4:2 | 19.06.1938 | Paris |
| 143. I-Schweiz | 2:0 | 20.11.1938 | Bologna |
| 144. I-Frankreich | 1:0 | 04.12.1938 | Neapel |
| 145. I-Deutschland | 3:2 | 26.03.1939 | Florenz |
| 146. I-England | 2:2 | 13.05.1939 | Mailand |
| 147. I-Jugoslawien | 2:1 | 04.06.1939 | Belgrad |
| 148. I-Ungarn | 3:1 | 08.06.1939 | Budapest |
| 149. I-Rumänien | 1:0 | 11.06.1939 | Bukarest |
| 150. I-Finnland | 3:2 | 20.07.1939 | Helsinki |
| 151. I-Schweiz | 1:3 | 12.11.1939 | Zürich |
| 152. I-Deutschland | 2:5 | 26.11.1939 | Berlin |
| 153. I-Schweiz | 1:1 | 03.03.1940 | Turin |
| 154. I-Rumänien | 2:1 | 14.04.1940 | Rom |
| 155. I-Deutschland | 3:2 | 05..05.1940 | Mailand |
| 156. I-Ungarn | 1:1 | 01.12.1940 | Genua |
| 157. I-Kroatien | 4:0 | 05.04.1942 | Genua |
| 158. I-Spanien | 4:0 | 19.04.1942 | Mailand |

# Der Aufbau der Meisterschaft

**Die A-Klasse** umfaßt 16 Mannschaften. Der Tabellenführer wird italienischer Meister. Die zwei letzten Mannschaften der Tabelle steigen in die B-Klasse ab.

**Die B-Klasse** umfaßt 18 Mannschaften Die zwei ersten Mannschaften der Tabelle steigen in die A-Klasse auf. Die vier letzten Mannschaften rücken in die C-Klasse zurück.

**Die C-Klasse** ist in 8 Gruppen von je 16 Vereinen eingeteilt. Die ersten jeder Gruppe tragen in zwei Gruppen Aufstiegsspiele aus und die zwei ersten jeder Gruppe, also vier Vereine, steigen in die B-Klasse auf. Von den 8 Gruppen steigen jeweils die drei Tabellenletzten in die Zonengruppe ab.

# Die Vereine der A-Klasse

**Ambrosiana:** Associazione Sportiva Ambrosiana „Inter" — Mailand, via Unione 14. Farben: schwarz-azurblau — Gründungsjahr: 1908 — 27 Vertragsspieler — Trainer: G. Peruchetti — Platz: Stadio Civico Arena, Fassungsverm. 35 000 Z. — Präsident: Fernado Pozzani.

**Bologna:** „Bologna" Associazione Giuoco del Calcio — Bologna, via Manzoni 4. Farben rot-blau — Gründungsjahr: 1909 — 27 Vertragsspieler — Trainer: Dr. E. Felsner — Platz: Stadio Littoriale, Fassungsverm. 50 000 Z. — Präsident: Comm. Renato Dall'Ara.

**Fiorentina:** Associazione Fiorentina del Calcio — Florenz, via Manfredo Fanti. Farben: violett — Gründungsjahr: 1926. 30 Vertragsspieler — Trainer: R. Soutschek — Platz: Stadio Giovanni Berta, Fassungsverm. 55 000 Z. — Präsident: Cons. Naz. Marchese Luigi Ridolfi.

**Genua:** „Genova 1893" Associazione Calcio — Genau, piazza de Ferrari 42/1. Farben: rot-blau — Gründungsjahr: 1893 — 26 Vertragsspieler — Trainer: O. Barbieri — Platz: Campo Luigi Ferraris, Fassungsverm. 50 000 Z. — Präsident: Claudio Giovanni Culiolo.

**Juventus:** „Juventus" — Turin, via Bogino 12. Farben: weiß-schwarz — Gründungsjahr: 1897 — 26 Vertragsspieler — Trainer: U Caligaris — Platz: Stadio Mussolini, Fassungsverm. 70 000 Z. — Präsident: Cons. Naz. Dott. Conte Emi-De La Forest de Divonne.

**Lazio:** Società Sportiva Lazio — Rom, via Frattina 89. Farben: azurblau-weiß — Gründungsjahr: 1900. — 24 Vertragsspieler — Trainer: O. Kertesz — Platz: Stadio Nazionale del P. N. F., Fassungsverm. 45 000 Z. — Präsident: Dott. Ing. Aurelio Aureli.

**Liguria:** Associazione Calcio Liguria — Genua, Sampierdarena, via Orsolino. Farben: weiß-rot-schwarz — Gründungsjahr: 1899 — 26 Vertragsspieler — Trainer: P. Colombati — Platz: Stadio del Littorio, Fassungsverm. 20 000 Z. — Präsident: Console Leonardo Salvatore Siliato.

**Milano:** Associazione Calcio Milano — Mailand, via Gaetano Negri 8. Farben: rot-schwarz — Gründungsjahr: 1899 — 24 Vertragsspieler — Trainer: G. Ara — Platz: Stadio Calcistico S. Siro, Fassungsverm. 60 000 Z. — Präsident: Achile Invernizzi.

**Modena:** „Modena Calcio" — Modena, via Donzi 4. Farben: blau-gelb — Gründungsjahr: 1912 — 23 Vertragsspieler — Trainer: G. Ging — Platz: Stadio Comunale „Cesare Marzari", Fassungsverm. 15 000 Z. — Präsident: Avv. Anj. Cavazzoni Peder zini.

**Napoli:** Associazione Calcio Napoli — Neapel, via Depretis 114. Farben: azurblau-weiß — Gründungsjahr: 1906 — 24 Vertragsspieler — Trainer: A. Baloncieri — Platz: Stadio Partenopeo. Fassungsverm. 45 000 Z. — Präsident: Cons. Naz. Achile Lauro.

**Roma:** Associazione Sportiva Roma — Rom, via del Tritone 125. Farben: rot-gelb — Gründungsjahr: 1927 — 28 Vertragsspieler — Trainer: A. Schaffer — Platz: Campo Testaccio, Fassungsverm.: 20 000 Z. — Präsident: Comm Igino Betti.

**Torino:** Associazione Calcio „Torino" — Turin, via Alfieri 6. Farben: granatrot — Gründungsjahr: 1906 — 26 Vertragsspieler — Trainer: A. Cargnelli — Platz: Campo Torino, Fassungsverm 35 000 Z. — Präsident: Ferruccio Novo.

**Triest:** Unione Sportiva Triestina — Triest, piazza Malta 2. Farben: rot-weiß — Gründungsjahr: 1918 — 23 Vertragsspieler — Trainer: L. Monti — Platz: Stadio del Littorio, Fassungsverm. 25 000 Z. — Präsident: Cons. Naz. Ermano Mentaschi.

**Venedig:** Associazione Fascista Calcio Venezia — Venedig, S. Maurizio, Palatto Bellavite 2761. Farben: schwarz-grün — Gründungsjahr: 1907 — 29 Vertragsspieler — Trainer: G. Girani — Platz: Stadio „Pier Luigi Penzo". Fassungsverm. 18 000 Z. — Präsident: Arnaldo Bennati.

**Atalanta:** Atalanta e ·Bergamasca di Ginnastica e Scherma, Sezione Calcio — Bergamo, piazza Vittorio Emanuele 5. Farben: schwarz-blau — Gründungsjahr: 1879 — Platz: Stadio Morio Brumana. Fassungsverm. 20 000 Z — 24 Vertragsspieler — Trainer: Ivo Fiorentini — Präsident: Nardo Bertoncini.

**Livorno:** Union Sportiva Livorno — Livorno, piazza Cavour 7. Farben: rosa — Gründungsjahr: 1915 — 24 Vertragsspieler — Platz: Stadio Edda Ciano Mussolini, Fassungsverm. 25 000 Z. — Trainer: Pietro Piselli — Präsident: Bruno Baiochi.

# Die italienische B-Klasse

**Alessandria:** Alessandria Unione Sportiva — Alessandria, Spalto Rovereto 8. Gründungsjahr: 1909 — 25 Vertragsspieler — Sportplatz 12 000 Z.

**Brescia:** Associazione Calcio Brescia — Brescia, via Tosio 8. Gründungsjahr: 1912 — 23 Vertragsspieler — Sportplatz, 10 000 Z.

**Fanfulla:** Assiciazione Sportiva Fanfulla — Lodi, piazza della Vittoria, Bar Bonvini — Gründungsjahr: 1874 — 22 Vertragsspieler — Sportplatz. 5000 Z.

**Lucchese:** Unione Sportiva Lucchese — „Libertas" — Lucca, via Vittorio Emanuele 1. Gründungsjahr: 1908 — 22 Vertragsspieler — Sportplatz, 20 000 Z.

**Padova:** Associazione Fascista Calcio — Padova, via Giosue Carducci 3. Gründungsjahr: 1913 — 27 Vertragsspieler — Sportplatz, 10 000 Z.

**Palermo:** Associazione Calcio Palermo — Palermo, via del Fante (Stadio) — Gründungsjahr: 1898 — 21 Vertragsspieler — Sportplatz, 15 000 Z.

**Pisa:** Associ zione Calcio Pisa — Pisa, via San Martino 1. Gründungsjahr: 1911 — 22 Vertragsspieler — Sportplatz, 12 000 Z.

**Siena:** Associazione Calcio Siena — Siena, piazza Costanzo Ciano 1. Gründungsjahr: 1904 — 22 Vertragsspieler — Sportplatz. 10 000 Z.

**Udinese:** Associazione Calcio Udinese — Udine, via Rialto 8. Gründungsjahr: 1896 — 25 Vertragsspieler — Sportplatz, 20 000 Z.

**Reggiana:** Associazione Calcio „Reggiana" — Riggio Emilia, via Farini — Gründungsjahr: 1911 — 16 Vertragsspieler — Sortplatz. 5000 Z.

**Savona:** Associazione Savona — Savona, piazza Chiabrera 1/4. — Gründungsjahr: 1907 — 15 Vertragsspieler — Sportplatz, 8000 Z.

**Vicenza:** Associazione Fascista Calcio Vicenza — Vicenza, piazza Erbe 8. — Gründungsjahr: 1895 — 16 Vertragsspieler — Sportplatz. 6000 Z.

**Modena:** Modena Calcio — Modena, via Donzi 4 — Gründungsjahr: 1912 — 23 Vertragsspieler — Sportplatz, 15 000 Z.

**Liguria:** Associazione Calcio Liguria — Genua-Sampierdarena, via Orsolino — Gründungsjahr: 1899 — 26 Vertragsspieler — Sportplatz. 20 000 Z.

**Bari:** Unione Sportiva Bari — Bari, via Putignani 62. Farben: weiß-rot — Gründungsjahr: 1928 — 24 Vertragsspieler — Trainer: R. Costantino — Platz: Stadio della Vittoria. Fassungsverm. 45 000 Z. — Präsident: Dott. Giambattista Pattarino

**Novara:** Associazione Calcio Novara — Novara via Amcarotti I. Farben: azurblau-weiß — Gründungsjahr: 1908 — 26 Vertragsspieler — Trainer: C. Rigotti — Platz: Stadio del Littorio. Fassungsverm. 12 000 Z. — Präsident: Alvise Peretti.

**Fiumana:** Unione Sportiva Fiumana — Fiume, via Costanzo Ciano. 66 — Gründungsjahr: 1926 — 15 Vertragsspieler — Sportplatz, 8000 Z.

**Pescara:** Società Sportiva Pescara — Pescara, Casa del Fascio — Gründungsjahr: 1937 — 15 Vertragsspieler — Sportplatz. 5000 Z.

**Patro:** Associazione Calcio „Prato" — Prato, via Garibaldi. 9 — Gründungsjahr: 1911 — 16 Vertragsspieler — Sportplatz, 4000 Z.

**Pro Patria:** Pro Patria et Libertate — Busto Arsizio, via Gabriele d'Annunzio. 3 — Gründungsjahr: 1881 — 16 Vertragsspieler — Sportplatz. 10 000 Z.

## Italiens Schützenkönige früherer Jahre

1926 H i r z e r (Juventus) 29: 1927 P o w o l n y, 20: 1928 B a l o n c i e r i (Torino) 28: 1929 R o s e t t i (Torino) 37: 1930 M e a z z a (Ambrosiana) 31: 1931 V o l k (Roma) 29: 1932 P e t r o n e (Fiorentina) 25: S c h i a v i o (Bologna) 25: 1933 B o r e l II (Juventus) 29: 1934 B o r e l II (Juventus) 32: 1935 G u a i t a (Roma) 28: 1936 M e a z z a (Ambrosiana) 20: 1937 P i o l a (Lazio) 21: 1938 M e a z z a (Ambrosiana) 20: 1939 B o f f i (Milano) 19: P u r i c e l l i (Bologna) 19: 1940 B o f f i (Milano) 24 Tore: P u r i c e l l i (Bologna) 22 Tore.

# Die Schlußtabellen 1940/41

## Meisterschafts-Serie A:

| | | | | | | |
|---|---|---|---|---|---|---|
| Bologna | 30 | 16 | 7 | 7 | 60:37 | 39 |
| Ambrosiana | 30 | 14 | 7 | 9 | 52:42 | 35 |
| Milano | 30 | 12 | 10 | 8 | 55:34 | 34 |
| Fiorentina | 30 | 14 | 6 | 10 | 60:49 | 34 |
| Juventus | 30 | 12 | 8 | 10 | 50:47 | 32 |
| Atalanta | 30 | 11 | 9 | 10 | 45:38 | 31 |
| Torino | 30 | 11 | 8 | 11 | 54:50 | 30 |
| Napoli | 30 | 11 | 8 | 11 | 41:48 | 30 |
| Triestina | 30 | 9 | 11 | 10 | 43:39 | 29 |
| Genova | 30 | 10 | 9 | 11 | 46:44 | 29 |
| Roma | 30 | 9 | 11 | 10 | 48:46 | 29 |
| Venezia | 30 | 8 | 13 | 9 | 39:44 | 29 |
| Livorno | 30 | 9 | 10 | 11 | 40:51 | 28 |
| Lazio | 30 | 7 | 13 | 10 | 38:42 | 27 |
| Novara | 30 | 8 | 11 | 11 | 31:38 | 27 |
| Bari | 30 | 5 | 7 | 18 | 31:84 | 17 |

## Meisterschafts-Serie B:

| | | | | | | |
|---|---|---|---|---|---|---|
| Liguria | 34 | 22 | 5 | 7 | 71:32 | 49 |
| Modena | 34 | 21 | 6 | 7 | 74:33 | 48 |
| Brescia | 34 | 20 | 6 | 8 | 67:32 | 46 |
| Savona | 34 | 17 | 10 | 7 | 48:23 | 44 |
| Padova | 34 | 15 | 9 | 10 | 64:47 | 39 |
| Vicenza | 34 | 15 | 8 | 11 | 66:58 | 38 |
| Alessandria | 34 | 12 | 11 | 11 | 58:54 | 35 |
| Siena | 34 | 13 | 8 | 13 | 42:41 | 34 |
| Reggiana | 34 | 12 | 9 | 13 | 51:43 | 33 |
| Lucchese | 34 | 12 | 9 | 13 | 42:47 | 33 |
| Udinese | 34 | 9 | 13 | 12 | 45:50 | 31 |
| Spezia | 34 | 10 | 10 | 14 | 45:51 | 30 |
| Fanfulla | 34 | 11 | 8 | 15 | 48:61 | 30 |
| Pisa | 34 | 10 | 10 | 14 | 40:60 | 30 |
| Verona | 31 | 11 | 4 | 19 | 47:76 | 26 |
| Anconitana | 34 | 9 | 7 | 18 | 44:74 | 25 |
| Macerata | 34 | 9 | 3 | 22 | 35:78 | 21 |
| Pro Vercelli | 34 | 6 | 8 | 20 | 42:69 | 20 |

# Der italienische Pokal

## Die bisherigen Sieger:

1921/1922: AC. Vado
1935/1936: AC. Torino
1936/1937: AC. Genova 1893
1937/1938: Juventus
1938/1939: AS. Ambrosiana
1939/1940: Fiorentina
1940/1941: Venezia

Die Entscheidung der Finale wurde in diesem Jahre in zwei Spielen zwischen Venezia und Roma ausgetragen. Das erste Spiel fand in Rom statt und ging 3:3 aus, das zweite Spiel brachte am 15. Juni dann mit einem 1:0-Sieg von Venezia die Entscheidung.

Die Aufstellungen der beiden Endspiele:

V e n e d i g : Fioravanti — Piazza, Di Gennaro — Tortora, Puppo, Stefanini — Alberti, Loich, Diotalevi, Mazzola, Alberico. (In der Mannschaft fehlte infolge Verletzung der etatsmäßige Mittelstürmer Pernigo.)

R o m a : Masetti — Brunella, Acerbi —, Jacobini, Donati, Bonomi — Kriezu, Borsetti, Amadei, Coscia, Panto.

Das entscheidende Tor köpfte Loich in der 27. Minute der zweiten Halbzeit ein.

# Die 41 italienischen Meister

Cricket Genua, Pro Vercelli FC. Genua, Juventus Turin und Bologna teilweise „campione".

| | |
|---|---|
| 1989: Cricket, Genova | der FIGC) |
| 1899: Cricket, Genova | 1922: Pro Vercelli (Meister |
| 1900: Cricket, Genova | der CCI) |
| 1901: Cricket, Milano | 1923: FC. Genova |
| 1902: Cricket, Genova | 1924: FC, Genova |
| 1903: Cricket, Genova | 1925: FC. Bologna |
| 1904: Cricket, Genova | 1926: Juventus Torino |
| 1905: Juventus Torino | 1927: FC. Torino |
| 1906: Cricket Milano | 1928: FC. Torino |
| 1907: Cricket, Milano | 1929: FC. Bologna |
| 1907: Cricket, Milano | 1930: Ambrosiana Milano |
| 1908: Pro Vercelli | 1931: Juventus Torino |
| 1909: Pro Vercelli | 1932: Juventus Torino |
| 1910: Intern. Milano | 1933: Juventus Torino |
| 1911: Pro Vercelli | 1934: Juventus Torino |
| 1912: Pro Vercelli | 1935: Juventus Torino |
| 1913: Pro Vercelli | 1936: Calcio Bologna |
| 1914: FC. Casale | 1937: Calcio Bologna |
| 1915: FC. Genova | 1938: Ambrosiana (Inter) |
| 1916 - 1917 - 1918 - 1919 | Milano |
| nicht ausgetragen | 1939: Calcio Bologna |
| 1920: Intern. Milano | 1940: Ambrosiana (Inter) |
| 1921: Pro Vercelli | Milano |
| 1922: US. Novese (Meister | 1941: Calcio Bologna |

# JUGOSLAWIEN

## Meister 1923-1941

| | | | |
|---|---|---|---|
| 1923 | Gradjanska Agram | 1932 | Concordia |
| 1924 | Jugoslawija Belgrad | 1933 | BSK |
| 1925 | Jugoslawija Belgrad | 1934 | nicht ausgetragen |
| 1926 | Gradjanska | 1935 | BSK |
| 1927 | Hajduk Split | 1936 | BSK |
| 1928 | Gradjanska | 1937 | Gradjanska |
| 1929 | Hajduk | 1938 | HASK Agram |
| 1930 | Concordia Agram | 1939 | BSK |
| 1931 | BSK Belgard | 1940 | Gradjanska |

# KROATIEN

## Meister 1941-1944

| | |
|---|---|
| 1941 | Gradjanska Agram |
| 1942 | Concordia Agram |
| 1943-1944 | Gradjanska Agram |

(Kroatien war während dieser Jahre selbständiger Staat.)

# LETTLAND

## Meister 1922-1943

| | | | |
|---|---|---|---|
| 1922 | Kaiserwald Riga | 1933 | Olympia Libau |
| 1923 | Kaiserwald Riga | 1934 | Rigaer FC |
| 1924 | Rigaer FC | 1935 | Rigaer FC |
| 1925 | Rigaer FC | 1936 | Olympia Libau |
| 1926 | Rigaer FC | 1937 | Olympia Libau |
| 1927 | Olympia Libau | 1938 | Rigaer FC |
| 1928 | Olympia Libau | 1939 | Olympia Libau |
| 1929 | Olympia Libau | 1940 | Rigaer FC |
| 1930 | Rigaer FC | 1941 | ausgefallen |
| 1931 | Rigaer FC | 1942 | ASK Riga |
| 1932 | ASK Riga | 1943 | ASK Riga |

# LITAUEN

## Meister 1923-1943

| | | | | |
|---|---|---|---|---|
| 1923 | LF Lavinimosi | | 1934 | Maisto SK Kauen |
| 1924 | SC Kovas Kauen | | 1935 | SC Kovas Kauen |
| 1925 | SC Kovas Kauen | | 1936 | SC Kovas Kauen |
| 1926 | SC Kovas Kauen | | 1937 | Maisto SK Kauen |
| 1927 | LF Lavinimosi | | 1938 | SC Kovas Kauen |
| 1928 | KSS Memel | | 1939 | SC Kovas Kauen |
| 1929 | KSS Memel | | 1940 | ausgefallen |
| 1930 | KSS Memel | | 1941 | ausgefallen |
| 1931 | KSS Memel | | 1942 | ausgefallen |
| 1932 | LF Lavinimosi | | 1943 | Tauras Kauen |
| 1933 | SC Kovas Kauen | | | |

# LUXEMBURG

## Meister 1910-1941

| | | | | |
|---|---|---|---|---|
| 1910 | RC Luxemburg | | 1926 | R.B.Differdingen |
| 1911 | SC Luxemburg | | 1927 | US Hollerich |
| 1912 | US Hollerich | | 1928 | Spora Luxemburg |
| 1913 | ausgefallen | | 1929 | Spora Luxemburg |
| 1914 | US Hollerich | | 1930 | Fola Esch |
| 1915 | US Hollerich | | 1931 | R.B.Differdingen |
| 1916 | US Hollerich | | 1932 | R.B.Differdingen |
| 1917 | US Hollerich | | 1933 | Red Boys Differd. |
| 1918 | Fola Esch | | 1934 | Spora Luxemburg |
| 1919 | SC Luxemburg | | 1935 | Spora Luxemburg |
| 1920 | Fola Esch | | 1936 | Spora Luxemburg |
| 1921 | Jeunesse Esch | | 1937 | Niederkorn |
| 1922 | Fola Esch | | 1938 | Spora |
| 1923 | R.B.Differdingen | | 1939 | Stade Düdelingen |
| 1924 | Fola Esch | | 1940 | Stade Düdelingen |
| 1925 | Spora Luxemburg | | | |

## Pokalsieger 1922-1942

| | | | |
|---|---|---|---|
| 1922 | Racing | 1932 | Spora |
| 1923 | Fola Esch | 1933 | Niederkorn |
| 1924 | Fola Esch | 1934 | Red Boys |
| 1925 | Red Boys | 1935 | Jeunesse |
| 1926 | Red Boys | 1936 | Red Boys |
| 1927 | Red Boys | 1937 | Jeunesse |
| 1928 | Spora | 1938 | Stade |
| 1929 | Red Boys | 1939 | US Düdelingen |
| 1930 | Red Boys | 1940 | Spora |
| 1931 | Red Boys | 1941 | Red Boys |

# N O R W E G E N

## Meister 1902-1941

| | | | |
|---|---|---|---|
| 1902 | Grane Nordstrand | 1922 | Odd Skien |
| 1903 | Odd Skien | 1923 | Brann Bergen |
| 1904 | Odd Skien | 1924 | Odd Skien |
| 1905 | Odd Skien | 1925 | Brann Bergen |
| 1906 | Odd Skien | 1926 | Odd Skien |
| 1907 | Mercantile Oslo | 1927 | Oern Horten |
| 1908 | Lyn Oslo | 1928 | Oern Horten |
| 1909 | Lyn Oslo | 1929 | Sarpsborg |
| 1910 | Lyn Oslo | 1930 | Oern Horten |
| 1911 | Lyn Oslo | 1931 | Odd Skien |
| 1912 | Mercantile Oslo | 1932 | Frederikstadt |
| 1913 | Odd Skien | 1933 | IF Mjoendalen |
| 1914 | Frigg Oslo | 1934 | IF Mjoendalen |
| 1915 | Odd Skien | 1935 | Frederikstad |
| 1916 | Frigg Oslo | 1936 | Frederikstad |
| 1917 | Sarpsborg | 1937 | Mjoendalen |
| 1918 | Kvick Halden | 1938 | Frederikstad |
| 1919 | Odd Skien | 1939 | Sparsborg |
| 1920 | Oern Horten | 1940 | Frederikstad |
| 1921 | Frigg Oslo | | |

# POLEN

## Meister 1921-1939

| | | | |
|---|---|---|---|
| 1921 | Cracovia Krakau | 1930 | Cracovia Krakau |
| 1922 | Pogon Lemberg | 1931 | Garbanya Krakau |
| 1923 | Pogon Lemberg | 1932 | Cracovia Krakau |
| 1924 | kein Meister | 1933 | Ruch Bismarckhütte |
| 1925 | Pogon Lemberg | 1934 | Ruch Bismarckhütte |
| 1926 | Pogon Lemberg | 1935 | Ruch Bismarckhütte |
| 1927 | Wisla Krakau | 1936 | Ruch Bismarckhütte |
| 1928 | Wisla Krakau | 1937 | Cracovia Krakau |
| 1929 | Warta Posen | 1938 | Ruch Bismarckhütte |

# PORTUGAL

## Länderspiele 1921-1939

| | | | | |
|---|---|---|---|---|
| 1. | Port.-Spanien | 1:3 | 18.12.1921 | Madrid |
| 2. | Port.-Spanien | 1:2 | 17.12.1922 | Lissabon |
| 3. | Port.-Spanien | 0:3 | 16.12.1923 | Sevilla |
| 4. | Port.-Spanien | 0:2 | 15.05.1925 | Lissabon |
| 5. | Port.-Italien | 1:0 | 18.06.1925 | Lissabon |
| 6. | Port.-Tschechosl. | 1:1 | 24.01.1926 | Porto |
| 7. | Port.-Frankr. | 2:4 | 18.04.1926 | Toulouse |
| 8. | Port.-Ungarn | 3:3 | 26.12.1926 | Porto |
| 9. | Port.-Frankr. | 4:0 | 16.03.1927 | Lissabon |
| 10. | Port.-Italien | 1:3 | 17.04.1927 | Turin |
| 11. | Port.-Spanien | 0:2 | 29.05.1927 | Madrid |
| 12. | Port.-Spanien | 2:2 | 08.01.1928 | Lissabon |
| 13. | Port.-Argentin. | 0:0 | 01.04.1928 | Lissabon |
| 14. | Port.-Italien | 4:1 | 15.04.1928 | Porto |
| 15. | Port.-Frankr. | 1:1 | 29.04.1928 | Paris |
| 16. | Port.-Chile | 4:2 | 27.05.1928 | Amsterdam |
| 17. | Port.-Jugosl. | 2:1 | 29.05.1928 | Amsterdam |
| 18. | Port.-Agypten | 1:2 | 04.06.1928 | Amsterdam |
| 19. | Port.-Spanien | 0:5 | 17.03.1929 | Sevilla |
| 20. | Port.-Frankr. | 0:2 | 24.03.1929 | Paris |
| 21. | Port.-Italien | 1:6 | 01.12.1929 | Mailand |
| 22. | Port.-Tschechosl. | 1:0 | 12.01.1930 | Lissabon |
| 23. | Port.-Frankr. | 2:0 | 23.02.1930 | Porto |
| 24. | Port.-Belgien | 1:2 | 08.06.1930 | Antwerpen |
| 25. | Port.-Spanien | 0:1 | 30.11.1930 | Porto |

| 26. Port.-Italien | 0:2 | 12.04.1931 | Porto |
|---|---|---|---|
| 27. Port.-Belgien | 3:2 | 31.05.1931 | Lissabon |
| 28. Port.-Jugosl. | 3:2 | 03.05.1932 | Lissabon |
| 29. Port.-Ungarn | 1:0 | 29.01.1933 | Lissabon |
| 30. Port.-Spanien | 0:3 | 02.04.1933 | Vigo |
| 31. Port.-Spanien | 0:9 | 11.03.1934 | Madrid |
| 32. Port.-Spanien | 1:2 | 18.03.1934 | Lissabon |
| 33. Port.-Spanien | 3:3 | 05.05.1935 | Lissabon |
| 34. Port.-Österr. | 2:3 | 26.01.1936 | Porto |
| 35. Port.-Deutschl. | 1:3 | 27.02.1936 | Lissabon |
| 36. Port.-Spanien | 2:1 | 28.11.1937 | Vigo |
| 37. Port.-Ungarn | 4:0 | 09.01.1938 | Lissabon |
| 38. Port.-Spanien | 1:0 | 30.01.1938 | Lissabon |
| 39. Port.-Deutschl. | 1:1 | 24.04.1938 | Frankfurt |
| 40. Port.-Schweiz | 1:2 | 01.05.1938 | Mailand |
| 41. Port.-Schweiz | 0:1 | 06.11.1938 | Lausanne |
| 42. Port.-Schweiz | 2:4 | 12.02.1939 | Lissabon |
| 43. Port.-Frankr. | 2:3 | 28.01.1940 | Paris |
| 44. Port.-Spanien | 2:2 | 12.01.1941 | Lissabon |
| 45. Port.-Spanien | 1:5 | 16.03.1941 | Bilbao |
| 46. Port.-Schweiz | 3:0 | 01.01.1942 | Lissabon |

## Pokalsieger 1922-1945

| 1922 | FC Porto | 1935 | Benfica |
|---|---|---|---|
| 1923 | Sporting | 1936 | Sporting |
| 1924 | Olhanense | 1937 | FC Porto |
| 1925 | FC Porto | 1938 | Sporting |
| 1926 | SC Maritimo | 1939 | Academiva Coimbra |
| 1927 | Belenenses | 1940 | Benfica |
| 1928 | Carcavelinhos | 1941 | Sporting |
| 1929 | Belenenses | 1942 | Belenenses |
| 1930 | Benfica | 1943 | Benfica |
| 1931 | Benfica | 1944 | Benfica |
| 1932 | FC Porto | 1945 | Sporting |
| 1933 | Belenenses | 1946 | Sporting |
| 1934 | Sporting | | |

## Liga Meister 1935-1945

(wurde 1935 neben dem Pokalwettbewerb der Landesmeister
eingeführt)

| 1935 | FC Porto | 1936 | Benfica |
|---|---|---|---|

| 1937 | Benfica | 1942 | Benfica |
|------|---------|------|---------|
| 1938 | Benfica | 1943 | Benfica |
| 1939 | FC Porto | 1944 | Sporting |
| 1940 | FC Porto | 1945 | Benfica |
| 1941 | Sporting | | |

# RUMÄNIEN

## Länderspiele 1922-1943

| | | | | |
|---|---|---|---|---|
| 1. Jugoslawien-R | 1:2 | 8.6.1922 | Belgrad |
| 2. R-Polen | 1:1 | 3.9.1922 | Cernauti |
| 3. R-Jugoslawien | 1:2 | 10.6.1923 | Bukarest |
| 4. R-Tschechosl. | 0:6 | 1.7.1923 | Cluj |
| 5. Polen-R | 1:1 | 2.9.1923 | Lemberg |
| 6. Türkei-R | 2:2 | 26.10.1923 | Istanbul |
| 7. Österreich-R | 4:1 | 20.5.1924 | Wien |
| 8. R-Niederlande | 0:6 | 27.5.1924 | Paris |
| 9. Tschechosl.-R | 4:1 | 31.8.1924 | Prag |
| 10. R-Türkei | 1:2 | 1.5.1925 | Bukarest |
| 11. Bulgarien-R | 2:4 | 31.5.1925 | Sofia |
| 12. R-Bulgarien | 6:1 | 25.4.1926 | Bukarest |
| 13. Türkei-R | 1:3 | 7.5.1926 | Istanbul |
| 14. Jugoslawien-R | 2:3 | 3.10.1926 | Zagreb |
| 15. R-Jugoslawien | 0:3 | 10.5.1927 | Bukarest |
| 16. R-Polen | 3:3 | 19.6.1927 | Bukarest |
| 17. R-Türkei | 4:2 | 15.4.1928 | Arad |
| 18. Jugoslawien-R | 3:1 | 6.5.1928 | Zagreb |
| 19. R-Bulgarien | 3:0 | 21.4.1929 | Bukarest |
| 20. R-Jugoslawien | 2:3 | 10.5.1929 | Bukarest |
| 21. Bulgarien-R | 2:3 | 15.9.1929 | Sofia |
| 22. R-Jugoslawien | 2:1 | 6.10.1929 | Bukarest |
| 23. Jugoslawien-R | 2:1 | 4.5.1930 | Belgrad |
| 24. R-Griechenland | 8:1 | 25.5.1930 | Bukarest |
| 25. R-Peru | 3:1 | 14.7.1930 | Montevideo |
| 26. Uruguay-R | 4:0 | 21.7.1930 | Montevideo |
| 27. Bulgarien-R | 5:3 | 12.10.1930 | Sofia |
| 28. R-Bulgarien | 5:2 | 10.5.1931 | Bukarest |
| 29. Jugoslawien-R | 2:4 | 28.6.1931 | Zagreb |
| 30. Polen-R | 2:3 | 23.8.1931 | Warschau |
| 31. Littauen-R | 2:4 | 26.8.1931 | Kaunas |
| 32. R-Tschechosl.(A) | 4:1 | 20.9.1931 | Oradea |

| 33. Ungarn(A)-R | 4:0 | 4.10.1931 | Budapest |
|---|---|---|---|
| 34. Griechenland-R | 2:4 | 29.11.1931 | Athen |
| 35. R-Österreich(A) | 4:1 | 8.5.1932 | Bukarest |
| 36. R-Frankreich | 6:3 | 12.6.1932 | Bukarest |
| 37. R-Bulgarien | 0:2 | 26.6.1932 | Belgrad |
| 38. R-Griechenland | 3:0 | 28.6.1932 | Belgrad |
| 39. Jugoslawien-R | 3:1 | 3.7.1932 | Belgrad |
| 40. R-Polen | 0:5 | 2.10.1932 | Bukarest |
| 41. Österreich(A)-R | 0:1 | 16.10.1932 | Linz |
| 42. R-Bulgarien | 7:0 | 4.6.1933 | Bukarest |
| 43. R-Griechenland | 1:0 | 8.6.1933 | Bukarest |
| 44. R-Jugoslawien | 5:0 | 11.6.1933 | Bukarest |
| 45. R-Ungarn(A) | 5:1 | 24.9.1933 | Bukarest |
| 46. Schweiz-R | 2:2 | 29.10.1933 | Bern |
| 47. Tschechosl.(A)-R | 2:2 | 25.3.1934 | Prag |
| 48. R-Jugoslawien | 2:1 | 29.4.1934 | Bukarest |
| 49. R-Tschechosl. | 1:2 | 27.5.1934 | Triest |
| 50. Polen-R | 3:3 | 14.10.1934 | Lemberg |
| 51. Griechenland-R | 2:2 | 27.12.1934 | Athen |
| 52. R-Bulgarien | 3:2 | 30.12.1934 | Athen |
| 53. R-Jugoslawien | 0:4 | 1.1.1935 | Athen |
| 54. R-Jugoslawien | 0:2 | 17.6.1935 | Sofia |
| 55. Bulgarien-R | 4:0 | 19.6.1935 | Sofia |
| 56. R-Griechenland | 2:2 | 24.6.1935 | Sofia |
| 57. Deutschland-R | 4:2 | 25.8.1935 | Erfurt |
| 58. Schweden-R | 7:1 | 1.9.1935 | Stockholm |
| 59. R-Polen | 4:1 | 3.11.1935 | Bukarest |
| 60. R-Jugoslawien | 3:2 | 10.5.1936 | Bukarest |
| 61. R-Griechenland | 5:2 | 17.5.1936 | Bukarest |
| 62. R-Bulgarien | 4:1 | 24.5.1936 | Bukarest |
| 63. R-Ungarn | 1:2 | 4.10.1936 | Bukarest |
| 64. R-Tschechosl. | 1:1 | 18.4.1937 | Bukarest |
| 65. R-Belgien | 2:1 | 10.6.1937 | Bukarest |
| 66. R-Schweden | 2:2 | 27.6.1937 | Bukarest |
| 67. Polen-R | 2:4 | 4.7.1937 | Lodcz |
| 68. Litauen-R | 0:2 | 9.7.1937 | Kaunas |
| 69. Lettland-R | 0:0 | 13.7.1937 | Riga |
| 70. Estland-R | 2:1 | 15.7.1937 | Tallin |
| 71. Jugoslawien-R | 2:1 | 8.9.1937 | Belgrad |
| 72. R-Jugoslawien | 0:1 | 8.5.1938 | Bukarest |
| 73. R-Cuba | 3:3 | 5.6.1938 | Toulouse |
| 74. R-Cuba | 1:2 | 9.6.1938 | Toulouse |
| 75. Jugoslawien-R | 1:1 | 6.9.1938 | Belgrad |
| 76. R-Deutschland | 1:4 | 25.9.1938 | Bukarest |
| 77. Tschechosl.-R | 6:2 | 4.12.1938 | Prag |
| 78. R-Jugoslawien | 1:0 | 7.5.1939 | Bukarest |
| 79. R-Lettland | 4:0 | 18.5.1939 | Bukarest |

| | | | | |
|---|---|---|---|---|
| 80. R-England | 0:2 | 24.5.1939 | Bukarest |
| 81. R-Italien | 0:1 | 11.6.1939 | Bukarest |
| 82. R-Ungarn | 1:1 | 22.10.1939 | Bukarest |
| 83. R-Jugoslawien | 3:3 | 31.3.1940 | Bukarest |
| 84. Italien-R | 2:1 | 14.4.1940 | Rom |
| 85. Ungarn-R | 2:0 | 19.5.1940 | Budapest |
| 86. Deutschland-R | 9:3 | 14.7.1940 | Frankfurt/M. |
| 87. Jugoslawien-R | 1:2 | 22.9.1940 | Belgrad |
| 88. R-Deutschland | 1:4 | 1.6.1941 | Bukarest |
| 89. R-Slowakai | 3:2 | 12.10.1941 | Bukarest |
| 90. Deutschland-R | 7:0 | 16.8.1942 | Beuthem |
| 91. Slowakai-R | 1:0 | 23.8.1942 | Bratislava |
| 92. R-Kroatien | 2:2 | 11.10.1942 | Bukarest |
| 93. R-Slowakai | 2:2 | 13.6.1943 | Bukarest |

1944 fanden keine Länderspiele statt

## Meister 1910-1944

| | | | |
|---|---|---|---|
| 1910 | Olimpia Bukarest | 1929 | Venus |
| 1911 | Olimpia Bukarest | 1930 | Juventus Bukarest |
| 1912 | United Ploesti | 1931 | SUD Resita |
| 1913 | Colentina Bukarest | 1932 | Venus |
| 1914 | Colentina Bukarest | 1933 | Ripensia Temesvar |
| 1915 | Soc. RA Bukarest | 1934 | Venus |
| 1916 | Prahova Ploesti | 1935 | Ripensia |
| 1917 | ausgefallen | 1936 | Venus |
| 1918 | ausgefallen | 1937 | Ripensia |
| 1919 | ausgefallen | 1938 | Venus |
| 1920 | Venus Bukarest | 1939 | Venus |
| 1921 | Venus Bukarest | 1940 | Venus |
| 1922 | Chinezul Temesvar | 1941 | Tricolor |
| 1923 | Chinezul Temesvar | 1942 | Rapid |
| 1924 | Chinezul Temesvar | 1943 | Craiova Bukarest |
| 1925 | Chinezul Temesvar | 1944 | ausgefallen |
| 1926 | Chinezul Temesvar | 1945 | ausgefallen |
| 1927 | Chinezul Temesvar | 1946 | ausgefallen |
| 1928 | Coltea Brasov | | |

# SCHOTTLAND

## Meister 1891-1940

| | | | |
|---|---|---|---|
| 1891 | Dumbarton u. | 1915 | Celtic |
| | Rangers gleichauf | 1916 | Celtic |
| 1892 | Dumbarton | 1917 | Celtic |
| 1893 | Celtic | 1918 | Rangers |
| 1894 | Celtic | 1919 | Celtic |
| 1895 | Hearts | 1920 | Rangers |
| 1896 | Celtic | 1921 | Rangers |
| 1897 | Hearts | 1922 | Celtic |
| 1898 | Celtic | 1923 | Rangers |
| 1899 | Rangers | 1924 | Rangers |
| 1900 | Rangers | 1925 | Rangers |
| 1901 | Rangers | 1926 | Celtic |
| 1902 | Rangers | 1927 | Rangers |
| 1903 | Hibernian | 1928 | Rangers |
| 1904 | T. Lanark | 1929 | Rangers |
| 1905 | Celtic | 1930 | Rangers |
| 1906 | Celtic | 1931 | Rangers |
| 1907 | Celtic | 1932 | Motherwell |
| 1908 | Celtic | 1933 | Rangers |
| 1909 | Celtic | 1934 | Rangers |
| 1910 | Celtic | 1935 | Rangers |
| 1911 | Rangers | 1936 | Celtic |
| 1912 | Rangers | 1937 | Rangers |
| 1913 | Rangers | 1938 | Celtic |
| 1914 | Celtic | 1939 | Rangers |

## Pokalsieger 1874-1940

| | | | |
|---|---|---|---|
| 1874 | Queens Park | 1886 | Queens Park |
| 1875 | Queens Park | 1887 | Hibernian |
| 1876 | Queens Park | 1888 | Renton |
| 1877 | Vale of Leven | 1889 | Third Lanark |
| 1878 | Vale of Leven | 1890 | Queens Park |
| 1879 | Vale of Leven | 1891 | Hearts |
| 1880 | Queens Park | 1892 | Celtic |
| 1881 | Queens Park | 1893 | Queens Park |
| 1882 | Queens Park | 1894 | Rangers |
| 1883 | Dumbarton | 1895 | St. Bernards |
| 1884 | Queens Park | 1896 | Hearts |
| 1885 | Renton | 1897 | Rangers |

| | | | |
|---|---|---|---|
| 1898 | Rangers | 1918 | nicht ausgetragen |
| 1899 | Celtic | 1919 | nicht ausgetragen |
| 1900 | Celtic | 1920 | Kilmarnock |
| 1901 | Hearts | 1921 | Patrick |
| 1902 | Hibernian | 1922 | Morton |
| 1903 | Rangers | 1923 | Celtic |
| 1904 | Celtic | 1924 | Airdie |
| 1905 | Third Lanark | 1925 | Celtic |
| 1906 | Hearts | 1926 | St. Mirren |
| 1907 | Celtic | 1927 | Celtic |
| 1908 | Celtic | 1928 | Rangers |
| 1909 | nach zwei unentsch. | 1929 | Kilmarnock |
| Spielen zwischen Rangers | | 1930 | Rangers |
| und Celtic nicht entschieden | | 1931 | Celtic |
| 1910 | Dundee | 1932 | Rangers |
| 1911 | Celtic | 1933 | Celtic |
| 1912 | Celtic | 1934 | Rangers |
| 1913 | Falkirk | 1935 | Rangers |
| 1914 | Celtic | 1936 | Rangers |
| 1915 | nicht ausgetragen | 1937 | Celtic |
| 1916 | nicht ausgetragen | 1938 | East Fife |
| 1917 | nicht ausgetragen | 1939 | Clyde |

# SCHWEDEN

## Meister 1896-1944

| | | | |
|---|---|---|---|
| 1896 | Oergryte | 1913 | Oergryte |
| 1897 | Oergryte | 1914 | AIK Stockholm |
| 1898 | Oergryte | 1915 | Djurgarden |
| 1899 | Oergryte | 1916 | AIK Stockholm |
| 1900 | AIK Stockholm | 1917 | Djurgarden |
| 1901 | AIK Stockholm | 1918 | IFK Göteborg |
| 1902 | Oergryte | 1919 | GAIS Göteborg |
| 1903 | IFK Göteborg | 1920 | Djurgarden |
| 1904 | Oergryte | 1921 | IFK Eskilstuna |
| 1905 | Oergryte | 1922 | GAIS Göteborg |
| 1906 | Oergryte | 1923 | AIK Stockholm |
| 1907 | Oergryte | 1924 | Fässberg |
| 1908 | IFK Göteborg | 1925 | Brynäs |
| 1909 | Oergryte | 1925 | GAIS Göteborg |
| 1910 | IFK Göteborg | (bis 1925 Ermittlung nach |
| 1911 | AIK Stockholm | demPokalsystem, seit 1925 |
| 1912 | Djurgarden | Ermittlungnach dem |

| | | | |
|---|---|---|---|
| Punktsystem; für 1925werden | | 1934 | IF Hälsingborg |
| dadurch zwei Meister | | 1935 | IFK Göteborg |
| geführt) | | 1936 | Elfsborg |
| 1926 | Oergryte | 1937 | AIK Stockholm |
| 1927 | GAIS Göteborg | 1938 | Sleipner |
| 1928 | Oergryte | 1939 | Elfsborg |
| 1929 | IF Hälsingborg | 1940 | Elfsborg |
| 1930 | IF Hälsingborg | 1941 | IF Hälsingborg |
| 1931 | GAIS Göteborg | 1942 | IFK Göteborg |
| 1932 | AIK Stockholm | 1943 | Norrköping |
| 1933 | IF Hälsingborg | 1944 | Malmö FF |

**Pokalsieger 1941-1945**

| | |
|---|---|
| 1941 | IF Hälsingborg |
| 1942 | GAIS Göteborg |
| 1943 | Norrköping |
| 1944 | Malmö FF |
| 1945 | Norrköping |

## Interessante Zahlen

**1928** gewann Oergryte mit nur 9/1000 besserem Torverhältnis bei Punktgleichheit die Meisterschaft vor Hälsingborg.

**Das höchste Meisterschaftsergebnis** war das 13:1 Hälsingborgs gegen Eskilstuna am 21.101.1928.

In einem einzigen **Meisterschaftstreffen** schossen G. Nordahl 1944 und Hjertsson 1943 je 7 Tore.

Den doppelten **"hat-trick"** erzielten bisher vier Spieler: 1925 Kron (Hälsingborg), 1926 Keller (Sleipner), 1928 H. Dahl (Landskrona)und ebenfalls 1928 Keller (Sleipner) zum zweiten Male.

In der Zeit vom 11.09.1927 bis 11.04.1943 machte Sven Jonasson mit 334 Treffern die **meisten Ligaspiele** überhaupt mit.

**Den absoluten Torrekord** hält als Einzelspieler F. Johansson mit 39 Treffern 1924/25, als Mannschaft Hälsingborg mit 89 Toren in der Saison 1928/29.

**Zuschauerrekord:** 06.09.1959  45.737 bei Djurgarden-Norrköping.

**Die höchste Punktzahl** erreichte Malmö FF mit 42 von 44 möglichen in der Saison 1949/50.

**In einer Saison ungeschlagen** blieb nur der Malmö FF seit Bestehen der Division A (1924/25), und zwar in der Saison 1949/50.

# SLOWAKEI

## Meister 1940-1944

| | |
|---|---|
| 1940-1942 | SK Bratislavia Preßburg |
| 1943 | Armee Preßburg |
| 1944 | SK Bratislavia Preßburg |

(Die Slowakei war während dieser Jahre selbständiger Staat.)

# Aus der Geschichte des SFAV

## Sitz Zürich.

Von der Wiege des schweizerischen Fußballsports, die in den Erziehungsinstituten der Westschweiz gestanden hat, ist es ein langer, aber gar nicht etwa ein gerader, ebener Weg. Der schon 1869 im Genfer Institut „La Chatelain" bestehende Fußballbetrieb fand nur langsam Nachahmung. Erst zehn Jahre später erfolgte die Gründung des FC. St. Gallen, des ersten schweizerischen Clubs, und es vergingen beinahe weitere 20 Jahre, bis die Gründung des Schweiz. Fußballverbandes erfolgte, der erst ab 1920 nach der Vereinigung mit dem Schweiz. Athletikverband SFAV. hieß. Die Gründung des Verbandes erfolgte in Olten am 7. April 1895, an der sich Vertreter des FC. St. Gallen, des Anglo-American-Club Zürich, FC. Basel, Graßhopper-Clubs Zürich, FC. Excelsior Zürich, des Lausanne Football and Cricket-Club, von La Villa-Longchamp-Lausanne, des FC. Yverdon, von La Chatelaine-Genf, Chateau de Lancy-Genf und des FC. Neuchatel beteiligten. Ganze elf Clubs mit ungefähr 150 Mitglieder gehörtem dem Verband vorerst an. Der Ausbau ging nur langsam vor sich: die Zahl der Clubs und der Mitglieder nahm einmal zu, einmal ab, entsprechend den Schwierigkeiten und Hindernissen, die der Entwicklung bis weit in die Kriegsjahre 1914/18 hinein in den Weg gelegt wurden. Diese Jahre sahen anderseits die sprunghafte Vorwärtsbewegung, die bis heute angehalten hat. 1913 wiesen 88 Clubs 11 253 Mitglieder auf. 1919: 195 Clubs 20 686 Mitglieder. 1927 460 Clubs 55 050 Mitglieder. 1941 547 Clubs 62 487 Mitglieder (ohne Abteilung Athletik). Wie mit der Mitgliederbewegung, so war es auch mit der Spieltätigkeit. Auch hier war die Geschichte nicht einfach. Die erste, übrigens inoffiziell und nach dem Cupsystem ausgetragene Meisterschaft datiert aus dem Jahre 1897. In der folgenden Saison wurde die Meisterschaft offiziell, in Serie A und B und in drei Regionen ausgetragen. Von diesem Zeitpunkt an werden die Meisterschaftsspiele regelmäßig, wenn auch in verschiedenen Formen durchgeführt. Zur Zeit: 14 National-Liga-Clubs (oberste Spielklasse) und 25 Erstliga-Clubs (in zwei Gruppen). Wenn 1897 18 Mannschaften am Spielbetrieb teilnahmen, so stieg deren Zahl 20 Jahre später auf 180 mit 3854, 1921 auf 486 mit 9890, 1927 auf 1100 mit 13 669. 1940/41 auf 1500 Mannschaften mit 17 509 ausgetragenen Spielen (10 370 Meisterschafts- und 7137 Freundschaftsspiele und zwei Auslandsspiele). Während der Saison 1940/41 sind insgesamt 18 255 Spieler beim SFAV. angemeldet worden. und zwar 13 269 Aktive und 4986 Junioren, gegen 15 192 (Aktive 9749. Junioren 5443) in der Saison 1939/40. Von den 18 077 Aktivmitgliedern sind 12 512 militärdienstpflichtig. Neben der Meisterschaft läuft die Konkurrenz um den „Schweizer-Cup". der 1925 eingeführt wurde und sich eines großen Interesses erfreut.

## Länderspiel-Bilanz der Schweiz

| Gegner | Sp. | Gew. | Un. | Verl. | für geg. |
|---|---|---|---|---|---|
| Belgien | 11 | 2 | 4 | 5 | 14:26 |
| Dänemark | 2 | 1 | 0 | 1 | 4:3 |
| Deutschland | 25 | 6 | 4 | 15 | 36:65 |
| England | 5 | 1 | 0 | 4 | 4:24 |
| Frankreich | 16 | 5 | 4 | 7 | 29:32 |
| Holland | 14 | 8 | 0 | 6 | 32:29 |
| Italien | 26 | 4 | 8 | 14 | 38:56 |
| Irland (Freistaat) | 4 | 1 | 0 | 3 | 1:6 |
| Jugoslawien | 2 | 1 | 1 | 0 | 6:3 |
| Litauen | 1 | 1 | 0 | 0 | 9:0 |
| Norwegen | 4 | 2 | 1 | 1 | 6:6 |
| Oesterreich | 19 | 3 | 1 | 15 | 22:61 |
| Polen | 2 | 0 | 2 | 0 | 4:4 |
| Portugal | 3 | 3 | 0 | 0 | 7:3 |
| Rumänien | 1 | 0 | 1 | 0 | 2:2 |
| Schottland | 1 | 0 | 0 | 1 | 2:3 |
| Schweden | 6 | 3 | 1 | 2 | 9:10 |
| Spanien | 3 | 0 | 0 | 3 | 0:6 |
| Tschechoslowakei | 11 | 3 | 2 | 6 | 6:23 |
| Ungarn | 20 | 5 | 2 | 13 | 32:66 |
| Uruguay | 1 | 0 | 0 | 1 | 0:3 |
| **Total** | **177** | **49** | **31** | **97** | **233:436** |

## Chronik der Spiele Schweiz—Deutschland

| 1908: | 5. April | Basel | 5:3 | Dewitte |
|---|---|---|---|---|
| 1909: | 4. April | Karlsruhe | 0:1 | A. John |
| 1910: | 3. April | Basel | 2:3 | Dewitte |
| 1911: | 26. März | Stuttgart | 2:0 | Istace |
| 1912: | 5. Mai | St. Gallen | 1:2 | Dewitte |
| 1913: | 18. Mai | Freiburg | 2:1 | Barette |
| 1920: | 27. Juni | Zürich | 4:1 | Balint |
| 1922: | 26. März | Frankfurt | 2:2 | Boas |
| 1923: | 3. Juni | Basel | 1:2 | Mauro |
| 1924: | 14. Dezember | Stuttgart | 1:1 | Mutters |
| 1925: | 25. Oktober | Basel | 0:4 | Braun |
| 1926: | 12. Dezember | München | 3:2 | Mutters |
| 1928: | 15. April | Bern | 3:2 | Rous |
| 1928: | 23. April | Amsterdam | 0:4 | Eymers |
| 1929: | 10. Februar | Mannheim | 1:7 | Andersen |
| 1930: | 4. Mai | Zürich | 0:5 | Rous |
| 1932: | 6. März | Leipzig | 0:2 | Bockmann |
| 1933: | 19. November | Zürich | 0:2 | Barlassina |
| 1935: | 27. Januar | Stuttgart | 0:4 | Leclercq |
| 1937: | 2. Mai | Zürich | 0:1 | L. Baert |
| 1938: | 6. Februar | Köln | 1:1 | Rudd |
| 1938: | 4. Juni | Paris | 1:1 | Langenus |
| 1938: | 9. Juni | Paris | 4:2 | Eklund |
| 1941: | 9. März | Stuttgart | 2:4 | Scorzoni |
| 1941: | 20. April | Bern | 2:1 | Scarpi |

# Länderspiel-Bilanz der Schweiz 1938—1941

Die Schweiz siegte:
zu Hause gegen Tschechoslowakei 4:0, England 2:1, Portugal 1:0, Ungarn 3:1, Holland 2:1, Italien 3:1, Deutschland 2:1.

Die Schweiz spielte unentschieden:
zu Hause gegen Polen 3:3;
auswärts gegen Deutschland 1:1, Deutschland 1:1 (Weltmeisterschaft), Polen 1:1, Italien 1:1.

Die Schweiz verlor:
zu Hause gegen Belgien 0:3;
auswärts gegen Ungarn 0:2 (Weltmeisterschaft), Irland 0:4, Italien 0:2, Ungarn 0:3, Deutschland 2:4.

Bilanz: 11 Siege, 5 Unentschieden, 6 Niederlagen; Torverhältnis 38:36.

## Repräsentativspiele seit 1938

Gewonnen: gegen Luxemburg 9:1;
Unentschieden: gegen Italien 0:0, Wien 0:0;
Verloren: gegen Baden/Württemberg 2:3 und 0:1, Italien 1:7, Kroatien 0:4 und 0:1.

Bilanz: 1 Sieg, 2 Unentschieden, 5 Niederlagen; Torverhältnis 12:17.

## Die Vorläufer zu den 25 Länderspielen

Das erste offizielle Länderspiel Schweiz — Deutschland hatte einige Vorläufer, die bis zum Ende des letzten Jahrhunderts zurückgehen. Die Repräsentativtreffen Schweiz — Süddeutschland stellten neben den zahlreichen Klubspielen, die Karlsruher, Freiburger und Straßburger damals mit Vorliebe den Schweizern lieferten, den Beginn der fußballsportlichen Beziehungen Schweiz — Deutschland dar. Von der

**ersten Partie Schweiz — Süddeutschland am 4. Dezember 1898
in Basel** (Landhof)

wird gemeldet, daß sich das Spiel unter sehr günstigen Verhältnissen abwickelte. Noch am Vorabend hatten mehrere Spieler der Schweizer Mannschaft ein Meisterschaftstreffen absolviert. Das Spiel endete mit einem 3:1-Sieg der Schweiz. Die Süddeutschen kamen bereits am 26. März 1900 wieder auf Besuch, diesmal nach Zürich, mit der starken Elf: O. Langer — Gutsch, Kohts — Schottelius, Specht, E. Schricker — I. Schricker, Zinser, Hunn, F. Langer, Wetzler. Bissige Kälte und Schneeboden (!!) machten das Spiel nicht zum Vergnügen, und die Süddeutschen fanden sich mit den Verhältnissen besser ab als die Platzherren, die Ott — Suter, Engelke — Doll, Schmid, Loup — Vohel, Müller, Dubois, Landolt und Moresky im Felde stehen hatten. Die Süddeutschen siegten 2:1. und gerühmt wurden namentlich die Gebrüder Schricker. Der damalige Flügelmann Ivo Schricker ist noch heute „dabei"; er ist bekanntlich Generalsekretär der FIFA (Sitz Zürich). Der Zürcher Partie folgten noch folgende Begegnungen:

8. April 1900 in Straßburg 2:0 für Süddeutschland.
20. Januar 1901 in Basel 7:4 für Süddeutschland.

# Die Sieger der Pokal-Wettbewerbe

## Anglo-Pokal

| | |
|---|---|
| 1909/10 | Young Boys Bern |
| 1910/11 | Young Boys Bern |
| 1911/12 | Young Boys Bern |
| 1912/13 | FC. Basel |

## Och-Pokal

| | |
|---|---|
| 1920/21 | FC. Bern |
| 1921/22 | FC. Concordia-Basel |
| 1922/23 und 1923/24 nicht ausgetragen |
| 1924/25 | FC. Bern |

## Schweizer Pokal

| | |
|---|---|
| 1925/26 | Graßhoppers Zürich |
| 1926/27 | Graßhoppers Zürich |
| 1927/28 | Servette FC. Genf |
| 1928/29 | Urania Geneve-Sports |
| 1929/30 | Young Boys Bern |
| 1930/31 | FC. Lugano |
| 1931/32 | Graßhoppers Zürich |
| 1932/33 | FC. Basel |
| 1933/34 | Graßhoppers Zürich |
| 1934/35 | Lausanne-Sports |
| 1935/36 | FC. Young Fellows Zürich |
| 1936/37 | Graßhoppers Zürich |
| 1937/38 | Graßhoppers Zürich |
| 1938/39 | Lausanne-Sports |
| 1939/40 | Graßhoppers Zürich |
| 1940/41 | Graßhoppers Zürich |

# Die bisherigen Schweizer Meister

| | |
|---|---|
| 1897/98 | Graßhoppers Zürich |
| 1898/99 | Anglo-American FC. Zürich |
| 1899/1900 | Graßhoppers Zürich |
| 1900/01 | Graßhoppers Zürich |
| 1901/02 | FC. Zürich |
| 1902/03 | Young Boys Bern |
| 1903/04 | FC. St. Gallen |
| 1904/05 | Graßhoppers Zürich |
| 1905/06 | FC. Winterthur |
| 1906/07 | Servette FC. Genf |
| 1907/08 | FC. Winterthur |
| 1908/09 | Young Boys Bern |
| 1909/10 | Young Boys Bern |
| 1910/11 | Young Boys Bern |
| 1911/12 | FC. Aarau |
| 1912/13 | FC. Montriond - Lausanne (heute Lausanne Sports) |
| 1913/14 | FC. Aarau |
| 1914/15 | Brühl-St. Gallen |
| 1915/16 | FC. Cantonal - Neuchatel |
| 1916/17 | FC. Winterthur - Veltheim |
| 1917/18 | Servette-FC. Genf |
| 1918/19 | FC. Etoile-Chaux-de-fonds |
| 1919/20 | Young Boys Bern |
| 1920/21 | Graßhoppers Zürich |
| 1921/22 | Servette-FC. Genf |
| 1922/23 | kein Meister |
| 1923/24 | FC. Zürich |
| 1924/25 | Servette-FC. Genf |
| 1925/26 | Servette-FC. Genf |
| 1926/27 | Graßhoppers Zürich |
| 1927/28 | Graßhoppers Zürich |
| 1928/29 | Young Boys Bern |
| 1929/30 | Servette-FC. Genf |
| 1931/32 | Lausanne-Sports |
| 1932/33 | Servette-FC. Genf |
| 1933/34 | Servette-FC. Genf |
| 1934/35 | Lausanne-Sports |
| 1935/36 | Lausanne-Sports |
| 1936/37 | Graßhoppers Zürich |
| 1937/38 | FC. Lugano |
| 1938/39 | Graßhoppers Zürich |
| 1939/40 | Servette-FC. Genf |
| 1940/41 | FC. Lugano |

# SPANIEN

## Länderspiele:

| | | | | |
|---|---|---|---|---|
| 1. Span.-Dänemark | 1:0 | 28.08.1920 | Brüssel |
| 2. Span.-Belgien | 1:3 | 29.08.1920 | Antwerpen |
| 3. Span.-Schweden | 2:1 | 01.09.1920 | Antwerpen |
| 4. Span.-Italien | 2:0 | 02.09.1920 | Antwerpen |
| 5. Span.-Niederl. | 3:1 | 06.09.1920 | Antwerpen |
| 6. Span.-Belgien | 2:0 | 09.10.1921 | Bilbao |
| 7. Span.-Portugal | 3:1 | 18.12.1921 | Madrid |
| 8. Span.-Frankr. | 4:0 | 30.04.1922 | Bourdeaux |
| 9. Span.-Portugal | 2:1 | 17.12.1922 | Lissabon |
| 10. Span.-Frankr. | 3:0 | 28.01.1923 | San Sebastián |
| 11. Span.-Belgien | 0:1 | 04.02.1923 | Antwerpen |
| 12. Span.-Portugal | 3:0 | 16.12.1923 | Sevilla |
| 13. Span.-Italien | 0:0 | 09.03.1924 | Mailand |
| 14. Span.-Italien | 0:1 | 25.05.1924 | Paris |
| 15. Span.-Österr. | 2:1 | 21.12.1924 | Barcelona |
| 16. Span.-Portugal | 2:0 | 17.05.1925 | Lissabon |
| 17. Span.-Schweiz | 3:0 | 01.06.1925 | Bern |
| 18. Span.-Italien | 1:0 | 14.06.1925 | Valencia |
| 19. Span.-Österr. | 1:0 | 27.09.1925 | Wien |
| 20. Span.-Ungarn | 1:0 | 04.10.1925 | Budapest |
| 21. Span.-Ungarn | 4:2 | 19.12.1926 | Vigo |
| 22. Span.-Schweiz | 1:0 | 17.04.1927 | Santander |
| 23. Span.-Frankr. | 4:1 | 22.05.1927 | Paris |
| 24. Span.-Italien | 0:2 | 29.05.1927 | Bologna |
| 25. Span.-Portugal | 2:2 | 10.01.1928 | Lissabon |
| 26. Span.-Italien | 1:1 | 22.04.1928 | Gijón |
| 27. Span.-Mexico | 7:1 | 30.05.1928 | Amsterdam |
| 28. Span.-Italien | 1:1 | 01.06.1928 | Amsterdam |
| 29. Span.-Italien | 1:7 | 04.06.1928 | Amsterdam |
| 30. Span.-Portugal | 5:0 | 17.03.1929 | Sevilla |
| 31. Span.-Frankr. | 8:1 | 14.04.1929 | Zaragoza |
| 32. Span.-England | 4:3 | 15.05.1929 | Madrid |
| 33. Span.-Tschechosl. | 1:0 | 01.01.1930 | Barcelona |
| 34. Span.-Tschechosl. | 0:2 | 14.06.1930 | Prag |
| 35. Span.-Italien | 3:2 | 22..06.1930 | Bologna |
| 36. Span.-Portugal | 1:0 | 30.11.1930 | Oporto |
| 37. Span.-Italien | 0:0 | 19.04.1931 | Bilbao |
| 38. Span.-Irland | 1:1 | 26.04.1931 | Barcelona |
| 39. Span.-England | 1:7 | 09.12.1931 | London |
| 40. Span.-Irland | 5:0 | 13.12.1931 | Dublin |
| 41. Span.-Jugosl. | 2:1 | 24.04.1932 | Oviedo |
| 42. Span.-Portugal | 3:0 | 02.04.1933 | Vigo |

| 43. Span.-Frankr. | 0:1 | 23.04.1933 | Paris |
| 44. Span.-Jugosl. | 1:1 | 30.04.1933 | Belgrad |
| 45. Span.-Bulgarien | 13:0 | 21.05.1933 | Madrid |
| 46. Span.-Portugal | 9:0 | 11.03.1934 | Madrid |
| 47. Span.-Portugal | 2:1 | 18.03.1934 | Lissabon |
| 48. Span.-Brasilien | 3:1 | 27.05.1934 | Genua |
| 49. Span.-Italien | 1:1 | 31.05.1934 | Florenz |
| 50. Span.-Italien | 0:1 | 01.06.1934 | Florenz |
| 51. Span.-Frankr. | 2:0 | 24.01.1935 | Madrid |
| 52. Span.-Portugal | 3:3 | 05.05.1935 | Lissabon |
| 53. Span.-Deutschl. | 2:1 | 12.05.1935 | Köln |
| 54. Span.-Österr. | 4:5 | 19.01.1936 | Madrid |
| 55. Span.-Deutschl. | 1:2 | 23.02.1936 | Barcelona |
| 56. Span.-Tschechosl. | 0:1 | 26.04.1936 | Prag |
| 57. Span.-Schweiz | 2:0 | 03.05.1936 | Bern |
| 58. Span.-Portugal | 2:2 | 12.01.1941 | Lissabon |
| 59. Span.-Portugal | 5:1 | 16.03.1941 | Bilbao |
| 60. Span.-Schweiz | 3:2 | 28.12.1941 | Valencia |
| 61. Span.-Frankr. | 4:0 | 15.03.1942 | Sevilla |
| 62. Span.-Deutschl. | 1:1 | 12.04.1942 | Berlin |
| 63. Span.-Italien | 0:4 | 19.04.1942 | Mailand |

# Die erfolgreichsten spanischen Nationalspieler

Zamora, Ricardo 45 Länderspiele — Quincoces, Jacinto 24 — Pena, Jose Mara 21 — Samitier, Jose 21 — Regueiro Luis 21 — Gamborena, Pachi 19 — Marculeta, Martin 16 — Piera,

Vicente 15 — Cilaurren, Jose Maria 15 — Gorostiza, Guillermo 14 — Ciriaco, Errasti 13 — Vallana, Pedro 12 — Golburu, Severiano 12 — Acedo, Domingo 11 — Camelo, Jose 10.

## Spaniens Länderspiel-Bilanz

| | | | | | |
|---|---|---|---|---|---|
| Deutschland | 2 | 1 | 0 | 1 | 3:3 |
| Oesterreich | 3 | 2 | 0 | 1 | 5:6 |
| Belgien | 3 | 1 | 0 | 2 | 3:4 |
| Brasilien | 1 | 1 | 0 | 1 | 3:1 |
| Bulgarien | 1 | 1 | 0 | 0 | 13:0 |
| Tschecho-Slowakei | 3 | 1 | 0 | 2 | 1:4 |
| Dänemark | 1 | 1 | 0 | 0 | 1:0 |
| Frankreich | 6 | 5 | 0 | 1 | 21:3 |
| Holland | 1 | 1 | 0 | 0 | 3:1 |
| Ungarn | 2 | 2 | 0 | 0 | 5:2 |
| England | 2 | 1 | 0 | 1 | 5:10 |
| Irland | 2 | 1 | 1 | 0 | 6:1 |
| Italien | 12 | 3 | 5 | 4 | 10:16 |
| Mexiko | 1 | 1 | 0 | 0 | 7:1 |
| Portugal | 12 | 10 | 2 | 0 | 37:8 |
| Schweden | 1 | 1 | 0 | 0 | 2:1 |
| Schweiz | 3 | 3 | 0 | 0 | 7:1 |
| Jugoslawien | 2 | 1 | 1 | 0 | 3:2 |
| | 58 | 37 | 9 | 12 | 135:64 |

## Ligameisterschaft 1939-40

| | | | | | | |
|---|---|---|---|---|---|---|
| Athletic Aviacion Madrid | 22 | 14 | 1 | 7 | 43:29 | 29:15 |
| FC. Sevilla | 22 | 11 | 6 | 5 | 60:48 | 28:16 |
| Athletic Bilbao | 22 | 11 | 4 | 7 | 54:42 | 26:18 |
| FC. Madrid | 22 | 12 | 1 | 9 | 45:35 | 25:19 |
| Espanol | 22 | 11 | 2 | 9 | 44:43 | 24:20 |
| Hercules FC. Alicante | 22 | 10 | 4 | 8 | 41:35 | 24:20 |
| Valencia FC. | 22 | 9 | 3 | 10 | 40:36 | 21:23 |
| Zaragoza | 22 | 7 | 7 | 8 | 34:38 | 21:23 |
| FC. Barcelona | 22 | 8 | 3 | 11 | 32:38 | 19:25 |
| Celta Vigo | 22 | 9 | 1 | 12 | 45:50 | 18:25 |
| Betis Balompie | 22 | 6 | 4 | 12 | 26:50 | 16:28 |
| Racing Santander | 22 | 6 | 1 | 15 | 37:57 | 13:31 |

## Die bisherigen spanischen Meister

1928/29 Futbol Club Barcelona — 1929/30 Athletic Club de Bilbao — 1930/31 Athletic Club de Bilbao — 1931/32 Madrid Futbol Club — 1932/33 Madrid Futbol Club — 1933/34: Athletic Club de Bilbao — 1934/35 Betis Balompie — 1935/36 Athletic Club de Bilbao — 1936 bis 1939 keine Meisterschaftsspiele — 1939/40 Athletic Aviacion Madrid.

# Die spanischen Pokalsieger

1902 Vizcaya de Bilbao — 1903 Athletic Bilbao — 1904 Athletic Bilbao — 1905 Madrid FC. — 1906 Madrid FC. — 1907 Madrid FC. — 1908 Madrid FC. — 1909 Ciclista de San Sebastian — 1910 Athletic Bilbao — 1911 Athletic Bilbao — 1912 Barcelona FC. — 1913 Barcelona FC. — 1914 Athletic Bilbao — 1915 Athletic Bilbao — 1916 Athletic Bilbao — 1917 Madrid FC. — 1918 Union Club Irun — 1919 Arenas de Guecho — 1920 Barcelona FC. — 1921 Athletic Bilbao — 1922 FC. Barcelona — 1923 Athletic Bilbao — 1924 Union Club Irun — 1925 FC. Barcelona — 1926 FC. Barcelona — 1927 Union Club Irun — 1928 FC. Barcelona — 1929 Espanol Barcelona — 1930 Athletic Bilbao — 1931 Athletic Bilbao — 1932 Athletic Bilbao — 1933 Athletic Bilbao — 1934 Madrid FC. — 1935 Sevilla — 1936 Madrid FC. — 1937 Espanol Barcelona.

## Kandidaten für die spanische Nationalelf

**Spieler, die in der letzten Spielzeit von sich reden machten:**

**FC. Madrid:** Jacinto Qincoces, J. Ipina, Jose Souto, Lecune — **Athletic Avion:** Jose Mesa, J. Campos, Elicegui, Jose Vazquez — **Athletic Bilbao:** Zabala, Oceja, Guillermo Gorostiza, Victorio Unamuno — **FC. Barcelona:** Jose Noques, Ramon Herrera, Rosalench, Santacatalina — **Espanol Barcelona:** Trias, Benito Perez, Jorge, Martinez Catala, Gozalvo — **Valencia:** Juan Ramon, Bertoli, Iturraspe, Domenech, Mundo, Serveriano Goiburo — **Hercules:** J. Perez, Macia, Medina, Tatono, Vilanova, Tormo, Aparicio — **Celta:** Alberty, Pirelo, Fuentos-Nolete, Agustin — **Oviedo:** Anton, Gallart, Soladrero — **Zaragoza:** Inchausti, Deva, Munoz, Ruiz, Amestoy, Olivares — **Sevilla:** Jaquin, Pepillo, Camnanal, Raimundo y Salustiano — **Murcia:** Girera, Uria, Huete, Bravo.

## Spaniens internationale Schiedsrichter

**Pedro Escartin Moran,** Madrid (8 Länderspiele: Argentinien — Aegypten 5:1 Portugal — Tschecho-Slowakei 1:0, Portugal — Jugoslawien 3:2, Portugal — Deutschland 1:3, Italien — Frankreich 2:1, Tschecho-Slowakei — Frankreich 3:0, Tschecho-Slowakei — Italien 2:1, Deutschland — Italien 5:2); **Ramon Melcon,** Madrid (3 Länderspiele: Portugal — Ungarn, Portugal — Belgien, Belgien — Irland); **Jesus Arribas,** Cataluna; **Eduardo de Iturralde,** Bilbao.

# Die Vereine der spanischen Liga.

**FC. Madrid:** weißes Hemd, weiße Hose — Präsident: General Menendez — Sportlehrer: Francisco Bru — Anschrift: Fernanflor 6, Madrid.

**Athletic Aviacion:** weißrotes Hemd, blaue Hose — Präsident: Coronel Galindez — Sportlehrer: Ramon Lafuente — Anschrift: Alcala 43, Madrid.

**Athletic Bilbao:** weißrotes Hemd, blaue Hose — Präsident: Sr. Casajuana — Sportlehrer: Roberto Echevarria — Anschrift: H. Amezaga, Bilbao.

**FC. Barcelona:** blau und granatrotes Hemd, blaue Hose — Präsident: Marques de la Mesa de Asta — Sportlehrer: Josa Planas — Anschrift: Campos de las Corts, Barcelona.

**Real Club Deportivo Espanol, Barcelona:** weißblaues Hemd, blaue Hose — Präsident: Don Santiago la Riva — Sportlehrer: Patricio Caicedo — Anschrift: Carreter Sarria-Barna, Barcelona.

**Valencia Futbol Club:** weißes Hemd, weiße Hose — Präsident: Don Luis Casanovas — Sportlehrer: Moncho Encinas — Anschrift: Mestalla, Valencia.

**Celta Vigo:** weißblaues Hemd, blaue Hose — Präsident: Don Manuel Nunez — Sportlehrer: M. Cardenas — Anschrift: Balaidos, Vigo.

**FC. Hercules:** weißes Hemd, weiße Hose — Präsident: Don Renato Bardin — kein Sportlehrer — Anschrift: Hercules FC. Alicante.

**FC. Oviedo:** hellblaues Hemd, blaue Hose — Präsident: Don Jose Tartier — kein Sportlehrer — Anschrift: Buenavista, Oviedo.

**FC. Zaragoza:** weißes Hemd, blaue Hose — Präsident: augenblicklich keinen — Sportlehrer: Tomas Aizpurua — Anschrift: Terrero, Zaragoza.

**FC. Sevilla:** weißes Hemd, weiße Hose — Präsident: Don Ramon Sanchez Pijuan — Sportlehrer: Jose Brand — Anschrift: FC. Sevilla, Sevilla.

**FC. Murcia:** rotes Hemd, blaue Hose — Präsident: augenblicklich keinen — kein Sportlehrer — Anschrift: Condomina, Murcia.

# SOWJETUNION

## Meister 1936-1941

| | |
|---|---|
| 1936 - | Frühjahrsmeister Dynamo Moskau |
| - | Herbstmeister Spartak Moskau |
| 1937 | Dynamo Moskau |
| 1938-1939 | Spartak Moskau |
| 1940 | Dynamo Moskau |

## Pokalsieger 1936-1944

| | |
|---|---|
| 1936 | Lokomotive Moskau |
| 1937 | Dynamo |
| 1938-1939 | Spartak |
| 1940-1943 | ausgefallen |
| 1944 | Zenith Leningrad |

# TSCHECHOSLOWAKEI

## Länderspiele:

| | | | |
|---|---|---|---|
| 1. T-Jugosl. | 7:0 | 28.08.1920 | Antwerpen |
| 2. T-Norwegen | 4:0 | 29.08.1920 | Brüssel |
| 3. T-Frankr. | 4:1 | 31.08.1920 | Antwerpen |
| 4. T-Belgien | 0:2 | 02.09.1920 | Antwerpen |
| 5. T-Jugosl. | 6:1 | 28.10.1921 | Prag |
| 6. T-Schweden | 2:2 | 13.11.1921 | Prag |
| 7. T-Italien | 1:1 | 26.02.1922 | Turin |
| 8. T-Dänemark | 3:0 | 11.06.1922 | Kopenhagen |
| 9. T-Jugosl. | 3:4 | 28.06.1922 | Zagreb |
| 10. T-Schweden | 2:0 | 13.08.1922 | Stockholm |
| 11. T-Dänemark | 2:0 | 06.05.1923 | Prag |
| 12. T-Italien | 5:1 | 27.05.1923 | Prag |
| 13. T-Rumänien | 6:0 | 01.07.1923 | Cluj |
| 14. T-Jugosl. | 4:4 | 28.10.1923 | Prag |
| 15. T-Türkei | 5:2 | 25.05.1924 | Paris |
| 16. T-Schweiz | 1:1 | 28.05.1924 | Paris |

| | | | |
|---|---|---|---|
| 17. T-Schweiz | 0:1 | 30.05.1924 | Paris |
| 18. T-Rumänien | 4:1 | 31.08.1924 | Prag |
| 19. T-Jugosl. | 2:0 | 28.09.1924 | Zagreb |
| 20. T-Österr. | 3:1 | 24.05.1925 | Prag |
| 21. T-Ungarn | 2:0 | 11.10.1925 | Prag |
| 22. T-Jugosl. | 7:0 | 28.10.1925 | Prag |
| 23. T-Italien | 1:3 | 17.01.1926 | Turin |
| 24. T-Österr. | 0:2 | 14.03.1926 | Wien |
| 25. T-Ungarn | 1:2 | 06.06.1926 | Budapest |
| 26. T-Schweden | 2:2 | 13.06.1926 | Stockholm |
| 27. T-Jugosl. | 6:2 | 28.06.1926 | Zagreb |
| 28. T-Schweden | 4:2 | 03.07.1926 | Prag |
| 29. T-Österr. | 1:2 | 28.09.1926 | Prag |
| 30. T-Italien | 3:1 | 28.10.1926 | Prag |
| 31. T-Belgien | 3:2 | 02.01.1927 | Liège |
| 32. T-Italien | 2:2 | 20.02.1927 | Mailand |
| 33. T-Österr. | 2:1 | 20.03.1927 | Wien |
| 34. T-Ungarn | 4:1 | 24.04.1927 | Prag |
| 35. T-Belgien | 4:0 | 26.05.1927 | Prag |
| 36. T-Jugosl. | 1:1 | 30.07.1927 | Belgrad |
| 37. T-Österr. | 2:0 | 18.09.1927 | Prag |
| 38. T-Ungarn | 2:1 | 09.10.1927 | Budapest |
| 39. T-Italien | 2:2 | 23.10.1927 | Prag |
| 40. T-Jugosl. | 5:3 | 28.10.1927 | Prag |
| 41. T-Österr. | 1:0 | 01.04.1928 | Wien |
| 42. T-Ungarn | 0:2 | 22.04.1928 | Budapest |
| 43. T-Frankr. | 2:0 | 13.05.1928 | Paris |
| 44. T-Ungarn | 6:1 | 23.09.1928 | Prag |
| 45. T-Polen | 3:2 | 27.10.1928 | Prag |
| 46. T-Jugosl. | 7:1 | 28.10.1928 | Prag |
| 47. T-Italien | 2:4 | 03.03.1929 | Bologna |
| 48. T-Österr. | 3:3 | 17.03.1929 | Prag |
| 49. T-Schweiz | 4:1 | 04.05.1929 | Lausanne |
| 50. T-Jugosl. | 3:3 | 28.06.1929 | Zagreb |
| 51. T-Ungarn | 1:1 | 08.09.1929 | Prag |
| 52. T-Österr. | 1:2 | 15.09.1929 | Wien |
| 53. T-Schweiz | 5:0 | 06.10.1929 | Prag |
| 54. T-Jugosl. | 4:3 | 28.10.1929 | Prag |
| 55. T-Spanien | 0:1 | 01.01.1930 | Barcelona |
| 56. T-Portugal | 0:1 | 12.01.1930 | Lissabon |
| 57. T-Österr. | 2:2 | 23.03.1930 | Prag |
| 58. T-Ungarn | 1:1 | 01.05.1930 | Prag |
| 59. T-Frankr. | 3:2 | 11.05.1930 | Paris |
| 60. T-Spanien | 2:0 | 15.06.1930 | Prag |
| 61. T-Belgien | 3:2 | 21.09.1930 | Antwerpen |
| 62. T-Ungarn | 1:1 | 26.10.1930 | Budapest |
| 63. T-Frankr. | 2:1 | 15.02.1931 | Paris |

| | | | | |
|---|---|---|---|---|
| 64. T-Ungarn | 3:3 | 22.03.1931 | Prag | |
| 65. T-Österr. | 1:2 | 12.04.1931 | Wien | |
| 66. T-Schweiz | 7:3 | 13.06.1931 | Prag | |
| 67. T-Polen | 4:0 | 14.06.1931 | Warschau | |
| 68. T-Jugosl. | 1:2 | 02.08.1931 | Belgrad | |
| 69. T-Ungarn | 0:3 | 20.09.1931 | Budapest | |
| 70. T-Italien | 2:2 | 15.11.1931 | Rom | |
| 71. T-Ungarn | 1:3 | 20.03.1932 | Prag | |
| 72. T-Schweiz | 1:5 | 17.04.1932 | Zürich | |
| 73. T-Österr. | 1:1 | 22.05.1932 | Prag | |
| 74. T-Niederl. | 2:1 | 29.05.1932 | Amsterdam | |
| 75. T-Ungarn | 1:2 | 18.09.1932 | Budapest | |
| 76. T-Jugosl. | 2:1 | 09.10.1932 | Prag | |
| 77. T-Italien | 2:1 | 28.10.1932 | Prag | |
| 78. T-Ungarn | 0:2 | 19.03.1933 | Budapest | |
| 79. T-Österr. | 2:1 | 09.04.1933 | Wien | |
| 80. T-Italien | 0:2 | 07.05.1933 | Florenz | |
| 81. T-Frankr. | 4:0 | 10.06.1933 | Prag | |
| 82. T-Jugosl. | 1:2 | 06.08.1933 | Zagreb | |
| 83. T-Österr. | 3:3 | 17.09.1933 | Prag | |
| 84. T-Polen | 2:1 | 15.10.1933 | Warschau | |
| 85. T-Frankr. | 2:1 | 25.03.1934 | Paris | |
| 86. T-Ungarn | 2:2 | 29.04.1934 | Prag | |
| 87. T-England | 2:1 | 16.05.1934 | Prag | |
| 88. T-Rumänien | 2:1 | 27.05.1934 | Triest | |
| 89. T-Schweiz | 3:2 | 31.05.1934 | Turin | |
| 90. T-Deutschl. | 3:1 | 03.06.1934 | Rom | |
| 91. T-Italien | 1:2 | 10.06.1934 | Rom | |
| 92. T-Jugosl. | 3:1 | 02.09.1934 | Prag | |
| 93. T-Österr. | 2:2 | 23.09.1934 | Wien | |
| 94. T-Schweiz | 2:2 | 14.10.1934 | Genf | |
| 95. T-Schweiz | 3:1 | 17.03.1935 | Prag | |
| 96. T-Schweiz | 0:0 | 14.04.1935 | Prag | |
| 97. T-Deutschl. | 2:1 | 26.05.1935 | Dresden | |
| 98. T-Jugosl. | 0:0 | 06.09.1935 | Belgrad | |
| 99. T-Ungarn | 0:1 | 22.09.1935 | Budapest | |
| 100. T-Italien | 2:1 | 27.10.1935 | Prag | |
| 101. T-Frankr. | 3:0 | 09.02.1936 | Paris | |
| 102. T-Österr. | 1:1 | 22.03.1936 | Wien | |
| 103. T-Spanien | 1:0 | 26.04.1936 | Prag | |
| 104. T-Deutschl. | 1:2 | 27.09.1936 | Prag | |
| 105. T-Ungarn | 5:2 | 18.10.1936 | Prag | |
| 106. T-Italien | 0:2 | 13.12.1936 | Genua | |
| 107. T-Schweiz | 5:3 | 21.02.1937 | Prag | |
| 108. T-Rumänien | 1:1 | 18.04.1937 | Bukarest | |
| 109. T-Schottland | 1:3 | 15.05.1937 | Prag | |
| 110. T-Italien | 0:1 | 23.05.1937 | Prag | |

| | | | |
|---|---|---|---|
| 111. T-Ungarn | 3:8 | 19.09.1937 | Budapest |
| 112. T-Jugosl. | 5:4 | 03.10.1937 | Prag |
| 113. T-Litauen | 4:0 | 13.10.1937 | Prag |
| 114. T-Österr. | 2:1 | 24.10.1937 | Prag |
| 115. T-Bulgarien | 1:1 | 07.11.1937 | Sofia |
| 116. T-England | 4:5 | 01.12.1937 | London |
| 117. T-Schottland | 0:5 | 08.12.1937 | Glasgow |
| 118. T-Schweiz | 0:4 | 03.04.1938 | Basel |
| 119. T-Bulgarien | 6:0 | 24.04.1938 | Prag |
| 120. T-Irland | 2:2 | 18.05.1938 | Prag |
| 121. T-Niederl. | 3:0 | 05.06.1938 | Le Havre |
| 122. T-Brasilien | 1:1 | 12.06.1938 | Bordeaux |
| 123. T-Brasilien | 1:2 | 14.06.1938 | Bordeaux |
| 124. T-Schweden | 6:2 | 07.08.1938 | Stockholm |
| 125. T-Jugosl. | 3:1 | 28.08.1938 | Zagreb |
| 126. T-Rumänien | 6:2 | 04.12.1938 | Prag |

## Meister 1922-1944

| | |
|---|---|
| 1922-1923 | Sparta |
| 1924 | Slavia |
| 1925-1927 | Sparta |
| 1928 | Viktoria Zizkow |
| 1929-1931 | Slavia |
| 1932 | Sparta |
| 1933-1935 | Slavia |
| 1936 | Sparta |
| 1937 | Slavia |
| 1938-1939 | Sparta |
| 1940-1944 | Slavia (Protektoratsmeister, da politisch zu Deutschland gehörig) |

# UNGARN

## Ungarns Ligavereine

**Ferencváros FC.:** Budapest, IX. Üllöi ut 129. — Geschäftsführer: vitéz Kemenesy Sándor. — Klubfarben: grün-weiß. (Grün-weiß gestreiftes Hemd weiße Hose.) — Sportlehrer: Dimény Lajos.

**Ujpest FC.:** Ujpest, Megyeri ut. — Geschäftsführer: Czipper Oszkár. — Klubfarben: weiß-violett. (Weiß-violett gestr. Hemd, weiße Hose.) — Sportlehrer: Takács Géza.

**Szeged FC.:** Szeged, Tisza Lajos körut 44. — Geschäftsführer: Markovics Szilárd. — Klubfarben: rot-weiß. (Paprikarotes Hemd, weiße Hose.) — Sportlehrer: Hesser Tibor. —

**Kispest FC.:** Kispest, Szegfü u. 30. — Geschäftsführer: Saguly János. — Klubfarben: rot-schwarz. (Rot-schwarz gestr. Hemd, schwarze Hose.) — Sportlehrer: Puskás István.

**Elektromos MTE.:** Budapest, V. Váczi ut 72. — Geschäftsführer: Dr. Kovács Dezsö. — Klubfarben: rot-gelb. (Gelbes Hemd.) — Sportlehrer: Sebes Gusztáv.

**Gamma FC.:** Budapest, XI. Fehérvári ut 81. — Geschäftsführer: Jánosy Béla. — Klubfarben: rot-weiß. (Weißes Hemd mit rotem Saum. weiße Hose.) — Sportlehrer: Sos Antal.

**Szolnoki MAV.:** Szolnok, Horthy ut 49. — Geschäftsführer: Romhányi Ferenc. — Klubfarben: blau-weiß. (Blaues Hemd, weiße Hose.) — Sportlehrer: Mooré János.

**Weiß Manfred FC.:** Csepel. — Geschäftsführer: Benes Ernö. — Klubfarben: rot-blau. (Rot-blau gestr. Hemd, schwarze Hose.) — Sportlehrer: Jávor Pál.

**SBTC.:** Salgotarján, Bányatelep. — Geschäftsführer: Obrincsák Lászlo. — Klubfarben: schwarz-weiß. (Schwarz-weiß gestr. Hemd, weiße Hose.)— Sportlehrer: Berkessy Elemér.

**MAVAG:** Budapest, IX. Simor u. 4/8. — Geschäftsführer: Jakob Márton. — Klubfarben: rot-blau. (Rotes Hemd, blaue Hose.) — Sportlehrer: Opata Zoltán.

**Lampart FC.:** Budapest, IX. Soroksári ut. 158. — Geschäftsführer: Laucsek Gyula. — Klubfarben: rot-weiß. (Rot-weiß gestr. Hemd, weiße Hose.) — Sportlehrer: Tomecsko Jozsef.

**DiMAVAG:** Diosgyör, Vasgyár. — Geschäftsführer: Némethy Imre — Klubfarben: rot-blau. (Rot-blau gestr. Hemd, weiße Hose.) — Sportlehrer: Csapkay Károly.

**SzVSE.:** Szeged. MAV-üzletvezetoség. — Geschäftsführer: Bakos Béla. — Klubfarben: rot-blau. (Rot-blau gestr. Hemd. weiße Hose.) — Sportlehrer: Farago Jozsef.

**Ujvidéki AC.:** Ujvidék. Thököly Imre u. 9. — Geschäftsführer: Szuszeczky János. — Klubfarben: blau-weiß. (Blaues Hemd. weiße Hose.) — Sportlehrer: Ognyanov Milorád.

**Nagyváradi AC.:** Nagyvárad. grof Bethlen u. 1. — Geschäftsführer: Krüzer Károly. — Klubfarben: grün-weiß. (Grünweiß gestr. Hemd. weiße Hose.) — Sportlehrer: Ronay Ferenc.

**Kolozsvári AC.:** Kolozsvár. Karolina tér 2. — Geschäftsführer: Pál Elemér. — Klubfarben: rot-weiß. (Rot-weiß gestr. Hemd. weiße Hose.) — Sportlehrer: Szaniszlo János.

# Die erfolgreichsten ungarischen Nationalspieler

70: Schlosser Emerich (FTC., MTK., Ferencváros)

58: Dr. Sárosi Georg (Ferencváros)

54: Fogl II Karl (UTE., Ujpest)

48: Lázár Julius (Ferencváros)

47: Titkos Paul (Budai 11. Hungária)

46: Turay Josef (Ferencváros. Hungária)

45: Toldi Géza (Ferencváros. Gamma)

44: Biro Alexander (III. Bezirk. Hungária)

40: Szabo Anton (Hungária)

39: Dr. Borbás Kaspar (ETC.). Korány I Ludwig (Bástya. Ferencváros. Phöbus. Nemzeti)

38: Fogl III Josef (UTE., Ujpest)

33: Cseh Ladislaus (Hungária). Hirzer Franz (Törekvés. Hungária). Rumbold Julius (FTC.)

32: Takács II Josef (Vasas, Ferencváros)

30: Orth Georg (MTK., Hungária)

29: Zsák Karl (33 FC.)

26: Patak Michael (FTC., Ferencváros)

25: Kohut Wilhelm (FTC., Ferencváros). Szücs Georg (Ujpest). Vincze Eugen (Ujpest)

24: Szalay Anton (Ujpest)

23: Zsengellér Julius (Ujpest)

22: Borsányi Franz (BTC., UTE., Ujpest), Domonkos Ladislaus (MTK.). Kléber Gabriel (III. Bezirk. MTK., Hungária)

21: Avar Stefan (Ujpest). Toth Stefan (NSC., FTC.).

# Die bisherigen ungarischen Meister

1901 BTC. — 1902 BTC. — 1903 FTC. — 1904 MTK. — 1905 FTC. — 1906/07 FTC. — 1907/08 MTK. — 1908/09. 1909/10, 1910/11, 1911/12. 1912/13 FTC. — 1913/14 MTK. — 1914—1919 durch Weltkrieg unterbrochen — 1919/20, 1920/21, 1921/22, 1922/23, 1923/24, 1924/25 MTK. — 1925/26 FTC. — 1926/27. 1927/28 Ferencváros — 1928/29 Hungária — 1929/30, 1930/31 Ujpest — 1931/32 Ferencváros — 1932/33 Ujpest — 1933/34 Ferencváros — 1934/35 Ujpest — 1935/36, 1936/37 Hungária — 1937/38 Ferencváros — 1938/39 Ujpest — 1939/40 Ferencváros — 1940/41 Ferencváros.

# Die bisherigen ungarischen Pokalsieger

1909/10, 1910/11, 1911/12 MTK. — 1912/13 FTC. — 1913/14 MTK — 1921/22 FTC — 1922/23, 1924/25 MTK — 1925/26 Kispesti AC. — 1926/27. 1927/28 Ferencváros — 1929/30 Bocskai (Debrecen) — 1930/31 III. Bezirk — 1931/32 Hungária — 1932/33 Ferencváros — 1933/34 Soroksár — 1934/35 Ferencváros. Seither nicht mehr ausgetragen.)

# Die Schlußtabelle der diesjährigen 1940/41 ungarischen Meisterschaft

| | | | | | | |
|---|---|---|---|---|---|---|
| Ferencváros | 26 | 21 | 3 | 2 | 113:47 | 45 |
| Ujpest | 26 | 15 | 4 | 7 | 79:57 | 34 |
| Szeged | 26 | 14 | 4 | 8 | 56:47 | 32 |
| Szolnok | 26 | 13 | 5 | 8 | 63:43 | 31 |
| WMFC. | 26 | 11 | 8 | 7 | 61:49 | 30 |
| DiMAVAG | 26 | 11 | 5 | 10 | 61:57 | 27 |
| Elektromos | 26 | 13 | 1 | 12 | 53:50 | 27 |
| Sal BTC. | 26 | 9 | 6 | 11 | 44:64 | 24 |
| Gamma | 26 | 10 | 3 | 13 | 54:58 | 23 |
| Kispest | 26 | 9 | 4 | 13 | 56:58 | 22 |
| BSZKRT. | 26 | 8 | 3 | 15 | 49:63 | 19 |
| Tokod | 26 | 7 | 5 | 14 | 38:66 | 19 |
| Törekvés | 26 | 6 | 4 | 16 | 48:75 | 16 |
| Haladás | 26 | 5 | 5 | 16 | 37:68 | 15 |

Es steigen ab: BSZKRT. Tokod, Törekvés und Haladás.

Es steigen auf: Lampart. SzVSE, MAVAG, Nagyváradi AC., Kolozsvári AC., Ujvidéki AC.

# Die bisherigen „Schützenkönige"

1926/27: Horváth (III. Bezirk) 14 Tore.
1927/28: Takács II (Ferencváros) 31 Tore.
1928/29: Takács II (Ferencváros) 41 Tore.
1929/30: Takács II (Ferencváros) 40 Tore.
1930/31: Vince (Bocskai) 20 Tore.
1931/32: Takács II (Ferencváros) 42 Tore.
1932/33: Avar (Ujpest) 27 Tore.
1933/34: Toldi (Ferencváros) 27 Tore.
1934/35: Cseh (Hungária) 23 Tore.
1935/36: Sárosi (Ferencváros) 36 Tore.
1936/37: Cseh (Hungária) 36 Tore.
1937/38: Zsengellér (Ujpest) 31 Tore.
1938/39: Zsengellér (Ujpest) 56 Tore.
1939/40: Dr. Sárosi (Ferencváros) 23 Tore.
1940/41: Dr. Sárosi (Ferencváros) 29 Tore

## Die Bilanz der ungarischen Länderspiele

| | | | | | |
|---|---|---|---|---|---|
| Oesterreich | 82 | 36 | 20 | 26 | 183:174 |
| Tschechoslowakei | 22 | 11 | 7 | 4 | 54:40 |
| Schweiz | 20 | 13 | 2 | 5 | 66:32 |
| Italien | 19 | 4 | 5 | 10 | 34:40 |
| Deutschland | 17 | 7 | 6 | 4 | 40:35 |
| Schweden | 12 | 7 | 3 | 2 | 31:22 |
| Frankreich | 7 | 4 | 1 | 2 | 24:9 |
| Polen | 7 | 6 | 0 | 1 | 21:5 |
| England | 6 | 1 | 0 | 5 | 8:33 |
| Jugoslawien | 8 | 3 | 3 | 2 | 12:11 |
| Irland | 5 | 2 | 3 | 0 | 14:11 |
| Aegypten | 3 | 1 | 1 | 1 | 4:5 |
| Niederlande | 3 | 2 | 0 | 1 | 10:6 |
| Rußland | 2 | 2 | 0 | 0 | 21:0 |
| Finnland | 2 | 2 | 0 | 0 | 8:2 |
| Belgien | 2 | 1 | 0 | 1 | 3:3 |
| Spanien | 2 | 0 | 0 | 2 | 2:5 |
| Rumänien | 3 | 2 | 1 | 0 | 5:2 |
| Bulgarien | 2 | 2 | 0 | 0 | 8:2 |
| Norwegen | 1 | 1 | 0 | 0 | 6:0 |
| Portugal | 1 | 0 | 0 | 1 | 0:4 |
| Luxemburg | 1 | 1 | 0 | 0 | 6:0 |
| Griechenland | 1 | 1 | 0 | 0 | 11:1 |
| Niederländisch-Indien | 1 | 1 | 0 | 0 | 6:0 |
| Schottland | 1 | 0 | 0 | 1 | 1:3 |
| Kroatien | 1 | 0 | 1 | 0 | 1:1 |
| | 231 | 109 | 53 | 68 | 577:446 |

# DFV. Deutscher Fußballverband

## Mitglied der Tschecho-Slowakischen Association für Fußball u. des „Sudetendeutschen Bundes f. Leibesübungen"

Vorsitzender: Josef Friedl, Karlsbad, Haus Wilbrandt;
1. Stellvertreter: Emil Klinger, Reichenberg, Richard-Wagner-Straße 18;
2. Stellvertreter: Rudolf Kantor, Mähr.-Ostrau VII-Wilkowitz, Lassallestraße 22;

Geschäftsführer: Franz Winkelhöfer, Brüx, Pontanusgasse 16;
V.-Spielleiter: Herbert Vorbach, Gablonz, Hotel „Corso";
Zahlmeister: Anton Toffel, Brüx, Lauterbachgasse 1866.

## Die Gliederung

Der Deutsche Fußballverband zergliedert sich in 6 Gaue, und zwar:

Westgau (61 Vereine):
  Obmann: Hans Albert, Franzensbad;
  Geschäftsstelle: Eger, Schiffgasse 6.

Nordwestgau (77 Vereine):
  Obmann: Rudolf Babinsky, Liptitz 38 bei Dux;
  Geschäftsstelle: Brüx, Lauterbachgasse 1866.

Nordgau (38 Vereine):
  Obmann: Emil Klinger, Reichenberg, Richard-Wagner-Str. 18;
  Geschäftsstelle: Reichenberg, Postfach 211.

Nordostgau (47 Vereine):
  Obmann: Rudolf Kantor, Mähr.-Ostrau VII, Lassallestr. 22;
  Geschäftsstelle: Mähr.-Ostrau VII, Lassallestr. 22.

Südosten (16 Vereine):
  Obmann: Karl Vschiansky, Brünn, Dornych 9;
  Geschäftsstelle: Brünn XVI, Tumová 40.

Mitte (10 Vereine):
  Derzeit in Verwaltung der Verbandsgeschäftsstelle Brüx.

## Die bisherigen Meister des DFV.

1920/21: Teplitzer FK. (Liga), DSV. Leipa (Amateure),
1921/22: Teplitzer FK. (Liga), DSV. Sparta Karlsbad (Amateure),
1922/23: DFC. Prag,
1923/24: DFC. Prag,
1924/25: DFC. Budweis,
1925/26: DFC. Prag (Professional), Deutsche Sportbrüder Schrek-kenstein (Amateur).
1926/27: DFC. Prag (Professional), DFC. Budweis (Amateur),
1927/28: DFC. Prag (Professional), DFC. Budweis (Amateur),

1928/29: DFC. Prag,
1929/30: Karlsbader FK.,
1930/31: DFC. Prag,
1931/32: DFC. Prag,
1932/33: DFC. Prag,
1933/34: DSV. Saaz,
1934/35: DSV. Saaz,
1935/36: SK. Mähr.-Schönberg,
1936/37: DFC. Prag,
1937/38: Teplitzer FK.

Von 1929 bis 1936 betätigte sich der Teplitzer FK. an der tschechischen Professional-Ligameisterschaft und konnte im Jahre 1934 am Mitropa-Cup teilnehmen.

# Repräsentativspiele des DFV.

**1920.**

| | |
|---|---|
| Preßburg: Slowakischer FV. — DFV. | 2:1 |
| Brüx: DFV. — Slowakischer FV. | 2:2 |
| Teplitz: DFV. — Niederösterreichischer FV. | 1:2 |

**1921.**

| | |
|---|---|
| 8. Mai in Ludwigshafen: Süddeutscher FV. — DFV. | 4:0 |
| 29. Juni in Prag: DFV. — Süddeutscher FV. | 3:2 |

**1922.**

| | |
|---|---|
| 7. Mai in Dresden: VMBV. — DFV. | 2:3 |
| 11. Juni in Preßburg: Ungarischer FV. — DFV. | 1:4 |
| 18. Juni in Prag: Cs. SF. — DFV. | 6:1 |
| 17. September in Teplitz: DFV. — VMBV. | 4:3 |
| 22. Okober in Aussig: DFV. — Ungarischer FV. | 3:3 |
| 28. Oktober in Prag: Cs. SF. (Tschech. FV.) — DFV. | 3:3 |

**1924.**

| | |
|---|---|
| 13. April in Chemnitz: VMBV. — DFV. | 0:2 |
| 18. Mai in Prag: Cs. SF. (Tschech. FV.) — DFV. | 2:6 |
| 28. September in Reichenberg: VMBV. — DFV. | 0:1 |

**1925.**

| | |
|---|---|
| 28. April in Prag: Cs. SF. — DFV. | 3:1 |
| 28. Oktober in Brüx: DFV. — Cs. SF. | 1:0 |

**1926.**

| | |
|---|---|
| 12. September in Prag: Cs SF. — DFV | 2:1 |

**1927.**

| | |
|---|---|
| 10. April in Teplitz: DFV. — Cs. SF | 0:5 |
| 31. Juli in Aussig: DFV. — VMBV | 2:3 |
| 2. Oktober in Brünn: DFV. — Cs SF. | 2:4 |

**1928.**

| | |
|---|---|
| 23. September in Aussig: DFV. — Cs. SF. | 1:0 |

1930.

4. April in Pardubitz: Cs. SF. — DFV.  7:1

1931.

28. Juni in Aussig: DFV. — Oesterreich  3:5

1932.

31. Juli in Weiden: Süddeutschland — DFV.  5:3
6. November in Saaz: DFV. — Süddeutschland  4:2

1935.

8. Mai in Jungbunzlau: Cs. SF. — DFV.  5:0
15. Mai in Gablonz: DFV. — Tschecho-Slowakei  2:5

1936.

21. April in Prag: Tschecho-Slowakei — DFV.  ??
26. April in Zittau: Gau Sachsen — DFV.  4:3
20. September in · Gablonz: DFV. — Gau Sachsen  1:0

1937.

10. Oktober in Dresden: Gau Sachsen — DFV.  2:3

1938.

29. Mai in Teplitz: DFV. — Gau Sachsen  7:5

## Gesamtbilanz

| | | | | | |
|---|---|---|---|---|---|
| Gau Sachsen V | 4 | 2 | — | 2 | 7:10 |
| Niederösterreicher FV. | 1 | 1 | — | — | 2:1 |
| Oesterreich (inoff. Nationalteam) | 1 | — | — | 1 | 3:5 |
| Slowakischer FV. | 2 | — | 1 | 1 | 3:4 |
| Süddeutschland | 4 | 2 | — | 2 | 9:13 |
| Tschecho-Slowakei (Nationalteam) | 2 | — | — | 2 | 2:8 |
| Tschecho-Sl. Fußb.-Verb. (Cs. SF.) | 11 | 3 | 1 | 7 | 17:37 |
| Verband Mitteldeutscher BV. | 5 | 4 | — | 1 | 12:8 |
| Ungarischer FV. in der CSR. | 2 | 2 | — | — | 6:2 |
| | 32 | 14 | 2 | 16 | 60:84 |

# EHRENTAFEL
## der DFV. Repräsentativspieler

Bobor, Teplitzer FK. 03; Bernaschek, DSK. Brüx; Berndt Karl, DFK. Komotau; Banacs G., Teplitzer FK. 03; Boschina, DSß. Schreckenstein; Behensky, DFC. Aussig; Blaha Josef, Teplitzer FK. 03; Blaha J., DSV. Brünn; Büschel, SV. Bodenbach; Böttig, DFC. Reichenberg; Brezany, DFC. Prag; Brudny, DFK. Teschen.

Cimera, DFC. Prag; Cech, DSV. Troppau.

Döhring, Teplitzer FK. 03; Dexter, DSV. Eger; Dörre, Teplitzer FK.; Damaschke, Reichenberger FK.

Eisler, DFC. Prag; Eichmeyer, DFC. Reichenberg; Engelmohr, SV. Bodenbach; Ehhardt, DFC. Prag.

Feller, DFC. Prag; Friedrich, Turner SK.; Fenzel, DSK. Brüx; Farry, FK. Leitmeritz; Füßl, DFK. Aussig; Faszinek, BSK. Gablonz; Fliegel Anton, SV. Bodenbach; Fischer, DSV. Asch; Feigl, DFK. Komotau.

Günther, DFK. Aussig; Glaser, DSV. Troppau; Guba, Teplitzer FK. 03.

Hirte, DFC. Prag; Haberstroh, Teplitzer FK 03; Haftel, Teplitzer FK 03; Hauser, DFC. Reichenberg; Hahn, Teplitzer FK. 03; Haßler, DFK. Komotau; Henke, ViB. Teplitz 08; Henneberger, DFC Prag; Hosteh, Turner SK.; Hofrichter, DSK. Brüx; Habertitz, Teplitzer FK. 03· Hampel, DSK. Brüx; Heikal, DFK. Komotau; Hruschka, SV. Bodenbach; Hörchreder, DSV. Brünn; Hawel, DSV. Brünn; Hantl, MOSC. Ostrau; Habelt, DFC. Prag; Hrvbar, DSV. Saaz; Hanke Walter, DSV. Saaz; Horeys Josef, DSV. Saaz; Hoffmann Joh., DSV. Saaz; Hubert, DSB. Schreckenstein; Hawle. BSK. Gablonz.

Jirasch, DFC. Prag; Jordan, DFK. Aussig.

Kuchinka, DFC. Prag; Krombholz, DFC. Prag; Knappe, DFC. Reichenberg; Korein, DFC. Prag; Kreil, Teplitzer FK. 03; Kraus J., Turner SK.; Kirpal, DFK. Aussig; Kastl, DFK. Reichenberg; Koch, DSV. Witkowitz; Kratochwil, DSV. Witkowitz; Köhler, DSV. Witkowitz; Kaunhäuser, DFC. Prag; Kleinpeter, DSV. Saaz; Kubesch, FK. Karlsbad; Klier I., FK. Karlsbad; Köllner, DSV. Saaz; Kindl, DFB. Teplitz 08; Kundrat, DSV. Saaz; Kugler Heinrich, Teplitzer FK. 03, Koder, Teplitzer FK. 03 König, Teplitzer FK. 03· Kozeluh, Teplitzer FK 03.

Less
Lonnek, DSV. Brünn; Ludwig Johann, Reichenberger FK.; Leretz, Ka

Mahrer Teplitzer FK 03. Matouche, DSB. Krammel Schreckenstein; Müller, FK Karlsbad; Mizera, Teplitzer FK. 03; Mitlöhner, DFC. Prag; Müller Oskar, DSV. Saaz; Michelberger, DSK. Gablonz· Morway, Teplitzer FK. 03.

Neumayer, DSV. Troppau; Nahlovsky W., Teplitzer FK. 03; Neumann, BSK. Gablonz.

Otoway, DFC. Prag; Odenahl, DSK. Gablonz; Oeser, DSK. Brüx.

Patek, DFC. Prag; Pusch Karlsbader FK.; Puchta, Karlsbader FK.; Pobel, DFK Komotau; Pohl, Teplitzer FK. 03; Pelikan, DSV Brünn; Patzelt, Teplitzer FK. 03; Paragi, DSV. Saaz; Pelunek, DSV. Trautenau.

Riedl Franz, Teplitzer FK. 03; Riedl Jaro, Teplitzer FK. 03; Ranftel, Teplitzer FK. 03; Riederich, DSV. Saaz; Ritter, DSV. Eger; Rado. DSV. Saaz.

Sedlaczek, DFC. Prag; Seemann, DFK. Komotau; Sokolar, DFK. Reichenberg; Spitzhüttel Karl, DSV. Saaz; Seifert, DFK. Komotau; Silvan, DSB. Eger; Svaton, DFK. Komotau; Sandor, DSK. Gablonz; Sohns, Teplitzer FK. 03.

Schillinger, DFC. Prag; Schaffer J., DSK. Brüx; Schaffer Heinrich, Teplitzer FK. 03; Schuberth, Karlsbader FK.; Schebek, Teplitzer FK. 03; Schulz, DFC. Budweis; Schulze, DSV. Saaz; Schlögl, DSV. Saaz; Schröter, DSV. Saaz; Schöpke, Teplitzer FK. 03; Schmidt Lamprecht, DSV. Sparta Karlsbad.

Strnad, DFC. Prag; Steffl, DFC. Prag; toj, DFC. Prag; Strobl Josef, DSV. Saaz; Stuchlik, SV. Bodenbach.

Tanye.Teplitzer FK. 03; Turtenwald, DFK. Komotau; Tumpach, DSV. Brünn; Thaut, DFC. Budweis; Truntschka, DFC. Prag; Texa, MOSK. Ostrau.

Ullrich, DSK. Brüx.

Vietze, DFK. Reichenberg; Vogel, DFK. Olmütz.

Weigelhofer, Teplitzer FK. 03; Wimmer, DSK. Brüx; Wend, DSK. Brüx; Wölfl, Karlsbader FK.; Wagner, DSV. Saaz; Wachtler, DFC. Prag; Weigant, DSB. Prag; Werner, DSV. Brünn; Wicherek Wolfgang, DFK. Teschen; Wana, DSV. Saaz; Watzata Martin, Teplitzer FK. 03; Wrabetz, BSK. Gablonz.

Zahe, DSB. Schreckenstein; Zimmermann, DSK. Gablonz; Zeis, Karlsbader FK.; Zappe, BSK. Gablonz; Zosel, DSV. Leipa.

# Die Spiele des Teplitzer FK in Südamerika 1922

6. August in Buenos-Aires: Teplitzer FK. — Städtemannschaft Buenos-Aires    1:1

13. August in Buenos-Aires: Teplitzer FK. — Argentinien    1:1

20. August in Buenos-Aires: Teplitzer FK. — Städtemannschaft Bueros-Aires    3:3

27. August in Montevideo: Teplitzer FK. — Städtemannschaft Montevideo    0:2

29. August in Montevideo: Teplitzer FK. — Städtemannschaft Montevideo    1:5

5. Sept. in Portenos: Teplitzer FK. — Städtem. Portenos 6:3

7. Sept. in Buenos-Aires: Teplitzer FK. — Städtemannschaft Buenos-Aires    1:3

10. Sept. in Montevideo: Teplitzer FK. — SK. Penerol    0:1

17. Sept. in Santos: Teplitzer FK. — Städtem. Santos    5:4

30. Sept. in Sao Paulo: Teplitzer FK. — Städtem. Sao Paulo 3:1

1. Oktober in Sao Paulo: Teplitzer FK. — Corintias-Sürius 3:1

8

# IV. Teil

# INTERNATIONALE

# FUSSBALL-TURNIERE

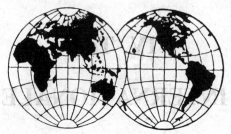

# FÉDÉRATION INTERNATIONALE
# DE FOOTBALL ASSOCIATION

## DIE FIFA

Das Wort „FIFA" ist in der Fußballwelt ein Begriff geworden. Es ist die Abkürzung von: Fédération Internationale de Football Association, gegründet am 21. Mai 1904. Die FIFA darf sich rühmen, ein wahrhaft weltumfassender Verband zu sein, in dem über 50 Staaten des Erdballs vereint sind. Die FIFA will betont nur eine ordnende, nicht eine diktierende Behörde sein. Jeder Verband, d. h. jede Behörde der angeschlossenen Läner bleibt in seiner Fußballregierung innerhalb seines Bereiches vollkommen unabhängig und frei. Im Großen Rat der FIFA, wenn man so sagen darf, begegnen sich nur alle Fußballstaaten, um eine Weltordnung des größten Sportes der Erde sicherzustellen. So kam es zu der Schaffung der Fußballweltmeisterschaft und zu den zwar viel kritisierten aber doch ihrem Wesen einzigartigen Ueber-Nationalmannschaften, der westeuropäischen, der mitteleuropäischen und der Kontinentmannschaft. Die FIFA deutete damit eine natürliche Zukunfts-Entwicklung an. Der Schwerpunkt der FIFA-Arbeit liegt aber in der Verwaltung und in der Aufsicht über die Spielregeln. Es findet kein Länderspiel in den fünf Erdteilen statt, von dem nicht die FIFA ihre Formulare mit den Mannschaftsaufstellungen und den sonstigen wichtigen Daten vom Spiel und dem Schiedsrichterbericht zugesandt erhielte.

Selbst in den heutigen Zeiten hält die FIFA, so weit es irgend möglich ist, die Verbindung unter den Staaten der Erde weitgehend aufrecht. Das Generalsekretariat hat seinen Sitz

in Zürich. und der Generalsekretär ist der Deutsche **Dr.**
Schricker. Seine rechte Hand Adjunktsekretär Rijnink. Die Zentrale ist in einem modernen Haus der Bahnhofstraße in Zürich.
und die Geschäfte gehen auch im Kriege weiter. wie wir uns
bei einem Besuche selber überzeugen konnten. Wir verdanken
Herrn Schricker die wichtige Erweiterung unseres Almanachs
durch den Einbick. den wir in das Archiv der Protokolle tun
durften. Die nachstehenden Angaben und Zusammenstellungen
bekommen dadurch sozusagen halbamtlichen Charakter. und
der Kicker-Almanach ergänzt das F I F A - J a h r b u c h und
seine Kriegsnachträge durch eine zusammenfassende Uebersicht
des internationalen Fußballgeschehens seit Sommer 1940.

### Executiv-Komitee (Präsidium)

**Präsident:** Jules Rimet. Paris

**Vizepräsidenten:** Dr. G. Mauro. Mailand. R. W. Seeldrayers.
Brüssel

**Generalsekretär:** Dr. Ivo Schricker. Zürich; Adjunktsekretär
H. J. Rijnink. Zürich.

**Geschäftsstelle:** Zürich (1). Bahnhofstraße 77. Telephon: 5 33 34.
Telegrammadresse: Fifa Zürich.

**Delegierter der „Confederacion Sud-Americana":** L. F. Dupuy.
Vichy.

# Die neuen Verbände

Inzwischen erweiterte sich der Kongreß der Staaten. die sich
der FIFA anschlossen. auf 56. und zwar durch die Anerkennung
folgender vier Landesverbände:

### Slowakei
### Slovensky Futbalovy Sväz.

Aufgenommen am 24. Juni 1939 durch Bestätigungsschreiben
der FIFA.

**Sekretariat:** Preßburg. Donnergasse 14; Telephon: 2739

**Präsident:** Stefan Jakubec

\*

### Kroatien
### Hrvatski Nogometni Savez.

Aufgenommen am 16. Juni 1941.

**Kommissär:** Dr. Rudolf Hitrec (ein Bruder des internationalen
Spielers)

**Internationaler Sekretär:** Bogdan Curai

**Sekretariat:** Zagreb. Zrinjski treg 17. Postfach 522;
Telephon: 5151

# FIFA überwacht die Regeln

Die Neuordnung in Europa wird im Fußballsport auch jene grotesken Zustände beseitigen, daß die Fußballregeln mit $^4/_5$ Mehrheit einseitig von den britischen Inselstaaten diktiert und überwacht werden. Die über 50 Länder des ganzen Erdballs. vereinigt in der FIFA, hatten nur $^1/_5$ Stimme und damit nur beratenden Einfluß.

Schon in der vergangenen Spielzeit trat die FIFA ihre selbsttätige Lösung von dem sogenannten °International Board dadurch dokumentiert, daß ihre Regelkommission Klarheit schaffte über jene Abschnitte des kürzlich grundlegend neugefaßten Regelwerkes. die unklar geblieben waren und zu Mißverständnissen führten. Es handelt sich um die Auslegung des Rempelns ohne Ball und des Sperrens.

Am 5. April trat die Kommission in Köln zusammen und schuf grundlegende Klarheit über die strittigen Punkte. Die Kommission (Dr. Bauwens-Deutschland, Escartin-Spanien, Delaunay-Frankreich. Verdyck-Belgien und Mauro-Italien; die beiden Letztgenannten gaben schriftlich ihre Zustimmung zu den Entschlüssen) erstattete der FIFA nachstehenden Bericht:

Der Vorsitzende begrüßt Pedro Escartin (Spanien). der durch das Executiv-Komitee zum Mitglied der Kommission für Spielregeln und Schiedsrichter ernannt worden ist. und der zum erstenmal an den Arbeiten der Kommission teilnimmt.

## Auslegung der Regel XII.

Die Kommission. die nach den Beschlüssen des Executiv-Komitees vom 16. Dezember 1939 und vom 25. Januar 1941 zur

Auslegung der Regel XII zusammentrat, gibt zu den Strafbestimmungen die folgenden Erläuterungen:

Diese Bestimmungen zählen die Strafen auf — direkter Freistoß oder Strafstoß — die zu verhängen sind, je nachdem der Verstoß außerhalb oder innerhalb des Strafraumes begangen wurde, sowie die Fälle, in denen gemäß dem ersten Abschnitt der Regel XII, je nach der Art des Verstoßes, ein indirekter Freistoß zu verhängen ist.

Jedoch besteht eine Unklarheit über die Strafe, die zu verhängen ist, wenn ein Spieler einen Gegner fair rempelt, ohne daß die rempelnden Spieler sich in der Nähe des Balles befinden, und ohne daß die Spieler ernstlich versuchen, den Ball zu spielen.

In diesem Falle ist als Strafe ein indirekter Freistoß zu verhängen, der an der Stelle auszuführen ist, wo der Verstoß stattfand, gleichgültig, ob der Verstoß innerhalb oder außerhalb des Strafraumes begangen wurde.

Ein Strafstoß kann also nur verhängt werden, wenn ein Spieler der verteidigenden Partei innerhalb des Strafraumes absichtlich einen der folgenden Verstöße begeht:

1.— wenn er einem Gegner das Bein stellt

2.— wenn er einen Gegner tritt

3.— wenn er einen Gegner schlägt

4.— wenn er einen Gegner anspringt

5.— wenn er den Ball mit der Hand spielt

6.— wenn er einen Gegner hält

7.— wenn er einen Gegner stößt

8.— wenn er einen Gegner heftig oder gefährlich rempelt

9.— wenn er einen Gegner von hinten rempelt.

### Sperren.

Die Kommission stellt fest, daß das Sperren an sich — ohne daß damit ein Rempeln verbunden ist — nach den Spielregeln n i c h t strafbar ist.

Die zwei obigen Entscheidungen sind einstimmig durch die Kommission getroffen worden, wobei die abwesenden Mitglieder ihre Zustimmung gegeben haben.

### Verbot des Tragens des Balles.

Es ist dem Torwart untersagt, den Ball zu tragen, d. h. mehr als vier Schritte zu machen, während er den Ball hält, ohne ihn auf den Boden aufspringen zu lassen (Regel XII g). Für jeden Verstoß gegen diese Regel wird ein indirekter Freistoß verhängt. Der Torwart, der vier Schritte macht, und dann mit dem Ball, ohne ihn loszulassen, d. h. ohne ihn aufspringen zu lassen, den Boden berührt, begeht einen Verstoß, für welchen ein indirekter Freistoß zu verhängen ist.

# Die Weltmeisterschaft

Bei Abschluß unserer Almanach-Arbeiten Ende September 1941 können wir durch unsere Rücksprache in Zürich allen Gerüchten entgegentreten, die davon gesprochen haben, daß die nächste Weltmeisterschaft von einem südamerikanischen Staat beansprucht werde. Südamerika hat weder 1940 noch 1941 einen solchen Antrag gestellt. (Siehe auch unseren Protokollauszug von den südamerikanischen Kongressen.) Die in einem südamerikanischen Dachverband zusammengeschlossenen Verbände haben lediglich vor einem Jahr mitgeteilt, daß man die nächste Weltmeisterschaft nicht früher als 18 Monate nach Kriegsschluß austragen solle.

Der moralische und zeitlich erste Anwärter auf die nächste Weltmeisterschaft ist Deutschland. Wir meldeten uns bereits für 1938, traten aber freiwillig zugunsten Frankreichs zurück.

1938 beim FIFA-Kongreß in Paris trat Brasilien ebenfalls als Bewerber um die nächste Weltmeisterschaft auf. Alle Vermutungen und Gerüchte über eine Vergebung der Weltmeisterschaft sind falsch. Die Entscheidung hierüber kann einzig und allein der nächste offizielle FIFA-Kongreß bringen.

## 1. Sieger: Uruguay

### I. Weltmeisterschaft, 13. bis 30. Juli 1930 in Montevideo (Uruguay)

Gruppe I: Die Spiele: Frankreich — Mexiko 4:1, Argentinien gegen Frankreich 1:0, Chile — Mexiko 3:0, Chile — Frankreich 1:0, Argentinien — Mexiko 6:3, Argentinien — Chile 3:1.

Die Sieger: 1. Argentinien, 2. Chile, 3. Frankreich, 4. Mexiko.

Gruppe II: Die Spiele: Jugoslawien — Brasilien 2:1, Jugoslawien — Bolivien 4:0, Brasilien — Bolivien 4:0.

Die Sieger: 1. Jugoslawien, 2. Brasilien, 3. Bolivien.

Gruppe III: Die Spiele: Rumänien — Peru 3:1, Uruguay — Peru 1:0, Uruguay — Rumänien 4:0.

Die Sieger: 1. Uruguay, 2. Rumänien, 3. Peru.

Gruppe IV: Die Spiele: USA — Belgien 3:0, USA — Paraguay 3:0, Paraguay — Belgien 1:0.

Die Sieger: 1. USA, 2. Paraguay, 3. Begien.

Vorschlußrunde: Argentinien — USA 6:1, Uruguay — Jugoslawien 6:1.

Endspiel: Uruguay — Argentinien 4:2.

## 2. Sieger: Italien

### II. Weltmeisterschaft, 24. Mai bis 10. Juni 1934 in Italien

#### Die Ausscheidungsspiele

Gruppe I: Haiti — Cuba 1:3; Haiti — Cuba 1:1; Haiti — Cuba 0:6; Mexico — Cuba 3:2; Mexico — Cuba 5:0; Mexico — Cuba 4:1.

Gruppe II: Brasilien kampflos Sieger. Peru nicht angetreten.

Gruppe III: Argentinien kampflos Sieger, Chile nicht angetreten.

Gruppe IV: Aegypten — Palästina 7:1; Palästina — Aegypten 1:4.

Gruppe V: Schweden — Estland 6:2; Litauen — Schweden 0:2.

Gruppe VI: Spanien — Portugal 9:0; Portugal — Spanien 1:2.

Gruppe VII: Italien — Griechenland 4:0.

Gruppe VIII: Bulgarien — Ungarn 1:4; Oesterreich — Bulgarien 6:1; Ungarn — Bulgarien 4:1.

Gruppe IX: Polen — Tschecho-Slowakei 1:2, Polen trat zum Rückspiel nicht mehr an.

Gruppe X: Jugoslawien — Schweiz 2:2; Schweiz — Rumänien 2:2; Rumänien — Jugoslawien 2:1.

Gruppe XI: Eire — Belgien 4:4; Holland — Eire 5:2; Belgien — Holland 2:4.

Gruppe XII: Luxemburg — Deutschland 1:9; Luxemburg — Frankreich 1:6.

Qualifikations-Spiel: USA. — Mexico 4:2.

#### Die Endrunden

**Erste Runde:** Italien — USA. 7:1, Spanien — Brasilien 3:1, Oesterreich — Frankreich 3:2, Ungarn — Aegypten 4:2, Tschecho-Slowakei — Rumänien 2:1, Schweiz — Holland 3:2, Deutschland — Belgien 5:2 Schweden — Argentinien 3:2. —

**Zweite Runde:** Italien — Spanien 1:1, Oesterreich — Ungarn 2:1, Tschecho-Slowakei — Schweiz 3:2, Deutschland — Schweden 2:1, Italien — Spanien (Wiederholung) 1:0.

**Vorschlußrunde:** Italien — Oesterreich 1:0, Tschecho-Slowakei — Deutschland 3:1.

**Um den dritten Platz:** Deutschland — Oesterreich 3:2.

**Endspiel:** Italien — Tschecho-Slowakei 2:1, nach Verlängerung (Ende: 1:1).

## 3. Sieger: Italien

### III. Weltmeisterschaft, 4. Juni bis 19. Juni 1938 in Frankreich

#### Die Ausscheidungsrunde

Italien als Titelverteidiger und Frankreich als Veranstalter brauchten keine Ausscheidungsspiele bestreiten.

Gruppe I: Schweden — Finnland 4:0; Schweden — Estland 7:2; Finnland — Deutschland 0:2; Finnland — Estland 0:1; Deutschland — Estland 4:1; Deutschland — Schweden 5:0.

Gruppe II: Polen — Jugoslawien 4:0; Jugoslawien — Polen 1:0; Norwegen — Irland 3:2; Irland — Norwegen 3:3.

Gruppe III: Rumänien kampflos Sieger, da Aegypten nicht antrat.

Gruppe IV: Schweiz — Portugal 2:1.

Gruppe V: Palästina — Griechenland 1:3; Griechenland — Palästina 1:0; Ungarn — Griechenland 11:1.

Gruppe VI: Bulgarien — Tschecho-Slowakei 1:1; Tschecho-Slowakei — Bulgarien 6:0.

Gruppe VII: Lettland — Litauen 4:2; Litauen — Lettland 1:5; Oesterreich — Lettland 2:1.

Gruppe VIII: Holland — Luxemburg 4:2; Luxemburg — Belgien 2:3.

Amerikanische Gruppe: USA.. Cuba. Brasilien, Argentinien ohne Ausscheidungsspiele in die Schlußrunde.

Asiatische Gruppe: Niederländisch-Indien kampflos Sieger, da Japan nicht antrat.

#### Die Endrunden

Erste Runde: Deutschland — Schweiz 1:1 nach Verlängerung. Ungarn — Indien 6:0. Schweden kampflos. Rumänien — Kuba 3:3 nach Verlängerung. Frankreich — Belgien 3:1. Italien gegen Norwegen 2:1 nach Verlängerung. Tschecho-Slowakei — Holland 3:0 nach Verlängerung. Brasilien — Polen 6:5 nach Verlängerung.

Wiederholungsspiele: Schweiz — Deutschland 4:2. Kuba — Rumänien 2:1.

Zweite Runde: Ungarn — Schweiz 2:0. Schweden — Kuba 8:0. Italien — Frankreich 3:1. Tschecho-Slowakei — Brasilien 1:1 nach Verlängerung.

Wiederholungsspiel: Brasilien — Tschecho-Slowakei 2:1.

Vorschlußrunde: Italien — Brasilien 2:1. Ungarn — Schweden 5:1.

Um den 3. Platz: Brasilien — Schweden 4:2.

Endspiel: Italien — Ungarn 4:2.

## Neuordnung geplant.

Nach den Erfahrungen der beiden letzten Weltmeisterschaften 1934 und 1938 in Italien bzw. Frankreich plant die FIFA im Gedankenaustausch mit den Ländern in einigen Punkten Neuordnungen.

Wir können nachstehend aus dem Entwurf-Protokoll, das uns das Generalsekretariat der FIFA in Zürich zur Verfügung stellte, einige Auszüge aus den Weltmeisterschaftsbestimmungen veröffentlichen. Sie sind zum Teil neugefaßt, so vor allem die finanzielle Ordnung. Früher wurden den Verbänden die Ausgaben bezahlt, in Zukunft sollen die teilnehmenden Mannschaften einen festen Pauschalsatz erhalten. Er erhöht sich selbstverständlich automatisch, wenn die Mannschaft in den Endrunden weiter aufsteigt und damit Anteil nimmt an den Einnahmen dieser Spiele.

Wir heben aus den Bestimmungen der Weltmeisterschaft die interessantesten Abschnitte hervor und berücksichtigen hierbei bereits die den Ländern vorgeschlagenen Neuordnungen, die freilich erst der Genehmigung durch den Kongreß bedürfen.

## Titel und Ausschreibung.

Die FIFA organisiert alle vier Jahre einen internationalen Wettbewerb unter der Bezeichnung „Weltmeisterschaft", der für alle angeschlossenen Landesverbände offen ist. Jeder Landesverband kann eine Mannschaft melden. Falls der Pokal dreimal durch einen Landesverband gewonnen wird, geht er in das Eigentum dieses Landesverbandes über.

Der Wettbewerb zerfällt in zwei Abschnitte, erstens die Ausscheidungsspiele und zweitens die Schlußrunde. Ausscheidungsspiele werden veranstaltet, falls die Zahl der Teilnehmer 16 übersteigt. Die Mannschaft des Landesverbandes, die den Pokal zuletzt gewonnen hat, sowie die Mannschaft des Landes, das die Schlußrunde organisiert, sind von der Teilnahme an den Ausscheidungsspielen befreit. Die Schlußrunde ist ferner vorbehalten für die 14 Mannschaften, die sich nach der Klassifizierung in den Ausscheidungsspielen ergeben.

## Ausscheidungsspiele.

Die Ausscheidungsspiele werden in folgender Weise durchgeführt:

Die Organisationskommission bildet zunächst Gruppen von dem ungefähren Umfang eines Kontinentes, etwa in der folgenden Weise:

1. Europa.
2. Mittelmeerländer von Nordafrika und Kleinasien.
3. Südamerika.
4. Zentralamerika.
5. Nordamerika
6. Asien.

Sodann teilt die Organisationskommission die Gruppen je in zwei der Zahl nach gleichstarke Abteilungen ein und setzt die Spiele in der Weise an, daß jeweils eine Mannschaft der einen Gruppe gegen eine Mannschaft der anderen Gruppe zu spielen hat, wobei nach Möglichkeit die geographischen und wirtschaftlichen Verhältnisse berücksichtigt werden. Die Entscheidungen der Organisationskommission hinsichtlich der Bildung der Gruppen und der Bestimmung der Gegner sind endgültig und nicht anfechtbar. Falls die betreffenden Verbände nicht zu einem — von der Organisationskommission zu genehmigenden — Abkommen über die Austragung der Ausscheidungsspiele gelangen können, werden diese Spiele in einer Doppelrunde mit Vor- und Rückspiel ausgetragen, wobei für einen Sieg 2 Punkte, für ein unentschiedenes Spiel 1 Punkt und für eine Niederlage 0 Punkte berechnet werden.

Bei gleicher Punktzahl wird ein drittes Spiel ausgetragen. Falls dieses dritte Spiel auch nach einer Verlängerung um je zwei Spielhälften von je 15 Minuten unentschieden bleibt, wird der Sieger durch das Los bestimmt.

### Schlußrunde.

Die Termine und Orte der Spiele der Schlußrunde werden durch die Organisationskommission festgesetzt, wobei nach Möglichkeit jeder Mannschaft eine Ruhepause von 48 Stunden gewährt wird. Die Spiele der Schlußrunde werden nach dem Pokalsystem und in dem Gebiete eines einzigen Landesverbandes ausgetragen. Die Bestimmung dieses Landes hat zu erfolgen durch den Kongreß der FIFA zwei Jahre vor Austragung der Schlußrunde.

Nur für die erste Runde werden durch die Organisationskommission 8 Mannschaften ausgewählt, deren Gegner durch das Los bestimmt werden. In den anderen Runden werden die Gegner für jedes Spiel durch das Los bestimmt.

Durch das Endspiel der Schlußrunde wird der erste und zweite Platz bestimmt. Durch ein weiteres Spiel zwischen den Verlierern der Vorschlußrunde wird der dritte Platz bestimmt.

Für die Schlußrunde sind von jedem Landesverband 22 Spieler teilnahmeberechtigt.

Das Verzeichnis der Spieler und je zwei Photographien müssen dem Sekretär der FIFA 14 Tage vor dem Beginn der Schlußrunde eingereicht werden.

Falls bei Ende der regulären Spielzeit das Spiel unentschieden ist, so werden die Wettspiele, die nach dem Pokalsystem ausgetragen werden, um zwei Hälften von je 15 Minuten verlängert. (Also nicht beim ersten Tor abgebrochen. Die Schriftl.)

Falls das Endspiel und auch die Wiederholung des Endspieles keine Entscheidung ergeben hat, so werden beide Mannschaften als Sieger erklärt und jede Mannschaft behält den Pokal während der Hälfte der Zeit.

Ausscheidungsspiele: Von dem Betrag der Brutto-Einnahmen der Ausscheidungsspiele wird eine Abgabe von 5 % zugunsten der FIFA erhoben. Nach Zahlung der Platzmiete, der Reise- und Aufenthaltskosten der Spieler, der Schiedsrichter, der Linienrichter des Delegierten der Organisationskommission, der Reklame usw. wird der verbleibende Ueberschuß zwischen den zwei Landesverbänden, die das Spiel ausgetragen haben, geteilt.

**Schlußrunde:** Die Ausgaben für die Organisation — mit Ausnahme der Kosten der Herrichtung der Spielplätze — die der veranstaltende Landesverband vorschießt, werden bei der Abrechnung unter den allgemeinen Unkosten der Schlußrunde verrechnet.

Jede Mannschaft erhält nach dem ersten von ihr ausgetragenen Spiel der Schlußrunde als Vergütung für Reise- und Aufenthaltskosten einen festen Betrag gemäß einem von dem Exekutivkomitee aufgestellten Maßstab.

## Abrechnung.

Nach Zahlung aller Unkosten wird der eventuelle Ueberschuß aus den Spielen der Schlußrunde folgenderweise verteilt: 10 % an die FIFA; 30 % dem veranstaltenden Landesverband; 60 % an die Landesverbände, die an der Schlußrunde teilgenommen haben, und zwar nach Maßgabe der Bruttoeinnahme aus den von ihnen ausgetragenen Wettspielen.

## Finanzielle Bestimmungen und Sätze für die feste Vergütung der Reise- und Aufenthaltskosten der an der Schlußrunde teilnehmenden Mannschaften.

| | |
|---|---|
| Nennungsgeld . . . . . . . . . . . . . . | Schw. Fr. 300.— |
| Nennungsgeld für die Schlußrunde . . . . . | Schw. Fr. 500.— |

Aufstellung der Beträge, die von dem veranstaltenden Landesverband an die an der Schlußrunde teilnehmenden Mannschaften zu zahlen sind:

| | In Europa: | In Amerika: |
|---|---|---|
| Europ. Mannschaften | Schw. Fr. 8.000.— | Schw. Fr. 30.000.— |
| | Schw. Fr. 10.000.— | |
| Amerikanische Mannschaften | Schw. Fr. 30.000.— | Schw. Fr. 8.000.— |
| | | Schw. Fr. 25.000.— |
| Mannschaft von Kleinasien, Nord-Afrika, (Mittelmeer) . . . | Schw. Fr. 14.000.— | Schw. Fr. 30.000.— |
| | Schw. Fr. 16.000.— | |
| Mannschaft von Asien . . . . . | Schw. Fr. 20.000.— | Schw. Fr. 30.000.— |
| | Schw. Fr. 30.000.— | |

Die Organisationskommission ist befugt, in jedem einzelnen Fall den zu zahlenden Betrag zwischen dem Maximum und dem Minimum abzustufen.

Die Mannschaften, die sich für die Vorschlußrunde qualifizieren, erhalten eine Sonderzahlung von Schw. Fr. 2000.—.

Verteilung des Reingewinnes der Schlußrunde:

| | |
|---|---|
| FIFA . . . . . . . . . . . . . . . . . . . . | 10 % |
| Veranstaltender Landesverband . . . . . . . . . | 30 % |

An der Schlußrunde teilnehmenden Mannschaften im Verhältnis der von ihnen ausgetragenen Spiele und der dabei erzielten Einnahmen . . . . . . . . . . 60 %

# DIE OLYMPISCHEN FUßBALLTURNIERE

**Paris 1900: England** (außerhalb des Olympischen Programms)

England - Frankreich 4:0
(Upton Park London) (L'Union Francaise
des Sport Athletique)

Die Siegerelf: Jones, Buckenham, Crossling; Chalk, Buridge, Quash; Turner, Spackman, Nicholas, Zealey, Haslom.


**St. Louis 1904: Kanada** (außerhalb des Olympischen Programms)

Kanada - USA 4:0
(teilgenommen haben fünf Mannschaften)

Die Siegerelf: Linton; Ducker, Gourley; Lane Johnston, Fraser; Taylor, Steep, Hall, Henderson, McDonald.

**Athen 1906: Dänemark** (nur Zwischen-Olympiade, nicht offiziell)

Dänemark - Internationale Mannschaft 5:1
Griechenland (Athen)- Griechenland (Saloniki) 5:0

Endspiel: Dänemark - Griechenland 9:0

Die Siegerelf: V. Andersen; P. Petersen, Buchwald; Ferslew, Rassmussen, A. Andersen; O. Nielsen, C. Pedersen, Frederiksen, Lindgren, Rambusch, A. Hansen.

**London 1908: England**

Vorrunde:
Frankreich A - CSSR (CSSR nicht angetreten)
Niederlande - Ungarn (Ungarn nicht angetreten)
Dänemark - Frankreich B 9:0
England - Schweden 12:1

Zwischenrunde:
Dänemark - Frankreich A 17:1

| England - | Niederlande | 4:0 |
|---|---|---|

3. Platz:

| Niederlande - | Frankreich (Frankr. nicht angetreten) | |
|---|---|---|
| Niederlande - | Schweden | 2:1 |

Endspiel: England - Dänemark 2:0

Die Siegerelf: Bailey; Corbett, H. Smith; Hunt, Chapman, Hawkes;
Berry, Woodward, Stapley, Purnell, Hardman.


## Stockholm 1912: England

Vorrunden-Ausscheidung:

| Österreich - | Deutschland | 5:1 |
|---|---|---|
| Finnland - | Italien | 3:2 n.V. |
| Niederlande - | Schweden | 4:3 n.V. |

Zwischenrunde:

| Finnland - | Rußland | 2:1 |
|---|---|---|
| England - | Ungarn | 7:0 |
| Niederlande - | Österreich | 3:1 |
| Dänemark - | Norwegen | 7:0 |

Vorschlußrunde:

| England - | Finnland | 4:0 |
|---|---|---|
| Dänemark - | Niederlande | 4:1 |

3. Platz:

| Niederlande - | Finnland | 9:0 |
|---|---|---|

Endspiel: England - Dänemark 4:2

Die Siegerelf: Brebner; Burn, Knight; Littlewort, Hanney, Dines;
Berry, Woodward, Walden, Hoare, Sharpe, Stamper, Wright, McWhirter.

Deutschlands Aufgebot: Weber, Werner, Röpnack, Hollstein, Reese, Hempel, Krogmann, Breunig, Bosch, Burger, Glaser, Ugi, Wegele, Uhle, Jäger, Förderer, Worpitzki, Fuchs, Kipp, Oberle,
Thiel, Hirsch.

## Antwerpen 1920: Belgien

Vorrunde:

| | | |
|---|---|---|
| Italien - | Ägypten | 2:1 |
| Tschechoslowakei - | Jugoslawien | 7:0 |
| Norwegen - | England | 3:1 |
| Niederlande - | Luxemburg | 3:0 |
| Schweden - | Griechenland | 9:0 |
| Spanien - | Dänemark | 1:0 |

Spielfrei: Frankreich und Belgien

Zwischenrunde:

| | | |
|---|---|---|
| Frankreich - | Italien | 3:1 |
| Tschechoslowakei - | Norwegen | 4:0 |
| Niederlande - | Schweden | 5:4 n.V. |
| Belgien - | Spanien | 3:1 |

Vorschlußrunde:

| | | |
|---|---|---|
| Tschechoslowakei - | Frankreich | 4:1 |
| Belgien - | Niederlande | 3:0 |

Endspiel: Belgien - Tschechoslowakei 2:0 abgeborchen
(Tschechoslowakei disqualifiziert)

Die Siegerelf: De Bie, Swartenbroek, Verbeck, Vierens, Hause, Masch, van Hegge, Cope, Ballyn, Nizot, Hebden, Bastin, Bajoerd, Larnoe.

## Paris 1924: Uruguay

Ausscheidungsrunde:

| | | |
|---|---|---|
| Italien - | Spanien | 1:0 |
| Schweiz - | Litauen | 9:0 |
| USA - | Estland | 1:0 |
| Tschechoslowakei - | Türkei | 5:2 |
| Uruguay - | Jugoslawien | 7:0 |
| Ungarn - | Polen | 5:0 |

Vorrunde:

| | | |
|---|---|---|
| Niederlande - | Rumänien | 6:0 |
| Frankreich - | Lettland | 7:0 |
| Irland - | Bulgarien | 1:0 |
| Schweiz - | Tschechoslowakei | 1:1 n.V. und 1:0 |
| Schweden - | Belgien | 8:1 |
| Italien - | Luxemburg | 2:0 |
| Uruguay - | USA | 3:0 |
| Ägypten - | Ungarn | 3:0 |

Zwischenrunde:

| | | |
|---|---|---|
| Uruguay - | Frankreich | 5:1 |
| Schweden - | Ägypten | 5:0 |
| Niederlande - | Irland | 2:1 n.V. |
| Schweiz - | Italien | 2:1 |

Vorschlußrunde:

| | | |
|---|---|---|
| Schweiz - | Schweden | 2:1 |
| Uruguay - | Niederlande | 2:1 |

3.Platz: Schweden - Niederlande  1:1 n.V. und 3:1

Endspiel: Uruguay - Schweiz  3:0

Die Siegerelf: Mazalli, Nazassi, Tomasina; Andrade, Vidal,
Ghierra; A. Urdinaran, Scarone, Petrone, Cea, Romano,
Arispe,
Naya, Zibechi, S. Urdinaran.

## Amsterdam 1928: Uruguay

Ausscheidungsrunde:

| | | |
|---|---|---|
| Portugal - | Chile | 4:2 |

Vorrunde:

| | | |
|---|---|---|
| Belgien - | Luxemburg | 5.3 |
| Deutschland - | Schweiz | 4:0 |
| Ägypten - | Türkei | 7:1 |
| Portugal - | Jugoslawien | 2:1 |
| Italien - | Frankreich | 4:3 |
| Uruguay - | Niederlande | 2:0 |
| Argentinien - | Belgien | |
| :Spanien - | Mexiko | 7:1 |

Zwischenrunde:

| | | |
|---|---|---|
| Italien - | Spanien | 1:1 n.V. und 7:1 |
| Argentinien - | Belgien | 6:3 |
| Spanien - | Mexiko | 7:1 |

Vorschlußrunde:

| | | |
|---|---|---|
| Argentinien - | Ägypten | 6:0 |
| Uruguay - | Italien | 3:2 |

3. Platz: Italien - Ägypten  11:3

Endspiel: Uruguay - Argentinien 1:1 n.V. und 2:1

Die Siegerelf: Mazalli, Arispe, Nazassi, Gestido, Fernandez, Andrade, Arremon, Cea, Borjas, Scarone, S. Urdinaran, Piriz, Campolo, Petrone, Castro, Canavesi, Figuerea.

Deutschlands Aufgebot: Gehlhaar, Stuhlfauth, Wentorf, Beier, Kuterer, Müller, Weber, Gruber, Heidkamp, Kalb, Knöpfle, Leinberger, Nagelschmitz, Albrecht, L. Hofmann, R. Hofmann, Horn, Hornauer, Kuzorra, Pöttinger, Reinmann, S. Schmitt.


## Berlin 1936: Italien

Vorrunde:

| | | |
|---|---|---|
| Norwegen - | Türkei | 4:0 |
| Italien - | USA | 1:0 |
| Japan - | Schweden | 3:2 |
| Deutschland - | Luxemburg | 9:0 |
| Österreich - | Ägypten | 3:1 |
| Polen - | Ungarn | 3:0 |
| Peru - | Finnland | 7:3 |
| Großbritannien - | China | 2:0 |


Zwischenrunde:

| | | |
|---|---|---|
| Norwegen - | Deutschland | 2:0 |
| Italien - | Japan | 8:0 |
| Polen - | Großbritannien | 5:4 |
| Österreich - | Peru | 2:4 |

(Das Spiel wurde auf Einspruch Österr. neu angesetzt, zu dem Peru
aber nicht antrat. Österr. kam nun kampflos eine Runde weiter.)

Vorschlußrunde:

| | | |
|---|---|---|
| Italien - | Norwegen | 2:1 n.V. |
| Österreich - | Polen | 3:1 |

3. Platz: Norwegen - Polen 3:2

Endspiel: Italien - Österreich 2:1 n.V.

Die Siegerelf: Venturini, Foni, Rava, Baldo, Piccini, Locatelli, Frossi, Marchini, Scarabello, Biagi, Capelli, Bertoni, Gabriotto, Negro.

Deutschlands Aufgebot: Jakob, Jürissen, Buchloh, Münzenberg, Munkert, Ditgens, Janes, Gramlich, Goldbrunner, Sold, Mehl, Bernhard, Lehner, Elbern, Lenz, Hohmann, Gellesch, Gauchel, Urban, Siffling, Simetsreiter, Eckert.

# Der Mitropa-Cup

Die Sieger:

| | | | |
|---|---|---|---|
| 1927: | AC. Sparta Prag | 1933: | FC. Austria Wien |
| 1928: | Ferencvaros FC. | 1934: | Bologna Sportiva |
| 1929: | FC. Ujpest | 1935: | AC. Sparta Prag |
| 1930: | SK. Rapid Wien | 1936: | FC. Austria Wien |
| 1931: | First Vienna FC. | 1937: | Ferencvaros FC. |
| 1932: | Bologna Sportiva | 1938: | SK. Slavia Prag |
| | | 1939: | FC. Ujpest |

Die Teilnehmer:

1927: Beogradski SK., Hungaria Budapest, Rapid Wien, Hajduk, Sparta Prag, Admira Wien, Slavia Prag, FC. Ujpest.

'928: Admira Wien, Slavia Prag Rapid Wien, Hungaria Budapest, Beogradski SK., Ferencvaros FC., Gradjanski Zagreb, Viktoria Zizkov.

1929: Ujpest FC. Sparta Prag, Hungaria Budapest, First Vienna FC. Rapid Wien, Genova FC., Juventus Turin, Slavia Prag

1930: Slavia Prag, Ferencvaros FC., Sparta Prag, First Vienna FC., Genova FC., Rapid Wien, Ujpest FC. Ambrosiana Mailand

1931: First Vienna FC., Bocskay, Slavia Prag, AS. Roma, Juventus Turin Sparta Prag, Hungaria Budapest, Wiener AC.

1932: Bologna Sportiva, Sparta Prag, Slavia Prag, Admira Wien, Juventus Turin, Ferencvaros FC., First Vienna FC., FC. Ujpest.

1933: Ujpest FC Juventus Turin, Slavia Prag, Austria Wien, First Vienna FC., Ambrosiana Mailand, Hungaria Budapest, Sparta Prag.

1934: Ferencvaros FC., Floridsdorfer AC., SK. Kladno, Ambrosiana Mailand, Bologna Sportiva, Bocskay, Slavia Prag, Rapid Wien, Austria Wien, FC. Ujpest, Juventus Turin. Teplitzer FK. Admira Wien, FC. Napoli, Hungaria Budapest. Sparta Prag

1935: Admira Wien, Hungaria Budapest, Viktoria Zizkov, Juventus Turin. First Vienna FC., Sparta Prag, Ujpest FC., Florentina, Zidenice Rapid Wien, AS. Roma, Ferencvaros FC., Szeged, Slavia Prag Ambrosiana Mailand, Austria Wien.

1936: FC. Bern, FC. Torino, Austria Wien, Graßhopper Club Zürich Zidenice Lausanne-Sports, Young Fellows Zürich, Phoebus Budapest, Ujpest FC., Ambrosiana Mailand, Bologna Sportiva, Rapid Wien, Admira Wien, SK. Prostejov, Ferencvaros FC., Slavia Prag, Hungaria Budapest, First Vienna FC, Sparta Prag.

1937: Slavia Prag. Ferencvaros FC.. First Vienna FC.. Young Fellows Zürich. Bologna Sportiva. Austria Wien. Venus Bukarest Ujpest FC.. Admira Wien. Sparta Prag. Genova FC.. Gradianski Zagreb Hungaria Budapest. Lazio Rom. Graßhopper Club Zürich. Prostejov

1938: Ambrosiana Mailand. Kispest Budapest. Genova FC.. Sparta Prag. Hungaria Budapest. Juventus Turin. Ripsensia. Milan FC.. Zidenice. Ferencvaros FC.. Kladno, HASK, Zagreb. Beogradski. Slavia Prag. Ujpest FC.. Rapid Bukarest

1939: Sparta Prag. Slavia Prag. Ferencvaros FC.. Ujpest FC.. Beogradski SK.. Venus Bukarest. Bologna Sportiva. Ambrosiana Mailand

## Der internationale Pokal

Teilnehmer: Oesterreich. Tschecho-Slowakei. Ungarn. Italien. Schweiz.

Sieger: 1927 bis 1929: Italien — 1931 bis 1932: Oesterreich — 1933 bis 1935: Italien.

## Der skandinavische Pokal

Die Sieger:

| | |
|---|---|
| 1933: Dänemark | 1936: Dänemark |
| 1934: Norwegen | 1937: Schweden |
| 1935: Schweden | 1938: Norwegen |

## Der baltische Pokal

Die Sieger:

| | |
|---|---|
| 1928: Lettland | 1933: Lettland |
| 1929: Estland | 1935: Litauen |
| 1930: Litauen | 1936: Lettland |
| 1931: Estland | 1937: Lettland |
| 1932: Lettland | 1938: Estland |

## Der Balkan-Pokal

Die Sieger:

| | |
|---|---|
| 1929: Rumänien | 1934/35: Jugoslawien |
| 1931: Rumänien | 1935: Bulgarien |
| 1932: Bulgarien | 1936: Rumänien |
| 1933: Rumänien | |

## Internationale Hochschul-Spiele

Die Sieger:

| | |
|---|---|
| 1927 in Rom: Italien | 1935 in Budapest: Ungarn |
| 1928 in Paris: Italien | 1937 in Paris: Deutschland |
| 1930 in Darmstadt: Italien | 1939 in Wien: Deutschland |
| 1933 in Turin: Italien | |

# Studenten-Weltmeisterschaft 1939

## 21. August WAC.-Platz Wien:

### Deutschland — Ungarn 2:1

**Deutschland:** Scheithe — Katzer, Dr. Althoff — Schädler, Hoffmann, Simon — Schneider, Hack, Epp, Baumann, Dauda.

### Deutschland — Italien 3:0

**Deutschland:** Scheithe — Katzer, Dr. Althoff — Schädler, Hoffmann, Simon — Schneider, Hack, Epp, Baumann, Dauda.

### Italien — Ungarn 4:2

**Italien:** Venturi — Tamietti, Piazza — Baldo, Puppo, Capocasale — Frossi, Vallone, Perugo, Scarabello, Cabdiani.

**Ungarn:** Zental — Gymensy, Stutal — Pazmandy, Koyacs II, Csonka - Magyar, Kovacs I. Tihany, Dr. Varga, Erdös.

### Die Tabelle:

| | | | | | | |
|---|---|---|---|---|---|---|
| Deutschland | 2 | 2 | 0 | 0 | 5:1 | 4:0 |
| Italien | 2 | 1 | 0 | 1 | 4:5 | 2:2 |
| Ungarn | 2 | 0 | 0 | 2 | 3:6 | 0:4 |

# Europa-Turnier 1930 in Genf

**Vorrunde:** Servette Genf - Vienna Wien 1:7, FC Sete - SpVgg Fürth 3:4, Slavia Prag - CS Brügge 4:2, Ujpest Budapest - Real Irun 3:1, AC Bologna - Go Ahead Deventer 4:0.

**Hoffnungsrunde** der Unterlegegenen: Real Irun - FC Sete 5:1, Servette Genf - CS Brügge 2:1, Go Ahead Freilos.

**Zwischenrunde:** Vienna - Fürth 7:1, Slavia Prag - Irun 2:1, Servette - Bologna 4:1, Ujpest - Go Ahead 7:0.

**Vorschlußrunde:** Ujpest - Servette 3:0, Slavia - Vienna 3:1.

**Um den 3.Platz:** Vienna - Servette 5:1.

**Endspiel:** Ujpest - Slavia 3:0.

**Die Siegerelf:** Acht; Fogl III, Dudas; Borsanyi, Volentik, Wig; Köves, Auer, Havas, Spitz, Szabo.

# Pariser Weltausstellungs-Turnier 1937

**Vorrunde:** Austria Wien - VfB Leipzig 2:0, AC Bologna - FC Sochaux 4:1, Slavia Prag - Phöbus Budapest 2:1, Olympique Marseille - Chelsea London 1:1 (Los für Chelsea).
**Zwischenrunde:** Chelsea - Austria 2:0, Bologna - Slavia 2:0.
**Um den 3.Platz:** Slavia - Austria 3:0.
**Endspiel:** AC Bologna - Chelsea London 4:1.
**Die Siegerelf:** Ceresoli; Fiorini, Gasperi; Montesanto, Andreolo, Corsi; Busoni, Sansone, Schiavio, Fedullo, Reguzzoni.

# Dr.-Gerö-Pokal
## (früher Europa-Pokal)

Der Wettbewerb geht über mehrere Jahre; Teilnehmer sind Österreich, Ungarn, Italien, Tschechoslowakei, Schweiz.
1930 Italien - 1932 Österrreich - 1935 Italien - 1938 nicht beendet - 1953 Ungarn - 1959 Tschechoslowakei

# Die Länder Kämpfe
# England-Kontinent
## Ungeschlagen zu Hause . . .

| | | | |
|---|---|---|---|
| 1931 London | England — Spanien | 7:1 |
| 1932 London | England — Oesterreich | 4:3 |
| 1933 London | England — Frankreich | 4:1 |
| 1934 London | England — Italien | 3:2 |
| 1935 London | England — Deutschland | 3:0 |
| 1936 London | England — Ungarn | 6:2 |
| 1937 London | England — Tschechoslow. | 5:4 |
| 1938 London | England — Kontinent | 3:0 |
| 1938 Newcastle | England — Norwegen | 4:0 |

## Auf dem Festland:

| | | | |
|---|---|---|---|
| 1921 Brüssel | Belgien — England | 0:2 |
| 1923 Antwerpen | Belgien — England | 2:2 |
| Paris | Frankreich — England | 1:4 |
| Stockholm | Schweden — England | 2:4 |
| Stockholm | Schweden — England | 1:3 |
| 1924 Paris | Frankreich — England | 1:3 |
| 1925 Paris | Frankreich — England | 2:3 |
| 1926 Antwerpen | Belgien — England | 3:5 |
| 1927 Paris | Frankreich — England | 0:6 |
| Brüssel | Belgien — England | 1:9 |
| Luxemburg | Luxemburg — England | 2:5 |
| 1928 Antwerpen | Belgien — England | 1:3 |
| Paris | Frankreich — England | 1:5 |
| 1929 Brüssel | Belgien — England | 1:5 |
| Paris | Frankreich — England | 1:4 |
| Madrid | Spanien — England | 4:3 |
| 1930 Berlin | Deutschland — England | 3:3 |
| Wien | Oesterreich — England | 0:0 |
| 1931 Brüssel | Belgien — England | 1:4 |
| Paris | Frankreich — England | 5:2 |
| 1933 Rom | Italien — England | 1:1 |
| Bern | Schweiz — England | 0:4 |
| 1934 Prag | Tschechoslow. — England | 2:1 |
| Budapest | Ungarn — England | 2:1 |
| 1935 Amsterdam | Holland — England | 0:1 |
| 1936 Wien | Oesterreich — England | 2:1 |
| Brüssel | Belgien — England | 3:2 |
| 1937 Helsingfors | Finnland — England | 0:8 |
| Oslo | Norwegen — England | 0:6 |
| Stockholm | Schweden — England | 0:4 |
| 1938 Berlin | Deutschland — England | 3:6 |
| Zürich | Schweiz — England | 2:1 |
| Paris | Frankreich — England | 2:4 |
| 1939 Mailand | Italien — England | 2:2 |
| Belgrad | Jugoslawien — England | 2:1 |
| Bukarest | Rumänien — England | 0:2 |

# Die großen Fifa-Spiele

## Zentral-Europa gegen Westeuropa 3:1 (2:0)

### 20. Juni 1937 in Amsterdam.

**Zentral-Europa:** Olivieri (Italien) — Sesta (Oesterreich), Schmaus (Oesterreich), ab 37. Minute Rava (Italien) — Serantoni (Italien), Andreolo (Italien), Lazar (Ungarn) — Sas (Ungarn), Meazza (Italien), Piola (Italien), Sarosi (Ungarn), Neiedly (Tschecho-Slowakei).

**West-Europa:** Jakob (Deutschland) — Paverick (Belgien), ab 65. Min. Joacim (Belgien), Caldenhove (Holland) — Kitzinger (Deutschland), Goldbrunner (Deutschland), Delfour (Frankreich) — Lehner (Deutschland), Braine (Belgien) Bakhuys (Holland), Smit (Holland), v. d. Eynde (Belgien).

**Schiedsrichter:** A. J. Jenwell, England.

**Torschützen:** Sas (2), Neiedly Bakhuys.

## England—Kontinent 3:0 (2:0)

### 26. Oktober 1938 in London.

**England:** Woodley (Chelsea) — Sproston (Tottenham Hotspurs), Hapgood (Arsenal) — Willingham (Huddersfield Town), Cullis (Wolverhampton Wanderers), Copping (Arsenal) — Matthews (Stoke City), Hall (Tottenham Hotspurs), Lawton (Everton), Goulden (West Ham United), Boyes (Everton).

**Kontinent:** Olivieri (Italien) — Foni (Italien), Rava (Italien) — Kupfer (Deutschland), Andreolo (Italien), Kitzinger (Deutschland) — Aston (Frankreich), Braine (Belgien), Piola (Italien), Zsengeller (Ungarn), Brustad (Norwegen). In der zweiten Halbzeit tauschten Zsengeller und Braine die Plätze.

**Schiedsrichter:** A. J. Jewell, England.

**Torschützen:** Hall, Lawton. Goulden.

**Ersatzspieler:** Raftl (Deutschland) Schmaus (Deutschland), Vernati (Schweiz), Hahnemann (Deutschland), Colaussi (Italien).

Am 23. Oktober trug die Kontinent-Elf in obiger Besetzung (2. Halbzeit trat Hahnemann für Zsengeller ein) ein Uebungsspiel gegen Holland B in Amsterdam aus, das der Kontinent 2:1 (0:0) gewann.

# Südamerika

Die hervorstechenden Merkmale des großen Südamerikanischen Fußballkongresses im Sommer 1940 in Santiago (Chile) waren die Rückkehr Argentiniens in die „Confederacion Südamericana de Football" und die Stellungnahme einer Sonderkommission zur nächsten Weltmeisterschaft. Die Kommission schlug dem Kongreß vor, daß der Interessenvertreter in Europa bei der FIFA, Dupuy, beauftragt werden soll, die Weltmeisterschaft bis mindestens 18 Monate nach Kriegsende zu verschieben. Südamerika stellt alle Diskussionen zurück, bis die FIFA zu dem Antrag Stellung nimmt. Entgegen falschen Gerüchten muß festgestellt werden, daß Südamerika bei dieser Gelegenheit keinen Anspruch auf die nächste Weltmeisterschaft geltend machte.

Der Kongreß 1941 brachte folgende Hauptpunkte:

1. Neuorganisation der Confederacion Südamericana de Football: Alle vier Jahre wechselt der Sitz des Generalsekretariats. Das erste Land, das die „Residenz" ab 1941 übernimmt, ist Columbia. Es folgen alle vier Jahre in folgender Reihe: Bolivien, Argentinien, Chile, Ecuador, Paraguay, Peru, Uruguay, Brasilien.

2. Weitere Neuerungen in den Satzungen.

3. Die südamerikanischen Meisterschaften finden auch weiterhin alle zwei Jahre statt.

4. Die Verbindung mit der FIFA in Europa hält nach wie vor sozusagen der südamerikanische „Fußballbotschafter" Luis Dupuy (Uruguay) aufrecht, der zur Zeit als Geschäftsträger der uruguayischen Regierung seinen Sitz in Vichy hat.

5. Alle südamerikanischen Fußballstaaten erhalten von 1941 ab einen „Tag des südamerikanischen Fußballs" als gemeinsames Erinnerungsfest an den ersten Olympiatriumph Uruguays 1924. Dieser Festtag wird auf den ersten Sonntag nach dem 9. Juni angesetzt, dem historischen Termin des siegreichen Endspiels 1930.

6. 1942 soll die spanische, evtl. auch die portugiesische Nationalmannschaft zu einer umfassenden Südamerikareise eingeladen werden, und zwar als symbolische Feier für das 450-Jahr-Jubiläum der Entdeckung Amerikas durch Columbus

7. Das neue Präsidium setzt sich wie folgt zusammen:
   **Präsident:** Luis E. Valenzuela (Chile)
   **Vizepräsident:** Sampelayo Calvetti (Chile)
   **1. Sekretär:** Efraim Borrero (Columbien)
   **2. Sekretär:** Eduardo de Castro (Columbien)
   **Schatzmeister:** Dr. Jorge de Romana (Peru).

# Die südamerikanische Meisterschaft 1941.

Wir können zum erstenmal eine umfassende Uebersicht nicht nur über sämtliche Ergebnisse der südamerikanischen Meisterschaft 1941 veröffentlichen, sondern auch die Mannschaftsaufstellungen sämtlicher Treffen, die Torschützen und die Zuschauerzahlen. Die höchsten Besucherzahlen wiesen bezeichnenderweise nicht die Begegnung zwischen den alten Fußballmächten Argentinien und Uruguay auf, sondern die Begegnungen, an denen die heimische Nationalmannschaft Chile beteiligt war.

## Südamerikanisches Turnier 1941

### 2. Februar: Chile — Ecuador 5:0 (2:0)

**Chile:** Livingstone — Ellis. Roa — Pasene. Cabrera. Arancibia (1) — Sorrel (2). Carvaia Toro (1). Contreras (1). Perez.

**Ecuador:** Molina — Hungria. Laurido — Merino. Romo. Mendoza — Cevallos. Suarez. Raimondi. Alcivar. Freire.

39 000 Zuschauer.

Tore bei den Schützen in ( ) verzeichnet.

\*

### 9. Februar: Uruguay — Ecuador 6:0 (4:0)

**Uruguay:** Paz — Cadilla. Calrera — Delgado. Gonzalez. Gambetta (1) — Posta (1). Chirminio Rivers (2). Alvarez (1). Maglino (1 Selbsttor).

**Ecuador:** Molina — Hungria. Laurido — Aguirre. Peralta. Mendoza — Cevallos. Suarez. Raimondi. Alcivar. Freire.

### Chile — Peru 1:0 (1:0)

**Chile:** Livingstone — Roa. Vidal — Flores. Cabrera. Freios — Sorrel. Domiarguez. Toro Ruiz. Perez (1).

**Peru:** Honores — Perales. Luna — Portal. Arce. Loboton — Quinones. Magallanes. Fernandez. Morales. Magan.

55 000 Zuschauer.

\*

### 12. Februar: Argentinien — Peru 2:1 (1:0)

**Argentinien:** Estrada — Salomon. Alberit — Speron. Minella. Sbarra — Belen Moreno (2). Marvezzi. Sastre. Arreggi.

**Peru:** Honores — Quispe. Perales — Janeau. Arce. Portal — Quinones. Fernandez. Morales. Sovarraz (1). Vallejos.

34 000 Zuschauer.

### 16. Februar: Ecuador — Argentinien 1:6 (0:5)

**Ecuador:** Santoliva — Hungria, Laurido — Garnica, Peralte, Mendoza — Cevallos, Suarez, Raimondi, Alcivar, Freire (1).

**Argentinien:** Gualco — Salomon, Alberti — Sbarra, Minella, Colombo — Pedernera, Moreno (1), Marvezzi (4), Sastre (1), Garcia.

### Chile — Uruguay 0:2 (0:2)

**·Chile:** Livingstone — Roa, Vidal — Flores, Cabrerra, Trejos — Sorrel, Domiarguez, Toro, Ruiz, Medina.

**Uruguay:** Paz — Romero, Cadilla — Martinez, Varela, Gambetta — Cruchi (1), Porta, Rivero, Riephof, Magliano (Ersatz: Chirimino (1).

54 000 Zuschauer.

*

### 23. Februar: Peru — Ecuador 4:0

**Peru:** Honores — Quispe, Perales — Lobaton, Arce, Portal — Hurtado, Magallanes, Fernandez (3), Socarraz, Vallejos (1).

**Ecuador:** Molina — Hungria, Laurido — Merino, Peralta, Mendoza — Cevallos, Suarez, Raimondi, Herrera, Freire.

### Uruguay — Argentinien 0:1 (0:0)

**Uruguay:** Paz — Romero, Cadilla — Martinez, Varea, Gambetta — Medina, Porta, Rivero, Riephof, Magliano.

**Argentinien:** Estrada — Salomon, Alberti — Sbarra, Minella, Colombo — Pedernera, Moreno, Marvezzi, Sastre (1), Garcia.

31 000 Zuschauer.

*

### 26. Februar: Peru — Uruguay 0:2 (0:1)

**Peru:** Honores — Quispe, Perales — Lobaton, Arce, Jordan — Quinones, Magallanes, Fernandez, Socarraz, Magan.

**Uruguay:** Paz — Romero, Cadilla — Martinez, Varela (1), Gambetta — Posta, Chirimino, Rivero, Riephof (1), Magliano.

15 000 Zuschauer.

*

### 4. März: Chile — Argentinien 0:1 (0:0)

**Chile:** Livingstone — Roa, Vidal — Flores, Cabrerra, Frejos — Munoz, Carvajal, Toro, Contreras, Perez.

**Argentinien:** Estrada — Salomon, Alberti — Sbarra, Videla, Batagliero — Pedernera, Moreno, Arrieta, Sastre, Garcia (1).

50 000 Zuschauer.

### Sieger: Argentinien.

| | | | | | | |
|---|---|---|---|---|---|---|
| 1. Argentinien | 4 | 4 | 0 | 0 | 10:2 | 8 |
| 2. Uruguay | 4 | 3 | 0 | 1 | 10:1 | 6 |
| 3. Chile | 4 | 2 | 0 | 2 | 6:3 | 4 |
| 4. Peru | 4 | 1 | 0 | 3 | 5:5 | 2 |
| 5. Ecuador | 4 | 0 | 0 | 4 | 1:21 | 0 |

## Die bisherigen Sieger

1916: Uruguay 5. Argentinien 4. Brasilien 2. Chile 1 Punkte

1917: Uruguay 6. Argentinien 4. Brasilien 2. Chile 0 Punkte

1919: Brasilien 5. Uruguay 5. Argentinien 2. Chile 0 Punkte

1920: Uruguay 5. Argentinien 4. Brasilien 2. Chile 1 Punkte

1921: Argentinien 6. Brasilien. Uruguay und Paraguay je 2 Punkte

1922: Brasilien. Paraguay Uruguay je 5. Argentinien 4. Chile 1 Punkte

1923: Uruguay 6. Argentinien 4. Paraguay 2. Brasilien 0 Punkte

1924: Uruguay 5. Argentinien 4. Paraguay 3. Chile 0 Punkte

1925: Argentinien 7. Brasilien 5. Paraguay 0 Punkte

1926: Uruguay 8. Argentinien und Chile je 5. Paraguay 2. Bolivien 0 Punkte

1927: Argentinien 6. Uruguay 4. Peru 2. Bolivien 0 Punkte

1929: Argentinien 6. Paraguay 4 Uruguay 2. Peru 0 Punkte

1935: Uruguay 6. Argentinien 4. Peru 2. Chile 0 Punkte

1937: Endspiel Argentinien—Brasilien 2:0

1939: Endspiel Peru—Uruguay 2:1

*

Einen überraschenden Ausgang nahm im Sommer vorigen Jahres das Zusammentreffen zwischen den beiden stärksten Fußballstaaten Uruguay — Argentinien. Die Uruguayer gewannen gegen den späteren Sieger des Südamerika-Turniers 1941 mit 3:0 in Montevideo.

Die Aufstellungen des Kampfes vom 18. Juli:

**Uruguay:** Paz — Calvera. Munzi — Beracochea. Gestido *), Rodriguez — Volpi. Porta. Rivero. Antunez. Camaiti.

**Argentinien:** Estrada — Salomon. Valussi — Esperon. Minella *), Suarez — Heredia. Sastre. Masantoni. Baldonedo. Garcia.
Schiedsrichter: Tajada.

# Mittelamerika

Außerordentlich fortschrittlich sind die mittelamerikanischen Fußballstaaten, die sich nach dem Muster des Südens zu einem Mittelamerikanischen Zentralverband zusammengeschlossen haben. Nur in Nordamerika ist der Fußballsport noch verhältnismäßig rückständig. Sobald man auch dort zu einer straffen Organisation kommen wird, ist eine Gesamtamerikanische Fußballbehörde geplant.

In einigen mittelamerikanischen Städten gibt es höchst modern angelegte Stadien. Costa Rica lud die Nationalmannschaften der mittelamerikanischen Zone zu einem Turnier ein. Auch von diesem Ereignis kann der Kicker-Almanach aus dem Archiv der FIFA nachstehend die Ergebnisse, Halbzeit und Mannschaftsaufstellungen erstmals in Europa veröffentlichen.

### 8. Mai: Curacao — Panama 3:3 (1:2)

**Curacao:** Vos Antonia — Confesor, Daveaar — Eduarda, Rosario, Joeri — Becker, Panneflek, Nahar, Jansen, Bernabela.

**Panama:** Ortiz — Ospino, Tejada — Martinez, Fenton, Castro — Victor, Neville, Anderson, Rangel, Prados.

*

### 10. Mai: Nicaragua — Costa Rica 2:7 (1:6)

**Nicaragua:** Sanchez — Rocha, Martinez — Cardoza, Gonzalez, Morales D. — Robleto, Garcia, Morales G., Rodriguez, Gutierrez.

**Costa Rica:** Zuniga — Valverde, Silva — Garita, Rojas, Morales — Viquez, Araya, Meza, Varela A., Arnaez.

*

### 11. Mai: El Salvador — Curacao 2:2 (2:0)

**El Salvador:** Maiano — Diaz, Corvera — Campos, Flores, Gonzalez — Torres, Mendez, Gutierrez, Deras, Contreras.

**Curacao:** Vos Antonia — Davelar, Maduro — Thode, Rosario, Confesor — Becker, Panneflek, Nahar, Pardo, Bernabela.

*

### 11. Mai: Panama — Costa Rica 0:7 (0:2)

**Panama:** Ortiz — Ospino, Tejada — Martinez, Custro, Mata — McLary, Neville, Anderson, Rangel, Victor.

**Costa Rica:** Zuniga — Valverde, Silva — Garita, Rojas, Morales — Viquez, Araya, Meza, Varela A., Arnaez.

*